第二次全国残疾人抽样调查资料

广西卷

广西壮族自治区第二次全国残疾人抽样调查办公室 编

中国统计出版社
China Statistics Press

(京)新登字 041 号

图书在版编目（CIP）数据

第二次全国残疾人抽样调查资料. 广西卷 / 广西壮族自治区第二次全国残疾人抽样调查办公室编.
—北京：中国统计出版社，2007.12

ISBN 978-7-5037-5299-5

Ⅰ. 第…
Ⅱ. 广…
Ⅲ. 残疾人 - 抽样调查 - 统计资料 - 广西
Ⅳ. D699.69

中国版本图书馆 CIP 数据核字（2007）第 158098 号

第二次全国残疾人抽样调查资料—广西卷

作　　者 / 广西壮族自治区第二次全国残疾人抽样调查办公室
责任编辑 / 姚　立
封面设计 / 杨燕超
出版发行 / 中国统计出版社
通信地址 / 北京市西城区月坛南街 57 号
邮政编码 / 100826
办公地址 / 北京市丰台区西三环南路甲 6 号
网　　址 / www.stats.gov.cn/tjshujia
电　　话 / 邮购（010）63376907　书店（010）68783172
印　　刷 / 河北天普润印刷厂
经　　销 / 新华书店
开　　本 / 880 × 1230 毫米　1/16
字　　数 / 1600 千字
印　　张 / 50.5　3 插页
版　　别 / 2007 年 12 月第 1 版
版　　次 / 2007 年 12 月第 1 次印刷
书　　号 / ISBN 978-7-5037-5299-5/D · 180
定　　价 / 350.00 元

本书附同版本 CD-ROM 一张，光盘内容以书面文字为准。
中国统计版图书，如有印装错误，本社发行部负责调换。

《第二次全国残疾人抽样调查资料》
（广西卷）

编 辑 人 员

总 编 辑：邓敏杰
副总编辑：李瑞祥　李冠霆
编　　辑：李建平　王　贞

广西第二次全国残疾人抽样调查样本分布示意图
图例
省（区）级行政中心
地(州)级行政中心(外国重要城市同)
县级行政中心(外国一般城市同)
国界
省（自治区）界
地级界
县级界
残疾人抽样调查抽中县市区
530014 邮政编码
审图号：桂 S（2008）4号
抽中地级市城区列表
南宁市江南区
柳州市柳北区
桂林市叠彩区
防城港市防城区
来宾市兴宾区
贵港市港北区
贺州市八步区
南宁市
柳州市
桂林市
梧州市
北海市
防城港市
钦州市
贵港市
玉林市
百色市
贺州市
河池市
来宾市
崇左市
兴义市
永州市
云浮市
茂名市
涠洲岛、斜阳岛位置图

编 辑 说 明

我国以2006年4月1日零时为标准时间进行了第二次全国残疾人抽样调查，这是1987年第一次全国残疾人抽样调查19年后进行的又一次全国范围内大规模的残疾人专项调查。在自治区党委、政府的领导下，在有关部门、社会各方面的大力支持配合下，按照第二次全国残疾人抽样调查领导小组的统一部署，历时两个月的时间，对抽中的25个县、市、市辖区，100个乡、镇、街道的200个调查小区进行了入户调查和残疾评定。调查获得了丰富翔实的资料。为了满足政府部门、科研单位和社会各方面的需要，现将经计算机汇总处理的数据资料编辑出版。

为方便读者准确地使用本资料，现将有关情况说明如下:

一、调查的对象是具有中华人民共和国国籍，并在被抽中调查小区内常住的人（指自然人，下同）。调查采用按常住人口登记的原则，以户为单位填报，只调查家庭户，不调查集体户。此次不调查中国人民解放军现役军人和武装警察（包括军队管理的离退休干部）。

应当在本调查小区进行登记的人包括:

1. 居住本调查小区，户口在本乡、镇、街道;

2. 居住本调查小区半年以上，户口在外乡、镇、街道;

3. 居住本调查小区不满半年，离开户口所在地半年以上;

4. 居住本调查小区，户口待定。

二、第二次全国残疾人抽样调查使用三种调查表，一是《住户调查表》，二是《残疾人调查表》，三是《社区调查表》。调查项目共有52个，包括调查样本人群的家庭及其个人的状况，重点调查残疾人的致残原因、生活状况及其主要需求。

三、本资料是按照现场调查登记直接汇总的数据，未作任何调整。请读者在使用本资料时，特别是推算总体时，对以下因素予以充分注意:

1. 本资料不含调查漏登的人口数;

2. 本资料数据抽样比为1.73‰;

3. 作为一次多指标的抽样调查，有些分组较细的指标，代表性相对较低。

四、本次调查的城乡划分口径为: 城镇包括街道和镇的居委会，农村包括乡和镇的村委会。

五、本资料中空项表示无该项数据。

六、由于计算机运算中采取四舍五入的处理，个别汇总表分栏数据之和与合计数存在微小的差别，不影响对数据的使用。

七、为帮助读者准确使用本资料，附录中编印了《广西壮族自治区第二次全国残疾人抽样调查主要数据公报》、《第二次全国残疾人抽样调查方案》、《第二次全国残疾人抽样调查残疾标准》、《第二次全国残疾人抽样调查住户调查表》和填写说明、《第二次全国残疾人抽样调查残疾人调查表》和填写说明、《第二次全国残疾人抽样调查社区（村、居委会）调查表》和填写说明、《广西壮族自治区第二次全国残疾人抽样调查抽样实施方案》、广西壮族自治区第二次全国残疾人抽样调查调查队组成等。

编 者

2007年10月

目　录

第一部分　调查人口的基本状况

第二部分　残疾人口的基本状况

第一部分　调查人口的基本状况

1－1　各地区调查样本基本情况

地　区	调查的县(市、区)数(个)	调查的乡(镇、街道)数(个)	调查的小区数(个)	调查的总户数(户)	调查的总人口数(人)			调查的残疾人数(人)		
					合计	男	女	合计	男	女
总　计	**25**	**100**	**200**	**22569**	**80712**	**41697**	**39015**	**5837**	**2892**	**2945**
南宁市江南区	1	4	8	982	3220	1691	1529	236	107	129
南宁市宾阳县	1	4	8	892	3249	1673	1576	221	96	125
南宁市马山县	1	4	8	946	3242	1611	1631	252	116	136
柳州市柳北区	1	4	8	1026	3222	1611	1611	173	77	96
柳州市融水苗族自治县	1	4	8	916	3247	1664	1583	195	101	94
桂林市叠彩区	1	4	8	1201	3236	1585	1651	233	115	118
桂林市荔浦县	1	4	8	922	3212	1690	1522	280	140	140
桂林市龙胜各族自治区	1	4	8	961	3208	1665	1543	234	142	92
贺州市八步区	1	4	8	794	3220	1647	1573	210	104	106
梧州市藤县	1	4	8	813	3218	1675	1543	209	126	83
贺州市富川瑶族自治县	1	4	8	834	3215	1662	1553	195	102	93
防城港市防城区	1	4	8	865	3215	1777	1438	246	138	108
北海市合浦县	1	4	8	812	3278	1701	1577	286	140	146
钦州市浦北县	1	4	8	868	3221	1693	1528	221	112	109
贵港市港北区	1	4	8	796	3238	1653	1585	247	117	130
贵港市平南县	1	4	8	856	3209	1710	1499	249	131	118
玉林市博白县	1	4	8	776	3200	1697	1503	194	101	93
玉林市容县	1	4	8	939	3232	1665	1567	310	156	154
贵港市桂平市	1	4	8	766	3205	1696	1509	242	131	111
百色市靖西县	1	4	8	940	3229	1658	1571	247	113	134
百色市田阳县	1	4	8	982	3253	1637	1616	242	115	127
河池市宜州市	1	4	8	854	3218	1649	1569	228	94	134
河池市东兰县	1	4	8	919	3260	1660	1600	280	146	134
来宾市兴宾区	1	4	8	882	3259	1651	1608	198	96	102
崇左市扶绥县	1	4	8	1027	3206	1676	1530	209	76	133

1－2 分年龄、性别的人口

单位：人

年 龄	调查人口				调查的残疾人口			
	合计	男	女	性别比(%)	合计	男	女	性别比(%)
总 计	**80712**	**41697**	**39015**	**107**	**5837**	**2892**	**2945**	**98**
0-4	**6472**	**3493**	**2979**	**117**	**92**	**47**	**45**	**104**
0岁	1202	615	587	105	14	2	12	17
1岁	1335	718	617	116	15	8	7	114
2岁	1362	754	608	124	19	13	6	217
3岁	1323	721	602	120	23	13	10	130
4岁	1250	685	565	121	21	11	10	110
5-9	**6143**	**3300**	**2843**	**116**	**108**	**62**	**46**	**135**
5岁	1226	673	553	122	17	10	7	143
6岁	1144	597	547	109	22	13	9	144
7岁	1309	698	611	114	29	17	12	142
8岁	1226	659	567	116	21	14	7	200
9岁	1238	673	565	119	19	8	11	73
10-14	**6887**	**3703**	**3184**	**116**	**114**	**72**	**42**	**171**
10岁	1286	692	594	116	23	13	10	130
11岁	1319	695	624	111	25	18	7	257
12岁	1345	744	601	124	21	14	7	200
13岁	1485	807	678	119	17	9	8	113
14岁	1452	765	687	111	28	18	10	180
15-19	**6709**	**3656**	**3053**	**120**	**128**	**75**	**53**	**142**
15岁	1600	816	784	104	23	15	8	188
16岁	1567	851	716	119	28	19	9	211
17岁	1313	700	613	114	30	18	12	150
18岁	1223	697	526	133	27	11	16	69
19岁	1006	592	414	143	20	12	8	150
20-24	**4461**	**2375**	**2086**	**114**	**133**	**87**	**46**	**189**
20岁	995	598	397	151	34	22	12	183
21岁	862	487	375	130	30	18	12	150
22岁	801	400	401	100	16	11	5	220
23岁	924	463	461	100	30	21	9	233
24岁	879	427	452	94	23	15	8	188
25-29	**5115**	**2586**	**2529**	**102**	**148**	**96**	**52**	**185**
25岁	969	511	458	112	32	19	13	146

1-2 续表 1

单位：人

年 龄	调查人口				调查的残疾人口			
	合计	男	女	性别比(%)	合计	男	女	性别比(%)
26岁	1051	516	535	96	30	17	13	131
27岁	1072	547	525	104	35	24	11	218
28岁	974	481	493	98	28	17	11	155
29岁	1049	531	518	103	23	19	4	475
30-34	**6048**	**3050**	**2998**	**102**	**169**	**107**	**62**	**173**
30岁	1156	619	537	115	26	14	12	117
31岁	1266	648	618	105	40	27	13	208
32岁	1216	591	625	95	42	27	15	180
33岁	1222	610	612	100	31	20	11	182
34岁	1188	582	606	96	30	19	11	173
35-39	**6729**	**3488**	**3241**	**108**	**242**	**158**	**84**	**188**
35岁	1313	673	640	105	44	31	13	238
36岁	1313	699	614	114	49	33	16	206
37岁	1516	786	730	108	54	35	19	184
38岁	1267	671	596	113	39	24	15	160
39岁	1320	659	661	100	56	35	21	167
40-44	**6658**	**3440**	**3218**	**107**	**232**	**123**	**109**	**113**
40岁	1497	795	702	113	60	37	23	161
41岁	1458	727	731	99	43	22	21	105
42岁	1593	849	744	114	47	18	29	62
43岁	1455	727	728	100	60	34	26	131
44岁	655	342	313	109	22	12	10	120
45-49	**4569**	**2343**	**2226**	**105**	**214**	**133**	**81**	**164**
45岁	680	344	336	102	24	11	13	85
46岁	650	334	316	106	28	19	9	211
47岁	1041	520	521	100	49	28	21	133
48岁	1168	604	564	107	57	39	18	217
49岁	1030	541	489	111	56	36	20	180
50-54	**5139**	**2675**	**2464**	**109**	**285**	**166**	**119**	**139**
50岁	1007	505	502	101	48	28	20	140
51岁	1113	570	543	105	71	41	30	137
52岁	1052	575	477	121	56	37	19	195
53岁	1143	576	567	102	66	33	33	100
54岁	824	449	375	120	44	27	17	159

1-2 续表 2

单位：人

年 龄	调查人口				调查的残疾人口			
	合计	男	女	性别比(%)	合计	男	女	性别比(%)
55-59	**4052**	**2047**	**2005**	**102**	**307**	**170**	**137**	**124**
55岁	843	405	438	92	56	33	23	143
56岁	1034	539	495	109	74	42	32	131
57岁	786	399	387	103	54	29	25	116
58岁	732	364	368	99	61	31	30	103
59岁	657	340	317	107	62	35	27	130
60-64	**3229**	**1650**	**1579**	**104**	**390**	**209**	**181**	**115**
60岁	640	331	309	107	76	39	37	105
61岁	712	372	340	109	82	51	31	165
62岁	627	320	307	104	73	34	39	87
63岁	628	315	313	101	74	43	31	139
64岁	622	312	310	101	85	42	43	98
65-69	**2822**	**1427**	**1395**	**102**	**606**	**307**	**299**	**103**
65岁	599	310	289	107	107	63	44	143
66岁	598	296	302	98	102	53	49	108
67岁	563	284	279	102	130	57	73	78
68岁	513	259	254	102	126	61	65	94
69岁	549	278	271	103	141	73	68	107
70-74	**2402**	**1119**	**1283**	**87**	**747**	**347**	**400**	**87**
70岁	577	256	321	80	148	64	84	76
71岁	434	187	247	76	129	51	78	65
72岁	496	244	252	97	142	72	70	103
73岁	480	236	244	97	171	84	87	97
74岁	415	196	219	89	157	76	81	94
75-79	**1658**	**756**	**902**	**84**	**799**	**342**	**457**	**75**
75岁	422	196	226	87	173	75	98	77
76岁	361	155	206	75	159	67	92	73
77岁	294	129	165	78	153	63	90	70
78岁	318	153	165	93	168	75	93	81
79岁	263	123	140	88	146	62	84	74
80-84	**956**	**383**	**573**	**67**	**592**	**227**	**365**	**62**
80岁	269	102	167	61	144	52	92	57
81岁	219	82	137	60	120	41	79	52
82岁	176	70	106	66	119	45	74	61
83岁	157	63	94	67	110	42	68	62
84岁	135	66	69	96	99	47	52	90
85+	**663**	**206**	**457**	**45**	**531**	**164**	**367**	**45**

1－2a　城镇分年龄、性别的人口

单位：人

年龄	调查人口				调查的残疾人口			
	合计	男	女	性别比(%)	合计	男	女	性别比(%)
总　计	**19341**	**9703**	**9638**	**101**	**1138**	**560**	**578**	**97**
0-4	**1250**	**647**	**603**	**107**	**14**	**8**	**6**	**133**
0岁	225	111	114	97	2		2	
1岁	278	141	137	103	3	2	1	200
2岁	263	145	118	123	2	1	1	100
3岁	259	145	114	127	2	2		
4岁	225	105	120	88	5	3	2	150
5-9	**1110**	**606**	**504**	**120**	**12**	**10**	**2**	**500**
5岁	223	126	97	130	4	4		
6岁	200	98	102	96	1	1		
7岁	249	139	110	126	1	1		
8岁	212	121	91	133	3	3		
9岁	226	122	104	117	3	1	2	50
10-14	**1175**	**650**	**525**	**124**	**21**	**13**	**8**	**163**
10岁	221	127	94	135	4	1	3	33
11岁	217	121	96	126	4	4		
12岁	246	141	105	134	6	5	1	500
13岁	248	132	116	114	2	1	1	100
14岁	243	129	114	113	5	2	3	67
15-19	**1291**	**708**	**583**	**121**	**12**	**8**	**4**	**200**
15岁	252	130	122	107	1	1		
16岁	265	145	120	121	4	3	1	300
17岁	265	138	127	109	1	1		
18岁	269	143	126	113	2	1	1	100
19岁	240	152	88	173	4	2	2	100
20-24	**1168**	**597**	**571**	**105**	**15**	**9**	**6**	**150**
20岁	226	140	86	163	4	3	1	300
21岁	190	104	86	121	1		1	
22岁	208	106	102	104	2	2		
23岁	292	131	161	81	4	2	2	100
24岁	252	116	136	85	4	2	2	100
25-29	**1602**	**775**	**827**	**94**	**18**	**14**	**4**	**350**
25岁	282	140	142	99	3	3		

1－2a 续表 1

单位：人

年 龄	调查人口				调查的残疾人口			
	合计	男	女	性别比(%)	合计	男	女	性别比(%)
26岁	314	138	176	78	2	1	1	100
27岁	345	182	163	112	3	2	1	200
28岁	318	143	175	82	4	3	1	300
29岁	343	172	171	101	6	5	1	500
30-34	**1835**	**870**	**965**	**90**	**30**	**22**	**8**	**275**
30岁	343	176	167	105	5	4	1	400
31岁	409	187	222	84	10	7	3	233
32岁	375	172	203	85	7	6	1	600
33岁	361	174	187	93	6	4	2	200
34岁	347	161	186	87	2	1	1	100
35-39	**1885**	**953**	**932**	**102**	**49**	**29**	**20**	**145**
35岁	387	184	203	91	13	9	4	225
36岁	376	202	174	116	9	4	5	80
37岁	437	210	227	93	10	4	6	67
38岁	341	179	162	110	8	6	2	300
39岁	344	178	166	107	9	6	3	200
40-44	**1854**	**935**	**919**	**102**	**49**	**30**	**19**	**158**
40岁	402	211	191	110	10	8	2	400
41岁	410	198	212	93	6	4	2	200
42岁	436	234	202	116	10	3	7	43
43岁	401	174	227	77	16	10	6	167
44岁	205	118	87	136	7	5	2	250
45-49	**1215**	**585**	**630**	**93**	**41**	**24**	**17**	**141**
45岁	205	98	107	92	8	3	5	60
46岁	190	94	96	98	6	4	2	200
47岁	263	118	145	81	9	5	4	125
48岁	295	141	154	92	6	6		
49岁	262	134	128	105	12	6	6	100
50-54	**1392**	**712**	**680**	**105**	**61**	**40**	**21**	**190**
50岁	266	132	134	99				
51岁	311	145	166	87	20	12	8	150
52岁	278	148	130	114	15	12	3	400
53岁	305	159	146	109	18	9	9	100
54岁	232	128	104	123	8	7	1	700

1－2a 续表 2

单位：人

年龄	调查人口				调查的残疾人口			
	合计	男	女	性别比(%)	合计	男	女	性别比(%)
55-59	**1051**	**506**	**545**	**93**	**66**	**37**	**29**	**128**
55岁	241	102	139	73	17	9	8	113
56岁	284	150	134	112	17	10	7	143
57岁	199	96	103	93	11	3	8	38
58岁	163	80	83	96	5	3	2	150
59岁	164	78	86	91	16	12	4	300
60-64	**699**	**346**	**353**	**98**	**75**	**40**	**35**	**114**
60岁	126	61	65	94	7	5	2	250
61岁	158	80	78	103	16	10	6	167
62岁	129	61	68	90	14	7	7	100
63岁	150	75	75	100	13	8	5	160
64岁	136	69	67	103	25	10	15	67
65-69	**623**	**323**	**300**	**108**	**122**	**63**	**59**	**107**
65岁	138	71	67	106	25	13	12	108
66岁	136	71	65	109	26	14	12	117
67岁	119	66	53	125	29	15	14	107
68岁	112	59	53	111	21	11	10	110
69岁	118	56	62	90	21	10	11	91
70-74	**512**	**238**	**274**	**87**	**160**	**76**	**84**	**90**
70岁	109	43	66	65	27	11	16	69
71岁	98	53	45	118	34	17	17	100
72岁	119	58	61	95	33	18	15	120
73岁	108	51	57	89	39	15	24	63
74岁	78	33	45	73	27	15	12	125
75-79	**345**	**152**	**193**	**79**	**166**	**69**	**97**	**71**
75岁	86	37	49	76	36	13	23	57
76岁	74	27	47	57	29	11	18	61
77岁	54	22	32	69	30	12	18	67
78岁	73	36	37	97	39	17	22	77
79岁	58	30	28	107	32	16	16	100
80-84	**195**	**67**	**128**	**52**	**117**	**42**	**75**	**56**
80岁	59	16	43	37	29	10	19	53
81岁	42	18	24	75	27	12	15	80
82岁	31	9	22	41	22	6	16	38
83岁	34	12	22	55	22	6	16	38
84岁	29	12	17	71	17	8	9	89
85+	**139**	**33**	**106**	**31**	**110**	**26**	**84**	**31**

1-2b 农村分年龄、性别的人口

单位：人

年 龄	调查人口				调查的残疾人口			
	合计	男	女	性别比(%)	合计	男	女	性别比(%)
总 计	**61371**	**31994**	**29377**	**109**	**4699**	**2332**	**2367**	**99**
0-4	**5222**	**2846**	**2376**	**120**	**78**	**39**	**39**	**100**
0岁	977	504	473	107	12	2	10	20
1岁	1057	577	480	120	12	6	6	100
2岁	1099	609	490	124	17	12	5	240
3岁	1064	576	488	118	21	11	10	110
4岁	1025	580	445	130	16	8	8	100
5-9	**5033**	**2694**	**2339**	**115**	**96**	**52**	**44**	**118**
5岁	1003	547	456	120	13	6	7	86
6岁	944	499	445	112	21	12	9	133
7岁	1060	559	501	112	28	16	12	133
8岁	1014	538	476	113	18	11	7	157
9岁	1012	551	461	120	16	7	9	78
10-14	**5712**	**3053**	**2659**	**115**	**93**	**59**	**34**	**174**
10岁	1065	565	500	113	19	12	7	171
11岁	1102	574	528	109	21	14	7	200
12岁	1099	603	496	122	15	9	6	150
13岁	1237	675	562	120	15	8	7	114
14岁	1209	636	573	111	23	16	7	229
15-19	**5418**	**2948**	**2470**	**119**	**116**	**67**	**49**	**137**
15岁	1348	686	662	104	22	14	8	175
16岁	1302	706	596	118	24	16	8	200
17岁	1048	562	486	116	29	17	12	142
18岁	954	554	400	139	25	10	15	67
19岁	766	440	326	135	16	10	6	167
20-24	**3293**	**1778**	**1515**	**117**	**118**	**78**	**40**	**195**
20岁	769	458	311	147	30	19	11	173
21岁	672	383	289	133	29	18	11	164
22岁	593	294	299	98	14	9	5	180
23岁	632	332	300	111	26	19	7	271
24岁	627	311	316	98	19	13	6	217
25-29	**3513**	**1811**	**1702**	**106**	**130**	**82**	**48**	**171**
25岁	687	371	316	117	29	16	13	123

1－2b 续表 1

单位：人

年 龄	调查人口				调查的残疾人口			
	合计	男	女	性别比(%)	合计	男	女	性别比(%)
26岁	737	378	359	105	28	16	12	133
27岁	727	365	362	101	32	22	10	220
28岁	656	338	318	106	24	14	10	140
29岁	706	359	347	103	17	14	3	467
30-34	**4213**	**2180**	**2033**	**107**	**139**	**85**	**54**	**157**
30岁	813	443	370	120	21	10	11	91
31岁	857	461	396	116	30	20	10	200
32岁	841	419	422	99	35	21	14	150
33岁	861	436	425	103	25	16	9	178
34岁	841	421	420	100	28	18	10	180
35-39	**4844**	**2535**	**2309**	**110**	**193**	**129**	**64**	**202**
35岁	926	489	437	112	31	22	9	244
36岁	937	497	440	113	40	29	11	264
37岁	1079	576	503	115	44	31	13	238
38岁	926	492	434	113	31	18	13	138
39岁	976	481	495	97	47	29	18	161
40-44	**4804**	**2505**	**2299**	**109**	**183**	**93**	**90**	**103**
40岁	1095	584	511	114	50	29	21	138
41岁	1048	529	519	102	37	18	19	95
42岁	1157	615	542	113	37	15	22	68
43岁	1054	553	501	110	44	24	20	120
44岁	450	224	226	99	15	7	8	88
45-49	**3354**	**1758**	**1596**	**110**	**173**	**109**	**64**	**170**
45岁	475	246	229	107	16	8	8	100
46岁	460	240	220	109	22	15	7	214
47岁	778	402	376	107	40	23	17	135
48岁	873	463	410	113	51	33	18	183
49岁	768	407	361	113	44	30	14	214
50-54	**3747**	**1963**	**1784**	**110**	**224**	**126**	**98**	**129**
50岁	741	373	368	101	48	28	20	140
51岁	802	425	377	113	51	29	22	132
52岁	774	427	347	123	41	25	16	156
53岁	838	417	421	99	48	24	24	100
54岁	592	321	271	118	36	20	16	125

1－2b 续表 2

单位：人

年龄	调查人口				调查的残疾人口			
	合计	男	女	性别比(%)	合计	男	女	性别比(%)
55-59	**3001**	**1541**	**1460**	**106**	**241**	**133**	**108**	**123**
55岁	602	303	299	101	39	24	15	160
56岁	750	389	361	108	57	32	25	128
57岁	587	303	284	107	43	26	17	153
58岁	569	284	285	100	56	28	28	100
59岁	493	262	231	113	46	23	23	100
60-64	**2530**	**1304**	**1226**	**106**	**315**	**169**	**146**	**116**
60岁	514	270	244	111	69	34	35	97
61岁	554	292	262	111	66	41	25	164
62岁	498	259	239	108	59	27	32	84
63岁	478	240	238	101	61	35	26	135
64岁	486	243	243	100	60	32	28	114
65-69	**2199**	**1104**	**1095**	**101**	**484**	**244**	**240**	**102**
65岁	461	239	222	108	82	50	32	156
66岁	462	225	237	95	76	39	37	105
67岁	444	218	226	96	101	42	59	71
68岁	401	200	201	100	105	50	55	91
69岁	431	222	209	106	120	63	57	111
70-74	**1890**	**881**	**1009**	**87**	**587**	**271**	**316**	**86**
70岁	468	213	255	84	121	53	68	78
71岁	336	134	202	66	95	34	61	56
72岁	377	186	191	97	109	54	55	98
73岁	372	185	187	99	132	69	63	110
74岁	337	163	174	94	130	61	69	88
75-79	**1313**	**604**	**709**	**85**	**633**	**273**	**360**	**76**
75岁	336	159	177	90	137	62	75	83
76岁	287	128	159	81	130	56	74	76
77岁	240	107	133	80	123	51	72	71
78岁	245	117	128	91	129	58	71	82
79岁	205	93	112	83	114	46	68	68
80-84	**761**	**316**	**445**	**71**	**475**	**185**	**290**	**64**
80岁	210	86	124	69	115	42	73	58
81岁	177	64	113	57	93	29	64	45
82岁	145	61	84	73	97	39	58	67
83岁	123	51	72	71	88	36	52	69
84岁	106	54	52	104	82	39	43	91
85+	**524**	**173**	**351**	**49**	**421**	**138**	**283**	**49**

1-3 调查家庭户类别

单位：户

家庭户规模	合 计	一代户	二代户	三代户	四代户及以上
总 计	**22569**	**4919**	**12314**	**5113**	**223**
一人户	1963	1963			
二人户	3996	2798	1198		
三人户	5502	114	5180	208	
四人户	5253	28	3863	1357	5
五人户	3317	12	1472	1780	53
六人户	1528	3	429	1029	67
七人户	656	1	126	471	58
八人户	292		39	217	36
九人户	62		7	51	4

1－4 各地区分性别、户口登记状况的人口

单位：人

地区	调查人口			住本调查小区，户口在本乡、镇、街道		
	合计	男	女	小计	男	女
总　计	**80712**	**41697**	**39015**	**75249**	**39102**	**36147**
南宁市江南区	3220	1691	1529	2785	1486	1299
南宁市宾阳县	3249	1673	1576	2841	1481	1360
南宁市马山县	3242	1611	1631	3179	1576	1603
柳州市柳北区	3222	1611	1611	2671	1355	1316
柳州市融水苗族自治县	3247	1664	1583	3003	1538	1465
桂林市叠彩区	3236	1585	1651	2376	1177	1199
桂林市荔浦县	3212	1690	1522	2959	1564	1395
桂林市龙胜各族自治区	3208	1665	1543	3121	1621	1500
贺州市八步区	3220	1647	1573	3071	1574	1497
梧州市藤县	3218	1675	1543	3117	1640	1477
贺州市富川瑶族自治县	3215	1662	1553	3096	1593	1503
防城港市防城区	3215	1777	1438	3100	1711	1389
北海市合浦县	3278	1701	1577	2928	1568	1360
钦州市浦北县	3221	1693	1528	3159	1667	1492
贵港市港北区	3238	1653	1585	3043	1559	1484
贵港市平南县	3209	1710	1499	2991	1621	1370
玉林市博白县	3200	1697	1503	3110	1644	1466
玉林市容县	3232	1665	1567	3134	1616	1518
贵港市桂平市	3205	1696	1509	3118	1663	1455
百色市靖西县	3229	1658	1571	3049	1566	1483
百色市田阳县	3253	1637	1616	3205	1620	1585
河池市宜州市	3218	1649	1569	2996	1540	1456
河池市东兰县	3260	1660	1600	3169	1621	1548
来宾市兴宾区	3259	1651	1608	2976	1509	1467
崇左市扶绥县	3206	1676	1530	3052	1592	1460

1-4 续表

单位：人

地　　区	住本调查小区半年以上，户口在外乡、镇、街道			住本调查小区不满半年，离开户口所在地半年以上			住本调查小区，户口待定		
	小计	男	女	小计	男	女	小计	男	女
总　　计	**4449**	**2084**	**2365**	**181**	**95**	**86**	**833**	**416**	**417**
南宁市江南区	358	163	195	38	23	15	39	19	20
南宁市宾阳县	368	173	195	2		2	38	19	19
南宁市马山县	48	24	24				15	11	4
柳州市柳北区	464	216	248	21	10	11	66	30	36
柳州市融水苗族自治县	171	86	85	2	1	1	71	39	32
桂林市叠彩区	785	370	415	70	35	35	5	3	2
桂林市荔浦县	237	118	119	3	3		13	5	8
桂林市龙胜各族自治区	85	43	42	1		1	1	1	
贺州市八步区	99	47	52	7	4	3	43	22	21
梧州市藤县	98	35	63	1		1	2		2
贺州市富川瑶族自治县	119	69	50						
防城港市防城区	115	66	49						
北海市合浦县	177	51	126	5	4	1	168	78	90
钦州市浦北县	55	23	32	2		2	5	3	2
贵港市港北区	173	82	91	3	1	2	19	11	8
贵港市平南县	115	37	78	10	4	6	93	48	45
玉林市博白县	87	51	36				3	2	1
玉林市容县	96	48	48				2	1	1
贵港市桂平市	85	32	53				2	1	1
百色市靖西县	116	62	54	2	1	1	62	29	33
百色市田阳县	45	17	28				3		3
河池市宜州市	216	104	112	4	4		2	1	1
河池市东兰县	24	4	20	1	1		66	34	32
来宾市兴宾区	253	131	122	9	4	5	21	7	14
崇左市扶绥县	60	32	28				94	52	42

1-5 各地区分户口登记状况、户口性质的人口

单位：人

地区	调查人口			住本调查小区，户口在本乡、镇、街道		
	合计	农业	非农业	小计	农业	非农业
总计	**79879**	**65405**	**14474**	**75249**	**62660**	**12589**
南宁市江南区	3181	1849	1332	2785	1669	1116
南宁市宾阳县	3211	2659	552	2841	2440	401
南宁市马山县	3227	2946	281	3179	2913	266
柳州市柳北区	3156	1196	1960	2671	818	1853
柳州市融水苗族自治县	3176	2848	328	3003	2720	283
桂林市叠彩区	3231	1101	2130	2376	808	1568
桂林市荔浦县	3199	2756	443	2959	2649	310
桂林市龙胜各族自治区	3207	2783	424	3121	2713	408
贺州市八步区	3177	2528	649	3071	2474	597
梧州市藤县	3216	2843	373	3117	2780	337
贺州市富川瑶族自治县	3215	2958	257	3096	2876	220
防城港市防城区	3215	2840	375	3100	2762	338
北海市合浦县	3110	2674	436	2928	2527	401
钦州市浦北县	3216	2760	456	3159	2728	431
贵港市港北区	3219	2465	754	3043	2392	651
贵港市平南县	3116	2715	401	2991	2623	368
玉林市博白县	3197	3039	158	3110	2971	139
玉林市容县	3230	2907	323	3134	2850	284
贵港市桂平市	3203	2684	519	3118	2622	496
百色市靖西县	3167	2802	365	3049	2713	336
百色市田阳县	3250	2828	422	3205	2800	405
河池市宜州市	3216	2920	296	2996	2777	219
河池市东兰县	3194	3116	78	3169	3093	76
来宾市兴宾区	3238	2620	618	2976	2414	562
崇左市扶绥县	3112	2568	544	3052	2528	524

1-5 续表

单位：人

地　　区	住本调查小区半年以上，户口在外乡、镇、街道			住本调查小区不满半年，离开户口所在地半年以上		
	小计	农业	非农业	小计	农业	非农业
总　　计	**4449**	**2608**	**1841**	**181**	**137**	**44**
南宁市江南区	358	145	213	38	35	3
南宁市宾阳县	368	217	151	2	2	
南宁市马山县	48	33	15			
柳州市柳北区	464	359	105	21	19	2
柳州市融水苗族自治县	171	126	45	2	2	
桂林市叠彩区	785	239	546	70	54	16
桂林市荔浦县	237	106	131	3	1	2
桂林市龙胜各族自治区	85	70	15	1		1
贺州市八步区	99	54	45	7		7
梧州市藤县	98	62	36	1	1	
贺州市富川瑶族自治县	119	82	37			
防城港市防城区	115	78	37			
北海市合浦县	177	142	35	5	5	
钦州市浦北县	55	30	25	2	2	
贵港市港北区	173	73	100	3		3
贵港市平南县	115	88	27	10	4	6
玉林市博白县	87	68	19			
玉林市容县	96	57	39			
贵港市桂平市	85	62	23			
百色市靖西县	116	87	29	2	2	
百色市田阳县	45	28	17			
河池市宜州市	216	142	74	4	1	3
河池市东兰县	24	22	2	1	1	
来宾市兴宾区	253	198	55	9	8	1
崇左市扶绥县	60	40	20			

1－6　6岁及以上人口分年龄、性别的受教育程度

单位：人

年　龄	调查人口			不识字			未上过学		
	合计	男	女	小计	男	女	小计	男	女
总　计	**73014**	**37531**	**35483**	**8067**	**1752**	**6315**	**186**	**85**	**101**
6-9	**4917**	**2627**	**2290**	**665**	**344**	**321**	**28**	**16**	**12**
6岁	1144	597	547	542	278	264	17	9	8
7岁	1309	698	611	89	48	41	7	4	3
8岁	1226	659	567	21	11	10	2	2	
9岁	1238	673	565	13	7	6	2	1	1
10-14	**6887**	**3703**	**3184**	**48**	**27**	**21**	**6**	**4**	**2**
10岁	1286	692	594	14	7	7	1		1
11岁	1319	695	624	12	8	4	1	1	
12岁	1345	744	601	7	6	1	2	2	
13岁	1485	807	678	9	4	5	2	1	1
14岁	1452	765	687	6	2	4			
15-19	**6709**	**3656**	**3053**	**61**	**30**	**31**	**1**		**1**
15岁	1600	816	784	4	3	1			
16岁	1567	851	716	10	7	3			
17岁	1313	700	613	16	8	8			
18岁	1223	697	526	15	6	9			
19岁	1006	592	414	16	6	10	1		1
20-24	**4461**	**2375**	**2086**	**100**	**44**	**56**	**1**	**1**	
20岁	995	598	397	18	9	9	1	1	
21岁	862	487	375	16	7	9			
22岁	801	400	401	17	4	13			
23岁	924	463	461	20	12	8			
24岁	879	427	452	29	12	17			
25-29	**5115**	**2586**	**2529**	**116**	**41**	**75**	**3**	**1**	**2**
25岁	969	511	458	26	10	16			
26岁	1051	516	535	27	8	19			
27岁	1072	547	525	27	9	18	1		1
28岁	974	481	493	21	9	12	1		1
29岁	1049	531	518	15	5	10	1	1	
30-34	**6048**	**3050**	**2998**	**205**	**48**	**157**	**2**	**1**	**1**
30岁	1156	619	537	33	8	25			

1-6 续表 1

单位：人

年龄	调查人口			不识字			未上过学		
	合计	男	女	小计	男	女	小计	男	女
31岁	1266	648	618	44	17	27	1		1
32岁	1216	591	625	33	5	28			
33岁	1222	610	612	57	14	43	1	1	
34岁	1188	582	606	38	4	34			
35-39	**6729**	**3488**	**3241**	**248**	**62**	**186**	**4**	**2**	**2**
35岁	1313	673	640	45	9	36	1	1	
36岁	1313	699	614	52	13	39			
37岁	1516	786	730	61	16	45	2	1	1
38岁	1267	671	596	43	10	33	1		1
39岁	1320	659	661	47	14	33			
40-44	**6658**	**3440**	**3218**	**225**	**30**	**195**	**5**	**2**	**3**
40岁	1497	795	702	56	13	43	2	1	1
41岁	1458	727	731	37	5	32	1	1	
42岁	1593	849	744	49	4	45	2		2
43岁	1455	727	728	49	4	45			
44岁	655	342	313	34	4	30			
45-49	**4569**	**2343**	**2226**	**306**	**41**	**265**	**8**	**3**	**5**
45岁	680	344	336	33	6	27			
46岁	650	334	316	37	5	32			
47岁	1041	520	521	69	7	62	3	1	2
48岁	1168	604	564	80	11	69	1		1
49岁	1030	541	489	87	12	75	4	2	2
50-54	**5139**	**2675**	**2464**	**644**	**91**	**553**	**9**	**4**	**5**
50岁	1007	505	502	117	17	100	1		1
51岁	1113	570	543	143	23	120	2	1	1
52岁	1052	575	477	121	21	100	3	1	2
53岁	1143	576	567	161	14	147	1		1
54岁	824	449	375	102	16	86	2	2	
55-59	**4052**	**2047**	**2005**	**615**	**93**	**522**	**12**	**4**	**8**
55岁	843	405	438	117	18	99	4	1	3
56岁	1034	539	495	144	26	118	1	1	
57岁	786	399	387	129	15	114	2	1	1
58岁	732	364	368	120	19	101	1		1

1－6 续表 2

单位：人

年龄	调查人口			不识字			未上过学		
	合计	男	女	小计	男	女	小计	男	女
59岁	657	340	317	105	15	90	4	1	3
60－64	**3229**	**1650**	**1579**	**718**	**113**	**605**	**17**	**5**	**12**
60岁	640	331	309	122	24	98	1		1
61岁	712	372	340	138	23	115	6	1	5
62岁	627	320	307	152	21	131	5	4	1
63岁	628	315	313	156	27	129	3		3
64岁	622	312	310	150	18	132	2		2
65－69	**2822**	**1427**	**1395**	**923**	**165**	**758**	**27**	**12**	**15**
65岁	599	310	289	156	35	121	7	3	4
66岁	598	296	302	182	28	154	7	3	4
67岁	563	284	279	194	24	170	5	3	2
68岁	513	259	254	182	36	146	1	1	
69岁	549	278	271	209	42	167	7	2	5
70－74	**2402**	**1119**	**1283**	**1191**	**212**	**979**	**23**	**12**	**11**
70岁	577	256	321	287	50	237	4	3	1
71岁	434	187	247	217	29	188	3	1	2
72岁	496	244	252	245	47	198	7	5	2
73岁	480	236	244	227	41	186	4	1	3
74岁	415	196	219	215	45	170	5	2	3
75－79	**1658**	**756**	**902**	**910**	**200**	**710**	**18**	**9**	**9**
75岁	422	196	226	229	45	184	3	2	1
76岁	361	155	206	187	39	148	3	1	2
77岁	294	129	165	164	32	132	8	3	5
78岁	318	153	165	178	44	134	2	2	
79岁	263	123	140	152	40	112	2	1	1
80+	**1619**	**589**	**1030**	**1092**	**211**	**881**	**22**	**9**	**13**

1-6 续表 3

单位：人

年龄	小学			初中			高中		
	小计	男	女	小计	男	女	小计	男	女
总　计	**29825**	**15366**	**14459**	**24640**	**14256**	**10384**	**5904**	**3566**	**2338**
6-9	**4221**	**2265**	**1956**	**3**	**2**	**1**			
6岁	585	310	275						
7岁	1212	645	567	1	1				
8岁	1202	645	557	1	1				
9岁	1222	665	557	1		1			
10-14	**5034**	**2747**	**2287**	**1793**	**923**	**870**	**3**		**3**
10岁	1271	685	586						
11岁	1297	683	614	9	3	6			
12岁	1207	677	530	129	59	70			
13岁	859	486	373	615	316	299			
14岁	400	216	184	1040	545	495	3		3
15-19	**844**	**475**	**369**	**4211**	**2337**	**1874**	**1330**	**690**	**640**
15岁	228	111	117	1321	678	643	44	22	22
16岁	170	98	72	1116	616	500	235	105	130
17岁	133	73	60	723	409	314	385	188	197
18岁	151	96	55	581	341	240	389	212	177
19岁	162	97	65	470	293	177	277	163	114
20-24	**871**	**415**	**456**	**2488**	**1364**	**1124**	**391**	**264**	**127**
20岁	186	103	83	532	329	203	157	108	49
21岁	173	94	79	513	292	221	71	43	28
22岁	164	65	99	461	241	220	53	39	14
23岁	181	89	92	507	253	254	59	43	16
24岁	167	64	103	475	249	226	51	31	20
25-29	**1288**	**583**	**705**	**2465**	**1332**	**1133**	**338**	**191**	**147**
25岁	238	116	122	469	263	206	58	34	24
26岁	244	106	138	531	284	247	65	36	29
27岁	276	136	140	498	265	233	81	41	40
28岁	249	110	139	463	243	220	64	36	28
29岁	281	115	166	504	277	227	70	44	26
30-34	**2110**	**908**	**1202**	**2641**	**1475**	**1166**	**432**	**250**	**182**
30岁	361	164	197	535	311	224	90	54	36

1-6 续表 4

单位：人

年 龄	小 学			初 中			高 中		
	小计	男	女	小计	男	女	小计	男	女
31岁	388	170	218	579	322	257	101	54	47
32岁	435	169	266	541	305	236	94	50	44
33岁	454	195	259	488	276	212	78	52	26
34岁	472	210	262	498	261	237	69	40	29
35-39	**2716**	**1281**	**1435**	**2804**	**1592**	**1212**	**432**	**257**	**175**
35岁	509	236	273	552	308	244	73	49	24
36岁	552	267	285	520	310	210	81	53	28
37岁	625	303	322	611	341	270	94	51	43
38岁	533	259	274	532	314	218	80	43	37
39岁	497	216	281	589	319	270	104	61	43
40-44	**1980**	**847**	**1133**	**2922**	**1630**	**1292**	**1111**	**670**	**441**
40岁	528	238	290	665	387	278	139	87	52
41岁	465	191	274	661	351	310	200	119	81
42岁	437	208	229	732	396	336	273	174	99
43岁	383	151	232	613	342	271	329	185	144
44岁	167	59	108	251	154	97	170	105	65
45-49	**1483**	**622**	**861**	**1585**	**952**	**633**	**974**	**585**	**389**
45岁	178	63	115	260	146	114	178	105	73
46岁	210	88	122	197	116	81	167	104	63
47岁	343	146	197	358	210	148	224	126	98
48岁	399	162	237	407	258	149	232	137	95
49岁	353	163	190	363	222	141	173	113	60
50-54	**2185**	**995**	**1190**	**1603**	**1087**	**516**	**481**	**347**	**134**
50岁	361	136	225	346	231	115	137	91	46
51岁	449	208	241	360	233	127	116	75	41
52岁	446	205	241	350	252	98	92	71	21
53岁	524	246	278	325	217	108	75	59	16
54岁	405	200	205	222	154	68	61	51	10
55-59	**2198**	**1111**	**1087**	**857**	**584**	**273**	**183**	**136**	**47**
55岁	426	201	225	214	134	80	47	31	16
56岁	539	259	280	250	182	68	50	40	10
57岁	434	226	208	142	101	41	36	27	9
58岁	411	204	207	135	90	45	33	26	7

1－6 续表 5

单位：人

年龄	小学			初中			高中		
	小计	男	女	小计	男	女	小计	男	女
59岁	388	221	167	116	77	39	17	12	5
60-64	**1705**	**947**	**758**	**574**	**420**	**154**	**88**	**65**	**23**
60岁	369	194	175	102	74	28	21	17	4
61岁	391	217	174	137	99	38	12	10	2
62岁	313	190	123	122	84	38	16	10	6
63岁	298	158	140	112	86	26	29	19	10
64岁	334	188	146	101	77	24	10	9	1
65-69	**1304**	**820**	**484**	**363**	**272**	**91**	**65**	**46**	**19**
65岁	305	175	130	84	62	22	18	13	5
66岁	274	164	110	83	63	20	20	13	7
67岁	247	168	79	76	52	24	10	10	
68岁	245	160	85	51	37	14	8	6	2
69岁	233	153	80	69	58	11	9	4	5
70-74	**898**	**641**	**257**	**178**	**159**	**19**	**36**	**31**	**5**
70岁	216	147	69	43	36	7	7	5	2
71岁	152	103	49	40	37	3	5	5	
72岁	181	135	46	33	29	4	10	8	2
73岁	202	151	51	29	26	3	7	7	
74岁	147	105	42	33	31	2	7	6	1
75-79	**581**	**420**	**161**	**93**	**78**	**15**	**25**	**21**	**4**
75岁	149	112	37	30	27	3	4	4	
76岁	144	91	53	21	19	2	2	1	1
77岁	95	73	22	15	11	4	6	4	2
78岁	107	79	28	13	11	2	8	8	
79岁	86	65	21	14	10	4	5	4	1
80+	**407**	**289**	**118**	**60**	**49**	**11**	**15**	**13**	**2**

1-6 续表 6

单位：人

年 龄	中 专			大学专科			大学本科			研究生		
	小计	男	女	小计	男	女	小计	男	女	小计	男	女
总 计	**2087**	**1127**	**960**	**1703**	**1007**	**696**	**582**	**358**	**224**	**20**	**14**	**6**
6-9												
6岁												
7岁												
8岁												
9岁												
10-14	**3**	**2**	**1**									
10岁												
11岁												
12岁												
13岁												
14岁	3	2	1									
15-19	**232**	**114**	**118**	**26**	**8**	**18**	**4**	**2**	**2**			
15岁	3	2	1									
16岁	36	25	11									
17岁	54	22	32	2		2						
18岁	79	39	40	8	3	5						
19岁	60	26	34	16	5	11	4	2	2			
20-24	**335**	**163**	**172**	**209**	**99**	**110**	**66**	**25**	**41**			
20岁	72	35	37	23	10	13	6	3	3			
21岁	41	27	14	38	20	18	10	4	6			
22岁	56	27	29	38	19	19	12	5	7			
23岁	82	35	47	54	26	28	21	5	16			
24岁	84	39	45	56	24	32	17	8	9			
25-29	**436**	**205**	**231**	**357**	**174**	**183**	**110**	**58**	**52**	**2**	**1**	**1**
25岁	87	39	48	63	33	30	27	15	12	1	1	
26岁	91	41	50	73	32	41	20	9	11			
27岁	97	46	51	70	37	33	22	13	9			
28岁	85	44	41	70	29	41	21	10	11			
29岁	76	35	41	81	43	38	20	11	9	1		1
30-34	**236**	**126**	**110**	**318**	**174**	**144**	**102**	**67**	**35**	**2**	**1**	**1**
30岁	54	35	19	63	35	28	20	12	8			

1-6 续表 7

单位：人

年 龄	中 专			大学专科			大学本科			研究生		
	小计	男	女	小计	男	女	小计	男	女	小计	男	女
31岁	51	25	26	83	45	38	19	15	4			
32岁	37	19	18	58	32	26	18	11	7			
33岁	48	18	30	69	36	33	27	18	9			
34岁	46	29	17	45	26	19	18	11	7	2	1	1
35-39	**180**	**90**	**90**	**246**	**145**	**101**	**92**	**54**	**38**	**7**	**5**	**2**
35岁	36	18	18	73	39	34	22	12	10	2	1	1
36岁	43	17	26	46	29	17	17	8	9	2	2	
37岁	44	24	20	58	37	21	19	11	8	2	2	
38岁	29	16	13	31	17	14	17	12	5	1		1
39岁	28	15	13	38	23	15	17	11	6			
40-44	**122**	**61**	**61**	**200**	**139**	**61**	**87**	**57**	**30**	**6**	**4**	**2**
40岁	31	14	17	50	37	13	26	18	8			
41岁	27	14	13	36	27	9	29	17	12	2	2	
42岁	27	17	10	61	42	19	11	8	3	1		1
43岁	27	12	15	37	21	16	16	11	5	1	1	
44岁	10	4	6	16	12	4	5	3	2	2	1	1
45-49	**95**	**54**	**41**	**81**	**59**	**22**	**37**	**27**	**10**			
45岁	8	5	3	16	14	2	7	5	2			
46岁	19	9	10	13	6	7	7	6	1			
47岁	19	12	7	16	11	5	9	7	2			
48岁	20	12	8	20	17	3	9	7	2			
49岁	29	16	13	16	11	5	5	2	3			
50-54	**123**	**82**	**41**	**82**	**59**	**23**	**9**	**7**	**2**	**3**	**3**	
50岁	27	17	10	14	10	4	3	2	1	1	1	
51岁	22	14	8	19	14	5	1	1		1	1	
52岁	23	14	9	15	9	6	1	1		1	1	
53岁	30	21	9	23	16	7	4	3	1			
54岁	21	16	5	11	10	1						
55-59	**107**	**62**	**45**	**67**	**46**	**21**	**13**	**11**	**2**			
55岁	16	7	9	16	10	6	3	3				
56岁	25	15	10	21	13	8	4	3	1			
57岁	27	17	10	14	10	4	2	2				
58岁	20	15	5	10	8	2	2	2				

1-6 续表 8

单位：人

年 龄	中 专			大学专科			大学本科			研究生		
	小计	男	女	小计	男	女	小计	男	女	小计	男	女
59岁	19	8	11	6	5	1	2	1	1			
60-64	**75**	**56**	**19**	**33**	**30**	**3**	**19**	**14**	**5**			
60岁	15	14	1	6	5	1	4	3	1			
61岁	15	10	5	10	10		3	2	1			
62岁	12	6	6	4	3	1	3	2	1			
63岁	21	16	5	6	6		3	3				
64岁	12	10	2	7	6	1	6	4	2			
65-69	**73**	**56**	**17**	**41**	**36**	**5**	**26**	**20**	**6**			
65岁	15	12	3	9	7	2	5	3	2			
66岁	16	11	5	8	7	1	8	7	1			
67岁	13	11	2	11	11		7	5	2			
68岁	19	15	4	3	1	2	4	3	1			
69岁	10	7	3	10	10		2	2				
70-74	**46**	**37**	**9**	**22**	**20**	**2**	**8**	**7**	**1**			
70岁	8	6	2	6	4	2	6	5	1			
71岁	12	7	5	4	4		1	1				
72岁	11	11		8	8		1	1				
73岁	7	6	1	4	4							
74岁	8	7	1									
75-79	**16**	**13**	**3**	**8**	**8**		**7**	**7**				
75岁	5	4	1	1	1		1	1				
76岁	2	2		2	2							
77岁	3	3		1	1		2	2				
78岁	5	4	1	2	2		3	3				
79岁	1		1	2	2		1	1				
80+	**8**	**6**	**2**	**13**	**10**	**3**	**2**	**2**				

1－7 15岁及以上分年龄、性别的文盲人口

单位：人，%

年龄	调查人口			文盲人口			文盲人口占调查人口的比例		
	合计	男	女	小计	男	女	小计	男	女
总计	**61210**	**31201**	**30009**	**7354**	**1381**	**5973**	**12.01**	**4.43**	**19.90**
15-19	**6709**	**3656**	**3053**	**61**	**30**	**31**	**0.91**	**0.82**	**1.02**
15岁	1600	816	784	4	3	1	0.25	0.37	0.13
16岁	1567	851	716	10	7	3	0.64	0.82	0.42
17岁	1313	700	613	16	8	8	1.22	1.14	1.31
18岁	1223	697	526	15	6	9	1.23	0.86	1.71
19岁	1006	592	414	16	6	10	1.59	1.01	2.42
20-24	**4461**	**2375**	**2086**	**100**	**44**	**56**	**2.24**	**1.85**	**2.68**
20岁	995	598	397	18	9	9	1.81	1.51	2.27
21岁	862	487	375	16	7	9	1.86	1.44	2.40
22岁	801	400	401	17	4	13	2.12	1.00	3.24
23岁	924	463	461	20	12	8	2.16	2.59	1.74
24岁	879	427	452	29	12	17	3.30	2.81	3.76
25-29	**5115**	**2586**	**2529**	**116**	**41**	**75**	**2.27**	**1.59**	**2.97**
25岁	969	511	458	26	10	16	2.68	1.96	3.49
26岁	1051	516	535	27	8	19	2.57	1.55	3.55
27岁	1072	547	525	27	9	18	2.52	1.65	3.43
28岁	974	481	493	21	9	12	2.16	1.87	2.43
29岁	1049	531	518	15	5	10	1.43	0.94	1.93
30-34	**6048**	**3050**	**2998**	**205**	**48**	**157**	**3.39**	**1.57**	**5.24**
30岁	1156	619	537	33	8	25	2.85	1.29	4.66
31岁	1266	648	618	44	17	27	3.48	2.62	4.37
32岁	1216	591	625	33	5	28	2.71	0.85	4.48
33岁	1222	610	612	57	14	43	4.66	2.30	7.03
34岁	1188	582	606	38	4	34	3.20	0.69	5.61

1－7 续表 1

单位：人，%

年 龄	调查人口			文盲人口			文盲人口占调查人口的比例		
	合计	男	女	小计	男	女	小计	男	女
35-39	**6729**	**3488**	**3241**	**248**	**62**	**186**	**3.69**	**1.78**	**5.74**
35岁	1313	673	640	45	9	36	3.43	1.34	5.63
36岁	1313	699	614	52	13	39	3.96	1.86	6.35
37岁	1516	786	730	61	16	45	4.02	2.04	6.16
38岁	1267	671	596	43	10	33	3.39	1.49	5.54
39岁	1320	659	661	47	14	33	3.56	2.12	4.99
40-44	**6658**	**3440**	**3218**	**225**	**30**	**195**	**3.38**	**0.87**	**6.06**
40岁	1497	795	702	56	13	43	3.74	1.64	6.13
41岁	1458	727	731	37	5	32	2.54	0.69	4.38
42岁	1593	849	744	49	4	45	3.08	0.47	6.05
43岁	1455	727	728	49	4	45	3.37	0.55	6.18
44岁	655	342	313	34	4	30	5.19	1.17	9.58
45-49	**4569**	**2343**	**2226**	**306**	**41**	**265**	**6.70**	**1.75**	**11.90**
45岁	680	344	336	33	6	27	4.85	1.74	8.04
46岁	650	334	316	37	5	32	5.69	1.50	10.13
47岁	1041	520	521	69	7	62	6.63	1.35	11.90
48岁	1168	604	564	80	11	69	6.85	1.82	12.23
49岁	1030	541	489	87	12	75	8.45	2.22	15.34
50-54	**5139**	**2675**	**2464**	**644**	**91**	**553**	**12.53**	**3.40**	**22.44**
50岁	1007	505	502	117	17	100	11.62	3.37	19.92
51岁	1113	570	543	143	23	120	12.85	4.04	22.10
52岁	1052	575	477	121	21	100	11.50	3.65	20.96
53岁	1143	576	567	161	14	147	14.09	2.43	25.93
54岁	824	449	375	102	16	86	12.38	3.56	22.93
55-59	**4052**	**2047**	**2005**	**615**	**93**	**522**	**15.18**	**4.54**	**26.03**
55岁	843	405	438	117	18	99	13.88	4.44	22.60
56岁	1034	539	495	144	26	118	13.93	4.82	23.84
57岁	786	399	387	129	15	114	16.41	3.76	29.46
58岁	732	364	368	120	19	101	16.39	5.22	27.45
59岁	657	340	317	105	15	90	15.98	4.41	28.39

1-7 续表 2

单位：人，%

年 龄	调查人口			文盲人口			文盲人口占调查人口的比例		
	合计	男	女	小计	男	女	小计	男	女
60-64	**3229**	**1650**	**1579**	**718**	**113**	**605**	**22.24**	**6.85**	**38.32**
60岁	640	331	309	122	24	98	19.06	7.25	31.72
61岁	712	372	340	138	23	115	19.38	6.18	33.82
62岁	627	320	307	152	21	131	24.24	6.56	42.67
63岁	628	315	313	156	27	129	24.84	8.57	41.21
64岁	622	312	310	150	18	132	24.12	5.77	42.58
65-69	**2822**	**1427**	**1395**	**923**	**165**	**758**	**32.71**	**11.56**	**54.34**
65岁	599	310	289	156	35	121	26.04	11.29	41.87
66岁	598	296	302	182	28	154	30.43	9.46	50.99
67岁	563	284	279	194	24	170	34.46	8.45	60.93
68岁	513	259	254	182	36	146	35.48	13.90	57.48
69岁	549	278	271	209	42	167	38.07	15.11	61.62
70-74	**2402**	**1119**	**1283**	**1191**	**212**	**979**	**49.58**	**18.95**	**76.31**
70岁	577	256	321	287	50	237	49.74	19.53	73.83
71岁	434	187	247	217	29	188	50.00	15.51	76.11
72岁	496	244	252	245	47	198	49.40	19.26	78.57
73岁	480	236	244	227	41	186	47.29	17.37	76.23
74岁	415	196	219	215	45	170	51.81	22.96	77.63
75-79	**1658**	**756**	**902**	**910**	**200**	**710**	**54.89**	**26.46**	**78.71**
75岁	422	196	226	229	45	184	54.27	22.96	81.42
76岁	361	155	206	187	39	148	51.80	25.16	71.84
77岁	294	129	165	164	32	132	55.78	24.81	80.00
78岁	318	153	165	178	44	134	55.97	28.76	81.21
79岁	263	123	140	152	40	112	57.79	32.52	80.00
80-84	**956**	**383**	**573**	**605**	**129**	**476**	**63.28**	**33.68**	**83.07**
80岁	269	102	167	171	31	140	63.57	30.39	83.83
81岁	219	82	137	145	29	116	66.21	35.37	84.67
82岁	176	70	106	105	21	84	59.66	30.00	79.25
83岁	157	63	94	104	20	84	66.24	31.75	89.36
84岁	135	66	69	80	28	52	59.26	42.42	75.36
85+	**663**	**206**	**457**	**487**	**82**	**405**	**73.45**	**39.81**	**88.62**

1－7a 城镇15岁及以上分年龄、性别的文盲人口

单位：人，%

年 龄	调查人口			文盲人口			文盲人口占调查人口的比例		
	合计	男	女	小计	男	女	小计	男	女
总 计	**15806**	**7800**	**8006**	**858**	**119**	**739**	**5.43**	**1.53**	**9.23**
15-19	**1291**	**708**	**583**	**5**	**3**	**2**	**0.39**	**0.42**	**0.34**
15岁	252	130	122	1	1		0.40	0.77	
16岁	265	145	120	2	2		0.75	1.38	
17岁	265	138	127						
18岁	269	143	126						
19岁	240	152	88	2		2	0.83		2.27
20-24	**1168**	**597**	**571**	**8**	**5**	**3**	**0.68**	**0.84**	**0.53**
20岁	226	140	86	1	1		0.44	0.71	
21岁	190	104	86						
22岁	208	106	102	2	1	1	0.96	0.94	0.98
23岁	292	131	161	3	2	1	1.03	1.53	0.62
24岁	252	116	136	2	1	1	0.79	0.86	0.74
25-29	**1602**	**775**	**827**	**5**	**4**	**1**	**0.31**	**0.52**	**0.12**
25岁	282	140	142	3	2	1	1.06	1.43	0.70
26岁	314	138	176	1	1		0.32	0.72	
27岁	345	182	163	1	1		0.29	0.55	
28岁	318	143	175						
29岁	343	172	171						
30-34	**1835**	**870**	**965**	**22**	**3**	**19**	**1.20**	**0.34**	**1.97**
30岁	343	176	167	3		3	0.87		1.80
31岁	409	187	222	3	1	2	0.73	0.53	0.90
32岁	375	172	203	6	1	5	1.60	0.58	2.46
33岁	361	174	187	7	1	6	1.94	0.57	3.21
34岁	347	161	186	3		3	0.86		1.61

1－7a 续表 1

单位：人，%

年 龄	调查人口			文盲人口			文盲人口占调查人口的比例		
	合计	男	女	小计	男	女	小计	男	女
35-39	**1885**	**953**	**932**	**38**	**12**	**26**	**2.02**	**1.26**	**2.79**
35岁	387	184	203	8		8	2.07		3.94
36岁	376	202	174	7	3	4	1.86	1.49	2.30
37岁	437	210	227	8	3	5	1.83	1.43	2.20
38岁	341	179	162	10	4	6	2.93	2.23	3.70
39岁	344	178	166	5	2	3	1.45	1.12	1.81
40-44	**1854**	**935**	**919**	**16**	**3**	**13**	**0.86**	**0.32**	**1.41**
40岁	402	211	191	5		5	1.24		2.62
41岁	410	198	212	3	1	2	0.73	0.51	0.94
42岁	436	234	202	3		3	0.69		1.49
43岁	401	174	227	4	1	3	1.00	0.57	1.32
44岁	205	118	87	1	1		0.49	0.85	
45-49	**1215**	**585**	**630**	**18**		**18**	**1.48**		**2.86**
45岁	205	98	107	3		3	1.46		2.80
46岁	190	94	96	1		1	0.53		1.04
47岁	263	118	145	5		5	1.90		3.45
48岁	295	141	154	2		2	0.68		1.30
49岁	262	134	128	7		7	2.67		5.47
50-54	**1392**	**712**	**680**	**53**	**8**	**45**	**3.81**	**1.12**	**6.62**
50岁	266	132	134	7	1	6	2.63	0.76	4.48
51岁	311	145	166	13	2	11	4.18	1.38	6.63
52岁	278	148	130	8	2	6	2.88	1.35	4.62
53岁	305	159	146	14	1	13	4.59	0.63	8.90
54岁	232	128	104	11	2	9	4.74	1.56	8.65
55-59	**1051**	**506**	**545**	**56**	**5**	**51**	**5.33**	**0.99**	**9.36**
55岁	241	102	139	21	1	20	8.71	0.98	14.39
56岁	284	150	134	13	2	11	4.58	1.33	8.21
57岁	199	96	103	11		11	5.53		10.68
58岁	163	80	83	8	1	7	4.91	1.25	8.43
59岁	164	78	86	3	1	2	1.83	1.28	2.33

1－7a 续表 2

单位：人，%

年 龄	调查人口			文盲人口			文盲人口占调查人口的比例		
	合计	男	女	小计	男	女	小计	男	女
60-64	**699**	**346**	**353**	**60**	**10**	**50**	**8.58**	**2.89**	**14.16**
60岁	126	61	65	10	3	7	7.94	4.92	10.77
61岁	158	80	78	10	1	9	6.33	1.25	11.54
62岁	129	61	68	10	2	8	7.75	3.28	11.76
63岁	150	75	75	14	2	12	9.33	2.67	16.00
64岁	136	69	67	16	2	14	11.76	2.90	20.90
65-69	**623**	**323**	**300**	**88**	**12**	**76**	**14.13**	**3.72**	**25.33**
65岁	138	71	67	13		13	9.42		19.40
66岁	136	71	65	18	3	15	13.24	4.23	23.08
67岁	119	66	53	21	3	18	17.65	4.55	33.96
68岁	112	59	53	17	4	13	15.18	6.78	24.53
69岁	118	56	62	19	2	17	16.10	3.57	27.42
70-74	**512**	**238**	**274**	**165**	**17**	**148**	**32.23**	**7.14**	**54.01**
70岁	109	43	66	34	3	31	31.19	6.98	46.97
71岁	98	53	45	29	4	25	29.59	7.55	55.56
72岁	119	58	61	39	3	36	32.77	5.17	59.02
73岁	108	51	57	32	4	28	29.63	7.84	49.12
74岁	78	33	45	31	3	28	39.74	9.09	62.22
75-79	**345**	**152**	**193**	**136**	**19**	**117**	**39.42**	**12.50**	**60.62**
75岁	86	37	49	34	2	32	39.53	5.41	65.31
76岁	74	27	47	25	2	23	33.78	7.41	48.94
77岁	54	22	32	24	3	21	44.44	13.64	65.63
78岁	73	36	37	29	7	22	39.73	19.44	59.46
79岁	58	30	28	24	5	19	41.38	16.67	67.86
80-84	**195**	**67**	**128**	**99**	**12**	**87**	**50.77**	**17.91**	**67.97**
80岁	59	16	43	35	4	31	59.32	25.00	72.09
81岁	42	18	24	25	5	20	59.52	27.78	83.33
82岁	31	9	22	15	1	14	48.39	11.11	63.64
83岁	34	12	22	15		15	44.12		68.18
84岁	29	12	17	9	2	7	31.03	16.67	41.18
85+	**139**	**33**	**106**	**89**	**6**	**83**	**64.03**	**18.18**	**78.30**

1－7b 农村15岁及以上分年龄、性别的文盲人口

单位：人，%

年龄	调查人口			文盲人口			文盲人口占调查人口的比例		
	合计	男	女	小计	男	女	小计	男	女
总计	**45404**	**23401**	**22003**	**6496**	**1262**	**5234**	**14.31**	**5.39**	**23.79**
15-19	**5418**	**2948**	**2470**	**56**	**27**	**29**	**1.03**	**0.92**	**1.17**
15岁	1348	686	662	3	2	1	0.22	0.29	0.15
16岁	1302	706	596	8	5	3	0.61	0.71	0.50
17岁	1048	562	486	16	8	8	1.53	1.42	1.65
18岁	954	554	400	15	6	9	1.57	1.08	2.25
19岁	766	440	326	14	6	8	1.83	1.36	2.45
20-24	**3293**	**1778**	**1515**	**92**	**39**	**53**	**2.79**	**2.19**	**3.50**
20岁	769	458	311	17	8	9	2.21	1.75	2.89
21岁	672	383	289	16	7	9	2.38	1.83	3.11
22岁	593	294	299	15	3	12	2.53	1.02	4.01
23岁	632	332	300	17	10	7	2.69	3.01	2.33
24岁	627	311	316	27	11	16	4.31	3.54	5.06
25-29	**3513**	**1811**	**1702**	**111**	**37**	**74**	**3.16**	**2.04**	**4.35**
25岁	687	371	316	23	8	15	3.35	2.16	4.75
26岁	737	378	359	26	7	19	3.53	1.85	5.29
27岁	727	365	362	26	8	18	3.58	2.19	4.97
28岁	656	338	318	21	9	12	3.20	2.66	3.77
29岁	706	359	347	15	5	10	2.12	1.39	2.88
30-34	**4213**	**2180**	**2033**	**183**	**45**	**138**	**4.34**	**2.06**	**6.79**
30岁	813	443	370	30	8	22	3.69	1.81	5.95
31岁	857	461	396	41	16	25	4.78	3.47	6.31
32岁	841	419	422	27	4	23	3.21	0.95	5.45
33岁	861	436	425	50	13	37	5.81	2.98	8.71
34岁	841	421	420	35	4	31	4.16	0.95	7.38

1－7b 续表 1

单位：人，%

年龄	调查人口			文盲人口			文盲人口占调查人口的比例		
	合计	男	女	小计	男	女	小计	男	女
35-39	**4844**	**2535**	**2309**	**210**	**50**	**160**	**4.34**	**1.97**	**6.93**
35岁	926	489	437	37	9	28	4.00	1.84	6.41
36岁	937	497	440	45	10	35	4.80	2.01	7.95
37岁	1079	576	503	53	13	40	4.91	2.26	7.95
38岁	926	492	434	33	6	27	3.56	1.22	6.22
39岁	976	481	495	42	12	30	4.30	2.49	6.06
40-44	**4804**	**2505**	**2299**	**209**	**27**	**182**	**4.35**	**1.08**	**7.92**
40岁	1095	584	511	51	13	38	4.66	2.23	7.44
41岁	1048	529	519	34	4	30	3.24	0.76	5.78
42岁	1157	615	542	46	4	42	3.98	0.65	7.75
43岁	1054	553	501	45	3	42	4.27	0.54	8.38
44岁	450	224	226	33	3	30	7.33	1.34	13.27
45-49	**3354**	**1758**	**1596**	**288**	**41**	**247**	**8.59**	**2.33**	**15.48**
45岁	475	246	229	30	6	24	6.32	2.44	10.48
46岁	460	240	220	36	5	31	7.83	2.08	14.09
47岁	778	402	376	64	7	57	8.23	1.74	15.16
48岁	873	463	410	78	11	67	8.93	2.38	16.34
49岁	768	407	361	80	12	68	10.42	2.95	18.84
50-54	**3747**	**1963**	**1784**	**591**	**83**	**508**	**15.77**	**4.23**	**28.48**
50岁	741	373	368	110	16	94	14.84	4.29	25.54
51岁	802	425	377	130	21	109	16.21	4.94	28.91
52岁	774	427	347	113	19	94	14.60	4.45	27.09
53岁	838	417	421	147	13	134	17.54	3.12	31.83
54岁	592	321	271	91	14	77	15.37	4.36	28.41
55-59	**3001**	**1541**	**1460**	**559**	**88**	**471**	**18.63**	**5.71**	**32.26**
55岁	602	303	299	96	17	79	15.95	5.61	26.42
56岁	750	389	361	131	24	107	17.47	6.17	29.64
57岁	587	303	284	118	15	103	20.10	4.95	36.27
58岁	569	284	285	112	18	94	19.68	6.34	32.98
59岁	493	262	231	102	14	88	20.69	5.34	38.10

1－7b 续表 2

单位：人，%

年 龄	调查人口			文盲人口			文盲人口占调查人口的比例		
	合计	男	女	小计	男	女	小计	男	女
60-64	**2530**	**1304**	**1226**	**658**	**103**	**555**	**26.01**	**7.90**	**45.27**
60岁	514	270	244	112	21	91	21.79	7.78	37.30
61岁	554	292	262	128	22	106	23.10	7.53	40.46
62岁	498	259	239	142	19	123	28.51	7.34	51.46
63岁	478	240	238	142	25	117	29.71	10.42	49.16
64岁	486	243	243	134	16	118	27.57	6.58	48.56
65-69	**2199**	**1104**	**1095**	**835**	**153**	**682**	**37.97**	**13.86**	**62.28**
65岁	461	239	222	143	35	108	31.02	14.64	48.65
66岁	462	225	237	164	25	139	35.50	11.11	58.65
67岁	444	218	226	173	21	152	38.96	9.63	67.26
68岁	401	200	201	165	32	133	41.15	16.00	66.17
69岁	431	222	209	190	40	150	44.08	18.02	71.77
70-74	**1890**	**881**	**1009**	**1026**	**195**	**831**	**54.29**	**22.13**	**82.36**
70岁	468	213	255	253	47	206	54.06	22.07	80.78
71岁	336	134	202	188	25	163	55.95	18.66	80.69
72岁	377	186	191	206	44	162	54.64	23.66	84.82
73岁	372	185	187	195	37	158	52.42	20.00	84.49
74岁	337	163	174	184	42	142	54.60	25.77	81.61
75-79	**1313**	**604**	**709**	**774**	**181**	**593**	**58.95**	**29.97**	**83.64**
75岁	336	159	177	195	43	152	58.04	27.04	85.88
76岁	287	128	159	162	37	125	56.45	28.91	78.62
77岁	240	107	133	140	29	111	58.33	27.10	83.46
78岁	245	117	128	149	37	112	60.82	31.62	87.50
79岁	205	93	112	128	35	93	62.44	37.63	83.04
80-84	**761**	**316**	**445**	**506**	**117**	**389**	**66.49**	**37.03**	**87.42**
80岁	210	86	124	136	27	109	64.76	31.40	87.90
81岁	177	64	113	120	24	96	67.80	37.50	84.96
82岁	145	61	84	90	20	70	62.07	32.79	83.33
83岁	123	51	72	89	20	69	72.36	39.22	95.83
84岁	106	54	52	71	26	45	66.98	48.15	86.54
85+	**524**	**173**	**351**	**398**	**76**	**322**	**75.95**	**43.93**	**91.74**

1－8 15岁及以上人口分年龄、性别的婚姻状况

单位：人

年 龄	调查人口			未 婚			初婚有配偶		
	合计	男	女	小计	男	女	小计	男	女
总 计	**61210**	**31201**	**30009**	**12884**	**8281**	**4603**	**42204**	**20840**	**21364**
15-19	**6709**	**3656**	**3053**	**6619**	**3637**	**2982**	**89**	**19**	**70**
15岁	1600	816	784	1597	814	783	2	2	
16岁	1567	851	716	1566	851	715	1		1
17岁	1313	700	613	1301	696	605	12	4	8
18岁	1223	697	526	1198	692	506	25	5	20
19岁	1006	592	414	957	584	373	49	8	41
20-24	**4461**	**2375**	**2086**	**3061**	**1987**	**1074**	**1393**	**385**	**1008**
20岁	995	598	397	873	568	305	122	30	92
21岁	862	487	375	687	457	230	175	30	145
22岁	801	400	401	530	331	199	270	69	201
23岁	924	463	461	549	354	195	372	107	265
24岁	879	427	452	422	277	145	454	149	305
25-29	**5115**	**2586**	**2529**	**1505**	**1123**	**382**	**3564**	**1445**	**2119**
25岁	969	511	458	442	314	128	524	196	328
26岁	1051	516	535	360	258	102	687	257	430
27岁	1072	547	525	314	242	72	750	303	447
28岁	974	481	493	209	165	44	755	312	443
29岁	1049	531	518	180	144	36	848	377	471
30-34	**6048**	**3050**	**2998**	**621**	**523**	**98**	**5277**	**2461**	**2816**
30岁	1156	619	537	166	137	29	967	471	496
31岁	1266	648	618	152	123	29	1084	508	576
32岁	1216	591	625	113	94	19	1075	486	589
33岁	1222	610	612	109	97	12	1081	504	577
34岁	1188	582	606	81	72	9	1070	492	578
35-39	**6729**	**3488**	**3241**	**351**	**329**	**22**	**6088**	**3027**	**3061**
35岁	1313	673	640	86	79	7	1184	572	612

1-8 续表 1

单位：人

年龄	调查人口			未婚			初婚有配偶		
	合计	男	女	小计	男	女	小计	男	女
36岁	1313	699	614	85	81	4	1169	594	575
37岁	1516	786	730	69	67	2	1378	684	694
38岁	1267	671	596	64	57	7	1155	594	561
39岁	1320	659	661	47	45	2	1202	583	619
40-44	**6658**	**3440**	**3218**	**215**	**197**	**18**	**6084**	**3068**	**3016**
40岁	1497	795	702	62	59	3	1353	690	663
41岁	1458	727	731	49	47	2	1332	640	692
42岁	1593	849	744	47	41	6	1471	776	695
43岁	1455	727	728	38	32	6	1337	659	678
44岁	655	342	313	19	18	1	591	303	288
45-49	**4569**	**2343**	**2226**	**104**	**99**	**5**	**4141**	**2101**	**2040**
45岁	680	344	336	17	16	1	623	308	315
46岁	650	334	316	19	19		581	298	283
47岁	1041	520	521	25	21	4	933	461	472
48岁	1168	604	564	16	16		1068	551	517
49岁	1030	541	489	27	27		936	483	453
50-54	**5139**	**2675**	**2464**	**112**	**111**	**1**	**4529**	**2346**	**2183**
50岁	1007	505	502	26	26		883	437	446
51岁	1113	570	543	30	30		972	490	482
52岁	1052	575	477	27	27		921	501	420
53岁	1143	576	567	19	18	1	1012	510	502
54岁	824	449	375	10	10		741	408	333
55-59	**4052**	**2047**	**2005**	**94**	**90**	**4**	**3478**	**1780**	**1698**
55岁	843	405	438	15	15		742	359	383
56岁	1034	539	495	19	18	1	894	462	432
57岁	786	399	387	17	16	1	677	357	320
58岁	732	364	368	26	25	1	604	305	299
59岁	657	340	317	17	16	1	561	297	264
60-64	**3229**	**1650**	**1579**	**75**	**74**	**1**	**2607**	**1403**	**1204**
60岁	640	331	309	22	22		523	280	243
61岁	712	372	340	21	21		580	314	266

1-8 续表 2

单位：人

年 龄	调查人口			未 婚			初婚有配偶		
	合计	男	女	小计	男	女	小计	男	女
62岁	627	320	307	16	16		502	270	232
63岁	628	315	313	8	8		496	264	232
64岁	622	312	310	8	7	1	506	275	231
65-69	**2822**	**1427**	**1395**	**57**	**52**	**5**	**2101**	**1165**	**936**
65岁	599	310	289	11	10	1	480	254	226
66岁	598	296	302	12	11	1	461	246	215
67岁	563	284	279	16	15	1	418	234	184
68岁	513	259	254	8	8		357	211	146
69岁	549	278	271	10	8	2	385	220	165
70-74	**2402**	**1119**	**1283**	**43**	**38**	**5**	**1550**	**836**	**714**
70岁	577	256	321	12	10	2	389	196	193
71岁	434	187	247	5	5		307	151	156
72岁	496	244	252	8	6	2	308	175	133
73岁	480	236	244	8	7	1	305	178	127
74岁	415	196	219	10	10		241	136	105
75-79	**1658**	**756**	**902**	**18**	**15**	**3**	**848**	**501**	**347**
75岁	422	196	226	7	6	1	240	143	97
76岁	361	155	206	6	6		186	100	86
77岁	294	129	165	3	1	2	152	87	65
78岁	318	153	165	1	1		142	94	48
79岁	263	123	140	1	1		128	77	51
80-84	**956**	**383**	**573**	**5**	**4**	**1**	**365**	**230**	**135**
80岁	269	102	167	1	1		111	66	45
81岁	219	82	137	2	1	1	87	54	33
82岁	176	70	106	1	1		62	41	21
83岁	157	63	94	1	1		51	31	20
84岁	135	66	69				54	38	16
85+	**663**	**206**	**457**	**4**	**2**	**2**	**90**	**73**	**17**

1-8 续表 3

单位：人

年 龄	再婚有配偶			离 婚			丧 偶		
	小计	男	女	小计	男	女	小计	男	女
总 计	**869**	**449**	**420**	**602**	**402**	**200**	**4651**	**1229**	**3422**
15-19				**1**		**1**			
15岁				1		1			
16岁									
17岁									
18岁									
19岁									
20-24	**3**	**1**	**2**	**2**	**2**		**2**		**2**
20岁									
21岁									
22岁	1		1						
23岁	1	1		1	1		1		1
24岁	1		1	1	1		1		1
25-29	**18**	**3**	**15**	**22**	**14**	**8**	**6**	**1**	**5**
25岁	1		1	2	1	1			
26岁	2		2				2	1	1
27岁	3		3	4	2	2	1		1
28岁	3	1	2	6	3	3	1		1
29岁	9	2	7	10	8	2	2		2
30-34	**53**	**15**	**38**	**74**	**45**	**29**	**23**	**6**	**17**
30岁	5	2	3	16	9	7	2		2
31岁	9	3	6	18	13	5	3	1	2
32岁	13	3	10	13	8	5	2		2
33岁	11	2	9	13	5	8	8	2	6
34岁	15	5	10	14	10	4	8	3	5
35-39	**125**	**50**	**75**	**102**	**69**	**33**	**63**	**13**	**50**
35岁	18	8	10	18	12	6	7	2	5

1－8 续表 4

单位：人

年 龄	再婚有配偶			离 婚			丧 偶		
	小计	男	女	小计	男	女	小计	男	女
36岁	27	11	16	17	12	5	15	1	14
37岁	32	14	18	25	19	6	12	2	10
38岁	19	5	14	18	10	8	11	5	6
39岁	29	12	17	24	16	8	18	3	15
40－44	**151**	**76**	**75**	**132**	**81**	**51**	**76**	**18**	**58**
40岁	33	19	14	30	22	8	19	5	14
41岁	32	17	15	35	20	15	10	3	7
42岁	33	13	20	27	14	13	15	5	10
43岁	32	14	18	30	18	12	18	4	14
44岁	21	13	8	10	7	3	14	1	13
45－49	**103**	**49**	**54**	**81**	**48**	**33**	**140**	**46**	**94**
45岁	15	7	8	11	8	3	14	5	9
46岁	16	5	11	18	10	8	16	2	14
47岁	25	12	13	19	9	10	39	17	22
48岁	26	15	11	16	11	5	42	11	31
49岁	21	10	11	17	10	7	29	11	18
50－54	**123**	**74**	**49**	**80**	**57**	**23**	**295**	**87**	**208**
50岁	27	18	9	11	7	4	60	17	43
51岁	35	20	15	21	15	6	55	15	40
52岁	28	17	11	18	12	6	58	18	40
53岁	24	14	10	19	13	6	69	21	48
54岁	9	5	4	11	10	1	53	16	37
55－59	**82**	**39**	**43**	**49**	**35**	**14**	**349**	**103**	**246**
55岁	19	7	12	8	4	4	59	20	39
56岁	26	17	9	17	13	4	78	29	49
57岁	10	5	5	9	7	2	73	14	59
58岁	18	6	12	12	8	4	72	20	52
59岁	9	4	5	3	3		67	20	47
60－64	**81**	**47**	**34**	**21**	**18**	**3**	**445**	**108**	**337**
60岁	19	9	10	8	6	2	68	14	54
61岁	19	11	8	3	3		89	23	66

1-8 续表 5

单位：人

年龄	再婚有配偶			离婚			丧偶		
	小计	男	女	小计	男	女	小计	男	女
62岁	15	11	4	3	3		91	20	71
63岁	19	12	7	4	4		101	27	74
64岁	9	4	5	3	2	1	96	24	72
65-69	**54**	**36**	**18**	**17**	**14**	**3**	**593**	**160**	**433**
65岁	10	8	2	7	6	1	91	32	59
66岁	11	7	4	3	2	1	111	30	81
67岁	10	5	5	2	1	1	117	29	88
68岁	10	7	3	4	4		134	29	105
69岁	13	9	4	1	1		140	40	100
70-74	**45**	**31**	**14**	**11**	**10**	**1**	**753**	**204**	**549**
70岁	11	9	2	5	4	1	160	37	123
71岁	6	4	2	2	2		114	25	89
72岁	9	8	1	1	1		170	54	116
73岁	12	6	6	2	2		153	43	110
74岁	7	4	3	1	1		156	45	111
75-79	**17**	**14**	**3**	**5**	**5**		**770**	**221**	**549**
75岁	5	4	1	1	1		169	42	127
76岁	2	2					167	47	120
77岁	3	2	1	1	1		135	38	97
78岁	3	3		3	3		169	52	117
79岁	4	3	1				130	42	88
80-84	**10**	**10**		**5**	**4**	**1**	**571**	**135**	**436**
80岁	3	3		1	1		153	31	122
81岁	2	2		1	1		127	24	103
82岁	2	2					111	26	85
83岁	1	1		3	2	1	101	28	73
84岁	2	2					79	26	53
85+	**4**	**4**					**565**	**127**	**438**

1－9　15岁及以上人口分性别、受教育程度的婚姻状况

单位：人

受教育程度	调查人口			未　婚			初婚有配偶		
	合计	男	女	小计	男	女	小计	男	女
总　计	**61210**	**31201**	**30009**	**12884**	**8281**	**4603**	**42204**	**20840**	**21364**
不识字	7354	1381	5973	399	323	76	4302	724	3578
未上过学	152	65	87	5	5		104	50	54
小　学	20570	10354	10216	2347	1759	588	16199	7630	8569
初　中	22844	13331	9513	6915	4361	2554	15038	8460	6578
高　中	5901	3566	2335	1945	1133	812	3663	2289	1374
中　专	2084	1125	959	695	383	312	1294	693	601
大学专科	1703	1007	696	428	238	190	1179	716	463
大学本科	582	358	224	147	78	69	409	266	143
研究生	20	14	6	3	1	2	16	12	4

1－9　续表

单位：人

受教育程度	再婚有配偶			离　婚			丧　偶		
	小计	男	女	小计	男	女	小计	男	女
总　计	**869**	**449**	**420**	**602**	**402**	**200**	**4651**	**1229**	**3422**
不识字	114	23	91	37	29	8	2502	282	2220
未上过学	4	3	1	2	1	1	37	6	31
小　学	297	141	156	170	140	30	1557	684	873
初　中	276	173	103	209	141	68	406	196	210
高　中	92	57	35	107	50	57	94	37	57
中　专	32	17	15	27	17	10	36	15	21
大学专科	45	27	18	37	18	19	14	8	6
大学本科	8	7	1	13	6	7	5	1	4
研究生	1	1							

1－10 分年龄、性别的经济活动人口

单位：人

年龄	调查人口			在业人口			不在业人口		
	合计	男	女	小计	男	女	小计	男	女
总计	**61210**	**31201**	**30009**	**44222**	**23820**	**20402**	**16988**	**7381**	**9607**
15-19	**6709**	**3656**	**3053**	**2130**	**1305**	**825**	**4579**	**2351**	**2228**
15岁	1600	816	784	139	85	54	1461	731	730
16岁	1567	851	716	350	213	137	1217	638	579
17岁	1313	700	613	440	265	175	873	435	438
18岁	1223	697	526	588	366	222	635	331	304
19岁	1006	592	414	613	376	237	393	216	177
20-24	**4461**	**2375**	**2086**	**3771**	**2006**	**1765**	**690**	**369**	**321**
20岁	995	598	397	749	440	309	246	158	88
21岁	862	487	375	721	413	308	141	74	67
22岁	801	400	401	710	355	355	91	45	46
23岁	924	463	461	818	409	409	106	54	52
24岁	879	427	452	773	389	384	106	38	68
25-29	**5115**	**2586**	**2529**	**4724**	**2436**	**2288**	**391**	**150**	**241**
25岁	969	511	458	878	468	410	91	43	48
26岁	1051	516	535	982	495	487	69	21	48
27岁	1072	547	525	983	508	475	89	39	50
28岁	974	481	493	902	458	444	72	23	49
29岁	1049	531	518	979	507	472	70	24	46
30-34	**6048**	**3050**	**2998**	**5686**	**2945**	**2741**	**362**	**105**	**257**
30岁	1156	619	537	1090	598	492	66	21	45
31岁	1266	648	618	1178	620	558	88	28	60
32岁	1216	591	625	1130	566	564	86	25	61
33岁	1222	610	612	1155	589	566	67	21	46
34岁	1188	582	606	1133	572	561	55	10	45
35-39	**6729**	**3488**	**3241**	**6378**	**3349**	**3029**	**351**	**139**	**212**
35岁	1313	673	640	1238	644	594	75	29	46
36岁	1313	699	614	1239	668	571	74	31	43
37岁	1516	786	730	1430	752	678	86	34	52
38岁	1267	671	596	1218	653	565	49	18	31
39岁	1320	659	661	1253	632	621	67	27	40

1-10 续表

单位：人

年龄	调查人口			在业人口			不在业人口		
	合计	男	女	小计	男	女	小计	男	女
40-44	**6658**	**3440**	**3218**	**6280**	**3292**	**2988**	**378**	**148**	**230**
40岁	1497	795	702	1423	761	662	74	34	40
41岁	1458	727	731	1373	695	678	85	32	53
42岁	1593	849	744	1503	819	684	90	30	60
43岁	1455	727	728	1357	690	667	98	37	61
44岁	655	342	313	624	327	297	31	15	16
45-49	**4569**	**2343**	**2226**	**4200**	**2218**	**1982**	**369**	**125**	**244**
45岁	680	344	336	637	335	302	43	9	34
46岁	650	334	316	611	316	295	39	18	21
47岁	1041	520	521	961	493	468	80	27	53
48岁	1168	604	564	1067	572	495	101	32	69
49岁	1030	541	489	924	502	422	106	39	67
50-54	**5139**	**2675**	**2464**	**4360**	**2415**	**1945**	**779**	**260**	**519**
50岁	1007	505	502	898	475	423	109	30	79
51岁	1113	570	543	940	516	424	173	54	119
52岁	1052	575	477	910	525	385	142	50	92
53岁	1143	576	567	952	508	444	191	68	123
54岁	824	449	375	660	391	269	164	58	106
55-59	**4052**	**2047**	**2005**	**2933**	**1625**	**1308**	**1119**	**422**	**697**
55岁	843	405	438	641	339	302	202	66	136
56岁	1034	539	495	777	438	339	257	101	156
57岁	786	399	387	566	323	243	220	76	144
58岁	732	364	368	512	273	239	220	91	129
59岁	657	340	317	437	252	185	220	88	132
60-64	**3229**	**1650**	**1579**	**1886**	**1071**	**815**	**1343**	**579**	**764**
60岁	640	331	309	406	229	177	234	102	132
61岁	712	372	340	427	248	179	285	124	161
62岁	627	320	307	381	231	150	246	89	157
63岁	628	315	313	341	190	151	287	125	162
64岁	622	312	310	331	173	158	291	139	152
65+	**8501**	**3891**	**4610**	**1874**	**1158**	**716**	**6627**	**2733**	**3894**

1－11　人口分年龄、性别的职业状况

单位：人

年　龄	在业人口			国家机关、党群组织、企业、事业单位负责人			专业技术人员			办事人员和有关人员		
	合计	男	女	小计	男	女	小计	男	女	小计	男	女
总　计	**44222**	**23820**	**20402**	**249**	**232**	**17**	**1655**	**796**	**859**	**1378**	**954**	**424**
15-19	2130	1305	825				15	4	11	24	17	7
20-24	3771	2006	1765	9	5	4	150	55	95	90	58	32
25-29	4724	2436	2288	14	11	3	341	128	213	176	113	63
30-34	5686	2945	2741	27	24	3	306	135	171	191	123	68
35-39	6378	3349	3029	46	43	3	266	109	157	229	147	82
40-44	6280	3292	2988	53	51	2	219	120	99	249	157	92
45-49	4200	2218	1982	32	31	1	133	79	54	175	115	60
50-54	4360	2415	1945	33	32	1	142	93	49	166	147	19
55-59	2933	1625	1308	31	31		65	56	9	55	54	1
60-64	1886	1071	815	3	3		13	13		12	12	
65+	1874	1158	716	1	1		5	4	1	11	11	

1－11　续表

单位：人

年　龄	商业、服务业人员			农、林、牧、渔、水利业生产人员			生产、运输设备操作人员及有关人员			不便分类的其他从业人员		
	小计	男	女	小计	男	女	小计	男	女	小计	男	女
总　计	**4667**	**2071**	**2596**	**31452**	**16319**	**15133**	**4809**	**3438**	**1371**	**12**	**10**	**2**
15-19	248	99	149	1457	927	530	384	257	127	2	1	1
20-24	519	194	325	2434	1293	1141	566	398	168	3	3	
25-29	599	255	344	2944	1477	1467	649	452	197	1		1
30-34	731	310	421	3635	1802	1833	796	551	245			
35-39	744	331	413	4235	2135	2100	858	584	274			
40-44	755	318	437	4279	2125	2154	725	521	204			
45-49	445	203	242	3047	1512	1535	367	277	90	1	1	
50-54	313	182	131	3406	1705	1701	297	253	44	3	3	
55-59	164	88	76	2495	1286	1209	123	110	13			
60-64	75	43	32	1760	978	782	21	20	1	2	2	
65+	74	48	26	1760	1079	681	23	15	8			

1－12　人口分性别、受教育程度的职业状况

单位：人

受教育程度	在业人口			国家机关、党群组织、企业、事业单位负责人			专业技术人员			办事人员和有关人员		
	合计	男	女	小计	男	女	小计	男	女	小计	男	女
总　计	**44222**	**23820**	**20402**	**249**	**232**	**17**	**1655**	**796**	**859**	**1378**	**954**	**424**
不 识 字	3053	591	2462							1	1	
未上过学	65	30	35				2	1	1	1	1	
小　　学	16428	8189	8239	16	13	3	14	10	4	67	54	13
初　　中	17721	10700	7021	60	55	5	126	58	68	292	210	82
高　　中	3708	2455	1253	62	61	1	188	102	86	320	218	102
中　　专	1428	768	660	29	26	3	463	198	265	178	117	61
大学专科	1347	794	553	55	52	3	633	312	321	354	241	113
大学本科	453	280	173	20	18	2	226	114	112	157	108	49
研 究 生	19	13	6	7	7		3	1	2	8	4	4

1－12　续表

单位：人

受教育程度	商业、服务业人员			农、林、牧、渔、水利业生产人员			生产、运输设备操作人员及有关人员			不便分类的其他从业人员		
	小计	男	女	小计	男	女	小计	男	女	小计	男	女
总　计	**4667**	**2071**	**2596**	**31452**	**16319**	**15133**	**4809**	**3438**	**1371**	**12**	**10**	**2**
不 识 字	87	22	65	2920	550	2370	45	18	27			
未上过学	8	3	5	52	24	28	2	1	1			
小　　学	843	368	475	14385	7026	7359	1100	715	385	3	3	
初　　中	2311	1014	1297	12340	7492	4848	2586	1867	719	6	4	2
高　　中	877	415	462	1554	1092	462	705	565	140	2	2	
中　　专	339	137	202	175	116	59	244	174	70			
大学专科	168	87	81	25	18	7	111	83	28	1	1	
大学本科	33	24	9	1	1		16	15	1			
研 究 生	1	1										

1－13　分年龄、性别的未工作人口

单位：人

年　龄	未工作人口			在校学生			离退休		
	合计	男	女	小计	男	女	小计	男	女
总　计	**16988**	**7381**	**9607**	**4510**	**2284**	**2226**	**2340**	**1291**	**1049**
15-19	**4579**	**2351**	**2228**	**4223**	**2118**	**2105**			
15岁	1461	731	730	1401	691	710			
16岁	1217	638	579	1152	588	564			
17岁	873	435	438	803	390	413			
18岁	635	331	304	553	279	274			
19岁	393	216	177	314	170	144			
20-24	**690**	**369**	**321**	**277**	**160**	**117**			
20岁	246	158	88	152	97	55			
21岁	141	74	67	71	39	32			
22岁	91	45	46	33	18	15			
23岁	106	54	52	11	4	7			
24岁	106	38	68	10	2	8			
25-29	**391**	**150**	**241**	**9**	**6**	**3**			
25岁	91	43	48	5	4	1			
26岁	69	21	48						
27岁	89	39	50	3	1	2			
28岁	72	23	49	1	1				
29岁	70	24	46						
30-34	**362**	**105**	**257**				**1**		**1**
30岁	66	21	45						
31岁	88	28	60				1		1
32岁	86	25	61						
33岁	67	21	46						
34岁	55	10	45						
35-39	**351**	**139**	**212**				**1**		**1**
35岁	75	29	46						
36岁	74	31	43				1		1

1-13 续表 1

单位：人

年 龄	未工作人口			在校学生			离退休		
	合计	男	女	小计	男	女	小计	男	女
37岁	86	34	52						
38岁	49	18	31						
39岁	67	27	40						
40-44	**378**	**148**	**230**				**8**	**2**	**6**
40岁	74	34	40				1		1
41岁	85	32	53				2	1	1
42岁	90	30	60				2		2
43岁	98	37	61				2	1	1
44岁	31	15	16				1		1
45-49	**369**	**125**	**244**				**68**	**9**	**59**
45岁	43	9	34				2		2
46岁	39	18	21				10	3	7
47岁	80	27	53				9		9
48岁	101	32	69				24	2	22
49岁	106	39	67				23	4	19
50-54	**779**	**260**	**519**	**1**		**1**	**340**	**71**	**269**
50岁	109	30	79				52	8	44
51岁	173	54	119				68	10	58
52岁	142	50	92				68	15	53
53岁	191	68	123				79	19	60
54岁	164	58	106	1		1	73	19	54
55-59	**1119**	**422**	**697**				**438**	**171**	**267**
55岁	202	66	136				97	30	67
56岁	257	101	156				95	33	62
57岁	220	76	144				85	30	55
58岁	220	91	129				83	39	44
59岁	220	88	132				78	39	39

1－13 续表 2

单位：人

年龄	未工作人口			在校学生			离退休		
	合计	男	女	小计	男	女	小计	男	女
60-64	**1343**	**579**	**764**				**455**	**306**	**149**
60岁	234	102	132				83	55	28
61岁	285	124	161				108	68	40
62岁	246	89	157				83	48	35
63岁	287	125	162				93	67	26
64岁	291	139	152				88	68	20
65-69	**1675**	**730**	**945**				**419**	**285**	**134**
65岁	306	134	172				88	61	27
66岁	338	149	189				89	60	29
67岁	343	150	193				85	58	27
68岁	320	137	183				82	58	24
69岁	368	160	208				75	48	27
70-74	**1889**	**817**	**1072**				**306**	**229**	**77**
70岁	405	156	249				67	47	20
71岁	326	134	192				58	45	13
72岁	404	186	218				70	52	18
73岁	393	183	210				65	49	16
74岁	361	158	203				46	36	10
75-79	**1484**	**626**	**858**				**176**	**127**	**49**
75岁	355	145	210				57	42	15
76岁	326	131	195				34	24	10
77岁	259	105	154				24	19	5
78岁	294	133	161				34	25	9
79岁	250	112	138				27	17	10
80-84	**922**	**358**	**564**				**97**	**72**	**25**
80岁	255	91	164				20	18	2
81岁	211	77	134				22	17	5
82岁	171	66	105				17	12	5
83岁	154	62	92				18	14	4
84岁	131	62	69				20	11	9
85+	**657**	**202**	**455**				**31**	**19**	**12**

1－13 续 3

单位：人

年龄	料理家务			丧失劳动能力			毕业后未工作			因单位原因失去原工作		
	小计	男	女	小计	男	女	小计	男	女	小计	男	女
总　计	**6062**	**1742**	**4320**	**2601**	**1161**	**1440**	**456**	**316**	**140**	**551**	**310**	**241**
15-19	**45**	**13**	**32**	**52**	**34**	**18**	**231**	**164**	**67**	**1**		**1**
15岁	6	3	3	5	2	3	46	33	13			
16岁	3	1	2	9	7	2	48	37	11			
17岁	12	3	9	14	9	5	36	27	9			
18岁	13	4	9	11	8	3	50	33	17			
19岁	11	2	9	13	8	5	51	34	17	1		1
20-24	**120**	**8**	**112**	**65**	**43**	**22**	**151**	**114**	**37**	**7**	**2**	**5**
20岁	18	2	16	13	9	4	47	37	10	2	2	
21岁	21	2	19	12	7	5	23	20	3			
22岁	19		19	9	7	2	17	12	5			
23岁	28	3	25	17	13	4	37	26	11	1		1
24岁	34	1	33	14	7	7	27	19	8	4		4
25-29	**170**	**18**	**152**	**55**	**43**	**12**	**56**	**33**	**23**	**22**	**12**	**10**
25岁	33	6	27	12	7	5	20	11	9			
26岁	32	2	30	13	9	4	13	7	6	3		3
27岁	37	4	33	13	12	1	14	10	4	7	6	1
28岁	33	4	29	9	8	1	6	3	3	6	2	4
29岁	35	2	33	8	7	1	3	2	1	6	4	2
30-34	**186**	**18**	**168**	**49**	**36**	**13**	**16**	**3**	**13**	**53**	**21**	**32**
30岁	33	5	28	9	7	2	6	1	5	9	3	6
31岁	44	4	40	13	10	3	3		3	12	6	6
32岁	44	3	41	13	10	3	3	2	1	13	6	7
33岁	36	5	31	5	4	1				12	5	7
34岁	29	1	28	9	5	4	4		4	7	1	6
35-39	**160**	**25**	**135**	**68**	**49**	**19**	**1**	**1**		**75**	**34**	**41**
35岁	32	3	29	14	11	3				14	7	7
36岁	29	3	26	15	10	5				21	10	11

1－13 续表 4

单位：人

年　龄	料理家务			丧失劳动能力			毕业后未工作			因单位原因失去原工作		
	小计	男	女	小计	男	女	小计	男	女	小计	男	女
37岁	43	6	37	18	16	2				13	5	8
38岁	19	3	16	9	3	6				16	8	8
39岁	37	10	27	12	9	3	1	1		11	4	7
40-44	**160**	**37**	**123**	**62**	**34**	**28**	**1**	**1**		**104**	**49**	**55**
40岁	36	15	21	15	9	6				19	9	10
41岁	31	5	26	8	5	3				30	14	16
42岁	36	2	34	17	8	9				22	11	11
43岁	44	10	34	15	9	6	1	1		25	10	15
44岁	13	5	8	7	3	4				8	5	3
45-49	**125**	**27**	**98**	**47**	**33**	**14**				**101**	**35**	**66**
45岁	23	4	19	4	2	2				11	1	10
46岁	11	2	9	8	8					9	4	5
47岁	22	5	17	12	7	5				26	8	18
48岁	36	8	28	11	7	4				27	12	15
49岁	33	8	25	12	9	3				28	10	18
50-54	**259**	**57**	**202**	**66**	**42**	**24**				**83**	**69**	**14**
50岁	34	7	27	10	6	4				9	6	3
51岁	63	16	47	16	10	6				18	13	5
52岁	41	8	33	13	9	4				14	13	1
53岁	63	15	48	18	11	7				22	18	4
54岁	58	11	47	9	6	3				20	19	1
55-59	**513**	**121**	**392**	**66**	**41**	**25**				**82**	**74**	**8**
55岁	73	10	63	9	6	3				20	18	2
56岁	120	33	87	16	11	5				23	21	2
57岁	108	22	86	8	7	1				16	14	2
58岁	99	26	73	16	9	7				15	13	2
59岁	113	30	83	17	8	9				8	8	

1－13 续表 5

单位：人

年 龄	料理家务			丧失劳动能力			毕业后未工作			因单位原因失去原工作		
	小计	男	女	小计	男	女	小计	男	女	小计	男	女
60-64	**726**	**185**	**541**	**128**	**66**	**62**				**14**	**10**	**4**
60岁	120	31	89	25	11	14				4	3	1
61岁	142	34	108	22	14	8				5	5	
62岁	129	27	102	28	10	18				4	2	2
63岁	165	42	123	26	15	11				1		1
64岁	170	51	119	27	16	11						
65-69	**1032**	**339**	**693**	**209**	**96**	**113**				**2**	**1**	**1**
65岁	186	56	130	31	16	15						
66岁	210	65	145	35	20	15				1	1	
67岁	216	76	140	41	16	25						
68岁	186	60	126	49	18	31						
69岁	234	82	152	53	26	27				1		1
70-74	**1192**	**404**	**788**	**367**	**172**	**195**				**6**	**2**	**4**
70岁	270	87	183	59	19	40				1		1
71岁	216	67	149	46	18	28				2	1	1
72岁	260	99	161	70	34	36				2		2
73岁	239	85	154	87	47	40						
74岁	207	66	141	105	54	51				1	1	
75-79	**838**	**320**	**518**	**464**	**177**	**287**						
75岁	205	70	135	93	33	60						
76岁	201	76	125	91	31	60						
77岁	150	57	93	81	28	53						
78岁	154	60	94	105	48	57						
79岁	128	57	71	94	37	57						
80-84	**385**	**126**	**259**	**434**	**158**	**276**				**1**	**1**	
80岁	113	33	80	118	39	79						
81岁	99	33	66	88	26	62				1	1	
82岁	70	25	45	84	29	55						
83岁	63	16	47	73	32	41						
84岁	40	19	21	71	32	39						
85+	**151**	**44**	**107**	**469**	**137**	**332**						

1－13 续表 6

单位：人

年 龄	因本人原因失去原工作			承包土地被征用			其 他		
	小计	男	女	小计	男	女	小计	男	女
总 计	**218**	**132**	**86**	**28**	**14**	**14**	**222**	**131**	**91**
15－19	**2**	**1**	**1**	**1**	**1**		**24**	**20**	**4**
15岁							3	2	1
16岁							5	5	
17岁							8	6	2
18岁	2	1	1				6	6	
19岁				1	1		2	1	1
20－24	**30**	**18**	**12**	**7**	**4**	**3**	**33**	**20**	**13**
20岁	7	5	2	1	1		6	5	1
21岁	4	2	2				10	4	6
22岁	6	3	3	2	2		5	3	2
23岁	7	5	2	1		1	4	3	1
24岁	6	3	3	3	1	2	8	5	3
25－29	**49**	**23**	**26**	**2**	**1**	**1**	**28**	**14**	**14**
25岁	12	8	4				9	7	2
26岁	2	1	1				6	2	4
27岁	11	4	7	2	1	1	2	1	1
28岁	10	2	8				7	3	4
29岁	14	8	6				4	1	3
30－34	**36**	**17**	**19**	**5**		**5**	**16**	**10**	**6**
30岁	7	5	2	1		1	1		1
31岁	10	5	5				5	3	2
32岁	8	3	5	2		2	3	1	2
33岁	7	3	4	2		2	5	4	1
34岁	4	1	3				2	2	
35－39	**24**	**17**	**7**	**3**	**1**	**2**	**19**	**12**	**7**
35岁	8	5	3	1		1	6	3	3
36岁	4	4		1	1		3	3	

1-13 续表 7

单位：人

年龄	因本人原因失去原工作			承包土地被征用			其他		
	小计	男	女	小计	男	女	小计	男	女
37岁	6	4	2	1		1	5	3	2
38岁	3	2	1				2	2	
39岁	3	2	1				3	1	2
40-44	**26**	**17**	**9**	**2**	**1**	**1**	**15**	**7**	**8**
40岁				1	1		2		2
41岁	8	4	4				6	3	3
42岁	8	6	2				5	3	2
43岁	8	5	3	1		1	2	1	1
44岁	2	2							
45-49	**15**	**11**	**4**	**1**	**1**		**12**	**9**	**3**
45岁	2	2					1		1
46岁							1	1	
47岁	6	4	2	1	1		4	2	2
48岁	1	1					2	2	
49岁	6	4	2				4	4	
50-54	**16**	**12**	**4**	**4**	**3**	**1**	**10**	**6**	**4**
50岁	1	1		1		1	2	2	
51岁	4	3	1				4	2	2
52岁	5	4	1	1	1				
53岁	4	2	2	2	2		3	1	2
54岁	2	2					1	1	
55-59	**9**	**8**	**1**	**1**	**1**		**10**	**6**	**4**
55岁	1	1					2	1	1
56岁	1	1					2	2	
57岁	1	1					2	2	
58岁	5	4	1				2		2
59岁	1	1		1	1		2	1	1

1-13 续表 8

单位：人

年龄	因本人原因失去原工作			承包土地被征用			其他		
	小计	男	女	小计	男	女	小计	男	女
60-64	**6**	**5**	**1**	**2**	**1**	**1**	**12**	**6**	**6**
60岁							2	2	
61岁	2	1	1	1		1	5	2	3
62岁	1	1		1	1				
63岁							2	1	1
64岁	3	3					3	1	2
65-69	**4**	**3**	**1**				**9**	**6**	**3**
65岁							1	1	
66岁	1	1					2	2	
67岁							1		1
68岁							3	1	2
69岁	3	2	1				2	2	
70-74	**1**		**1**				**17**	**10**	**7**
70岁	1		1				7	3	4
71岁							4	3	1
72岁							2	1	1
73岁							2	2	
74岁							2	1	1
75-79							**6**	**2**	**4**
75岁									
76岁									
77岁							4	1	3
78岁							1		1
79岁							1	1	
80-84							**5**	**1**	**4**
80岁							4	1	3
81岁							1		1
82岁									
83岁									
84岁									
85+							**6**	**2**	**4**

1-14 分年龄、性别的未工作者主要生活来源

单位：人

年龄	未工作人口			离退休金			领取基本生活费		
	合计	男	女	小计	男	女	小计	男	女
总计	**16988**	**7381**	**9607**	**2322**	**1278**	**1044**	**581**	**381**	**200**
15-19	**4579**	**2351**	**2228**				**6**	**6**	
15岁	1461	731	730				2	2	
16岁	1217	638	579				2	2	
17岁	873	435	438						
18岁	635	331	304				2	2	
19岁	393	216	177						
20-24	**690**	**369**	**321**				**1**		**1**
20岁	246	158	88						
21岁	141	74	67						
22岁	91	45	46						
23岁	106	54	52				1		1
24岁	106	38	68						
25-29	**391**	**150**	**241**				**8**	**6**	**2**
25岁	91	43	48				3	2	1
26岁	69	21	48				1	1	
27岁	89	39	50				1	1	
28岁	72	23	49				2	1	1
29岁	70	24	46				1	1	
30-34	**362**	**105**	**257**				**20**	**9**	**11**
30岁	66	21	45				1		1
31岁	88	28	60				7	3	4
32岁	86	25	61				5	2	3
33岁	67	21	46				4	3	1
34岁	55	10	45				3	1	2
35-39	**351**	**139**	**212**	**1**		**1**	**42**	**25**	**17**
35岁	75	29	46				10	7	3

1－14 续表 1

单位：人

年 龄	未工作人口			离退休金			领取基本生活费		
	合计	男	女	小计	男	女	小计	男	女
36岁	74	31	43	1		1	8	5	3
37岁	86	34	52				4	2	2
38岁	49	18	31				8	5	3
39岁	67	27	40				12	6	6
40-44	**378**	**148**	**230**	**7**	**2**	**5**	**55**	**26**	**29**
40岁	74	34	40	1		1	11	7	4
41岁	85	32	53	2	1	1	15	5	10
42岁	90	30	60	1		1	8	3	5
43岁	98	37	61	2	1	1	16	8	8
44岁	31	15	16	1		1	5	3	2
45-49	**369**	**125**	**244**	**68**	**9**	**59**	**72**	**31**	**41**
45岁	43	9	34	2		2	7	2	5
46岁	39	18	21	10	3	7	7	5	2
47岁	80	27	53	9		9	20	7	13
48岁	101	32	69	24	2	22	16	8	8
49岁	106	39	67	23	4	19	22	9	13
50-54	**779**	**260**	**519**	**335**	**68**	**267**	**67**	**56**	**11**
50岁	109	30	79	51	7	44	9	7	2
51岁	173	54	119	67	9	58	15	12	3
52岁	142	50	92	67	15	52	12	11	1
53岁	191	68	123	79	19	60	17	13	4
54岁	164	58	106	71	18	53	14	13	1
55-59	**1119**	**422**	**697**	**435**	**168**	**267**	**83**	**78**	**5**
55岁	202	66	136	96	29	67	19	18	1
56岁	257	101	156	95	33	62	20	19	1
57岁	220	76	144	83	28	55	16	15	1
58岁	220	91	129	83	39	44	15	14	1
59岁	220	88	132	78	39	39	13	12	1

1－14 续表 2

单位：人

年龄	未工作人口			离退休金			领取基本生活费		
	合计	男	女	小计	男	女	小计	男	女
60-64	**1343**	**579**	**764**	**452**	**304**	**148**	**31**	**25**	**6**
60岁	234	102	132	83	55	28	8	7	1
61岁	285	124	161	107	67	40	7	7	
62岁	246	89	157	82	48	34	6	5	1
63岁	287	125	162	92	66	26	5	3	2
64岁	291	139	152	88	68	20	5	3	2
65-69	**1675**	**730**	**945**	**419**	**283**	**136**	**38**	**29**	**9**
65岁	306	134	172	88	61	27	8	8	
66岁	338	149	189	90	60	30	6	5	1
67岁	343	150	193	84	57	27	7	4	3
68岁	320	137	183	83	58	25	11	7	4
69岁	368	160	208	74	47	27	6	5	1
70-74	**1889**	**817**	**1072**	**304**	**227**	**77**	**62**	**42**	**20**
70岁	405	156	249	66	46	20	15	10	5
71岁	326	134	192	58	45	13	8	6	2
72岁	404	186	218	70	52	18	9	6	3
73岁	393	183	210	64	48	16	12	9	3
74岁	361	158	203	46	36	10	18	11	7
75-79	**1484**	**626**	**858**	**174**	**126**	**48**	**46**	**25**	**21**
75岁	355	145	210	56	41	15	10	5	5
76岁	326	131	195	33	24	9	9	4	5
77岁	259	105	154	24	19	5	5	2	3
78岁	294	133	161	35	26	9	11	6	5
79岁	250	112	138	26	16	10	11	8	3
80-84	**922**	**358**	**564**	**96**	**72**	**24**	**29**	**16**	**13**
80岁	255	91	164	20	18	2	5	3	2
81岁	211	77	134	22	17	5	9	5	4
82岁	171	66	105	17	12	5	4	2	2
83岁	154	62	92	17	14	3	6	3	3
84岁	131	62	69	20	11	9	5	3	2
85+	**657**	**202**	**455**	**31**	**19**	**12**	**21**	**7**	**14**

1－14 续表 3

单位：人

年 龄	家庭其他成员供养			财产性收入			保险收入			其 他		
	小计	男	女	小计	男	女	小计	男	女	小计	男	女
总 计	**13781**	**5550**	**8231**	**97**	**50**	**47**	**5**	**1**	**4**	**202**	**121**	**81**
15-19	**4568**	**2342**	**2226**	**1**	**1**					**4**	**2**	**2**
15岁	1458	729	729							1		1
16岁	1215	636	579									
17岁	872	435	437							1		1
18岁	632	328	304							1	1	
19岁	391	214	177	1	1					1	1	
20-24	**666**	**354**	**312**	**2**	**2**					**21**	**13**	**8**
20岁	242	157	85							4	1	3
21岁	138	73	65							3	1	2
22岁	88	43	45							3	2	1
23岁	97	47	50	2	2					6	5	1
24岁	101	34	67							5	4	1
25-29	**366**	**137**	**229**	**2**		**2**				**15**	**7**	**8**
25岁	84	37	47							4	4	
26岁	66	20	46							2		2
27岁	84	37	47	1		1				3	1	2
28岁	68	22	46	1		1				1		1
29岁	64	21	43							5	2	3
30-34	**320**	**85**	**235**	**4**	**2**	**2**				**18**	**9**	**9**
30岁	62	20	42	1		1				2	1	1
31岁	77	23	54							4	2	2
32岁	77	22	55							4	1	3
33岁	56	14	42	2	1	1				5	3	2
34岁	48	6	42	1	1					3	2	1
35-39	**276**	**96**	**180**	**12**	**4**	**8**				**20**	**14**	**6**
35岁	59	19	40	3	1	2				3	2	1

1-14 续表 4

单位：人

年 龄	家庭其他成员供养			财产性收入			保险收入			其 他		
	小计	男	女	小计	男	女	小计	男	女	小计	男	女
36岁	60	22	38	2	1	1				3	3	
37岁	71	27	44	3		3				8	5	3
38岁	37	9	28	2	2					2	2	
39岁	49	19	30	2		2				4	2	2
40-44	**284**	**99**	**185**	**14**	**11**	**3**				**18**	**10**	**8**
40岁	57	24	33	1	1					4	2	2
41岁	57	19	38	4	3	1				7	4	3
42岁	73	22	51	5	4	1				3	1	2
43岁	72	22	50	4	3	1				4	3	1
44岁	25	12	13									
45-49	**196**	**66**	**130**	**11**	**5**	**6**				**22**	**14**	**8**
45岁	29	6	23	2		2				3	1	2
46岁	17	7	10	2		2				3	3	
47岁	41	15	26	4	2	2				6	3	3
48岁	55	17	38	3	3					3	2	1
49岁	54	21	33							7	5	2
50-54	**349**	**118**	**231**	**16**	**9**	**7**				**12**	**9**	**3**
50岁	47	16	31	1		1				1		1
51岁	79	26	53	10	5	5				2	2	
52岁	59	21	38	1		1				3	3	
53岁	89	32	57	2	2					4	2	2
54岁	75	23	52	2	2					2	2	
55-59	**577**	**162**	**415**	**9**	**3**	**6**	**1**		**1**	**14**	**11**	**3**
55岁	82	17	65	1		1	1		1	3	2	1
56岁	136	44	92	2	1	1				4	4	
57岁	117	31	86	2		2				2	2	
58岁	118	35	83	2	1	1				2	2	
59岁	124	35	89	2	1	1				3	1	2

1－14 续表 5

单位：人

年龄	家庭其他成员供养			财产性收入			保险收入			其他		
	小计	男	女	小计	男	女	小计	男	女	小计	男	女
60-64	**842**	**238**	**604**	**7**	**5**	**2**	**1**	**1**		**10**	**6**	**4**
60岁	141	39	102	1		1				1	1	
61岁	165	46	119	3	3		1	1		2		2
62岁	152	32	120							6	4	2
63岁	187	54	133	3	2	1						
64岁	197	67	130							1	1	
65-69	**1198**	**408**	**790**	**7**	**3**	**4**				**13**	**7**	**6**
65岁	208	64	144	1	1					1		1
66岁	238	82	156							4	2	2
67岁	250	87	163							2	2	
68岁	221	71	150	2		2				3	1	2
69岁	281	104	177	4	2	2				3	2	1
70-74	**1506**	**538**	**968**	**5**	**3**	**2**	**1**		**1**	**11**	**7**	**4**
70岁	321	98	223	1	1					2	1	1
71岁	259	83	176				1		1			
72岁	322	126	196	1	1					2	1	1
73岁	312	121	191	1	1					4	4	
74岁	292	110	182	2		2				3	1	2
75-79	**1251**	**467**	**784**	**2**		**2**	**1**		**1**	**10**	**8**	**2**
75岁	284	96	188				1		1	4	3	1
76岁	281	101	180	1		1				2	2	
77岁	227	82	145							3	2	1
78岁	247	101	146	1		1						
79岁	212	87	125							1	1	
80-84	**784**	**268**	**516**	**4**	**1**	**3**	**1**		**1**	**8**	**1**	**7**
80岁	225	69	156	2		2	1		1	2	1	1
81岁	177	54	123	1	1					2		2
82岁	149	52	97							1		1
83岁	127	45	82	1		1				3		3
84岁	106	48	58									
85+	**598**	**172**	**426**	**1**	**1**					**6**	**3**	**3**

第二部分　残疾人口的基本状况

2－1 各地区分性别、残疾类别的残疾人

单位：人

地区	残疾人			视力残疾人			听力残疾人			言语残疾人		
	合计	男	女	小计	男	女	小计	男	女	小计	男	女
总　计	**5837**	**2892**	**2945**	**911**	**352**	**559**	**1467**	**821**	**646**	**68**	**48**	**20**
南宁市江南区	236	107	129	44	15	29	65	43	22			
南宁市宾阳县	221	96	125	29	9	20	70	35	35	3	3	
南宁市马山县	252	116	136	35	15	20	45	28	17			
柳州市柳北区	173	77	96	14	8	6	48	21	27	1	1	
柳州市融水苗族自治县	195	101	94	43	14	29	41	26	15	6	2	4
桂林市叠彩区	233	115	118	33	14	19	71	38	33	2	2	
桂林市荔浦县	280	140	140	50	22	28	86	43	43	1		1
桂林市龙胜各族自治区	234	142	92	26	14	12	77	50	27			
贺州市八步区	210	104	106	15	6	9	89	52	37	3	3	
梧州市藤县	209	126	83	33	20	13	40	23	17	8	6	2
贺州市富川瑶族自治县	195	102	93	33	11	22	45	28	17	4	3	1
防城港市防城区	246	138	108	32	11	21	42	28	14	5	4	1
北海市合浦县	286	140	146	20	8	12	88	49	39	4	2	2
钦州市浦北县	221	112	109	42	22	20	68	34	34	3	2	1
贵港市港北区	247	117	130	31	5	26	82	40	42	2	2	
贵港市平南县	249	131	118	24	15	9	35	21	14			
玉林市博白县	194	101	93	27	14	13	47	28	19	3	3	
玉林市容县	310	156	154	33	11	22	90	55	35	5	4	1
贵港市桂平市	242	131	111	33	16	17	81	51	30			
百色市靖西县	247	113	134	26	6	20	43	17	26	5	1	4
百色市田阳县	242	115	127	39	14	25	89	47	42	1	1	
河池市宜州市	228	94	134	68	17	51	28	14	14	3	1	2
河池市东兰县	280	146	134	29	14	15	63	34	29	1		1
来宾市兴宾区	198	96	102	73	27	46	23	12	11	5	5	
崇左市扶绥县	209	76	133	79	24	55	11	4	7	3	3	

2-1 续表

单位：人

地区	肢体残疾人			智力残疾人			精神残疾人			多重残疾人		
	小计	男	女	小计	男	女	小计	男	女	小计	男	女
总计	**1425**	**759**	**666**	**324**	**178**	**146**	**304**	**171**	**133**	**1338**	**563**	**775**
南宁市江南区	48	21	27	1		1	16	7	9	62	21	41
南宁市宾阳县	59	27	32	10	6	4	6	4	2	44	12	32
南宁市马山县	49	23	26	21	11	10	14	10	4	88	29	59
柳州市柳北区	46	24	22	8	4	4	5	4	1	51	15	36
柳州市融水苗族自治县	52	32	20	7	3	4	22	13	9	24	11	13
桂林市叠彩区	37	22	15	6	4	2	12	9	3	72	26	46
桂林市荔浦县	73	43	30	11	7	4	9	4	5	50	21	29
桂林市龙胜各族自治区	66	38	28	6	4	2	18	10	8	41	26	15
贺州市八步区	45	20	25	7	4	3	8	3	5	43	16	27
梧州市藤县	61	37	24	14	7	7	13	9	4	40	24	16
贺州市富川瑶族自治县	66	33	33	18	11	7	7	5	2	22	11	11
防城港市防城区	75	41	34	19	10	9	15	13	2	58	31	27
北海市合浦县	62	38	24	14	9	5	13	5	8	85	29	56
钦州市浦北县	31	17	14	16	7	9	10	6	4	51	24	27
贵港市港北区	56	30	26	22	11	11	12	7	5	42	22	20
贵港市平南县	75	37	38	26	16	10	11	5	6	78	37	41
玉林市博白县	42	27	15	24	11	13	20	5	15	31	13	18
玉林市容县	62	37	25	20	5	15	12	8	4	88	36	52
贵港市桂平市	37	24	13	10	6	4	20	13	7	61	21	40
百色市靖西县	101	47	54	12	11	1	11	10	1	49	21	28
百色市田阳县	41	24	17	6	2	4	12	4	8	54	23	31
河池市宜州市	60	29	31	18	12	6	7	4	3	44	17	27
河池市东兰县	79	45	34	6	2	4	15	7	8	87	44	43
来宾市兴宾区	46	23	23	16	13	3	6	2	4	29	14	15
崇左市扶绥县	56	20	36	6	2	4	10	4	6	44	19	25

2-2 分年龄、性别、残疾类别的残疾人

单位：人

年 龄	残疾人			视力残疾人			听力残疾人			言语残疾人		
	合计	男	女	小计	男	女	小计	男	女	小计	男	女
总 计	**5837**	**2892**	**2945**	**911**	**352**	**559**	**1467**	**821**	**646**	**68**	**48**	**20**
0-4	**92**	**47**	**45**							**10**	**8**	**2**
0岁	14	2	12									
1岁	15	8	7									
2岁	19	13	6									
3岁	23	13	10							8	6	2
4岁	21	11	10							2	2	
5-9	**108**	**62**	**46**	**4**		**4**	**1**	**1**		**11**	**6**	**5**
5岁	17	10	7	1		1				1		1
6岁	22	13	9							4	4	
7岁	29	17	12	1		1	1	1		3	1	2
8岁	21	14	7	2		2				2	1	1
9岁	19	8	11							1		1
10-14	**114**	**72**	**42**	**6**	**4**	**2**	**6**	**4**	**2**	**5**	**5**	
10岁	23	13	10	1	1		2	2		1	1	
11岁	25	18	7				2	1	1	2	2	
12岁	21	14	7	2	1	1	1	1				
13岁	17	9	8	2	2		1		1	1	1	
14岁	28	18	10	1		1				1	1	
15-19	**128**	**75**	**53**	**9**	**4**	**5**	**5**	**3**	**2**	**6**	**5**	**1**
15岁	23	15	8	3	1	2	1		1	1	1	
16岁	28	19	9	1		1	2	2		3	3	
17岁	30	18	12				2	1	1	1	1	
18岁	27	11	16	3	1	2				1		1
19岁	20	12	8	2	2							
20-24	**133**	**87**	**46**	**7**	**3**	**4**	**1**	**1**		**3**	**3**	
20岁	34	22	12	3	1	2	1	1				
21岁	30	18	12							3	3	
22岁	16	11	5									
23岁	30	21	9	3	1	2						
24岁	23	15	8	1	1							
25-29	**148**	**96**	**52**	**9**	**4**	**5**	**2**	**1**	**1**	**1**	**1**	
25岁	32	19	13	1		1	1	1		1	1	
26岁	30	17	13	3	2	1						

2-2 续表 1

单位：人

年龄	残疾人			视力残疾人			听力残疾人			言语残疾人		
	合计	男	女	小计	男	女	小计	男	女	小计	男	女
27岁	35	24	11	2	1	1	1		1			
28岁	28	17	11	2	1	1						
29岁	23	19	4	1		1						
30-34	**169**	**107**	**62**	**7**	**4**	**3**	**9**	**5**	**4**	**2**	**1**	**1**
30岁	26	14	12	1		1	1	1				
31岁	40	27	13	1	1							
32岁	42	27	15	2	1	1	3	1	2			
33岁	31	20	11	2	1	1	1	1		1		1
34岁	30	19	11	1	1		4	2	2	1	1	
35-39	**242**	**158**	**84**	**18**	**10**	**8**	**25**	**15**	**10**	**5**	**2**	**3**
35岁	44	31	13	1	1		5	4	1	1		1
36岁	49	33	16	5	3	2	5	3	2			
37岁	54	35	19	8	4	4	2		2	1	1	
38岁	39	24	15	1		1	4	3	1			
39岁	56	35	21	3	2	1	9	5	4	3	1	2
40-44	**232**	**123**	**109**	**24**	**9**	**15**	**30**	**18**	**12**	**2**		**2**
40岁	60	37	23	4	3	1	9	7	2			
41岁	43	22	21	6	3	3	5	2	3			
42岁	47	18	29	8	1	7	4	1	3	1		1
43岁	60	34	26	5	2	3	10	7	3	1		1
44岁	22	12	10	1		1	2	1	1			
45-49	**214**	**133**	**81**	**20**	**10**	**10**	**39**	**23**	**16**	**3**	**2**	**1**
45岁	24	11	13	3	1	2	3	1	2			
46岁	28	19	9				2	1	1	1	1	
47岁	49	28	21	3	1	2	8	3	5			
48岁	57	39	18	12	7	5	13	9	4	1		1
49岁	56	36	20	2	1	1	13	9	4	1	1	
50-54	**285**	**166**	**119**	**37**	**18**	**19**	**65**	**31**	**34**	**1**	**1**	
50岁	48	28	20	7	2	5	12	5	7			
51岁	71	41	30	9	5	4	15	5	10			
52岁	56	37	19	7	3	4	17	11	6			
53岁	66	33	33	10	5	5	11	4	7			
54岁	44	27	17	4	3	1	10	6	4	1	1	
55-59	**307**	**170**	**137**	**58**	**27**	**31**	**92**	**49**	**43**	**3**	**2**	**1**
55岁	56	33	23	6	4	2	16	9	7			

2-2 续表 2

单位：人

年龄	残疾人			视力残疾人			听力残疾人			言语残疾人		
	合计	男	女	小计	男	女	小计	男	女	小计	男	女
56岁	74	42	32	16	6	10	22	12	10			
57岁	54	29	25	12	4	8	19	8	11	1	1	
58岁	61	31	30	11	5	6	17	10	7	1	1	
59岁	62	35	27	13	8	5	18	10	8	1		1
60-64	**390**	**209**	**181**	**84**	**37**	**47**	**123**	**81**	**42**	**6**	**6**	
60岁	76	39	37	17	8	9	25	14	11	4	4	
61岁	82	51	31	18	9	9	22	17	5			
62岁	73	34	39	15	5	10	23	18	5	1	1	
63岁	74	43	31	18	8	10	21	12	9			
64岁	85	42	43	16	7	9	32	20	12	1	1	
65-69	**606**	**307**	**299**	**130**	**45**	**85**	**225**	**142**	**83**	**6**	**4**	**2**
65岁	107	63	44	19	7	12	35	26	9	4	2	2
66岁	102	53	49	15	6	9	46	28	18			
67岁	130	57	73	28	8	20	47	23	24	1	1	
68岁	126	61	65	32	11	21	46	31	15			
69岁	141	73	68	36	13	23	51	34	17	1	1	
70-74	**747**	**347**	**400**	**162**	**61**	**101**	**274**	**154**	**120**	**1**		**1**
70岁	148	64	84	26	8	18	62	33	29	1		1
71岁	129	51	78	32	9	23	48	20	28			
72岁	142	72	70	34	15	19	43	29	14			
73岁	171	84	87	37	11	26	67	44	23			
74岁	157	76	81	33	18	15	54	28	26			
75-79	**799**	**342**	**457**	**176**	**64**	**112**	**269**	**143**	**126**	**2**	**2**	
75岁	173	75	98	37	11	26	61	34	27	1	1	
76岁	159	67	92	42	13	29	53	30	23			
77岁	153	63	90	37	15	22	50	27	23	1	1	
78岁	168	75	93	31	13	18	58	28	30			
79岁	146	62	84	29	12	17	47	24	23			
80-84	**592**	**227**	**365**	**95**	**34**	**61**	**178**	**90**	**88**	**1**		**1**
80岁	144	52	92	28	12	16	41	21	20			
81岁	120	41	79	19	4	15	41	19	22	1		1
82岁	119	45	74	23	8	15	40	19	21			
83岁	110	42	68	14	4	10	25	16	9			
84岁	99	47	52	11	6	5	31	15	16			
85+	**531**	**164**	**367**	**65**	**18**	**47**	**123**	**60**	**63**			

2-2 续表 3

单位：人

年龄	肢体残疾人			智力残疾人			精神残疾人			多重残疾人		
	小计	男	女	小计	男	女	小计	男	女	小计	男	女
总　计	**1425**	**759**	**666**	**324**	**178**	**146**	**304**	**171**	**133**	**1338**	**563**	**775**
0-4	**7**	**5**	**2**	**49**	**23**	**26**	**1**	**1**		**25**	**10**	**15**
0岁				13	2	11				1		1
1岁	1		1	12	7	5				2	1	1
2岁	2	2		14	8	6	1	1		2	2	
3岁	3	2	1	3	1	2				9	4	5
4岁	1	1		7	5	2				11	3	8
5-9	**12**	**8**	**4**	**40**	**25**	**15**	**1**		**1**	**39**	**22**	**17**
5岁	3	3		8	3	5				4	4	
6岁				8	6	2				10	3	7
7岁	2	2		12	6	6	1		1	9	7	2
8岁	2	2		9	7	2				6	4	2
9岁	5	1	4	3	3					10	4	6
10-14	**27**	**19**	**8**	**31**	**17**	**14**	**3**	**1**	**2**	**36**	**22**	**14**
10岁	5	2	3	7	4	3				7	3	4
11岁	2	1	1	6	4	2				13	10	3
12岁	4	3	1	6	3	3	1		1	7	6	1
13岁	5	4	1	6	2	4				2		2
14岁	11	9	2	6	4	2	2	1	1	7	3	4
15-19	**23**	**13**	**10**	**33**	**19**	**14**	**8**	**6**	**2**	**44**	**25**	**19**
15岁	2	2		9	6	3				7	5	2
16岁	5	2	3	6	5	1	1	1		10	6	4
17岁	6	5	1	8	3	5	3	2	1	10	6	4
18岁	5	1	4	5	2	3	3	2	1	10	5	5
19岁	5	3	2	5	3	2	1	1		7	3	4
20-24	**35**	**22**	**13**	**23**	**16**	**7**	**22**	**11**	**11**	**42**	**31**	**11**
20岁	8	3	5	7	4	3	4	3	1	11	10	1
21岁	9	5	4	2	1	1	5	2	3	11	7	4
22岁	4	3	1	4	2	2	4	3	1	4	3	1
23岁	10	7	3	5	4	1	3	2	1	9	7	2
24岁	4	4		5	5		6	1	5	7	4	3
25-29	**48**	**33**	**15**	**19**	**10**	**9**	**29**	**19**	**10**	**40**	**28**	**12**
25岁	8	4	4	7	3	4	5	3	2	9	7	2
26岁	9	7	2	2		2	8	4	4	8	4	4

2－2 续表 4

单位：人

年 龄	肢体残疾人			智力残疾人			精神残疾人			多重残疾人		
	小计	男	女	小计	男	女	小计	男	女	小计	男	女
27岁	10	6	4	5	4	1	7	5	2	10	8	2
28岁	10	6	4	3	1	2	5	4	1	8	5	3
29岁	11	10	1	2	2		4	3	1	5	4	1
30-34	**59**	**43**	**16**	**20**	**14**	**6**	**29**	**17**	**12**	**43**	**23**	**20**
30岁	7	3	4	4	3	1	5	3	2	8	4	4
31岁	11	8	3	7	6	1	8	5	3	13	7	6
32岁	16	13	3	5	2	3	9	6	3	7	4	3
33岁	12	8	4	3	3		3	1	2	9	6	3
34岁	13	11	2	1		1	4	2	2	6	2	4
35-39	**83**	**65**	**18**	**22**	**12**	**10**	**38**	**28**	**10**	**51**	**26**	**25**
35岁	17	12	5	5	3	2	8	7	1	7	4	3
36岁	15	11	4	1	1		7	6	1	16	9	7
37岁	17	15	2	6	3	3	11	6	5	9	6	3
38岁	17	13	4	4	1	3	5	3	2	8	4	4
39岁	17	14	3	6	4	2	7	6	1	11	3	8
40-44	**90**	**65**	**25**	**13**	**2**	**11**	**37**	**21**	**16**	**36**	**8**	**28**
40岁	20	16	4	4		4	12	8	4	11	3	8
41岁	14	11	3	2		2	8	5	3	8	1	7
42岁	19	10	9	2	1	1	5	3	2	8	2	6
43岁	26	19	7	4	1	3	7	3	4	7	2	5
44岁	11	9	2	1		1	5	2	3	2		2
45-49	**82**	**54**	**28**	**15**	**11**	**4**	**35**	**21**	**14**	**20**	**12**	**8**
45岁	11	6	5	3	2	1	1	1		3		3
46岁	13	9	4	4	3	1	6	4	2	2	1	1
47岁	21	14	7	2	2		10	5	5	5	3	2
48岁	18	12	6	2	2		6	4	2	5	5	
49岁	19	13	6	4	2	2	12	7	5	5	3	2
50-54	**89**	**63**	**26**	**15**	**8**	**7**	**31**	**16**	**15**	**47**	**29**	**18**
50岁	18	14	4	2	2		3	2	1	6	3	3
51岁	19	14	5	8	5	3	8	4	4	12	8	4
52岁	16	16		1		1	7	3	4	8	4	4
53岁	22	8	14	2	1	1	7	5	2	14	10	4
54岁	14	11	3	2		2	6	2	4	7	4	3
55-59	**84**	**48**	**36**	**6**	**4**	**2**	**20**	**13**	**7**	**44**	**27**	**17**
55岁	18	9	9	1	1		7	4	3	8	6	2

2-2 续表 5

单位：人

年 龄	肢体残疾人			智力残疾人			精神残疾人			多重残疾人		
	小计	男	女	小计	男	女	小计	男	女	小计	男	女
56岁	21	12	9	3	2	1	3	3		9	7	2
57岁	12	9	3				2	2		8	5	3
58岁	18	10	8	2	1	1	5	2	3	7	2	5
59岁	15	8	7				3	2	1	12	7	5
60-64	**108**	**54**	**54**	**6**	**2**	**4**	**19**	**3**	**16**	**44**	**26**	**18**
60岁	17	7	10	3		3	4	1	3	6	5	1
61岁	31	18	13	2	2		2		2	7	5	2
62岁	18	6	12	1		1	5		5	10	4	6
63岁	21	15	6				4	1	3	10	7	3
64岁	21	8	13				4	1	3	11	5	6
65-69	**157**	**70**	**87**	**8**	**4**	**4**	**11**	**5**	**6**	**69**	**37**	**32**
65岁	30	16	14	3	2	1	2	2		14	8	6
66岁	27	13	14	2		2	2	1	1	10	5	5
67岁	36	16	20	3	2	1	2	1	1	13	6	7
68岁	32	10	22				2		2	14	9	5
69岁	32	15	17				3	1	2	18	9	9
70-74	**171**	**77**	**94**	**7**	**4**	**3**	**8**	**4**	**4**	**124**	**47**	**77**
70岁	33	14	19	1		1	4	1	3	21	8	13
71岁	29	14	15				2	1	1	18	7	11
72岁	45	20	25							20	8	12
73岁	33	14	19	2	1	1				32	14	18
74岁	31	15	16	4	3	1	2	2		33	10	23
75-79	**171**	**64**	**107**	**7**	**5**	**2**	**6**	**4**	**2**	**168**	**60**	**108**
75岁	41	15	26	1		1	2	2		30	12	18
76岁	31	10	21				2	1	1	31	13	18
77岁	28	8	20	3	2	1	1		1	33	10	23
78岁	41	18	23	2	2		1	1		35	13	22
79岁	30	13	17	1	1					39	12	27
80-84	**100**	**33**	**67**	**6**	**1**	**5**	**4**	**1**	**3**	**208**	**68**	**140**
80岁	27	8	19	2		2	1		1	45	11	34
81岁	17	7	10	1		1				41	11	30
82岁	13	6	7	1		1	1		1	41	12	29
83岁	26	8	18				2	1	1	43	13	30
84岁	17	4	13	2	1	1				38	21	17
85+	**79**	**23**	**56**	**4**	**1**	**3**	**2**		**2**	**258**	**62**	**196**

2－2a　城镇分年龄、性别、残疾类别的残疾人

单位：人

年　龄	残疾人			视力残疾人			听力残疾人			言语残疾人		
	合计	男	女	小计	男	女	小计	男	女	小计	男	女
总　计	**1138**	**560**	**578**	**177**	**53**	**124**	**303**	**169**	**134**	**2**	**2**	
0-4	**14**	**8**	**6**							**1**	**1**	
0岁	2		2									
1岁	3	2	1									
2岁	2	1	1									
3岁	2	2										
4岁	5	3	2							1	1	
5-9	**12**	**10**	**2**									
5岁	4	4										
6岁	1	1										
7岁	1	1										
8岁	3	3										
9岁	3	1	2									
10-14	**21**	**13**	**8**	**1**		**1**						
10岁	4	1	3									
11岁	4	4										
12岁	6	5	1									
13岁	2	1	1									
14岁	5	2	3	1		1						
15-19	**12**	**8**	**4**	**1**	**1**							
15岁	1	1										
16岁	4	3	1									
17岁	1	1										
18岁	2	1	1									
19岁	4	2	2	1	1							
20-24	**15**	**9**	**6**	**1**	**1**							
20岁	4	3	1	1	1							
21岁	1		1									
22岁	2	2										
23岁	4	2	2									
24岁	4	2	2									
25-29	**18**	**14**	**4**	**1**		**1**						
25岁	3	3										

2－2a 续表 1

单位：人

年 龄	残疾人			视力残疾人			听力残疾人			言语残疾人		
	合计	男	女	小计	男	女	小计	男	女	小计	男	女
26岁	2	1	1	1		1						
27岁	3	2	1									
28岁	4	3	1									
29岁	6	5	1									
30-34	**30**	**22**	**8**				**1**		**1**			
30岁	5	4	1									
31岁	10	7	3									
32岁	7	6	1									
33岁	6	4	2									
34岁	2	1	1				1		1			
35-39	**49**	**29**	**20**	**5**		**5**	**5**	**3**	**2**			
35岁	13	9	4				1	1				
36岁	9	4	5	2		2	2	1	1			
37岁	10	4	6	2		2						
38岁	8	6	2									
39岁	9	6	3	1		1	2	1	1			
40-44	**49**	**30**	**19**	**6**	**4**	**2**	**7**	**5**	**2**			
40岁	10	8	2	1	1		3	3				
41岁	6	4	2	1	1							
42岁	10	3	7	1		1	1		1			
43岁	16	10	6	3	2	1	2	1	1			
44岁	7	5	2				1	1				
45-49	**41**	**24**	**17**	**3**	**1**	**2**	**7**	**4**	**3**	**1**	**1**	
45岁	8	3	5	1		1	2	1	1			
46岁	6	4	2									
47岁	9	5	4	1		1	1		1			
48岁	6	6		1	1		1	1				
49岁	12	6	6				3	2	1	1	1	
50-54	**61**	**40**	**21**	**9**	**4**	**5**	**17**	**8**	**9**			
50岁												
51岁	20	12	8	4	1	3	6	2	4			
52岁	15	12	3	2	2		5	4	1			
53岁	18	9	9	3	1	2	6	2	4			
54岁	8	7	1									

2－2a 续表 2

单位：人

年龄	残疾人			视力残疾人			听力残疾人			言语残疾人		
	合计	男	女	小计	男	女	小计	男	女	小计	男	女
55-59	**66**	**37**	**29**	**16**	**8**	**8**	**16**	**10**	**6**			
55岁	17	9	8	4	3	1	3	2	1			
56岁	17	10	7	4	2	2	5	3	2			
57岁	11	3	8	4	1	3	1		1			
58岁	5	3	2	1		1	1		1			
59岁	16	12	4	3	2	1	6	5	1			
60-64	**75**	**40**	**35**	**11**	**3**	**8**	**29**	**19**	**10**			
60岁	7	5	2				2	2				
61岁	16	10	6	3	1	2	8	6	2			
62岁	14	7	7	3		3	5	3	2			
63岁	13	8	5				5	3	2			
64岁	25	10	15	5	2	3	9	5	4			
65-69	**122**	**63**	**59**	**26**	**5**	**21**	**46**	**33**	**13**			
65岁	25	13	12	5		5	9	8	1			
66岁	26	14	12	5	2	3	10	6	4			
67岁	29	15	14	7	2	5	10	6	4			
68岁	21	11	10	5	1	4	8	6	2			
69岁	21	10	11	4		4	9	7	2			
70-74	**160**	**76**	**84**	**32**	**9**	**23**	**58**	**33**	**25**			
70岁	27	11	16	7		7	12	6	6			
71岁	34	17	17	6	3	3	16	7	9			
72岁	33	18	15	7	4	3	7	6	1			
73岁	39	15	24	6		6	14	7	7			
74岁	27	15	12	6	2	4	9	7	2			
75-79	**166**	**69**	**97**	**35**	**12**	**23**	**55**	**24**	**31**			
75岁	36	13	23	4		4	13	5	8			
76岁	29	11	18	8	2	6	7	3	4			
77岁	30	12	18	7	4	3	8	2	6			
78岁	39	17	22	9	3	6	15	7	8			
79岁	32	16	16	7	3	4	12	7	5			
80-84	**117**	**42**	**75**	**17**	**2**	**15**	**37**	**18**	**19**			
80岁	29	10	19	5		5	11	7	4			
81岁	27	12	15	4		4	5	4	1			
82岁	22	6	16	2		2	8	1	7			
83岁	22	6	16	4		4	6	4	2			
84岁	17	8	9	2	2		7	2	5			
85+	**110**	**26**	**84**	**13**	**3**	**10**	**25**	**12**	**13**			

2-2a 续表 3

单位：人

年 龄	肢体残疾人			智力残疾人			精神残疾人			多重残疾人		
	小计	男	女	小计	男	女	小计	男	女	小计	男	女
总 计	**288**	**162**	**126**	**37**	**26**	**11**	**54**	**34**	**20**	**277**	**114**	**163**
0-4	**2**	**2**		**4**	**2**	**2**	**1**	**1**		**6**	**2**	**4**
0岁				1		1				1		1
1岁				2	2					1		1
2岁				1		1	1	1				
3岁	1	1								1	1	
4岁	1	1								3	1	2
5-9	**1**	**1**		**3**	**3**					**8**	**6**	**2**
5岁	1	1		1	1					2	2	
6岁										1	1	
7岁										1	1	
8岁				2	2					1	1	
9岁										3	1	2
10-14	**4**	**3**	**1**	**6**	**4**	**2**				**10**	**6**	**4**
10岁	2	1	1							2		2
11岁				1	1					3	3	
12岁	1	1		2	2					3	2	1
13岁	1	1		1		1						
14岁				2	1	1				2	1	1
15-19	**1**		**1**	**3**	**3**		**1**	**1**		**6**	**3**	**3**
15岁										1	1	
16岁				1	1					3	2	1
17岁				1	1							
18岁							1	1		1		1
19岁	1		1	1	1					1		1
20-24	**3**	**1**	**2**	**2**	**1**	**1**	**1**		**1**	**8**	**6**	**2**
20岁				1	1					2	1	1
21岁	1		1									
22岁										2	2	
23岁	1		1	1		1				2	2	
24岁	1	1					1		1	2	1	1
25-29	**11**	**8**	**3**				**3**	**3**		**3**	**3**	
25岁	2	2								1	1	

2－2a 续表 4

单位：人

年龄	肢体残疾人			智力残疾人			精神残疾人			多重残疾人		
	小计	男	女	小计	男	女	小计	男	女	小计	男	女
26岁										1	1	
27岁	2	1	1							1	1	
28岁	3	2	1				1	1				
29岁	4	3	1				2	2				
30-34	**10**	**7**	**3**	**4**	**4**		**5**	**3**	**2**	**10**	**8**	**2**
30岁	2	1	1	1	1					2	2	
31岁	4	3	1	1	1		1		1	4	3	1
32岁	1	1		1	1		3	2	1	2	2	
33岁	3	2	1	1	1					2	1	1
34岁							1	1				
35-39	**21**	**13**	**8**				**4**	**3**	**1**	**14**	**10**	**4**
35岁	6	3	3				3	3		3	2	1
36岁	3	1	2							2	2	
37岁	3	1	2				1		1	4	3	1
38岁	4	4								4	2	2
39岁	5	4	1							1	1	
40-44	**25**	**18**	**7**	**1**		**1**	**4**	**2**	**2**	**6**	**1**	**5**
40岁	5	4	1							1		1
41岁	3	3								2		2
42岁	4	2	2				2	1	1	2		2
43岁	9	6	3	1		1				1	1	
44岁	4	3	1				2	1	1			
45-49	**14**	**10**	**4**	**3**	**1**	**2**	**10**	**7**	**3**	**3**		**3**
45岁	3	1	2				1	1		1		1
46岁	4	3	1	1		1	1	1				
47岁	4	4					2	1	1	1		1
48岁	2	2					2	2				
49岁	1		1	2	1	1	4	2	2	1		1
50-54	**16**	**14**	**2**	**2**	**2**		**7**	**5**	**2**	**10**	**7**	**3**
50岁												
51岁	5	5		1	1		1	1		3	2	1
52岁	4	4								4	2	2
53岁	4	2	2	1	1		3	2	1	1	1	
54岁	3	3					3	2	1	2	2	

2－2a 续表 5

单位：人

年龄	肢体残疾人			智力残疾人			精神残疾人			多重残疾人		
	小计	男	女	小计	男	女	小计	男	女	小计	男	女
55-59	**20**	**13**	**7**	**1**		**1**	**6**	**4**	**2**	**7**	**2**	**5**
55岁	6	3	3				2	1	1	2		2
56岁	5	3	2	1		1	1	1		1	1	
57岁	4	2	2							2		2
58岁	2	2					1	1				
59岁	3	3					2	1	1	2	1	1
60-64	**19**	**10**	**9**	**1**		**1**	**4**		**4**	**11**	**8**	**3**
60岁	1	1		1		1	1		1	2	2	
61岁	4	2	2							1	1	
62岁	2	1	1				1		1	3	3	
63岁	5	4	1							3	1	2
64岁	7	2	5				2		2	2	1	1
65-69	**31**	**15**	**16**	**2**	**1**	**1**	**5**	**3**	**2**	**12**	**6**	**6**
65岁	8	4	4				1	1		2		2
66岁	6	4	2	1		1	2	1	1	2	1	1
67岁	8	4	4	1	1		2	1	1	1	1	
68岁	5	2	3							3	2	1
69岁	4	1	3							4	2	2
70-74	**39**	**21**	**18**	**2**	**2**					**29**	**11**	**18**
70岁	5	5								3		3
71岁	6	4	2							6	3	3
72岁	15	6	9							4	2	2
73岁	10	4	6	1	1					8	3	5
74岁	3	2	1	1	1					8	3	5
75-79	**37**	**17**	**20**	**2**	**2**		**2**	**2**		**35**	**12**	**23**
75岁	12	5	7				1	1		6	2	4
76岁	5	3	2							9	3	6
77岁	7	3	4							8	3	5
78岁	6	3	3	1	1		1	1		7	2	5
79岁	7	3	4	1	1					5	2	3
80-84	**19**	**7**	**12**				**1**		**1**	**43**	**15**	**28**
80岁	4	1	3							9	2	7
81岁	3	2	1							15	6	9
82岁	5	3	2				1		1	6	2	4
83岁	5	1	4							7	1	6
84岁	2		2							6	4	2
85+	**15**	**2**	**13**	**1**	**1**					**56**	**8**	**48**

2－2b 农村分年龄、性别、残疾类别的残疾人

单位：人

年龄	残疾人			视力残疾人			听力残疾人			言语残疾人		
	合计	男	女	小计	男	女	小计	男	女	小计	男	女
总 计	**4699**	**2332**	**2367**	**734**	**299**	**435**	**1164**	**652**	**512**	**66**	**46**	**20**
0-4	**78**	**39**	**39**							**9**	**7**	**2**
0岁	12	2	10									
1岁	12	6	6									
2岁	17	12	5									
3岁	21	11	10							8	6	2
4岁	16	8	8							1	1	
5-9	**96**	**52**	**44**	**4**		**4**	**1**	**1**		**11**	**6**	**5**
5岁	13	6	7	1		1				1		1
6岁	21	12	9							4	4	
7岁	28	16	12	1		1	1	1		3	1	2
8岁	18	11	7	2		2				2	1	1
9岁	16	7	9							1		1
10-14	**93**	**59**	**34**	**5**	**4**	**1**	**6**	**4**	**2**	**5**	**5**	
10岁	19	12	7	1	1		2	2		1	1	
11岁	21	14	7				2	1	1	2	2	
12岁	15	9	6	2	1	1	1	1				
13岁	15	8	7	2	2		1		1	1	1	
14岁	23	16	7							1	1	
15-19	**116**	**67**	**49**	**8**	**3**	**5**	**5**	**3**	**2**	**6**	**5**	**1**
15岁	22	14	8	3	1	2	1		1	1	1	
16岁	24	16	8	1		1	2	2		3	3	
17岁	29	17	12				2	1	1	1	1	
18岁	25	10	15	3	1	2				1		1
19岁	16	10	6	1	1							
20-24	**118**	**78**	**40**	**6**	**2**	**4**	**1**	**1**		**3**	**3**	
20岁	30	19	11	2		2	1	1				
21岁	29	18	11							3	3	
22岁	14	9	5									
23岁	26	19	7	3	1	2						
24岁	19	13	6	1	1							
25-29	**130**	**82**	**48**	**8**	**4**	**4**	**2**	**1**	**1**	**1**	**1**	
25岁	29	16	13	1		1	1	1		1	1	
26岁	28	16	12	2	2							

2－2b 续表 1

单位：人

年 龄	残疾人			视力残疾人			听力残疾人			言语残疾人		
	合计	男	女	小计	男	女	小计	男	女	小计	男	女
27岁	32	22	10	2	1	1	1		1			
28岁	24	14	10	2	1	1						
29岁	17	14	3	1		1						
30-34	**139**	**85**	**54**	**7**	**4**	**3**	**8**	**5**	**3**	**2**	**1**	**1**
30岁	21	10	11	1		1	1	1				
31岁	30	20	10	1	1							
32岁	35	21	14	2	1	1	3	1	2			
33岁	25	16	9	2	1	1	1	1		1		1
34岁	28	18	10	1	1		3	2	1	1	1	
35-39	**193**	**129**	**64**	**13**	**10**	**3**	**20**	**12**	**8**	**5**	**2**	**3**
35岁	31	22	9	1	1		4	3	1	1		1
36岁	40	29	11	3	3		3	2	1			
37岁	44	31	13	6	4	2	2		2	1	1	
38岁	31	18	13	1		1	4	3	1			
39岁	47	29	18	2	2		7	4	3	3	1	2
40-44	**183**	**93**	**90**	**18**	**5**	**13**	**23**	**13**	**10**	**2**		**2**
40岁	50	29	21	3	2	1	6	4	2			
41岁	37	18	19	5	2	3	5	2	3			
42岁	37	15	22	7	1	6	3	1	2	1		1
43岁	44	24	20	2		2	8	6	2	1		1
44岁	15	7	8	1		1	1		1			
45-49	**173**	**109**	**64**	**17**	**9**	**8**	**32**	**19**	**13**	**2**	**1**	**1**
45岁	16	8	8	2	1	1	1		1			
46岁	22	15	7				2	1	1	1	1	
47岁	40	23	17	2	1	1	7	3	4			
48岁	51	33	18	11	6	5	12	8	4	1		1
49岁	44	30	14	2	1	1	10	7	3			
50-54	**224**	**126**	**98**	**28**	**14**	**14**	**48**	**23**	**25**	**1**	**1**	
50岁	48	28	20	7	2	5	12	5	7			
51岁	51	29	22	5	4	1	9	3	6			
52岁	41	25	16	5	1	4	12	7	5			
53岁	48	24	24	7	4	3	5	2	3			
54岁	36	20	16	4	3	1	10	6	4	1	1	
55-59	**241**	**133**	**108**	**42**	**19**	**23**	**76**	**39**	**37**	**3**	**2**	**1**
55岁	39	24	15	2	1	1	13	7	6			

2－2b 续表 2

单位：人

年 龄	残疾人			视力残疾人			听力残疾人			言语残疾人		
	合计	男	女	小计	男	女	小计	男	女	小计	男	女
56岁	57	32	25	12	4	8	17	9	8			
57岁	43	26	17	8	3	5	18	8	10	1	1	
58岁	56	28	28	10	5	5	16	10	6	1	1	
59岁	46	23	23	10	6	4	12	5	7	1		1
60–64	**315**	**169**	**146**	**73**	**34**	**39**	**94**	**62**	**32**	**6**	**6**	
60岁	69	34	35	17	8	9	23	12	11	4	4	
61岁	66	41	25	15	8	7	14	11	3			
62岁	59	27	32	12	5	7	18	15	3	1	1	
63岁	61	35	26	18	8	10	16	9	7			
64岁	60	32	28	11	5	6	23	15	8	1	1	
65–69	**484**	**244**	**240**	**104**	**40**	**64**	**179**	**109**	**70**	**6**	**4**	**2**
65岁	82	50	32	14	7	7	26	18	8	4	2	2
66岁	76	39	37	10	4	6	36	22	14			
67岁	101	42	59	21	6	15	37	17	20	1	1	
68岁	105	50	55	27	10	17	38	25	13			
69岁	120	63	57	32	13	19	42	27	15	1	1	
70–74	**587**	**271**	**316**	**130**	**52**	**78**	**216**	**121**	**95**	**1**		**1**
70岁	121	53	68	19	8	11	50	27	23	1		1
71岁	95	34	61	26	6	20	32	13	19			
72岁	109	54	55	27	11	16	36	23	13			
73岁	132	69	63	31	11	20	53	37	16			
74岁	130	61	69	27	16	11	45	21	24			
75–79	**633**	**273**	**360**	**141**	**52**	**89**	**214**	**119**	**95**	**2**	**2**	
75岁	137	62	75	33	11	22	48	29	19	1	1	
76岁	130	56	74	34	11	23	46	27	19			
77岁	123	51	72	30	11	19	42	25	17	1	1	
78岁	129	58	71	22	10	12	43	21	22			
79岁	114	46	68	22	9	13	35	17	18			
80–84	**475**	**185**	**290**	**78**	**32**	**46**	**141**	**72**	**69**	**1**		**1**
80岁	115	42	73	23	12	11	30	14	16			
81岁	93	29	64	15	4	11	36	15	21	1		1
82岁	97	39	58	21	8	13	32	18	14			
83岁	88	36	52	10	4	6	19	12	7			
84岁	82	39	43	9	4	5	24	13	11			
85+	**421**	**138**	**283**	**52**	**15**	**37**	**98**	**48**	**50**			

2-2b 续表 3

单位：人

年 龄	肢体残疾人			智力残疾人			精神残疾人			多重残疾人		
	小计	男	女	小计	男	女	小计	男	女	小计	男	女
总 计	**1137**	**597**	**540**	**287**	**152**	**135**	**250**	**137**	**113**	**1061**	**449**	**612**
0-4	**5**	**3**	**2**	**45**	**21**	**24**				**19**	**8**	**11**
0岁				12	2	10						
1岁	1		1	10	5	5				1	1	
2岁	2	2		13	8	5				2	2	
3岁	2	1	1	3	1	2				8	3	5
4岁				7	5	2				8	2	6
5-9	**11**	**7**	**4**	**37**	**22**	**15**	**1**		**1**	**31**	**16**	**15**
5岁	2	2		7	2	5				2	2	
6岁				8	6	2				9	2	7
7岁	2	2		12	6	6	1		1	8	6	2
8岁	2	2		7	5	2				5	3	2
9岁	5	1	4	3	3					7	3	4
10-14	**23**	**16**	**7**	**25**	**13**	**12**	**3**	**1**	**2**	**26**	**16**	**10**
10岁	3	1	2	7	4	3				5	3	2
11岁	2	1	1	5	3	2				10	7	3
12岁	3	2	1	4	1	3	1		1	4	4	
13岁	4	3	1	5	2	3				2		2
14岁	11	9	2	4	3	1	2	1	1	5	2	3
15-19	**22**	**13**	**9**	**30**	**16**	**14**	**7**	**5**	**2**	**38**	**22**	**16**
15岁	2	2		9	6	3				6	4	2
16岁	5	2	3	5	4	1	1	1		7	4	3
17岁	6	5	1	7	2	5	3	2	1	10	6	4
18岁	5	1	4	5	2	3	2	1	1	9	5	4
19岁	4	3	1	4	2	2	1	1		6	3	3
20-24	**32**	**21**	**11**	**21**	**15**	**6**	**21**	**11**	**10**	**34**	**25**	**9**
20岁	8	3	5	6	3	3	4	3	1	9	9	
21岁	8	5	3	2	1	1	5	2	3	11	7	4
22岁	4	3	1	4	2	2	4	3	1	2	1	1
23岁	9	7	2	4	4		3	2	1	7	5	2
24岁	3	3		5	5		5	1	4	5	3	2
25-29	**37**	**25**	**12**	**19**	**10**	**9**	**26**	**16**	**10**	**37**	**25**	**12**
25岁	6	2	4	7	3	4	5	3	2	8	6	2
26岁	9	7	2	2		2	8	4	4	7	3	4

2－2b 续表 4

单位：人

年 龄	肢体残疾人			智力残疾人			精神残疾人			多重残疾人		
	小计	男	女	小计	男	女	小计	男	女	小计	男	女
27岁	8	5	3	5	4	1	7	5	2	9	7	2
28岁	7	4	3	3	1	2	4	3	1	8	5	3
29岁	7	7		2	2		2	1	1	5	4	1
30-34	**49**	**36**	**13**	**16**	**10**	**6**	**24**	**14**	**10**	**33**	**15**	**18**
30岁	5	2	3	3	2	1	5	3	2	6	2	4
31岁	7	5	2	6	5	1	7	5	2	9	4	5
32岁	15	12	3	4	1	3	6	4	2	5	2	3
33岁	9	6	3	2	2		3	1	2	7	5	2
34岁	13	11	2	1		1	3	1	2	6	2	4
35-39	**62**	**52**	**10**	**22**	**12**	**10**	**34**	**25**	**9**	**37**	**16**	**21**
35岁	11	9	2	5	3	2	5	4	1	4	2	2
36岁	12	10	2	1	1		7	6	1	14	7	7
37岁	14	14		6	3	3	10	6	4	5	3	2
38岁	13	9	4	4	1	3	5	3	2	4	2	2
39岁	12	10	2	6	4	2	7	6	1	10	2	8
40-44	**65**	**47**	**18**	**12**	**2**	**10**	**33**	**19**	**14**	**30**	**7**	**23**
40岁	15	12	3	4		4	12	8	4	10	3	7
41岁	11	8	3	2		2	8	5	3	6	1	5
42岁	15	8	7	2	1	1	3	2	1	6	2	4
43岁	17	13	4	3	1	2	7	3	4	6	1	5
44岁	7	6	1	1		1	3	1	2	2		2
45-49	**68**	**44**	**24**	**12**	**10**	**2**	**25**	**14**	**11**	**17**	**12**	**5**
45岁	8	5	3	3	2	1				2		2
46岁	9	6	3	3	3		5	3	2	2	1	1
47岁	17	10	7	2	2		8	4	4	4	3	1
48岁	16	10	6	2	2		4	2	2	5	5	
49岁	18	13	5	2	1	1	8	5	3	4	3	1
50-54	**73**	**49**	**24**	**13**	**6**	**7**	**24**	**11**	**13**	**37**	**22**	**15**
50岁	18	14	4	2	2		3	2	1	6	3	3
51岁	14	9	5	7	4	3	7	3	4	9	6	3
52岁	12	12		1		1	7	3	4	4	2	2
53岁	18	6	12	1		1	4	3	1	13	9	4
54岁	11	8	3	2		2	3		3	5	2	3
55-59	**64**	**35**	**29**	**5**	**4**	**1**	**14**	**9**	**5**	**37**	**25**	**12**
55岁	12	6	6	1	1		5	3	2	6	6	

2-2b 续表 5

单位：人

年龄	肢体残疾人			智力残疾人			精神残疾人			多重残疾人		
	小计	男	女	小计	男	女	小计	男	女	小计	男	女
56岁	16	9	7	2	2		2	2		8	6	2
57岁	8	7	1				2	2		6	5	1
58岁	16	8	8	2	1	1	4	1	3	7	2	5
59岁	12	5	7				1	1		10	6	4
60-64	**89**	**44**	**45**	**5**	**2**	**3**	**15**	**3**	**12**	**33**	**18**	**15**
60岁	16	6	10	2		2	3	1	2	4	3	1
61岁	27	16	11	2	2		2		2	6	4	2
62岁	16	5	11	1		1	4		4	7	1	6
63岁	16	11	5				4	1	3	7	6	1
64岁	14	6	8				2	1	1	9	4	5
65-69	**126**	**55**	**71**	**6**	**3**	**3**	**6**	**2**	**4**	**57**	**31**	**26**
65岁	22	12	10	3	2	1	1	1		12	8	4
66岁	21	9	12	1		1				8	4	4
67岁	28	12	16	2	1	1				12	5	7
68岁	27	8	19				2		2	11	7	4
69岁	28	14	14				3	1	2	14	7	7
70-74	**132**	**56**	**76**	**5**	**2**	**3**	**8**	**4**	**4**	**95**	**36**	**59**
70岁	28	9	19	1		1	4	1	3	18	8	10
71岁	23	10	13				2	1	1	12	4	8
72岁	30	14	16							16	6	10
73岁	23	10	13	1		1				24	11	13
74岁	28	13	15	3	2	1	2	2		25	7	18
75-79	**134**	**47**	**87**	**5**	**3**	**2**	**4**	**2**	**2**	**133**	**48**	**85**
75岁	29	10	19	1		1	1	1		24	10	14
76岁	26	7	19				2	1	1	22	10	12
77岁	21	5	16	3	2	1	1		1	25	7	18
78岁	35	15	20	1	1					28	11	17
79岁	23	10	13							34	10	24
80-84	**81**	**26**	**55**	**6**	**1**	**5**	**3**	**1**	**2**	**165**	**53**	**112**
80岁	23	7	16	2		2	1		1	36	9	27
81岁	14	5	9	1		1				26	5	21
82岁	8	3	5	1		1				35	10	25
83岁	21	7	14				2	1	1	36	12	24
84岁	15	4	11	2	1	1				32	17	15
85+	**64**	**21**	**43**	**3**		**3**	**2**		**2**	**202**	**54**	**148**

2－3 多重残疾人的残疾类别组合

单位：人，%

残疾类别组合	多重残疾人			占多重残疾人总数的比重
	合计	男	女	
总　计	**1338**	**563**	**775**	**100.00**
二种残疾类别组合人数小计	**1031**	**433**	**598**	**77.06**
视力、听力	292	104	188	21.82
视力、言语	1		1	0.07
视力、肢体	139	35	104	10.39
视力、智力	16	8	8	1.20
视力、精神	2		2	0.15
听力、言语	73	44	29	5.46
听力、智力	25	10	15	1.87
听力、肢体	169	67	102	12.63
听力、精神	9	4	5	0.67
言语、智力	89	49	40	6.65
言语、肢体	38	21	17	2.84
言语、精神	4	3	1	0.30
智力、肢体	46	28	18	3.44
智力、精神	111	48	63	8.30
肢体、精神	17	12	5	1.27
三种残疾类别组合人数小计	**261**	**108**	**153**	**19.51**
视力、听力、言语	5	2	3	0.37
视力、听力、肢体	82	14	68	6.13
视力、听力、智力	12	4	8	0.90
视力、听力、精神	1		1	0.07
视力、言语、肢体				
视力、言语、智力	2	2		0.15
视力、言语、精神				
视力、肢体、智力	7	4	3	0.52
视力、肢体、精神	2		2	0.15
视力、智力、精神	11	1	10	0.82
听力、言语、肢体	5	5		0.37
听力、言语、智力	32	22	10	2.39
听力、言语、精神	1	1		0.07
听力、肢体、智力	6	3	3	0.45
听力、肢体、精神	1		1	0.07
听力、智力、精神	9	4	5	0.67
言语、肢体、智力	37	24	13	2.77
言语、肢体、精神				
言语、智力、精神	34	17	17	2.54
肢体、智力、精神	14	5	9	1.05
四种残疾类别组合人数小计	**33**	**18**	**15**	**2.47**
五种残疾类别组合人数小计	**11**	**4**	**7**	**0.82**
六种残疾类别组合人数小计	**2**		**2**	**0.15**

2-4 各地区分民族、性别的残疾人

单位：人

地 区	残疾人			汉 族			蒙古族		
	合计	男	女	小计	男	女	小计	男	女
总 计	**5837**	**2892**	**2945**	**3492**	**1788**	**1704**			
南宁市江南区	236	107	129	110	57	53			
南宁市宾阳县	221	96	125	140	73	67			
南宁市马山县	252	116	136	7	4	3			
柳州市柳北区	173	77	96	139	60	79			
柳州市融水苗族自治县	195	101	94	94	41	53			
桂林市叠彩区	233	115	118	225	110	115			
桂林市荔浦县	280	140	140	268	133	135			
桂林市龙胜各族自治区	234	142	92	45	25	20			
贺州市八步区	210	104	106	208	104	104			
梧州市藤县	209	126	83	209	126	83			
贺州市富川瑶族自治县	195	102	93	96	45	51			
防城港市防城区	246	138	108	164	88	76			
北海市合浦县	286	140	146	285	140	145			
钦州市浦北县	221	112	109	221	112	109			
贵港市港北区	247	117	130	143	73	70			
贵港市平南县	249	131	118	248	130	118			
玉林市博白县	194	101	93	193	101	92			
玉林市容县	310	156	154	304	156	148			
贵港市桂平市	242	131	111	240	130	110			
百色市靖西县	247	113	134	1		1			
百色市田阳县	242	115	127	34	12	22			
河池市宜州市	228	94	134	22	10	12			
河池市东兰县	280	146	134	8	7	1			
来宾市兴宾区	198	96	102	85	50	35			
崇左市扶绥县	209	76	133	3	1	2			

2-4 续表 1

单位：人

地区	回族			藏族			维吾尔族		
	小计	男	女	小计	男	女	小计	男	女
总计	**8**	**4**	**4**						
南宁市江南区									
南宁市宾阳县									
南宁市马山县									
柳州市柳北区									
柳州市融水苗族自治县									
桂林市叠彩区	7	4	3						
桂林市荔浦县									
桂林市龙胜各族自治区									
贺州市八步区									
梧州市藤县									
贺州市富川瑶族自治县	1		1						
防城港市防城区									
北海市合浦县									
钦州市浦北县									
贵港市港北区									
贵港市平南县									
玉林市博白县									
玉林市容县									
贵港市桂平市									
百色市靖西县									
百色市田阳县									
河池市宜州市									
河池市东兰县									
来宾市兴宾区									
崇左市扶绥县									

2-4 续表 2

单位：人

地区	苗族			彝族			壮族		
	小计	男	女	小计	男	女	小计	男	女
总计	**55**	**28**	**27**				**1971**	**902**	**1069**
南宁市江南区							125	50	75
南宁市宾阳县							81	23	58
南宁市马山县							224	102	122
柳州市柳北区	9	5	4				20	10	10
柳州市融水苗族自治县	6	1	5				93	58	35
桂林市叠彩区									
桂林市荔浦县							7	6	1
桂林市龙胜各族自治区	38	22	16				38	26	12
贺州市八步区									
梧州市藤县									
贺州市富川瑶族自治县									
防城港市防城区							54	35	19
北海市合浦县							1		1
钦州市浦北县									
贵港市港北区							104	44	60
贵港市平南县									
玉林市博白县	1		1						
玉林市容县	1		1				3		3
贵港市桂平市							2	1	1
百色市靖西县							246	113	133
百色市田阳县							208	103	105
河池市宜州市							184	75	109
河池市东兰县							262	135	127
来宾市兴宾区							113	46	67
崇左市扶绥县							206	75	131

2-4 续表 3

单位：人

地区	布依族			朝鲜族			满族			其他少数民族		
	小计	男	女	小计	男	女	小计	男	女	小计	男	女
总计	**1**		**1**				**1**		**1**	**309**	**170**	**139**
南宁市江南区							1		1			
南宁市宾阳县												
南宁市马山县										21	10	11
柳州市柳北区										5	2	3
柳州市融水苗族自治县										2	1	1
桂林市叠彩区										1	1	
桂林市荔浦县										5	1	4
桂林市龙胜各族自治区										113	69	44
贺州市八步区										2		2
梧州市藤县												
贺州市富川瑶族自治县										98	57	41
防城港市防城区										28	15	13
北海市合浦县												
钦州市浦北县												
贵港市港北区												
贵港市平南县										1	1	
玉林市博白县												
玉林市容县	1		1							1		1
贵港市桂平市												
百色市靖西县												
百色市田阳县												
河池市宜州市										22	9	13
河池市东兰县										10	4	6
来宾市兴宾区												
崇左市扶绥县												

2－5 各地区分性别、户口登记状况的残疾人

单位：人

地区	残疾人			住本调查小区，户口在本乡、镇、街道		
	合计	男	女	小计	男	女
总计	**5837**	**2892**	**2945**	**5585**	**2770**	**2815**
南宁市江南区	236	107	129	219	101	118
南宁市宾阳县	221	96	125	197	85	112
南宁市马山县	252	116	136	247	115	132
柳州市柳北区	173	77	96	135	64	71
柳州市融水苗族自治县	195	101	94	188	97	91
桂林市叠彩区	233	115	118	196	94	102
桂林市荔浦县	280	140	140	264	133	131
桂林市龙胜各族自治区	234	142	92	232	140	92
贺州市八步区	210	104	106	206	101	105
梧州市藤县	209	126	83	208	125	83
贺州市富川瑶族自治县	195	102	93	191	99	92
防城港市防城区	246	138	108	235	130	105
北海市合浦县	286	140	146	274	138	136
钦州市浦北县	221	112	109	219	111	108
贵港市港北区	247	117	130	240	111	129
贵港市平南县	249	131	118	239	128	111
玉林市博白县	194	101	93	193	101	92
玉林市容县	310	156	154	298	150	148
贵港市桂平市	242	131	111	238	128	110
百色市靖西县	247	113	134	245	111	134
百色市田阳县	242	115	127	237	114	123
河池市宜州市	228	94	134	217	87	130
河池市东兰县	280	146	134	278	144	134
来宾市兴宾区	198	96	102	187	89	98
崇左市扶绥县	209	76	133	202	74	128

2-5 续表

单位：人

地　　区	住本调查小区半年以上，户口在外乡、镇、街道			住本调查小区不满半年，离开户口所在地半年以上			住本调查小区，户口待定		
	小计	男	女	小计	男	女	小计	男	女
总　　计	**235**	**113**	**122**	**5**	**3**	**2**	**12**	**6**	**6**
南宁市江南区	17	6	11						
南宁市宾阳县	24	11	13						
南宁市马山县	5	1	4						
柳州市柳北区	37	12	25				1	1	
柳州市融水苗族自治县	5	4	1				2		2
桂林市叠彩区	34	19	15	2	1	1	1	1	
桂林市荔浦县	15	6	9	1	1				
桂林市龙胜各族自治区	2	2							
贺州市八步区	4	3	1						
梧州市藤县	1	1							
贺州市富川瑶族自治县	4	3	1						
防城港市防城区	11	8	3						
北海市合浦县	10	1	9				2	1	1
钦州市浦北县	2	1	1						
贵港市港北区	6	5	1				1	1	
贵港市平南县	9	3	6				1		1
玉林市博白县	1		1						
玉林市容县	12	6	6						
贵港市桂平市	4	3	1						
百色市靖西县	2	2							
百色市田阳县	5	1	4						
河池市宜州市	11	7	4						
河池市东兰县	1	1					1	1	
来宾市兴宾区	9	6	3	2	1	1			
崇左市扶绥县	4	1	3				3	1	2

2－6 各地区分性别、户口性质的残疾人

单位：人

地　区	残疾人			农业户口			非农业户口			户口性质待定		
	合计	男	女	小计	男	女	小计	男	女	小计	男	女
总　计	**5837**	**2892**	**2945**	**4949**	**2386**	**2563**	**876**	**500**	**376**	**12**	**6**	**6**
南宁市江南区	236	107	129	145	54	91	91	53	38			
南宁市宾阳县	221	96	125	171	69	102	50	27	23			
南宁市马山县	252	116	136	241	108	133	11	8	3			
柳州市柳北区	173	77	96	72	34	38	100	42	58	1	1	
柳州市融水苗族自治县	195	101	94	169	86	83	24	15	9	2		2
桂林市叠彩区	233	115	118	88	41	47	144	73	71	1	1	
桂林市荔浦县	280	140	140	253	126	127	27	14	13			
桂林市龙胜各族自治区	234	142	92	227	137	90	7	5	2			
贺州市八步区	210	104	106	175	79	96	35	25	10			
梧州市藤县	209	126	83	202	120	82	7	6	1			
贺州市富川瑶族自治县	195	102	93	177	88	89	18	14	4			
防城港市防城区	246	138	108	217	117	100	29	21	8			
北海市合浦县	286	140	146	238	115	123	46	24	22	2	1	1
钦州市浦北县	221	112	109	205	98	107	16	14	2			
贵港市港北区	247	117	130	186	83	103	60	33	27	1	1	
贵港市平南县	249	131	118	222	118	104	26	13	13	1		1
玉林市博白县	194	101	93	191	99	92	3	2	1			
玉林市容县	310	156	154	284	136	148	26	20	6			
贵港市桂平市	242	131	111	196	102	94	46	29	17			
百色市靖西县	247	113	134	221	100	121	26	13	13			
百色市田阳县	242	115	127	217	100	117	25	15	10			
河池市宜州市	228	94	134	213	84	129	15	10	5			
河池市东兰县	280	146	134	276	142	134	3	3		1	1	
来宾市兴宾区	198	96	102	167	81	86	31	15	16			
崇左市扶绥县	209	76	133	196	69	127	10	6	4	3	1	2

2－7 有残疾人的家庭户类别

单位：户

家庭户规模	合计	一代户				二代户			
		小计	只有1个残疾人的户	有2个残疾人的户	有3人以上残疾人的户	小计	只有1个残疾人的户	有2个残疾人的户	有3人以上残疾人的户
总　计	**5066**	**1107**	**991**	**115**	**1**	**1960**	**1714**	**220**	**26**
一人户	463	463	463						
二人户	902	613	503	110		289	265	24	
三人户	905	23	19	4		789	688	92	9
四人户	1020	3	1	1	1	527	455	64	8
五人户	891	3	3			232	202	25	5
六人户	520	2	2			75	61	10	4
七人户	229					33	29	4	
八人户	111					12	11	1	
九人户	25					3	3		

2－7 续表

单位：户

家庭户规模	三代户				四代户及以上			
	小计	只有1个残疾人的户	有2个残疾人的户	有3人以上残疾人的户	小计	只有1个残疾人的户	有2个残疾人的户	有3人以上残疾人的户
总　计	**1847**	**1535**	**282**	**30**	**152**	**124**	**26**	**2**
一人户								
二人户								
三人户	93	78	14	1				
四人户	487	434	47	6	3	2	1	
五人户	618	520	88	10	38	30	8	
六人户	397	311	77	9	46	42	4	
七人户	161	126	31	4	35	28	6	1
八人户	72	53	19		27	21	5	1
九人户	19	13	6		3	1	2	

2－7a　城镇有残疾人的家庭户类别

单位：户

家庭户规模	合计	一代户				二代户			
		小计	只有1个残疾人的户	有2个残疾人的户	有3人以上残疾人的户	小计	只有1个残疾人的户	有2个残疾人的户	有3人以上残疾人的户
总　计	**985**	**243**	**215**	**28**		**350**	**309**	**37**	**4**
一人户	87	87	87						
二人户	197	147	122	25		50	44	6	
三人户	194	8	5	3		171	153	18	
四人户	202					93	82	9	2
五人户	150	1	1			27	23	2	2
六人户	91					6	4	2	
七人户	26					1	1		
八人户	33					2	2		
九人户	5								

2－7a　续表

单位：户

家庭户规模	三代户				四代户及以上			
	小计	只有1个残疾人的户	有2个残疾人的户	有3人以上残疾人的户	小计	只有1个残疾人的户	有2个残疾人的户	有3人以上残疾人的户
总　计	**367**	**297**	**63**	**7**	**25**	**23**	**2**	
一人户								
二人户								
三人户	15	13	1	1				
四人户	109	94	15					
五人户	118	96	19	3	4	3	1	
六人户	76	55	18	3	9	9		
七人户	21	18	3		4	4		
八人户	24	18	6		7	6	1	
九人户	4	3	1		1	1		

2－7b 农村有残疾人的家庭户类别

单位：户

家庭户规模	合计	一代户				二代户			
		小计	只有1个残疾人的户	有2个残疾人的户	有3人以上残疾人的户	小计	只有1个残疾人的户	有2个残疾人的户	有3人以上残疾人的户
总　计	**4081**	**864**	**776**	**87**	**1**	**1610**	**1405**	**183**	**22**
一人户	376	376	376						
二人户	705	466	381	85		239	221	18	
三人户	711	15	14	1		618	535	74	9
四人户	818	3	1	1	1	434	373	55	6
五人户	741	2	2			205	179	23	3
六人户	429	2	2			69	57	8	4
七人户	203					32	28	4	
八人户	78					10	9	1	
九人户	20					3	3		

2－7b 续表

单位：户

家庭户规模	三代户				四代户及以上			
	小计	只有1个残疾人的户	有2个残疾人的户	有3人以上残疾人的户	小计	只有1个残疾人的户	有2个残疾人的户	有3人以上残疾人的户
总　计	**1480**	**1238**	**219**	**23**	**127**	**101**	**24**	**2**
一人户								
二人户								
三人户	78	65	13					
四人户	378	340	32	6	3	2	1	
五人户	500	424	69	7	34	27	7	
六人户	321	256	59	6	37	33	4	
七人户	140	108	28	4	31	24	6	1
八人户	48	35	13		20	15	4	1
九人户	15	10	5		2		2	

2－8 6岁及以上残疾人分年龄、性别的受教育程度

单位：人

年龄	残疾人			不识字			未上过学		
	合计	男	女	小计	男	女	小计	男	女
总计	**5728**	**2835**	**2893**	**2551**	**669**	**1882**	**47**	**24**	**23**
6岁	22	13	9	16	7	9			
7岁	29	17	12	15	11	4			
8岁	21	14	7	11	8	3	1	1	
9岁	19	8	11	7	4	3			
10岁	23	13	10	5	4	1			
11岁	25	18	7	6	6				
12岁	21	14	7	4	4				
13岁	17	9	8	2	1	1	1		1
14岁	28	18	10	5	1	4			
15岁	23	15	8	4	3	1			
16岁	28	19	9	10	7	3			
17岁	30	18	12	12	6	6			
18岁	27	11	16	11	6	5			
19岁	20	12	8	8	3	5			
20岁	34	22	12	11	7	4	1	1	
21岁	30	18	12	5	4	1			
22岁	16	11	5	8	4	4			
23岁	30	21	9	14	10	4			
24岁	23	15	8	10	7	3			
25岁	32	19	13	13	7	6			
26岁	30	17	13	11	6	5			
27岁	35	24	11	8	7	1			
28岁	28	17	11	8	5	3			
29岁	23	19	4	5	4	1			
30岁	26	14	12	11	4	7			

2－8 续表 1

单位：人

年 龄	残疾人			不识字			未上过学		
	合计	男	女	小计	男	女	小计	男	女
31岁	40	27	13	15	11	4	1		1
32岁	42	27	15	10	2	8			
33岁	31	20	11	12	8	4			
34岁	30	19	11	7	2	5			
35岁	44	31	13	8	4	4			
36岁	49	33	16	15	9	6			
37岁	54	35	19	13	6	7	1	1	
38岁	39	24	15	10	4	6			
39岁	56	35	21	14	8	6			
40岁	60	37	23	13	4	9			
41岁	43	22	21	6	1	5			
42岁	47	18	29	8	3	5			
43岁	60	34	26	12	2	10			
44岁	22	12	10	6	1	5			
45岁	24	11	13	7	3	4			
46岁	28	19	9	8	5	3			
47岁	49	28	21	8	4	4	2	1	1
48岁	57	39	18	9	5	4			
49岁	56	36	20	8	2	6			
50岁	48	28	20	16	7	9			
51岁	71	41	30	14	5	9			
52岁	56	37	19	14	6	8			
53岁	66	33	33	22	6	16			
54岁	44	27	17	8	2	6			
55岁	56	33	23	15	4	11			
56岁	74	42	32	17	4	13	1	1	
57岁	54	29	25	15	5	10			
58岁	61	31	30	22	6	16			

2-8 续表 2

单位：人

年 龄	残疾人			不识字			未上过学		
	合计	男	女	小计	男	女	小计	男	女
59岁	62	35	27	16	3	13			
60岁	76	39	37	22	7	15	1		1
61岁	82	51	31	22	8	14	1	1	
62岁	73	34	39	24	4	20			
63岁	74	43	31	22	8	14	1		1
64岁	85	42	43	20	2	18	1		1
65岁	107	63	44	33	11	22	2	1	1
66岁	102	53	49	34	6	28	2		2
67岁	130	57	73	54	7	47	1	1	
68岁	126	61	65	47	10	37	1	1	
69岁	141	73	68	59	11	48	2	1	1
70岁	148	64	84	80	19	61	3	2	1
71岁	129	51	78	71	7	64			
72岁	142	72	70	79	22	57	1	1	
73岁	171	84	87	86	21	65	2	1	1
74岁	157	76	81	90	22	68	1	1	
75岁	173	75	98	94	15	79	2	1	1
76岁	159	67	92	88	17	71	1		1
77岁	153	63	90	90	18	72	4	2	2
78岁	168	75	93	100	23	77			
79岁	146	62	84	94	26	68			
80岁	144	52	92	98	17	81	1		1
81岁	120	41	79	82	14	68	2	1	1
82岁	119	45	74	68	12	56	3	2	1
83岁	110	42	68	74	12	62			
84岁	99	47	52	60	17	43	3	1	2
85＋	531	164	367	392	65	327	4	2	2

2－8 续表 3

单位：人

年龄	小学			初中			高中		
	小计	男	女	小计	男	女	小计	男	女
总计	**2114**	**1385**	**729**	**755**	**561**	**194**	**158**	**121**	**37**
6岁	6	6							
7岁	14	6	8						
8岁	9	5	4						
9岁	12	4	8						
10岁	18	9	9						
11岁	19	12	7						
12岁	16	10	6	1		1			
13岁	11	5	6	3	3				
14岁	16	12	4	7	5	2			
15岁	14	8	6	5	4	1			
16岁	10	7	3	8	5	3			
17岁	10	7	3	7	4	3	1	1	
18岁	9	5	4	7		7			
19岁	7	4	3	5	5				
20岁	13	7	6	9	7	2			
21岁	9	5	4	15	8	7	1	1	
22岁	5	5		3	2	1			
23岁	7	6	1	8	5	3			
24岁	2	1	1	11	7	4			
25岁	12	8	4	7	4	3			
26岁	7	4	3	9	6	3			
27岁	16	9	7	9	7	2	1	1	
28岁	13	6	7	6	6		1		1
29岁	9	7	2	8	7	1			
30岁	7	3	4	7	6	1	1	1	

2-8 续表 4

单位：人

年 龄	小学			初中			高中		
	小计	男	女	小计	男	女	小计	男	女
31岁	10	5	5	12	10	2			
32岁	16	11	5	15	14	1	1		1
33岁	9	6	3	6	4	2	3	1	2
34岁	13	8	5	8	7	1	2	2	
35岁	22	15	7	12	10	2	1	1	
36岁	20	17	3	14	7	7			
37岁	24	17	7	13	10	3			
38岁	17	10	7	12	10	2			
39岁	24	14	10	17	13	4	1		1
40岁	21	13	8	17	11	6	6	6	
41岁	18	10	8	12	6	6	5	4	1
42岁	18	7	11	15	6	9	5	1	4
43岁	13	5	8	23	20	3	11	6	5
44岁	5	3	2	7	6	1	3	2	1
45岁	4	2	2	10	3	7	1	1	
46岁	8	4	4	3	3		9	7	2
47岁	15	8	7	19	13	6	5	2	3
48岁	29	19	10	10	8	2	8	6	2
49岁	23	15	8	18	15	3	5	4	1
50岁	15	5	10	13	12	1	4	4	
51岁	32	18	14	16	11	5	7	5	2
52岁	18	11	7	18	15	3	6	5	1
53岁	22	13	9	15	8	7	6	5	1
54岁	23	15	8	11	8	3	1	1	
55岁	27	18	9	9	7	2	2	2	
56岁	36	22	14	18	14	4	1		1
57岁	23	14	9	14	9	5	2	1	1
58岁	29	17	12	10	8	2			

2－8 续表 5

单位：人

年龄	小学			初中			高中		
	小计	男	女	小计	男	女	小计	男	女
59岁	30	19	11	13	10	3	2	2	
60岁	42	21	21	7	7		2	2	
61岁	41	25	16	12	11	1	2	2	
62岁	36	20	16	10	7	3	3	3	
63岁	33	21	12	11	8	3	4	3	1
64岁	46	27	19	13	9	4	2	2	
65岁	51	34	17	12	10	2	5	5	
66岁	49	33	16	12	10	2	3	3	
67岁	52	31	21	12	9	3	2	2	
68岁	62	40	22	11	7	4	1	1	
69岁	60	47	13	16	12	4	2		2
70岁	50	34	16	9	5	4	1	1	
71岁	44	32	12	7	6	1	2	2	
72岁	44	34	10	12	10	2	3	2	1
73岁	69	51	18	10	8	2	2	2	
74岁	51	38	13	12	12		2	2	
75岁	60	44	16	13	12	1			
76岁	63	43	20	5	5				
77岁	47	35	12	7	4	3	4	3	1
78岁	54	39	15	8	7	1	3	3	
79岁	42	29	13	6	4	2	2	2	
80岁	39	29	10	5	5		1	1	
81岁	30	20	10	5	5				
82岁	42	26	16	5	4	1	1	1	
83岁	31	27	4	4	3	1			
84岁	31	25	6	4	3	1			
85＋	110	78	32	12	9	3	9	7	2

2－8 续表 6

单位：人

年 龄	中 专			大学专科			大学本科			研究生		
	小计	男	女	小计	男	女	小计	男	女	小计	男	女
总 计	**53**	**36**	**17**	**37**	**31**	**6**	**13**	**8**	**5**			
6岁												
7岁												
8岁												
9岁												
10岁												
11岁												
12岁												
13岁												
14岁												
15岁												
16岁												
17岁												
18岁												
19岁												
20岁												
21岁												
22岁												
23岁							1		1			
24岁												
25岁												
26岁	2		2	1	1							
27岁	1		1									
28岁												
29岁	1	1										
30岁												

2－8 续表 7

单位：人

年 龄	中 专			大学专科			大学本科			研究生		
	小计	男	女	小计	男	女	小计	男	女	小计	男	女
31岁				2	1	1						
32岁												
33岁	1	1										
34岁												
35岁				1	1							
36岁												
37岁	3	1	2									
38岁												
39岁												
40岁				1	1		2	2				
41岁	1		1	1	1							
42岁	1	1										
43岁	1	1										
44岁							1		1			
45岁	1	1		1	1							
46岁												
47岁												
48岁	1	1										
49岁	1		1	1		1						
50岁												
51岁				2	2							
52岁												
53岁				1	1							
54岁	1	1										
55岁	1		1	1	1		1	1				
56岁	1	1										
57岁												
58岁												

2-8 续表 8

单位：人

年 龄	中 专			大学专科			大学本科			研究生		
	小计	男	女	小计	男	女	小计	男	女	小计	男	女
59岁	1	1										
60岁	2	2										
61岁	3	3		1	1							
62岁												
63岁	3	3										
64岁				3	2	1						
65岁	1	1		2	1	1	1		1			
66岁							2	1	1			
67岁	4	3	1	3	3		2	1	1			
68岁	4	2	2									
69岁				2	2							
70岁	2	1	1	1		1	2	2				
71岁	3	2	1	2	2							
72岁	1	1		2	2							
73岁	1		1	1	1							
74岁	1	1										
75岁	3	2	1	1	1							
76岁	1	1		1	1							
77岁							1	1				
78岁	3	3										
79岁	1		1	1	1							
80岁												
81岁	1	1										
82岁												
83岁	1		1									
84岁				1	1							
85+				4	3	1						

2－8a　城镇6岁及以上残疾人分年龄、性别的受教育程度

单位：人

年　龄	残疾人			不识字			未上过学		
	合计	男	女	小计	男	女	小计	男	女
总　计	**1120**	**548**	**572**	**355**	**68**	**287**	**14**	**8**	**6**
6岁	1	1		1	1				
7岁	1	1		1	1				
8岁	3	3		1	1		1	1	
9岁	3	1	2	1		1			
10岁	4	1	3	1		1			
11岁	4	4		3	3				
12岁	6	5	1						
13岁	2	1	1						
14岁	5	2	3	3	1	2			
15岁	1	1		1	1				
16岁	4	3	1	2	2				
17岁	1	1							
18岁	2	1	1						
19岁	4	2	2	2		2			
20岁	4	3	1				1	1	
21岁	1		1						
22岁	2	2		1	1				
23岁	4	2	2	2	2				
24岁	4	2	2	2	1	1			
25岁	3	3		2	2				
26岁	2	1	1	1	1				
27岁	3	2	1						
28岁	4	3	1						
29岁	6	5	1						
30岁	5	4	1						

2－8a 续表 1

单位：人

年龄	残疾人			不识字			未上过学		
	合计	男	女	小计	男	女	小计	男	女
31岁	10	7	3	1	1		1		1
32岁	7	6	1						
33岁	6	4	2	1	1				
34岁	2	1	1						
35岁	13	9	4	1		1			
36岁	9	4	5	2	1	1			
37岁	10	4	6	3	1	2			
38岁	8	6	2	2	1	1			
39岁	9	6	3	1	1				
40岁	10	8	2	1		1			
41岁	6	4	2						
42岁	10	3	7	1		1			
43岁	16	10	6	2	1	1			
44岁	7	5	2	1	1				
45岁	8	3	5						
46岁	6	4	2	1		1			
47岁	9	5	4				1	1	
48岁	6	6							
49岁	12	6	6	1		1			
50岁									
51岁	20	12	8						
52岁	15	12	3	2	2				
53岁	18	9	9	3	1	2			
54岁	8	7	1						
55岁	17	9	8	5		5			
56岁	17	10	7	2	1	1	1	1	
57岁	11	3	8						
58岁	5	3	2						

2－8a 续表 2

单位：人

年龄	残疾人			不识字			未上过学		
	合计	男	女	小计	男	女	小计	男	女
59岁	16	12	4	1	1				
60岁	7	5	2	3	1	2			
61岁	16	10	6	1		1			
62岁	14	7	7	1	1				
63岁	13	8	5						
64岁	25	10	15	4		4			
65岁	25	13	12	5		5			
66岁	26	14	12	9	2	7			
67岁	29	15	14	7	1	6			
68岁	21	11	10	2		2	1	1	
69岁	21	10	11	4		4			
70岁	27	11	16	6		6			
71岁	34	17	17	12	1	11			
72岁	33	18	15	9	2	7			
73岁	39	15	24	16	3	13	1		1
74岁	27	15	12	12	2	10			
75岁	36	13	23	16	1	15	1	1	
76岁	29	11	18	13	1	12			
77岁	30	12	18	14	3	11	1		1
78岁	39	17	22	17	4	13			
79岁	32	16	16	13	3	10			
80岁	29	10	19	19	3	16			
81岁	27	12	15	16	3	13	2	1	1
82岁	22	6	16	9		9			
83岁	22	6	16	12		12			
84岁	17	8	9	7	2	5	2	1	1
85＋	110	26	84	73	5	68	1		1

2－8a 续表 3

单位：人

年 龄	小 学			初 中			高 中		
	小计	男	女	小计	男	女	小计	男	女
总 计	**352**	**205**	**147**	**241**	**157**	**84**	**76**	**53**	**23**
6岁									
7岁									
8岁	1	1							
9岁	2	1	1						
10岁	3	1	2						
11岁	1	1							
12岁	6	5	1						
13岁	1		1	1	1				
14岁	1	1		1		1			
15岁									
16岁	1		1	1	1				
17岁	1	1							
18岁	1	1		1		1			
19岁				2	2				
20岁	3	2	1						
21岁				1		1			
22岁	1	1							
23岁				2		2			
24岁				2	1	1			
25岁				1	1				
26岁									
27岁	2	1	1	1	1				
28岁	1	1		2	2		1		1
29岁	2	1	1	3	3				
30岁	2	2		3	2	1			

2－8a 续表 4

单位：人

年 龄	小学			初中			高中		
	小计	男	女	小计	男	女	小计	男	女
31岁	2	1	1	4	4				
32岁	1	1		5	5		1		1
33岁	2	1	1	1	1		1		1
34岁	2	1	1						
35岁	4	2	2	7	6	1			
36岁	3	3		4		4			
37岁	1	1		3	1	2			
38岁	2	2		4	3	1			
39岁				7	5	2	1		1
40岁	1	1		4	3	1	3	3	
41岁	2	1	1				2	2	
42岁				6	3	3	3		3
43岁	1		1	6	6		6	2	4
44岁	1	1		2	2		2	1	1
45岁				6	1	5			
46岁	1		1				4	4	
47岁	1	1		6	3	3	1		1
48岁	1	1		2	2		3	3	
49岁	3	1	2	3	3		3	2	1
50岁									
51岁	6	2	4	8	6	2	4	2	2
52岁	3	2	1	8	6	2	2	2	
53岁	5	3	2	8	3	5	1	1	
54岁	1	1		5	4	1	1	1	
55岁	6	4	2	3	3				
56岁	7	5	2	5	2	3	1		1
57岁	4	1	3	6	2	4	1		1
58岁	3	2	1	2	1	1			

2－8a 续表 5

单位：人

年龄	小学			初中			高中		
	小计	男	女	小计	男	女	小计	男	女
59岁	6	4	2	7	5	2	1	1	
60岁	2	2		2	2				
61岁	8	3	5	2	2		2	2	
62岁	7	3	4	4	1	3	2	2	
63岁	7	3	4	3	2	1	2	2	
64岁	11	5	6	6	2	4	1	1	
65岁	8	4	4	4	3	1	4	4	
66岁	11	8	3	3	2	1	1	1	
67岁	10	4	6	3	3		1	1	
68岁	7	4	3	7	4	3			
69岁	8	5	3	6	3	3	1		1
70岁	12	7	5	4	1	3			
71岁	12	8	4	5	4	1	1	1	
72岁	12	7	5	6	4	2	3	2	1
73岁	12	5	7	7	5	2	2	2	
74岁	9	7	2	4	4		1	1	
75岁	12	6	6	5	4	1			
76岁	12	6	6	2	2				
77岁	9	5	4	2	1	1	3	2	1
78岁	16	8	8	2	1	1	2	2	
79岁	11	8	3	4	2	2	2	2	
80岁	5	2	3	4	4		1	1	
81岁	9	8	1						
82岁	9	3	6	3	2	1	1	1	
83岁	8	6	2	1		1			
84岁	4	2	2	3	2	1			
85＋	23	14	9	6	3	3	4	2	2

2－8a 续表 6

单位：人

年 龄	中 专			大学专科			大学本科			研究生		
	小计	男	女	小计	男	女	小计	男	女	小计	男	女
总 计	**39**	**24**	**15**	**32**	**26**	**6**	**11**	**7**	**4**			
6岁												
7岁												
8岁												
9岁												
10岁												
11岁												
12岁												
13岁												
14岁												
15岁												
16岁												
17岁												
18岁												
19岁												
20岁												
21岁												
22岁												
23岁												
24岁												
25岁												
26岁	1		1									
27岁												
28岁												
29岁	1	1										
30岁												

2－8a 续表 7

单位：人

年 龄	中 专			大学专科			大学本科			研究生		
	小计	男	女	小计	男	女	小计	男	女	小计	男	女
31岁				2	1	1						
32岁												
33岁	1	1										
34岁												
35岁				1	1							
36岁												
37岁	3	1	2									
38岁												
39岁												
40岁							1	1				
41岁	1		1	1	1							
42岁												
43岁	1	1										
44岁							1		1			
45岁	1	1		1	1							
46岁												
47岁												
48岁												
49岁	1		1	1		1						
50岁												
51岁				2	2							
52岁												
53岁				1	1							
54岁	1	1										
55岁	1		1	1	1		1	1				
56岁	1	1										
57岁												
58岁												

2－8a 续表 8

单位：人

年龄	中专			大学专科			大学本科			研究生		
	小计	男	女	小计	男	女	小计	男	女	小计	男	女
59岁	1	1										
60岁												
61岁	3	3										
62岁												
63岁	1	1										
64岁				3	2	1						
65岁	1	1		2	1	1	1		1			
66岁							2	1	1			
67岁	3	2	1	3	3		2	1	1			
68岁	4	2	2									
69岁				2	2							
70岁	2	1	1	1		1	2	2				
71岁	2	1	1	2	2							
72岁	1	1		2	2							
73岁	1		1									
74岁	1	1										
75岁	1		1	1	1							
76岁	1	1		1	1							
77岁							1	1				
78岁	2	2										
79岁	1		1	1	1							
80岁												
81岁												
82岁												
83岁	1		1									
84岁				1	1							
85＋				3	2	1						

2－8b　农村6岁及以上残疾人分年龄、性别的受教育程度

单位：人

年　龄	残疾人			不识字			未上过学		
	合计	男	女	小计	男	女	小计	男	女
总　计	**4608**	**2287**	**2321**	**2196**	**601**	**1595**	**33**	**16**	**17**
6岁	21	12	9	15	6	9			
7岁	28	16	12	14	10	4			
8岁	18	11	7	10	7	3			
9岁	16	7	9	6	4	2			
10岁	19	12	7	4	4				
11岁	21	14	7	3	3				
12岁	15	9	6	4	4				
13岁	15	8	7	2	1	1	1		1
14岁	23	16	7	2		2			
15岁	22	14	8	3	2	1			
16岁	24	16	8	8	5	3			
17岁	29	17	12	12	6	6			
18岁	25	10	15	11	6	5			
19岁	16	10	6	6	3	3			
20岁	30	19	11	11	7	4			
21岁	29	18	11	5	4	1			
22岁	14	9	5	7	3	4			
23岁	26	19	7	12	8	4			
24岁	19	13	6	8	6	2			
25岁	29	16	13	11	5	6			
26岁	28	16	12	10	5	5			
27岁	32	22	10	8	7	1			
28岁	24	14	10	8	5	3			
29岁	17	14	3	5	4	1			
30岁	21	10	11	11	4	7			

2－8b 续表 1

单位：人

年 龄	残疾人			不识字			未上过学		
	合计	男	女	小计	男	女	小计	男	女
31岁	30	20	10	14	10	4			
32岁	35	21	14	10	2	8			
33岁	25	16	9	11	7	4			
34岁	28	18	10	7	2	5			
35岁	31	22	9	7	4	3			
36岁	40	29	11	13	8	5			
37岁	44	31	13	10	5	5	1	1	
38岁	31	18	13	8	3	5			
39岁	47	29	18	13	7	6			
40岁	50	29	21	12	4	8			
41岁	37	18	19	6	1	5			
42岁	37	15	22	7	3	4			
43岁	44	24	20	10	1	9			
44岁	15	7	8	5		5			
45岁	16	8	8	7	3	4			
46岁	22	15	7	7	5	2			
47岁	40	23	17	8	4	4	1		1
48岁	51	33	18	9	5	4			
49岁	44	30	14	7	2	5			
50岁	48	28	20	16	7	9			
51岁	51	29	22	14	5	9			
52岁	41	25	16	12	4	8			
53岁	48	24	24	19	5	14			
54岁	36	20	16	8	2	6			
55岁	39	24	15	10	4	6			
56岁	57	32	25	15	3	12			
57岁	43	26	17	15	5	10			
58岁	56	28	28	22	6	16			

2－8b 续表 2

单位：人

年龄	残疾人			不识字			未上过学		
	合计	男	女	小计	男	女	小计	男	女
59岁	46	23	23	15	2	13			
60岁	69	34	35	19	6	13	1		1
61岁	66	41	25	21	8	13	1	1	
62岁	59	27	32	23	3	20			
63岁	61	35	26	22	8	14	1		1
64岁	60	32	28	16	2	14	1		1
65岁	82	50	32	28	11	17	2	1	1
66岁	76	39	37	25	4	21	2		2
67岁	101	42	59	47	6	41	1	1	
68岁	105	50	55	45	10	35			
69岁	120	63	57	55	11	44	2	1	1
70岁	121	53	68	74	19	55	3	2	1
71岁	95	34	61	59	6	53			
72岁	109	54	55	70	20	50	1	1	
73岁	132	69	63	70	18	52	1	1	
74岁	130	61	69	78	20	58	1	1	
75岁	137	62	75	78	14	64	1		1
76岁	130	56	74	75	16	59	1		1
77岁	123	51	72	76	15	61	3	2	1
78岁	129	58	71	83	19	64			
79岁	114	46	68	81	23	58			
80岁	115	42	73	79	14	65	1		1
81岁	93	29	64	66	11	55			
82岁	97	39	58	59	12	47	3	2	1
83岁	88	36	52	62	12	50			
84岁	82	39	43	53	15	38	1		1
85+	421	138	283	319	60	259	3	2	1

2－8b 续表 3

单位：人

年 龄	小学			初中			高中		
	小计	男	女	小计	男	女	小计	男	女
总 计	**1762**	**1180**	**582**	**514**	**404**	**110**	**82**	**68**	**14**
6岁	6	6							
7岁	14	6	8						
8岁	8	4	4						
9岁	10	3	7						
10岁	15	8	7						
11岁	18	11	7						
12岁	10	5	5	1		1			
13岁	10	5	5	2	2				
14岁	15	11	4	6	5	1			
15岁	14	8	6	5	4	1			
16岁	9	7	2	7	4	3			
17岁	9	6	3	7	4	3	1	1	
18岁	8	4	4	6		6			
19岁	7	4	3	3	3				
20岁	10	5	5	9	7	2			
21岁	9	5	4	14	8	6	1	1	
22岁	4	4		3	2	1			
23岁	7	6	1	6	5	1			
24岁	2	1	1	9	6	3			
25岁	12	8	4	6	3	3			
26岁	7	4	3	9	6	3			
27岁	14	8	6	8	6	2	1	1	
28岁	12	5	7	4	4				
29岁	7	6	1	5	4	1			
30岁	5	1	4	4	4		1	1	

2－8b 续表 4

单位：人

年 龄	小学			初中			高中		
	小计	男	女	小计	男	女	小计	男	女
31岁	8	4	4	8	6	2			
32岁	15	10	5	10	9	1			
33岁	7	5	2	5	3	2	2	1	1
34岁	11	7	4	8	7	1	2	2	
35岁	18	13	5	5	4	1	1	1	
36岁	17	14	3	10	7	3			
37岁	23	16	7	10	9	1			
38岁	15	8	7	8	7	1			
39岁	24	14	10	10	8	2			
40岁	20	12	8	13	8	5	3	3	
41岁	16	9	7	12	6	6	3	2	1
42岁	18	7	11	9	3	6	2	1	1
43岁	12	5	7	17	14	3	5	4	1
44岁	4	2	2	5	4	1	1	1	
45岁	4	2	2	4	2	2	1	1	
46岁	7	4	3	3	3		5	3	2
47岁	14	7	7	13	10	3	4	2	2
48岁	28	18	10	8	6	2	5	3	2
49岁	20	14	6	15	12	3	2	2	
50岁	15	5	10	13	12	1	4	4	
51岁	26	16	10	8	5	3	3	3	
52岁	15	9	6	10	9	1	4	3	1
53岁	17	10	7	7	5	2	5	4	1
54岁	22	14	8	6	4	2			
55岁	21	14	7	6	4	2	2	2	
56岁	29	17	12	13	12	1			
57岁	19	13	6	8	7	1	1	1	
58岁	26	15	11	8	7	1			

2－8b 续表 5

单位：人

年龄	小学			初中			高中		
	小计	男	女	小计	男	女	小计	男	女
59岁	24	15	9	6	5	1	1	1	
60岁	40	19	21	5	5		2	2	
61岁	33	22	11	10	9	1			
62岁	29	17	12	6	6		1	1	
63岁	26	18	8	8	6	2	2	1	1
64岁	35	22	13	7	7		1	1	
65岁	43	30	13	8	7	1	1	1	
66岁	38	25	13	9	8	1	2	2	
67岁	42	27	15	9	6	3	1	1	
68岁	55	36	19	4	3	1	1	1	
69岁	52	42	10	10	9	1	1		1
70岁	38	27	11	5	4	1	1	1	
71岁	32	24	8	2	2		1	1	
72岁	32	27	5	6	6				
73岁	57	46	11	3	3				
74岁	42	31	11	8	8		1	1	
75岁	48	38	10	8	8				
76岁	51	37	14	3	3				
77岁	38	30	8	5	3	2	1	1	
78岁	38	31	7	6	6		1	1	
79岁	31	21	10	2	2				
80岁	34	27	7	1	1				
81岁	21	12	9	5	5				
82岁	33	23	10	2	2				
83岁	23	21	2	3	3				
84岁	27	23	4	1	1				
85+	87	64	23	6	6		5	5	

2－8b 续表 6

单位：人

年 龄	中 专			大学专科			大学本科			研究生		
	小计	男	女	小计	男	女	小计	男	女	小计	男	女
总 计	**14**	**12**	**2**	**5**	**5**		**2**	**1**	**1**			
6岁												
7岁												
8岁												
9岁												
10岁												
11岁												
12岁												
13岁												
14岁												
15岁												
16岁												
17岁												
18岁												
19岁												
20岁												
21岁												
22岁												
23岁							1		1			
24岁												
25岁												
26岁	1		1	1	1							
27岁	1		1									
28岁												
29岁												
30岁												

2－8b 续表 7

单位：人

年龄	中专			大学专科			大学本科			研究生		
	小计	男	女	小计	男	女	小计	男	女	小计	男	女
31岁												
32岁												
33岁												
34岁												
35岁												
36岁												
37岁												
38岁												
39岁												
40岁				1	1		1	1				
41岁												
42岁	1	1										
43岁												
44岁												
45岁												
46岁												
47岁												
48岁	1	1										
49岁												
50岁												
51岁												
52岁												
53岁												
54岁												
55岁												
56岁												
57岁												
58岁												

2－8b 续表 8

单位：人

年 龄	中 专			大学专科			大学本科			研究生		
	小计	男	女	小计	男	女	小计	男	女	小计	男	女
59岁												
60岁	2	2										
61岁				1	1							
62岁												
63岁	2	2										
64岁												
65岁												
66岁												
67岁	1	1										
68岁												
69岁												
70岁												
71岁	1	1										
72岁												
73岁				1	1							
74岁												
75岁	2	2										
76岁												
77岁												
78岁	1	1										
79岁												
80岁												
81岁	1	1										
82岁												
83岁												
84岁												
85+				1	1							

2－9　各地区6岁及以上残疾人分性别的受教育程度

单位：人

地　区	残疾人			不识字			未上过学		
	合计	男	女	小计	男	女	小计	男	女
总　计	**5728**	**2835**	**2893**	**2551**	**669**	**1882**	**47**	**24**	**23**
南宁市江南区	235	106	129	82	11	71	1	1	
南宁市宾阳县	217	94	123	98	16	82	3	2	1
南宁市马山县	247	113	134	160	39	121			
柳州市柳北区	165	72	93	45	5	40	2	1	1
柳州市融水苗族自治县	192	100	92	92	27	65	1	1	
桂林市叠彩区	228	112	116	73	12	61	6	2	4
桂林市荔浦县	275	137	138	106	26	80			
桂林市龙胜各族自治区	232	140	92	88	36	52	6	1	5
贺州市八步区	207	103	104	91	23	68	1		1
梧州市藤县	198	119	79	78	28	50	1	1	
贺州市富川瑶族自治县	194	102	92	113	38	75			
防城港市防城区	238	134	104	107	43	64	2	1	1
北海市合浦县	283	139	144	128	31	97	5	4	1
钦州市浦北县	213	107	106	76	22	54	2	1	1
贵港市港北区	240	112	128	106	28	78	6	3	3
贵港市平南县	246	129	117	94	29	65			
玉林市博白县	181	98	83	74	24	50			
玉林市容县	304	152	152	97	16	81	1		1
贵港市桂平市	241	130	111	61	13	48	3	2	1
百色市靖西县	246	112	134	133	31	102			
百色市田阳县	240	115	125	137	39	98	2	1	1
河池市宜州市	227	94	133	118	26	92	2	1	1
河池市东兰县	278	145	133	168	54	114	2	1	1
来宾市兴宾区	195	95	100	105	30	75			
崇左市扶绥县	206	75	131	121	22	99	1	1	

2-9 续表 1

单位：人

地区	小学			初中			高中		
	小计	男	女	小计	男	女	小计	男	女
总计	**2114**	**1385**	**729**	**755**	**561**	**194**	**158**	**121**	**37**
南宁市江南区	68	43	25	49	30	19	13	8	5
南宁市宾阳县	75	42	33	34	27	7	4	4	
南宁市马山县	58	47	11	21	20	1	6	5	1
柳州市柳北区	50	25	25	46	25	21	10	8	2
柳州市融水苗族自治县	70	46	24	23	20	3	5	5	
桂林市叠彩区	64	38	26	50	36	14	19	13	6
桂林市荔浦县	123	77	46	41	31	10	4	3	1
桂林市龙胜各族自治区	97	72	25	31	25	6	8	5	3
贺州市八步区	73	52	21	29	18	11	7	6	1
梧州市藤县	98	72	26	18	15	3	3	3	
贺州市富川瑶族自治县	55	42	13	20	16	4	1	1	
防城港市防城区	89	56	33	29	24	5	10	9	1
北海市合浦县	103	67	36	36	29	7	8	5	3
钦州市浦北县	104	61	43	22	14	8	5	5	
贵港市港北区	92	53	39	30	23	7	5	4	1
贵港市平南县	113	76	37	28	18	10	8	5	3
玉林市博白县	83	55	28	21	16	5	1	1	
玉林市容县	158	98	60	35	27	8	9	7	2
贵港市桂平市	138	84	54	35	27	8	2	2	
百色市靖西县	77	50	27	29	25	4	5	5	
百色市田阳县	63	47	16	29	21	8	7	5	2
河池市宜州市	75	48	27	23	14	9	5	2	3
河池市东兰县	69	55	14	29	27	2	7	5	2
来宾市兴宾区	60	44	16	26	17	9	4	4	
崇左市扶绥县	59	35	24	21	16	5	2	1	1

2-9 续表 2

单位：人

地区	中专			大学专科			大学本科			研究生		
	小计	男	女	小计	男	女	小计	男	女	小计	男	女
总计	**53**	**36**	**17**	**37**	**31**	**6**	**13**	**8**	**5**			
南宁市江南区	8	6	2	8	5	3	6	2	4			
南宁市宾阳县	1	1		1	1		1	1				
南宁市马山县	1	1		1	1							
柳州市柳北区	6	3	3	6	5	1						
柳州市融水苗族自治县	1	1										
桂林市叠彩区	5	1	4	7	7		4	3	1			
桂林市荔浦县	1		1									
桂林市龙胜各族自治区	2	1	1									
贺州市八步区	3	1	2	3	3							
梧州市藤县												
贺州市富川瑶族自治县	5	5										
防城港市防城区				1	1							
北海市合浦县	3	3										
钦州市浦北县	2	2		2	2							
贵港市港北区				1	1							
贵港市平南县	1		1	2	1	1						
玉林市博白县	1	1		1	1							
玉林市容县	3	3					1	1				
贵港市桂平市				2	2							
百色市靖西县	1	1		1		1						
百色市田阳县	2	2										
河池市宜州市	3	2	1				1	1				
河池市东兰县	2	2		1	1							
来宾市兴宾区												
崇左市扶绥县	2		2									

2－10 各地区15岁及以上残疾人分性别的文盲人口

单位：人，%

地区	残疾人口			文盲人口			文盲人口占残疾人口的比例		
	合计	男	女	小计	男	女	小计	男	女
总计	**5523**	**2711**	**2812**	**2480**	**623**	**1857**	**44.90**	**22.98**	**66.04**
南宁市江南区	226	101	125	81	10	71	35.84	9.90	56.80
南宁市宾阳县	212	90	122	97	15	82	45.75	16.67	67.21
南宁市马山县	240	110	130	160	39	121	66.67	35.45	93.08
柳州市柳北区	160	70	90	43	4	39	26.88	5.71	43.33
柳州市融水苗族自治县	181	96	85	88	25	63	48.62	26.04	74.12
桂林市叠彩区	225	109	116	73	12	61	32.44	11.01	52.59
桂林市荔浦县	273	136	137	104	25	79	38.10	18.38	57.66
桂林市龙胜各族自治区	231	139	92	87	35	52	37.66	25.18	56.52
贺州市八步区	198	100	98	89	23	66	44.95	23.00	67.35
梧州市藤县	186	111	75	75	27	48	40.32	24.32	64.00
贺州市富川瑶族自治县	187	96	91	109	34	75	58.29	35.42	82.42
防城港市防城区	231	130	101	104	41	63	45.02	31.54	62.38
北海市合浦县	271	132	139	122	28	94	45.02	21.21	67.63
钦州市浦北县	205	103	102	74	20	54	36.10	19.42	52.94
贵港市港北区	225	103	122	103	26	77	45.78	25.24	63.11
贵港市平南县	237	124	113	89	27	62	37.55	21.77	54.87
玉林市博白县	167	87	80	67	19	48	40.12	21.84	60.00
玉林市容县	298	148	150	97	16	81	32.55	10.81	54.00
贵港市桂平市	231	127	104	60	12	48	25.97	9.45	46.15
百色市靖西县	234	105	129	127	28	99	54.27	26.67	76.74
百色市田阳县	235	111	124	134	37	97	57.02	33.33	78.23
河池市宜州市	221	89	132	116	24	92	52.49	26.97	69.70
河池市东兰县	269	139	130	167	53	114	62.08	38.13	87.69
来宾市兴宾区	182	86	96	96	23	73	52.75	26.74	76.04
崇左市扶绥县	198	69	129	118	20	98	59.60	28.99	75.97

2－10a　各地区城镇15岁及以上残疾人分性别的文盲人口

单位：人，%

地　区	残疾人口			文盲人口			文盲人口占残疾人口的比例		
	合计	男	女	小计	男	女	小计	男	女
总　计	**1091**	**529**	**562**	**344**	**61**	**283**	**31.53**	**11.53**	**50.36**
南宁市江南区	226	101	125	81	10	71	35.84	9.90	56.80
南宁市宾阳县	63	27	36	22	2	20	34.92	7.41	55.56
南宁市马山县	13	7	6	7	2	5	53.85	28.57	83.33
柳州市柳北区	106	44	62	21		21	19.81		33.87
柳州市融水苗族自治县	19	10	9	6	1	5	31.58	10.00	55.56
桂林市叠彩区	144	70	74	36	8	28	25.00	11.43	37.84
桂林市荔浦县	21	10	11	3		3	14.29		27.27
桂林市龙胜各族自治区	8	4	4	1		1	12.50		25.00
贺州市八步区	65	36	29	15	4	11	23.08	11.11	37.93
梧州市藤县	6	5	1	1	1		16.67	20.00	
贺州市富川瑶族自治县	21	15	6	5	3	2	23.81	20.00	33.33
防城港市防城区	25	17	8	10	4	6	40.00	23.53	75.00
北海市合浦县	40	20	20	15	3	12	37.50	15.00	60.00
钦州市浦北县	14	12	2	3	1	2	21.43	8.33	100.00
贵港市港北区	54	28	26	15	3	12	27.78	10.71	46.15
贵港市平南县	24	13	11	2	2		8.33	15.38	
玉林市博白县	12	7	5	6	3	3	50.00	42.86	60.00
玉林市容县	25	14	11	5		5	20.00		45.45
贵港市桂平市	28	15	13	8	1	7	28.57	6.67	53.85
百色市靖西县	28	13	15	7		7	25.00		46.67
百色市田阳县	19	7	12	7	1	6	36.84	14.29	50.00
河池市宜州市	58	23	35	29	6	23	50.00	26.09	65.71
河池市东兰县									
来宾市兴宾区	65	30	35	33	6	27	50.77	20.00	77.14
崇左市扶绥县	7	1	6	6		6	85.71		100.00

2－10b 各地区农村15岁及以上残疾人分性别的文盲人口

单位：人，%

地　区	残疾人口			文盲人口			文盲人口占残疾人口的比例		
	合计	男	女	小计	男	女	小计	男	女
总　计	**4432**	**2182**	**2250**	**2136**	**562**	**1574**	**48.19**	**25.76**	**69.96**
南宁市江南区									
南宁市宾阳县	149	63	86	75	13	62	50.34	20.63	72.09
南宁市马山县	227	103	124	153	37	116	67.40	35.92	93.55
柳州市柳北区	54	26	28	22	4	18	40.74	15.38	64.29
柳州市融水苗族自治县	162	86	76	82	24	58	50.62,	27.91	76.32
桂林市叠彩区	81	39	42	37	4	33	45.68	10.26	78.57
桂林市荔浦县	252	126	126	101	25	76	40.08	19.84	60.32
桂林市龙胜各族自治区	223	135	88	86	35	51	38.57	25.93	57.95
贺州市八步区	133	64	69	74	19	55	55.64	29.69	79.71
梧州市藤县	180	106	74	74	26	48	41.11	24.53	64.86
贺州市富川瑶族自治县	166	81	85	104	31	73	62.65	38.27	85.88
防城港市防城区	206	113	93	94	37	57	45.63	32.74	61.29
北海市合浦县	231	112	119	107	25	82	46.32	22.32	68.91
钦州市浦北县	191	91	100	71	19	52	37.17	20.88	52.00
贵港市港北区	171	75	96	88	23	65	51.46	30.67	67.71
贵港市平南县	213	111	102	87	25	62	40.85	22.52	60.78
玉林市博白县	155	80	75	61	16	45	39.35	20.00	60.00
玉林市容县	273	134	139	92	16	76	33.70	11.94	54.68
贵港市桂平市	203	112	91	52	11	41	25.62	9.82	45.05
百色市靖西县	206	92	114	120	28	92	58.25	30.43	80.70
百色市田阳县	216	104	112	127	36	91	58.80	34.62	81.25
河池市宜州市	163	66	97	87	18	69	53.37	27.27	71.13
河池市东兰县	269	139	130	167	53	114	62.08	38.13	87.69
来宾市兴宾区	117	56	61	63	17	46	53.85	30.36	75.41
崇左市扶绥县	191	68	123	112	20	92	58.64	29.41	74.80

2－11　15岁及以上残疾人分年龄、性别的文盲人口

单位：人，%

年　龄	残疾人口			文盲人口			文盲人口占残疾人口的比例		
	合计	男	女	小计	男	女	小计	男	女
总　计	**5523**	**2711**	**2812**	**2480**	**623**	**1857**	**44.90**	**22.98**	**66.04**
15-19	**128**	**75**	**53**	**45**	**25**	**20**	**35.16**	**33.33**	**37.74**
15岁	23	15	8	4	3	1	17.39	20.00	12.50
16岁	28	19	9	10	7	3	35.71	36.84	33.33
17岁	30	18	12	12	6	6	40.00	33.33	50.00
18岁	27	11	16	11	6	5	40.74	54.55	31.25
19岁	20	12	8	8	3	5	40.00	25.00	62.50
20-24	**133**	**87**	**46**	**48**	**32**	**16**	**36.09**	**36.78**	**34.78**
20岁	34	22	12	11	7	4	32.35	31.82	33.33
21岁	30	18	12	5	4	1	16.67	22.22	8.33
22岁	16	11	5	8	4	4	50.00	36.36	80.00
23岁	30	21	9	14	10	4	46.67	47.62	44.44
24岁	23	15	8	10	7	3	43.48	46.67	37.50
25-29	**148**	**96**	**52**	**45**	**29**	**16**	**30.41**	**30.21**	**30.77**
25岁	32	19	13	13	7	6	40.63	36.84	46.15
26岁	30	17	13	11	6	5	36.67	35.29	38.46
27岁	35	24	11	8	7	1	22.86	29.17	9.09
28岁	28	17	11	8	5	3	28.57	29.41	27.27
29岁	23	19	4	5	4	1	21.74	21.05	25.00
30-34	**169**	**107**	**62**	**55**	**27**	**28**	**32.54**	**25.23**	**45.16**
30岁	26	14	12	11	4	7	42.31	28.57	58.33
31岁	40	27	13	15	11	4	37.50	40.74	30.77
32岁	42	27	15	10	2	8	23.81	7.41	53.33
33岁	31	20	11	12	8	4	38.71	40.00	36.36
34岁	30	19	11	7	2	5	23.33	10.53	45.45
35-39	**242**	**158**	**84**	**60**	**31**	**29**	**24.79**	**19.62**	**34.52**
35岁	44	31	13	8	4	4	18.18	12.90	30.77
36岁	49	33	16	15	9	6	30.61	27.27	37.50

2-11 续表 1

单位：人，%

年龄	残疾人口			文盲人口			文盲人口占残疾人口的比例		
	合计	男	女	小计	男	女	小计	男	女
37岁	54	35	19	13	6	7	24.07	17.14	36.84
38岁	39	24	15	10	4	6	25.64	16.67	40.00
39岁	56	35	21	14	8	6	25.00	22.86	28.57
40-44	**232**	**123**	**109**	**45**	**11**	**34**	**19.40**	**8.94**	**31.19**
40岁	60	37	23	13	4	9	21.67	10.81	39.13
41岁	43	22	21	6	1	5	13.95	4.55	23.81
42岁	47	18	29	8	3	5	17.02	16.67	17.24
43岁	60	34	26	12	2	10	20.00	5.88	38.46
44岁	22	12	10	6	1	5	27.27	8.33	50.00
45-49	**214**	**133**	**81**	**40**	**19**	**21**	**18.69**	**14.29**	**25.93**
45岁	24	11	13	7	3	4	29.17	27.27	30.77
46岁	28	19	9	8	5	3	28.57	26.32	33.33
47岁	49	28	21	8	4	4	16.33	14.29	19.05
48岁	57	39	18	9	5	4	15.79	12.82	22.22
49岁	56	36	20	8	2	6	14.29	5.56	30.00
50-54	**285**	**166**	**119**	**74**	**26**	**48**	**25.96**	**15.66**	**40.34**
50岁	48	28	20	16	7	9	33.33	25.00	45.00
51岁	71	41	30	14	5	9	19.72	12.20	30.00
52岁	56	37	19	14	6	8	25.00	16.22	42.11
53岁	66	33	33	22	6	16	33.33	18.18	48.48
54岁	44	27	17	8	2	6	18.18	7.41	35.29
55-59	**307**	**170**	**137**	**85**	**22**	**63**	**27.69**	**12.94**	**45.99**
55岁	56	33	23	15	4	11	26.79	12.12	47.83
56岁	74	42	32	17	4	13	22.97	9.52	40.63
57岁	54	29	25	15	5	10	27.78	17.24	40.00
58岁	61	31	30	22	6	16	36.07	19.35	53.33
59岁	62	35	27	16	3	13	25.81	8.57	48.15
60-64	**390**	**209**	**181**	**110**	**29**	**81**	**28.21**	**13.88**	**44.75**
60岁	76	39	37	22	7	15	28.95	17.95	40.54

2-11 续表 2

单位：人，%

年 龄	残疾人口			文盲人口			文盲人口占残疾人口的比例		
	合计	男	女	小计	男	女	小计	男	女
61岁	82	51	31	22	8	14	26.83	15.69	45.16
62岁	73	34	39	24	4	20	32.88	11.76	51.28
63岁	74	43	31	22	8	14	29.73	18.60	45.16
64岁	85	42	43	20	2	18	23.53	4.76	41.86
65-69	**606**	**307**	**299**	**227**	**45**	**182**	**37.46**	**14.66**	**60.87**
65岁	107	63	44	33	11	22	30.84	17.46	50.00
66岁	102	53	49	34	6	28	33.33	11.32	57.14
67岁	130	57	73	54	7	47	41.54	12.28	64.38
68岁	126	61	65	47	10	37	37.30	16.39	56.92
69岁	141	73	68	59	11	48	41.84	15.07	70.59
70-74	**747**	**347**	**400**	**406**	**91**	**315**	**54.35**	**26.22**	**78.75**
70岁	148	64	84	80	19	61	54.05	29.69	72.62
71岁	129	51	78	71	7	64	55.04	13.73	82.05
72岁	142	72	70	79	22	57	55.63	30.56	81.43
73岁	171	84	87	86	21	65	50.29	25.00	74.71
74岁	157	76	81	90	22	68	57.32	28.95	83.95
75-79	**799**	**342**	**457**	**466**	**99**	**367**	**58.32**	**28.95**	**80.31**
75岁	173	75	98	94	15	79	54.34	20.00	80.61
76岁	159	67	92	88	17	71	55.35	25.37	77.17
77岁	153	63	90	90	18	72	58.82	28.57	80.00
78岁	168	75	93	100	23	77	59.52	30.67	82.80
79岁	146	62	84	94	26	68	64.38	41.94	80.95
80-84	**592**	**227**	**365**	**382**	**72**	**310**	**64.53**	**31.72**	**84.93**
80岁	144	52	92	98	17	81	68.06	32.69	88.04
81岁	120	41	79	82	14	68	68.33	34.15	86.08
82岁	119	45	74	68	12	56	57.14	26.67	75.68
83岁	110	42	68	74	12	62	67.27	28.57	91.18
84岁	99	47	52	60	17	43	60.61	36.17	82.69
85+	**531**	**164**	**367**	**392**	**65**	**327**	**73.82**	**39.63**	**89.10**

2-12 15岁及以上残疾人分年龄、性别的婚姻状况

单位：人

年龄	残疾人			未婚			初婚有配偶		
	合计	男	女	小计	男	女	小计	男	女
总计	**5523**	**2711**	**2812**	**701**	**578**	**123**	**2930**	**1589**	**1341**
15-19	**128**	**75**	**53**	**123**	**74**	**49**	**5**	**1**	**4**
15岁	23	15	8	23	15	8			
16岁	28	19	9	28	19	9			
17岁	30	18	12	29	18	11	1		1
18岁	27	11	16	26	10	16	1	1	
19岁	20	12	8	17	12	5	3		3
20-24	**133**	**87**	**46**	**115**	**84**	**31**	**18**	**3**	**15**
20岁	34	22	12	32	22	10	2		2
21岁	30	18	12	26	18	8	4		4
22岁	16	11	5	14	10	4	2	1	1
23岁	30	21	9	25	20	5	5	1	4
24岁	23	15	8	18	14	4	5	1	4
25-29	**148**	**96**	**52**	**88**	**74**	**14**	**59**	**22**	**37**
25岁	32	19	13	20	16	4	11	3	8
26岁	30	17	13	17	12	5	13	5	8
27岁	35	24	11	24	23	1	11	1	10
28岁	28	17	11	16	13	3	12	4	8
29岁	23	19	4	11	10	1	12	9	3
30-34	**169**	**107**	**62**	**76**	**70**	**6**	**85**	**34**	**51**
30岁	26	14	12	12	10	2	12	3	9
31岁	40	27	13	21	19	2	16	6	10
32岁	42	27	15	17	16	1	24	11	13
33岁	31	20	11	16	15	1	14	5	9
34岁	30	19	11	10	10		19	9	10
35-39	**242**	**158**	**84**	**74**	**72**	**2**	**153**	**79**	**74**
35岁	44	31	13	15	15		27	15	12
36岁	49	33	16	17	17		29	13	16

2-12 续表 1

单位：人

年 龄	残疾人			未 婚			初婚有配偶		
	合计	男	女	小计	男	女	小计	男	女
37岁	54	35	19	20	20		33	15	18
38岁	39	24	15	9	8	1	27	15	12
39岁	56	35	21	13	12	1	37	21	16
40-44	**232**	**123**	**109**	**41**	**36**	**5**	**170**	**76**	**94**
40岁	60	37	23	14	14		40	18	22
41岁	43	22	21	8	7	1	32	13	19
42岁	47	18	29	9	7	2	34	10	24
43岁	60	34	26	7	5	2	47	26	21
44岁	22	12	10	3	3		17	9	8
45-49	**214**	**133**	**81**	**36**	**35**	**1**	**150**	**82**	**68**
45岁	24	11	13	5	4	1	16	5	11
46岁	28	19	9	7	7		17	9	8
47岁	49	28	21	8	8		36	17	19
48岁	57	39	18	5	5		46	31	15
49岁	56	36	20	11	11		35	20	15
50-54	**285**	**166**	**119**	**35**	**34**	**1**	**215**	**114**	**101**
50岁	48	28	20	8	8		34	15	19
51岁	71	41	30	10	10		53	27	26
52岁	56	37	19	7	7		43	25	18
53岁	66	33	33	8	7		46	22	24
54岁	44	27	17	2	2		39	25	14
55-59	**307**	**170**	**137**	**30**	**27**	**3**	**233**	**127**	**106**
55岁	56	33	23	7	7		38	22	16
56岁	74	42	32	3	3		61	33	28
57岁	54	29	25	6	5	1	42	23	19
58岁	61	31	30	7	6	1	45	21	24
59岁	62	35	27	7	6	1	47	28	19
60-64	**390**	**209**	**181**	**22**	**21**	**1**	**301**	**165**	**136**
60岁	76	39	37	9	9		55	25	30
61岁	82	51	31	5	5		70	44	26
62岁	73	34	39	2	2		55	24	31

2-12 续表 2

单位：人

年龄	残疾人			未婚			初婚有配偶		
	合计	男	女	小计	男	女	小计	男	女
63岁	74	43	31	2	2		62	40	22
64岁	85	42	43	4	3	1	59	32	27
65-69	**606**	**307**	**299**	**23**	**21**	**2**	**428**	**239**	**189**
65岁	107	63	44	4	4		84	50	34
66岁	102	53	49	3	3		77	41	36
67岁	130	57	73	8	7	1	84	43	41
68岁	126	61	65	2	2		88	48	40
69岁	141	73	68	6	5	1	95	57	38
70-74	**747**	**347**	**400**	**23**	**18**	**5**	**453**	**245**	**208**
70岁	148	64	84	6	4	2	88	43	45
71岁	129	51	78	1	1		94	44	50
72岁	142	72	70	6	4	2	84	47	37
73岁	171	84	87	4	3	1	101	60	41
74岁	157	76	81	6	6		86	51	35
75-79	**799**	**342**	**457**	**8**	**7**	**1**	**376**	**210**	**166**
75岁	173	75	98	3	3		89	51	38
76岁	159	67	92	2	2		80	39	41
77岁	153	63	90	1		1	71	39	32
78岁	168	75	93	1	1		68	42	26
79岁	146	62	84	1	1		68	39	29
80-84	**592**	**227**	**365**	**4**	**3**	**1**	**214**	**136**	**78**
80岁	144	52	92	1	1		57	36	21
81岁	120	41	79	1		1	52	29	23
82岁	119	45	74	1	1		37	25	12
83岁	110	42	68	1	1		31	20	11
84岁	99	47	52				37	26	11
85+	**531**	**164**	**367**	**3**	**2**	**1**	**70**	**56**	**14**

2－12 续表 3

单位：人

年龄	再婚有配偶			离婚			丧偶		
	小计	男	女	小计	男	女	小计	男	女
总计	**88**	**53**	**35**	**68**	**54**	**14**	**1736**	**437**	**1299**
15-19									
15岁									
16岁									
17岁									
18岁									
19岁									
20-24									
20岁									
21岁									
22岁									
23岁									
24岁									
25-29				**1**		**1**			
25岁				1		1			
26岁									
27岁									
28岁									
29岁									
30-34	**2**		**2**	**5**	**3**	**2**	**1**		**1**
30岁	1		1	1	1				
31岁				2	2		1		1
32岁	1		1						
33岁				1		1			
34岁				1		1			
35-39	**7**	**3**	**4**	**6**	**3**	**3**	**2**	**1**	**1**
35岁	2	1	1						
36岁	1	1		2	2				

2-12 续表 4

单位：人

年 龄	再婚有配偶			离 婚			丧 偶		
	小计	男	女	小计	男	女	小计	男	女
37岁				1		1			
38岁	1		1	2	1	1			
39岁	3	1	2	1		1	2	1	1
40-44	**6**	**2**	**4**	**11**	**8**	**3**	**4**	**1**	**3**
40岁	2	2		3	3		1		1
41岁				2	2		1		1
42岁	2		2	1		1	1	1	
43岁	1		1	4	3	1	1		1
44岁	1		1	1		1			
45-49	**3**	**1**	**2**	**13**	**11**	**2**	**12**	**4**	**8**
45岁				2	2		1		1
46岁	1		1	3	3				
47岁	1	1					4	2	2
48岁	1		1	2	2		3	1	2
49岁				6	4	2	4	1	3
50-54	**9**	**5**	**4**	**8**	**6**	**2**	**18**	**7**	**11**
50岁	1	1		1	1		4	3	1
51岁	5	2	3	1	1		2	1	1
52岁	1	1		2	2		3	2	1
53岁	2	1	1	3	2	1	7	1	6
54岁				1		1	2		2
55-59	**9**	**2**	**7**	**6**	**6**		**29**	**8**	**21**
55岁	4	1	3	1	1		6	2	4
56岁	3	1	2	2	2		5	3	2
57岁							6	1	5
58岁	1		1	2	2		6	2	4
59岁	1		1	1	1		6		6
60-64	**10**	**7**	**3**	**4**	**4**		**53**	**12**	**41**
60岁	3	2	1	1	1		8	2	6
61岁	1		1				6	2	4
62岁	4	3	1	3	3		9	2	7

2-12 续表 5

单位：人

年龄	再婚有配偶			离婚			丧偶		
	小计	男	女	小计	男	女	小计	男	女
63岁	1	1					9		9
64岁	1	1					21	6	15
65-69	**10**	**8**	**2**	**3**	**3**		**142**	**36**	**106**
65岁	1	1		1	1		17	7	10
66岁				1	1		21	8	13
67岁	3	1	2				35	6	29
68岁	2	2		1	1		33	8	25
69岁	4	4					36	7	29
70-74	**19**	**13**	**6**	**4**	**4**		**248**	**67**	**181**
70岁	5	4	1	2	2		47	11	36
71岁	2	2					32	4	28
72岁	2	2					50	19	31
73岁	5	2	3	2	2		59	17	42
74岁	5	3	2				60	16	44
75-79	**8**	**7**	**1**	**4**	**4**		**403**	**114**	**289**
75岁	2	2		1	1		78	18	60
76岁	1	1					76	25	51
77岁	2	2		1	1		78	21	57
78岁	2	2		2	2		95	28	67
79岁	1		1				76	22	54
80-84	**3**	**3**		**3**	**2**	**1**	**368**	**83**	**285**
80岁							86	15	71
81岁	1	1		1	1		65	10	55
82岁	1	1					80	18	62
83岁				2	1	1	76	20	56
84岁	1	1					61	20	41
85+	**2**	**2**					**456**	**104**	**352**

2－13 残疾人分年龄、性别的经济活动人口

单位：人

年 龄	残疾人口			在业人口			不在业人口		
	合计	男	女	小计	男	女	小计	男	女
总 计	**5523**	**2711**	**2812**	**1524**	**950**	**574**	**3999**	**1761**	**2238**
15-19	**128**	**75**	**53**	**24**	**14**	**10**	**104**	**61**	**43**
15岁	23	15	8	6	4	2	17	11	6
16岁	28	19	9	4	3	1	24	16	8
17岁	30	18	12	5	4	1	25	14	11
18岁	27	11	16	5		5	22	11	11
19岁	20	12	8	4	3	1	16	9	7
20-24	**133**	**87**	**46**	**53**	**39**	**14**	**80**	**48**	**32**
20岁	34	22	12	16	11	5	18	11	7
21岁	30	18	12	15	10	5	15	8	7
22岁	16	11	5	5	4	1	11	7	4
23岁	30	21	9	8	6	2	22	15	7
24岁	23	15	8	9	8	1	14	7	7
25-29	**148**	**96**	**52**	**73**	**45**	**28**	**75**	**51**	**24**
25岁	32	19	13	14	9	5	18	10	8
26岁	30	17	13	15	8	7	15	9	6
27岁	35	24	11	18	11	7	17	13	4
28岁	28	17	11	13	7	6	15	10	5
29岁	23	19	4	13	10	3	10	9	1
30-34	**169**	**107**	**62**	**101**	**66**	**35**	**68**	**41**	**27**
30岁	26	14	12	15	6	9	11	8	3
31岁	40	27	13	19	14	5	21	13	8
32岁	42	27	15	26	17	9	16	10	6
33岁	31	20	11	21	15	6	10	5	5
34岁	30	19	11	20	14	6	10	5	5
35-39	**242**	**158**	**84**	**152**	**104**	**48**	**90**	**54**	**36**
35岁	44	31	13	24	20	4	20	11	9
36岁	49	33	16	29	21	8	20	12	8

2-13 续表 1

单位：人

年 龄	残疾人口			在业人口			不在业人口		
	合计	男	女	小计	男	女	小计	男	女
37岁	54	35	19	30	19	11	24	16	8
38岁	39	24	15	28	20	8	11	4	7
39岁	56	35	21	41	24	17	15	11	4
40-44	**232**	**123**	**109**	**133**	**72**	**61**	**99**	**51**	**48**
40岁	60	37	23	38	24	14	22	13	9
41岁	43	22	21	28	13	15	15	9	6
42岁	47	18	29	21	10	11	26	8	18
43岁	60	34	26	34	18	16	26	16	10
44岁	22	12	10	12	7	5	10	5	5
45-49	**214**	**133**	**81**	**141**	**87**	**54**	**73**	**46**	**27**
45岁	24	11	13	12	6	6	12	5	7
46岁	28	19	9	14	9	5	14	10	4
47岁	49	28	21	32	17	15	17	11	6
48岁	57	39	18	45	30	15	12	9	3
49岁	56	36	20	38	25	13	18	11	7
50-54	**285**	**166**	**119**	**174**	**98**	**76**	**111**	**68**	**43**
50岁	48	28	20	36	18	18	12	10	2
51岁	71	41	30	40	21	19	31	20	11
52岁	56	37	19	35	25	10	21	12	9
53岁	66	33	33	35	15	20	31	18	13
54岁	44	27	17	28	19	9	16	8	8
55-59	**307**	**170**	**137**	**145**	**86**	**59**	**162**	**84**	**78**
55岁	56	33	23	33	21	12	23	12	11
56岁	74	42	32	36	21	15	38	21	17
57岁	54	29	25	21	14	7	33	15	18
58岁	61	31	30	29	16	13	32	15	17
59岁	62	35	27	26	14	12	36	21	15

2-13 续表 2

单位：人

年 龄	残疾人口			在业人口			不在业人口		
	合计	男	女	小计	男	女	小计	男	女
60-64	**390**	**209**	**181**	**161**	**99**	**62**	**229**	**110**	**119**
60岁	76	39	37	35	16	19	41	23	18
61岁	82	51	31	32	26	6	50	25	25
62岁	73	34	39	34	22	12	39	12	27
63岁	74	43	31	32	22	10	42	21	21
64岁	85	42	43	28	13	15	57	29	28
65-69	**606**	**307**	**299**	**174**	**108**	**66**	**432**	**199**	**233**
65岁	107	63	44	39	31	8	68	32	36
66岁	102	53	49	36	19	17	66	34	32
67岁	130	57	73	35	19	16	95	38	57
68岁	126	61	65	29	17	12	97	44	53
69岁	141	73	68	35	22	13	106	51	55
70-74	**747**	**347**	**400**	**117**	**75**	**42**	**630**	**272**	**358**
70岁	148	64	84	38	25	13	110	39	71
71岁	129	51	78	20	9	11	109	42	67
72岁	142	72	70	26	16	10	116	56	60
73岁	171	84	87	23	17	6	148	67	81
74岁	157	76	81	10	8	2	147	68	79
75-79	**799**	**342**	**457**	**58**	**44**	**14**	**741**	**298**	**443**
75岁	173	75	98	18	14	4	155	61	94
76岁	159	67	92	12	8	4	147	59	88
77岁	153	63	90	14	10	4	139	53	86
78岁	168	75	93	8	8		160	67	93
79岁	146	62	84	6	4	2	140	58	82
80-84	**592**	**227**	**365**	**13**	**9**	**4**	**579**	**218**	**361**
80岁	144	52	92	3	3		141	49	92
81岁	120	41	79	3	1	2	117	40	77
82岁	119	45	74	2	2		117	43	74
83岁	110	42	68	2		2	108	42	66
84岁	99	47	52	3	3		96	44	52
85+	**531**	**164**	**367**	**5**	**4**	**1**	**526**	**160**	**366**

2－13a　城镇残疾人分年龄、性别的经济活动人口

单位：人

年龄	残疾人口			在业人口			不在业人口		
	合计	男	女	小计	男	女	小计	男	女
总　计	**1091**	**529**	**562**	**177**	**117**	**60**	**914**	**412**	**502**
15-19	**12**	**8**	**4**	**3**	**2**	**1**	**9**	**6**	**3**
15岁	1	1					1	1	
16岁	4	3	1				4	3	1
17岁	1	1					1	1	
18岁	2	1	1	1		1	1	1	
19岁	4	2	2	2	2		2		2
20-24	**15**	**9**	**6**	**4**	**2**	**2**	**11**	**7**	**4**
20岁	4	3	1	1	1		3	2	1
21岁	1		1				1		1
22岁	2	2					2	2	
23岁	4	2	2	1		1	3	2	1
24岁	4	2	2	2	1	1	2	1	1
25-29	**18**	**14**	**4**	**10**	**6**	**4**	**8**	**8**	
25岁	3	3					3	3	
26岁	2	1	1	2	1	1			
27岁	3	2	1	2	1	1	1	1	
28岁	4	3	1	1		1	3	3	
29岁	6	5	1	5	4	1	1	1	
30-34	**30**	**22**	**8**	**17**	**14**	**3**	**13**	**8**	**5**
30岁	5	4	1	4	3	1	1	1	
31岁	10	7	3	4	3	1	6	4	2
32岁	7	6	1	5	5		2	1	1
33岁	6	4	2	3	3		3	1	2
34岁	2	1	1	1		1	1	1	
35-39	**49**	**29**	**20**	**27**	**20**	**7**	**22**	**9**	**13**
35岁	13	9	4	7	7		6	2	4
36岁	9	4	5	6	3	3	3	1	2

2－13a 续表 1

单位：人

年 龄	残疾人口			在业人口			不在业人口		
	合计	男	女	小计	男	女	小计	男	女
37岁	10	4	6	2	1	1	8	3	5
38岁	8	6	2	5	5		3	1	2
39岁	9	6	3	7	4	3	2	2	
40-44	**49**	**30**	**19**	**20**	**14**	**6**	**29**	**16**	**13**
40岁	10	8	2	6	5	1	4	3	1
41岁	6	4	2	3	3		3	1	2
42岁	10	3	7	4	2	2	6	1	5
43岁	16	10	6	5	2	3	11	8	3
44岁	7	5	2	2	2		5	3	2
45-49	**41**	**24**	**17**	**18**	**10**	**8**	**23**	**14**	**9**
45岁	8	3	5	3	1	2	5	2	3
46岁	6	4	2	2	1	1	4	3	1
47岁	9	5	4	2	1	1	7	4	3
48岁	6	6		4	4		2	2	
49岁	12	6	6	7	3	4	5	3	2
50-54	**61**	**40**	**21**	**29**	**17**	**12**	**32**	**23**	**9**
50岁									
51岁	20	12	8	9	4	5	11	8	3
52岁	15	12	3	9	7	2	6	5	1
53岁	18	9	9	9	4	5	9	5	4
54岁	8	7	1	2	2		6	5	1
55-59	**66**	**37**	**29**	**14**	**10**	**4**	**52**	**27**	**25**
55岁	17	9	8	3	2	1	14	7	7
56岁	17	10	7	5	4	1	12	6	6
57岁	11	3	8	1		1	10	3	7
58岁	5	3	2	2	1	1	3	2	1
59岁	16	12	4	3	3		13	9	4
60-64	**75**	**40**	**35**	**17**	**10**	**7**	**58**	**30**	**28**

2－13a 续表 2

单位：人

年　龄	残疾人口			在业人口			不在业人口		
	合计	男	女	小计	男	女	小计	男	女
60岁	7	5	2	2	1	1	5	4	1
61岁	16	10	6	2	2		14	8	6
62岁	14	7	7	2	2		12	5	7
63岁	13	8	5	4	2	2	9	6	3
64岁	25	10	15	7	3	4	18	7	11
65-69	**122**	**63**	**59**	**9**	**7**	**2**	**113**	**56**	**57**
65岁	25	13	12	2	2		23	11	12
66岁	26	14	12	1		1	25	14	11
67岁	29	15	14	3	2	1	26	13	13
68岁	21	11	10	1	1		20	10	10
69岁	21	10	11	2	2		19	8	11
70-74	**160**	**76**	**84**	**5**	**3**	**2**	**155**	**73**	**82**
70岁	27	11	16	1	1		26	10	16
71岁	34	17	17	1		1	33	17	16
72岁	33	18	15	2	1	1	31	17	14
73岁	39	15	24	1	1		38	14	24
74岁	27	15	12				27	15	12
75-79	**166**	**69**	**97**	**1**		**1**	**165**	**69**	**96**
75岁	36	13	23				36	13	23
76岁	29	11	18	1		1	28	11	17
77岁	30	12	18				30	12	18
78岁	39	17	22				39	17	22
79岁	32	16	16				32	16	16
80-84	**117**	**42**	**75**	**3**	**2**	**1**	**114**	**40**	**74**
80岁	29	10	19	1	1		28	9	19
81岁	27	12	15				27	12	15
82岁	22	6	16				22	6	16
83岁	22	6	16	1		1	21	6	15
84岁	17	8	9	1	1		16	7	9
85+	**110**	**26**	**84**				**110**	**26**	**84**

2－13b　农村残疾人分年龄、性别的经济活动人口

单位：人

年龄	残疾人口			在业人口			不在业人口		
	合计	男	女	小计	男	女	小计	男	女
总　计	**4432**	**2182**	**2250**	**1347**	**833**	**514**	**3085**	**1349**	**1736**
15-19	**116**	**67**	**49**	**21**	**12**	**9**	**95**	**55**	**40**
15岁	22	14	8	6	4	2	16	10	6
16岁	24	16	8	4	3	1	20	13	7
17岁	29	17	12	5	4	1	24	13	11
18岁	25	10	15	4		4	21	10	11
19岁	16	10	6	2	1	1	14	9	5
20-24	**118**	**78**	**40**	**49**	**37**	**12**	**69**	**41**	**28**
20岁	30	19	11	15	10	5	15	9	6
21岁	29	18	11	15	10	5	14	8	6
22岁	14	9	5	5	4	1	9	5	4
23岁	26	19	7	7	6	1	19	13	6
24岁	19	13	6	7	7		12	6	6
25-29	**130**	**82**	**48**	**63**	**39**	**24**	**67**	**43**	**24**
25岁	29	16	13	14	9	5	15	7	8
26岁	28	16	12	13	7	6	15	9	6
27岁	32	22	10	16	10	6	16	12	4
28岁	24	14	10	12	7	5	12	7	5
29岁	17	14	3	8	6	2	9	8	1
30-34	**139**	**85**	**54**	**84**	**52**	**32**	**55**	**33**	**22**
30岁	21	10	11	11	3	8	10	7	3
31岁	30	20	10	15	11	4	15	9	6
32岁	35	21	14	21	12	9	14	9	5
33岁	25	16	9	18	12	6	7	4	3
34岁	28	18	10	19	14	5	9	4	5
35-39	**193**	**129**	**64**	**125**	**84**	**41**	**68**	**45**	**23**
35岁	31	22	9	17	13	4	14	9	5
36岁	40	29	11	23	18	5	17	11	6

2－13b 续表 1

单位：人

年 龄	残疾人口			在业人口			不在业人口		
	合计	男	女	小计	男	女	小计	男	女
37岁	44	31	13	28	18	10	16	13	3
38岁	31	18	13	23	15	8	8	3	5
39岁	47	29	18	34	20	14	13	9	4
40-44	**183**	**93**	**90**	**113**	**58**	**55**	**70**	**35**	**35**
40岁	50	29	21	32	19	13	18	10	8
41岁	37	18	19	25	10	15	12	8	4
42岁	37	15	22	17	8	9	20	7	13
43岁	44	24	20	29	16	13	15	8	7
44岁	15	7	8	10	5	5	5	2	3
45-49	**173**	**109**	**64**	**123**	**77**	**46**	**50**	**32**	**18**
45岁	16	8	8	9	5	4	7	3	4
46岁	22	15	7	12	8	4	10	7	3
47岁	40	23	17	30	16	14	10	7	3
48岁	51	33	18	41	26	15	10	7	3
49岁	44	30	14	31	22	9	13	8	5
50-54	**224**	**126**	**98**	**145**	**81**	**64**	**79**	**45**	**34**
50岁	48	28	20	36	18	18	12	10	2
51岁	51	29	22	31	17	14	20	12	8
52岁	41	25	16	26	18	8	15	7	8
53岁	48	24	24	26	11	15	22	13	9
54岁	36	20	16	26	17	9	10	3	7
55-59	**241**	**133**	**108**	**131**	**76**	**55**	**110**	**57**	**53**
55岁	39	24	15	30	19	11	9	5	4
56岁	57	32	25	31	17	14	26	15	11
57岁	43	26	17	20	14	6	23	12	11
58岁	56	28	28	27	15	12	29	13	16
59岁	46	23	23	23	11	12	23	12	11

2－13b 续表 2

单位：人

年 龄	残疾人口			在业人口			不在业人口		
	合计	男	女	小计	男	女	小计	男	女
60-64	**315**	**169**	**146**	**144**	**89**	**55**	**171**	**80**	**91**
60岁	69	34	35	33	15	18	36	19	17
61岁	66	41	25	30	24	6	36	17	19
62岁	59	27	32	32	20	12	27	7	20
63岁	61	35	26	28	20	8	33	15	18
64岁	60	32	28	21	10	11	39	22	17
65-69	**484**	**244**	**240**	**165**	**101**	**64**	**319**	**143**	**176**
65岁	82	50	32	37	29	8	45	21	24
66岁	76	39	37	35	19	16	41	20	21
67岁	101	42	59	32	17	15	69	25	44
68岁	105	50	55	28	16	12	77	34	43
69岁	120	63	57	33	20	13	87	43	44
70-74	**587**	**271**	**316**	**112**	**72**	**40**	**475**	**199**	**276**
70岁	121	53	68	37	24	13	84	29	55
71岁	95	34	61	19	9	10	76	25	51
72岁	109	54	55	24	15	9	85	39	46
73岁	132	69	63	22	16	6	110	53	57
74岁	130	61	69	10	8	2	120	53	67
75-79	**633**	**273**	**360**	**57**	**44**	**13**	**576**	**229**	**347**
75岁	137	62	75	18	14	4	119	48	71
76岁	130	56	74	11	8	3	119	48	71
77岁	123	51	72	14	10	4	109	41	68
78岁	129	58	71	8	8		121	50	71
79岁	114	46	68	6	4	2	108	42	66
80-84	**475**	**185**	**290**	**10**	**7**	**3**	**465**	**178**	**287**
80岁	115	42	73	2	2		113	40	73
81岁	93	29	64	3	1	2	90	28	62
82岁	97	39	58	2	2		95	37	58
83岁	88	36	52	1		1	87	36	51
84岁	82	39	43	2	2		80	37	43
85+	**421**	**138**	**283**	**5**	**4**	**1**	**416**	**134**	**282**

2－14 残疾人分年龄、性别的职业状况

单位：人

年龄	在业残疾人			国家机关、党群组织、企业、事业单位负责人			专业技术人员			办事人员和有关人员		
	合计	男	女	小计	男	女	小计	男	女	小计	男	女
总 计	**1524**	**950**	**574**	**7**	**7**		**13**	**11**	**2**	**20**	**18**	**2**
15-19	24	14	10									
20-24	53	39	14				1	1				
25-29	73	45	28				1		1	2	1	1
30-34	101	66	35	1	1		1	1				
35-39	152	104	48	1	1		2	1	1	3	3	
40-44	133	72	61	1	1		2	2		3	3	
45-49	141	87	54	1	1		1	1		4	3	1
50-54	174	98	76				2	2		3	3	
55-59	145	86	59	2	2					2	2	
60-64	161	99	62				1	1		3	3	
65+	367	240	127	1	1		2	2				

2－14 续表

单位：人

年龄	商业、服务业人员			农、林、牧、渔、水利业生产人员			生产、运输设备操作人员及有关人员			不便分类的其他从业人员		
	小计	男	女	小计	男	女	小计	男	女	小计	男	女
总 计	**103**	**70**	**33**	**1316**	**792**	**524**	**64**	**51**	**13**	**1**	**1**	
15-19	1		1	23	14	9						
20-24	2	1	1	48	35	13	2	2				
25-29	6	5	1	61	36	25	3	3				
30-34	14	10	4	78	48	30	7	6	1			
35-39	20	15	5	112	74	38	14	10	4			
40-44	15	8	7	102	51	51	10	7	3			
45-49	6	4	2	123	74	49	6	4	2			
50-54	8	6	2	155	81	74	5	5		1	1	
55-59	7	3	4	130	75	55	4	4				
60-64	8	7	1	146	85	61	3	3				
65+	16	11	5	338	219	119	10	7	3			

2－15 残疾人分性别、受教育程度的职业状况

单位：人

受教育程度	在业残疾人			国家机关、党群组织、企业、事业单位负责人			专业技术人员			办事人员和有关人员		
	合计	男	女	小计	男	女	小计	男	女	小计	男	女
总　计	**1524**	**950**	**574**	**7**	**7**		**13**	**11**	**2**	**20**	**18**	**2**
不识字	376	145	231									
未上过学	10	6	4									
小　学	710	467	243	1	1		3	2	1	4	4	
初　中	337	262	75	3	3		3	2	1	4	3	1
高　中	67	50	17	2	2		1	1		6	5	1
中　专	16	12	4				5	5		3	3	
大学专科	7	7		1	1		1	1		2	2	
大学本科	1	1								1	1	
研究生												

2－15 续表

单位：人

受教育程度	商业、服务业人员			农、林、牧、渔、水利业生产人员			生产、运输设备操作人员及有关人员			不便分类的其他从业人员		
	小计	男	女	小计	男	女	小计	男	女	小计	男	女
总　计	**103**	**70**	**33**	**1316**	**792**	**524**	**64**	**51**	**13**	**1**	**1**	
不识字	9	2	7	361	139	222	6	4	2			
未上过学	3	1	2	7	5	2						
小　学	28	23	5	652	421	231	22	16	6			
初　中	43	32	11	258	199	59	25	22	3	1	1	
高　中	14	8	6	36	27	9	8	7	1			
中　专	4	2	2	2	1	1	2	1	1			
大学专科	2	2					1	1				
大学本科												
研究生												

2－16　各地区残疾人分性别的未工作状况

单位：人

地　区	未工作残疾人			在校学生			离退休		
	合计	男	女	小计	男	女	小计	男	女
总　计	**3999**	**1761**	**2238**	**31**	**17**	**14**	**375**	**260**	**115**
南宁市江南区	175	74	101				55	35	20
南宁市宾阳县	155	59	96	2	2		10	8	2
南宁市马山县	182	74	108	1	1		6	6	
柳州市柳北区	132	53	79				50	27	23
柳州市融水苗族自治县	135	63	72	1	1		8	6	2
桂林市叠彩区	194	90	104	2		2	78	46	32
桂林市荔浦县	209	96	113				12	11	1
桂林市龙胜各族自治区	133	65	68	3	2	1	1	1	
贺州市八步区	147	63	84				16	13	3
梧州市藤县	138	76	62	1		1	3	3	
贺州市富川瑶族自治县	140	68	72	2	1	1	5	5	
防城港市防城区	153	81	72	2	2		10	8	2
北海市合浦县	166	64	102				6	5	1
钦州市浦北县	109	50	59	1	1		7	7	
贵港市港北区	180	75	105	3	2	1	16	10	6
贵港市平南县	179	90	89	6	1	5	18	7	11
玉林市博白县	101	44	57				1	1	
玉林市容县	213	96	117	1		1	15	13	2
贵港市桂平市	149	74	75				16	15	1
百色市靖西县	187	79	108	1		1	9	8	1
百色市田阳县	179	78	101				16	11	5
河池市宜州市	163	58	105				6	6	
河池市东兰县	177	81	96	5	4	1	2	2	
来宾市兴宾区	140	57	83				5	2	3
崇左市扶绥县	163	53	110				4	4	

2－16 续表 1

单位：人

地　　区	料理家务			丧失劳动能力			毕业后未工作		
	小计	男	女	小计	男	女	小计	男	女
总　　计	**1551**	**542**	**1009**	**1938**	**875**	**1063**	**10**	**6**	**4**
南宁市江南区	75	23	52	39	13	26	2	2	
南宁市宾阳县	78	20	58	59	26	33			
南宁市马山县	55	24	31	120	43	77			
柳州市柳北区	46	11	35	29	9	20			
柳州市融水苗族自治县	63	31	32	61	23	38			
桂林市叠彩区	67	24	43	40	15	25	1	1	
桂林市荔浦县	108	40	68	82	43	39	1		1
桂林市龙胜各族自治区	60	24	36	69	38	31			
贺州市八步区	71	24	47	56	22	34	2	2	
梧州市藤县	38	16	22	91	53	38	1	1	
贺州市富川瑶族自治县	48	15	33	82	46	36			
防城港市防城区	34	10	24	103	59	44	1		1
北海市合浦县	83	27	56	74	29	45			
钦州市浦北县	24	4	20	73	35	38	1		1
贵港市港北区	46	16	30	107	43	64	1		1
贵港市平南县	48	21	27	102	58	44			
玉林市博白县	25	13	12	73	28	45			
玉林市容县	72	25	47	123	57	66			
贵港市桂平市	29	6	23	96	46	50			
百色市靖西县	85	22	63	92	49	43			
百色市田阳县	123	48	75	32	16	16			
河池市宜州市	67	22	45	89	29	60			
河池市东兰县	67	32	35	99	41	58			
来宾市兴宾区	61	19	42	68	31	37			
崇左市扶绥县	78	25	53	79	23	56			

2-16 续表 2

单位：人

地区	因单位原因失去原工作			因本人原因失去原工作			承包土地被征用			其他		
	小计	男	女	小计	男	女	小计	男	女	小计	男	女
总计	**23**	**17**	**6**	**19**	**15**	**4**				**52**	**29**	**23**
南宁市江南区	1		1	3	1	2						
南宁市宾阳县	3	2	1							3	1	2
南宁市马山县												
柳州市柳北区	5	4	1							2	2	
柳州市融水苗族自治县	1	1		1	1							
桂林市叠彩区	3	2	1	2	2					1		1
桂林市荔浦县	1		1							5	2	3
桂林市龙胜各族自治区												
贺州市八步区				1	1					1	1	
梧州市藤县				2	1	1				2	2	
贺州市富川瑶族自治县										3	1	2
防城港市防城区	1	1		1	1					1		1
北海市合浦县				2	2					1	1	
钦州市浦北县	2	2								1	1	
贵港市港北区										7	4	3
贵港市平南县	2	1	1	1	1					2	1	1
玉林市博白县				2	2							
玉林市容县	1	1								1		1
贵港市桂平市	1	1								7	6	1
百色市靖西县												
百色市田阳县										8	3	5
河池市宜州市										1	1	
河池市东兰县										4	2	2
来宾市兴宾区	2	2		2	2					2	1	1
崇左市扶绥县				2	1	1						

2－16a 各地区城镇残疾人分性别的未工作状况

单位：人

地区	未工作残疾人			在校学生			离退休		
	合计	男	女	小计	男	女	小计	男	女
总　计	**914**	**412**	**502**	**1**		**1**	**300**	**187**	**113**
南宁市江南区	175	74	101				55	35	20
南宁市宾阳县	52	19	33				7	5	2
南宁市马山县	12	6	6						
柳州市柳北区	94	36	58				50	27	23
柳州市融水苗族自治县	14	6	8				3	1	2
桂林市叠彩区	133	64	69	1		1	74	42	32
桂林市荔浦县	20	10	10				7	6	1
桂林市龙胜各族自治区	4	1	3						
贺州市八步区	54	27	27				16	13	3
梧州市藤县	6	5	1				1	1	
贺州市富川瑶族自治县	14	9	5				2	2	
防城港市防城区	24	16	8				5	3	2
北海市合浦县	22	9	13				3	2	1
钦州市浦北县	10	8	2				5	5	
贵港市港北区	48	22	26				13	7	6
贵港市平南县	23	12	11				15	6	9
玉林市博白县	9	5	4				1	1	
玉林市容县	24	14	10				7	5	2
贵港市桂平市	27	14	13				10	9	1
百色市靖西县	25	10	15				7	6	1
百色市田阳县	18	6	12				9	4	5
河池市宜州市	48	19	29				4	4	
河池市东兰县									
来宾市兴宾区	51	19	32				5	2	3
崇左市扶绥县	7	1	6				1	1	

2－16a 续表 1

单位：人

地区	料理家务			丧失劳动能力			毕业后未工作		
	小计	男	女	小计	男	女	小计	男	女
总 计	**288**	**81**	**207**	**282**	**115**	**167**	**4**	**3**	**1**
南宁市江南区	75	23	52	39	13	26	2	2	
南宁市宾阳县	20	3	17	20	9	11			
南宁市马山县	3	3		9	3	6			
柳州市柳北区	24	1	23	14	3	11			
柳州市融水苗族自治县	5	2	3	5	2	3			
桂林市叠彩区	32	8	24	19	9	10	1	1	
桂林市荔浦县	7	1	6	4	3	1	1		1
桂林市龙胜各族自治区				4	1	3			
贺州市八步区	18	6	12	19	7	12			
梧州市藤县	2	1	1	3	3				
贺州市富川瑶族自治县	2	1	1	9	6	3			
防城港市防城区	1	1		17	11	6			
北海市合浦县	13	5	8	5	1	4			
钦州市浦北县	2	1	1	2	1	1			
贵港市港北区	13	4	9	21	10	11			
贵港市平南县	2	2		3	2	1			
玉林市博白县	3	2	1	5	2	3			
玉林市容县	5	3	2	12	6	6			
贵港市桂平市	6	1	5	8	2	6			
百色市靖西县	9	2	7	9	2	7			
百色市田阳县	5		5	3	1	2			
河池市宜州市	19	6	13	25	9	16			
河池市东兰县									
来宾市兴宾区	19	5	14	24	9	15			
崇左市扶绥县	3		3	3		3			

2－16a 续表 2

单位：人

地区	因单位原因失去原工作			因本人原因失去原工作			承包土地被征用			其他		
	小计	男	女	小计	男	女	小计	男	女	小计	男	女
总计	**20**	**14**	**6**	**9**	**7**	**2**				**10**	**5**	**5**
南宁市江南区	1		1	3	1	2						
南宁市宾阳县	3	2	1							2		2
南宁市马山县												
柳州市柳北区	5	4	1							1	1	
柳州市融水苗族自治县				1	1							
桂林市叠彩区	3	2	1	2	2					1		1
桂林市荔浦县	1		1									
桂林市龙胜各族自治区												
贺州市八步区				1	1							
梧州市藤县												
贺州市富川瑶族自治县										1		1
防城港市防城区	1	1										
北海市合浦县										1	1	
钦州市浦北县	1	1										
贵港市港北区										1	1	
贵港市平南县	2	1	1	1	1							
玉林市博白县												
玉林市容县												
贵港市桂平市	1	1								2	1	1
百色市靖西县												
百色市田阳县										1	1	
河池市宜州市												
河池市东兰县												
来宾市兴宾区	2	2		1	1							
崇左市扶绥县												

2－16b 各地区农村残疾人分性别的未工作状况

地　区	未工作残疾人			在校学生			离退休		
	合计	男	女	小计	男	女	小计	男	女
总　计	**3085**	**1349**	**1736**	**30**	**17**	**13**	**75**	**73**	**2**
南宁市江南区									
南宁市宾阳县	103	40	63	2	2		3	3	
南宁市马山县	170	68	102	1	1		6	6	
柳州市柳北区	38	17	21						
柳州市融水苗族自治县	121	57	64	1	1		5	5	
桂林市叠彩区	61	26	35	1		1	4	4	
桂林市荔浦县	189	86	103				5	5	
桂林市龙胜各族自治区	129	64	65	3	2	1	1	1	
贺州市八步区	93	36	57						
梧州市藤县	132	71	61	1		1	2	2	
贺州市富川瑶族自治县	126	59	67	2	1	1	3	3	
防城港市防城区	129	65	64	2	2		5	5	
北海市合浦县	144	55	89				3	3	
钦州市浦北县	99	42	57	1	1		2	2	
贵港市港北区	132	53	79	3	2	1	3	3	
贵港市平南县	156	78	78	6	1	5	3	1	2
玉林市博白县	92	39	53						
玉林市容县	189	82	107	1		1	8	8	
贵港市桂平市	122	60	62				6	6	
百色市靖西县	162	69	93	1		1	2	2	
百色市田阳县	161	72	89				7	7	
河池市宜州市	115	39	76				2	2	
河池市东兰县	177	81	96	5	4	1	2	2	
来宾市兴宾区	89	38	51						
崇左市扶绥县	156	52	104				3	3	

2－16b 续表 1

地　区	料理家务			丧失劳动能力			毕业后未工作		
	小计	男	女	小计	男	女	小计	男	女
总　计	**1263**	**461**	**802**	**1656**	**760**	**896**	**6**	**3**	**3**
南宁市江南区									
南宁市宾阳县	58	17	41	39	17	22			
南宁市马山县	52	21	31	111	40	71			
柳州市柳北区	22	10	12	15	6	9			
柳州市融水苗族自治县	58	29	29	56	21	35			
桂林市叠彩区	35	16	19	21	6	15			
桂林市荔浦县	101	39	62	78	40	38			
桂林市龙胜各族自治区	60	24	36	65	37	28			
贺州市八步区	53	18	35	37	15	22	2	2	
梧州市藤县	36	15	21	88	50	38	1	1	
贺州市富川瑶族自治县	46	14	32	73	40	33			
防城港市防城区	33	9	24	86	48	38	1		1
北海市合浦县	70	22	48	69	28	41			
钦州市浦北县	22	3	19	71	34	37	1		1
贵港市港北区	33	12	21	86	33	53	1		1
贵港市平南县	46	19	27	99	56	43			
玉林市博白县	22	11	11	68	26	42			
玉林市容县	67	22	45	111	51	60			
贵港市桂平市	23	5	18	88	44	44			
百色市靖西县	76	20	56	83	47	36			
百色市田阳县	118	48	70	29	15	14			
河池市宜州市	48	16	32	64	20	44			
河池市东兰县	67	32	35	99	41	58			
来宾市兴宾区	42	14	28	44	22	22			
崇左市扶绥县	75	25	50	76	23	53			

2－16b 续表 2

地区	因单位原因失去原工作			因本人原因失去原工作			承包土地被征用			其他		
	小计	男	女	小计	男	女	小计	男	女	小计	男	女
总　计	**3**	**3**		**10**	**8**	**2**				**42**	**24**	**18**
南宁市江南区												
南宁市宾阳县										1	1	
南宁市马山县												
柳州市柳北区										1	1	
柳州市融水苗族自治县	1	1										
桂林市叠彩区												
桂林市荔浦县										5	2	3
桂林市龙胜各族自治区												
贺州市八步区										1	1	
梧州市藤县				2	1	1				2	2	
贺州市富川瑶族自治县										2	1	1
防城港市防城区				1	1					1		1
北海市合浦县				2	2							
钦州市浦北县	1	1								1	1	
贵港市港北区										6	3	3
贵港市平南县										2	1	1
玉林市博白县				2	2							
玉林市容县	1	1								1		1
贵港市桂平市										5	5	
百色市靖西县												
百色市田阳县										7	2	5
河池市宜州市										1	1	
河池市东兰县										4	2	2
来宾市兴宾区				1	1					2	1	1
崇左市扶绥县				2	1	1						

2－17 残疾人分年龄、性别的未工作状况

单位：人

年 龄	未工作残疾人			在校学生			离退休		
	合计	男	女	小计	男	女	小计	男	女
总 计	**3999**	**1761**	**2238**	**31**	**17**	**14**	**375**	**260**	**115**
15-19	104	61	43	29	17	12			
20-24	80	48	32	1		1			
25-29	75	51	24						
30-34	68	41	27						
35-39	90	54	36						
40-44	99	51	48				3	1	2
45-49	73	46	27				4	1	3
50-54	111	68	43	1		1	18	10	8
55-59	162	84	78				24	14	10
60-64	229	110	119				44	34	10
65-69	432	199	233				68	47	21
70-74	630	272	358				75	58	17
75-79	741	298	443				67	45	22
80-84	579	218	361				51	37	14
85+	526	160	366				21	13	8

2－17 续表 1

单位：人

年 龄	料理家务			丧失劳动能力			毕业后未工作		
	小计	男	女	小计	男	女	小计	男	女
总 计	**1551**	**542**	**1009**	**1938**	**875**	**1063**	**10**	**6**	**4**
15-19	11	1	10	50	33	17	7	3	4
20-24	10	2	8	60	41	19	1	1	
25-29	19	8	11	51	39	12	1	1	
30-34	17	6	11	45	32	13			
35-39	22	6	16	63	45	18			
40-44	34	17	17	56	29	27	1	1	
45-49	24	11	13	40	30	10			
50-54	32	16	16	52	35	17			
55-59	73	29	44	52	33	19			
60-64	111	33	78	66	37	29			
65-69	236	92	144	125	58	67			
70-74	329	107	222	213	100	113			
75-79	341	125	216	329	126	203			
80-84	194	60	134	333	120	213			
85+	98	29	69	403	117	286			

2－17 续表 2

单位：人

年 龄	因单位原因失去原工作			因本人原因失去原工作			承包土地被征用			其 他		
	小计	男	女	小计	男	女	小计	男	女	小计	男	女
总 计	**23**	**17**	**6**	**19**	**15**	**4**				**52**	**29**	**23**
15-19				1	1					6	6	
20-24										8	4	4
25-29				3	2	1				1	1	
30-34	1		1	3	1	2				2	2	
35-39	1		1	2	2					2	1	1
40-44	3	3								2		2
45-49	2	1	1	3	3							
50-54	4	4		3	3					1		1
55-59	7	5	2	1	1					5	2	3
60-64	1	1		2	2					5	3	2
65-69				1		1				2	2	
70-74	3	2	1							10	5	5
75-79										4	2	2
80-84	1	1										
85+										4	1	3

2－17a 城镇残疾人分年龄、性别的未工作状况

单位：人

年 龄	未工作残疾人			在校学生			离退休		
	合计	男	女	小计	男	女	小计	男	女
总 计	**914**	**412**	**502**	**1**		**1**	**300**	**187**	**113**
15-19	9	6	3						
20-24	11	7	4						
25-29	8	8							
30-34	13	8	5						
35-39	22	9	13						
40-44	29	16	13				2		2
45-49	23	14	9				3		3
50-54	32	23	9	1		1	16	9	7
55-59	52	27	25				18	8	10
60-64	58	30	28				29	20	9
65-69	113	56	57				58	37	21
70-74	155	73	82				64	47	17
75-79	165	69	96				55	33	22
80-84	114	40	74				38	24	14
85+	110	26	84				17	9	8

2－17a 续表 1

单位：人

年 龄	料理家务			丧失劳动能力			毕业后未工作		
	小计	男	女	小计	男	女	小计	男	女
总 计	**288**	**81**	**207**	**282**	**115**	**167**	**4**	**3**	**1**
15-19				7	5	2	2	1	1
20-24	2	1	1	8	6	2			
25-29	2	2		4	4		1	1	
30-34	2		2	6	6				
35-39	9	2	7	10	6	4			
40-44	11	5	6	12	8	4	1	1	
45-49	8	4	4	8	7	1			
50-54	3	3		5	5				
55-59	17	8	9	10	6	4			
60-64	17	2	15	9	6	3			
65-69	38	11	27	16	7	9			
70-74	59	12	47	29	12	17			
75-79	63	24	39	47	12	35			
80-84	36	4	32	39	11	28			
85+	21	3	18	72	14	58			

2－17a 续表 2

单位：人

年 龄	因单位原因失去原工作			因本人原因失去原工作			承包土地被征用			其 他		
	小计	男	女	小计	男	女	小计	男	女	小计	男	女
总 计	**20**	**14**	**6**	**9**	**7**	**2**				**10**	**5**	**5**
15-19												
20-24										1		1
25-29										1	1	
30-34	1		1	3	1	2				1	1	
35-39	1		1							2	1	1
40-44	2	2								1		1
45-49	2	1	1	2	2							
50-54	4	4		2	2					1		1
55-59	6	4	2	1	1							
60-64	1	1		1	1					1		1
65-69										1	1	
70-74	2	1	1							1	1	
75-79												
80-84	1	1										
85+												

2－17b 农村残疾人分年龄、性别的未工作状况

单位：人

年 龄	未工作残疾人			在校学生			离退休		
	合计	男	女	小计	男	女	小计	男	女
总 计	**3085**	**1349**	**1736**	**30**	**17**	**13**	**75**	**73**	**2**
15-19	95	55	40	29	17	12			
20-24	69	41	28	1		1			
25-29	67	43	24						
30-34	55	33	22						
35-39	68	45	23						
40-44	70	35	35				1	1	
45-49	50	32	18				1	1	
50-54	79	45	34				2	1	1
55-59	110	57	53				6	6	
60-64	171	80	91				15	14	1
65-69	319	143	176				10	10	
70-74	475	199	276				11	11	
75-79	576	229	347				12	12	
80-84	465	178	287				13	13	
85+	416	134	282				4	4	

2－17b 续表 1

单位：人

年 龄	料理家务			丧失劳动能力			毕业后未工作		
	小计	男	女	小计	男	女	小计	男	女
总 计	**1263**	**461**	**802**	**1656**	**760**	**896**	**6**	**3**	**3**
15-19	11	1	10	43	28	15	5	2	3
20-24	8	1	7	52	35	17	1	1	
25-29	17	6	11	47	35	12			
30-34	15	6	9	39	26	13			
35-39	13	4	9	53	39	14			
40-44	23	12	11	44	21	23			
45-49	16	7	9	32	23	9			
50-54	29	13	16	47	30	17			
55-59	56	21	35	42	27	15			
60-64	94	31	63	57	31	26			
65-69	198	81	117	109	51	58			
70-74	270	95	175	184	88	96			
75-79	278	101	177	282	114	168			
80-84	158	56	102	294	109	185			
85+	77	26	51	331	103	228			

2－17b 续表 2

单位：人

年 龄	因单位原因失去原工作			因本人原因失去原工作			承包土地被征用			其 他		
	小计	男	女	小计	男	女	小计	男	女	小计	男	女
总 计	**3**	**3**		**10**	**8**	**2**				**42**	**24**	**18**
15-19				1	1					6	6	
20-24										7	4	3
25-29				3	2	1						
30-34										1	1	
35-39				2	2							
40-44	1	1								1		1
45-49				1	1							
50-54				1	1							
55-59	1	1								5	2	3
60-64				1	1					4	3	1
65-69				1		1				1	1	
70-74	1	1								9	4	5
75-79										4	2	2
80-84												
85+										4	1	3

2－18 各地区分性别、未工作残疾人的主要生活来源

单位：人

地 区	未工作残疾人			离退休金			领取基本生活费		
	合计	男	女	小计	男	女	小计	男	女
总 计	**3999**	**1761**	**2238**	**373**	**258**	**115**	**208**	**138**	**70**
南宁市江南区	175	74	101	54	34	20	10	5	5
南宁市宾阳县	155	59	96	10	8	2	12	6	6
南宁市马山县	182	74	108	6	6		14	9	5
柳州市柳北区	132	53	79	50	27	23	10	6	4
柳州市融水苗族自治县	135	63	72	8	6	2	9	9	
桂林市叠彩区	194	90	104	78	46	32	14	7	7
桂林市荔浦县	209	96	113	12	11	1	8	8	
桂林市龙胜各族自治区	133	65	68	1	1		5	2	3
贺州市八步区	147	63	84	16	13	3	1		1
梧州市藤县	138	76	62	2	2		4	4	
贺州市富川瑶族自治县	140	68	72	5	5		8	7	1
防城港市防城区	153	81	72	9	7	2	7	6	1
北海市合浦县	166	64	102	6	5	1	17	14	3
钦州市浦北县	109	50	59	7	7		7	6	1
贵港市港北区	180	75	105	16	10	6	8	6	2
贵港市平南县	179	90	89	18	7	11	11	8	3
玉林市博白县	101	44	57	1	1		3	2	1
玉林市容县	213	96	117	16	14	2	7	5	2
贵港市桂平市	149	74	75	15	14	1	11	4	7
百色市靖西县	187	79	108	9	8	1	5	3	2
百色市田阳县	179	78	101	16	11	5	4	2	2
河池市宜州市	163	58	105	7	7		9	5	4
河池市东兰县	177	81	96	2	2		11	5	6
来宾市兴宾区	140	57	83	5	2	3	5	3	2
崇左市扶绥县	163	53	110	4	4		8	6	2

2－18 续表

单位：人

地区	家庭其他成员供养			财产性收入			保险收入			其他		
	小计	男	女	小计	男	女	小计	男	女	小计	男	女
总计	**3357**	**1328**	**2029**	**15**	**9**	**6**	**3**		**3**	**43**	**28**	**15**
南宁市江南区	106	32	74	3	2	1				2	1	1
南宁市宾阳县	131	44	87	1		1				1	1	
南宁市马山县	162	59	103									
柳州市柳北区	71	20	51				1		1			
柳州市融水苗族自治县	116	47	69	1	1					1		1
桂林市叠彩区	98	34	64	1		1				3	3	
桂林市荔浦县	188	77	111							1		1
桂林市龙胜各族自治区	124	60	64							3	2	1
贺州市八步区	130	50	80									
梧州市藤县	124	63	61							8	7	1
贺州市富川瑶族自治县	124	53	71							3	3	
防城港市防城区	132	64	68	3	3					2	1	1
北海市合浦县	143	45	98									
钦州市浦北县	95	37	58									
贵港市港北区	155	59	96				1		1			
贵港市平南县	150	75	75									
玉林市博白县	97	41	56									
玉林市容县	187	76	111							3	1	2
贵港市桂平市	121	54	67							2	2	
百色市靖西县	167	65	102	1		1				5	3	2
百色市田阳县	159	65	94									
河池市宜州市	145	46	99							2		2
河池市东兰县	158	71	87				1		1	5	3	2
来宾市兴宾区	126	49	77	2	2					2	1	1
崇左市扶绥县	148	42	106	3	1	2						

2－19 分年龄、性别、未工作残疾人的主要生活来源

单位：人

年 龄	未工作残疾人			离退休金			领取基本生活费		
	合计	男	女	小计	男	女	小计	男	女
总 计	**3999**	**1761**	**2238**	**373**	**258**	**115**	**208**	**138**	**70**
15-19	104	61	43						
20-24	80	48	32				1		1
25-29	75	51	24				3	2	1
30-34	68	41	27				4	1	3
35-39	90	54	36				12	9	3
40-44	99	51	48	2	1	1	12	6	6
45-49	73	46	27	4	1	3	11	9	2
50-54	111	68	43	17	9	8	19	18	1
55-59	162	84	78	24	14	10	20	18	2
60-64	229	110	119	44	34	10	12	10	2
65-69	432	199	233	69	47	22	14	11	3
70-74	630	272	358	75	58	17	29	19	10
75-79	741	298	443	66	44	22	34	19	15
80-84	579	218	361	51	37	14	20	10	10
85+	526	160	366	21	13	8	17	6	11

2－19 续表

单位：人

年 龄	家庭其他成员供养			财产性收入			保险收入			其 他		
	小计	男	女	小计	男	女	小计	男	女	小计	男	女
总 计	**3357**	**1328**	**2029**	**15**	**9**	**6**	**3**		**3**	**43**	**28**	**15**
15-19	104	61	43									
20-24	78	47	31							1	1	
25-29	70	48	22	1		1				1	1	
30-34	62	39	23	1	1					1		1
35-39	76	43	33							2	2	
40-44	83	42	41	1	1					1	1	
45-49	54	32	22							4	4	
50-54	71	38	33	3	2	1				1	1	
55-59	112	49	63	2	1	1				4	2	2
60-64	170	63	107	1	1					2	2	
65-69	340	136	204	3	1	2				6	4	2
70-74	517	190	327	2	2		1		1	6	3	3
75-79	634	231	403	1		1	1		1	5	4	1
80-84	504	171	333				1		1	3		3
85+	482	138	344							6	3	3

2－19a　城镇分年龄、性别、未工作残疾人的主要生活来源

单位：人

年　龄	未工作残疾人			离退休金			领取基本生活费		
	合计	男	女	小计	男	女	小计	男	女
总　计	**914**	**412**	**502**	**297**	**184**	**113**	**89**	**51**	**38**
15-19	9	6	3						
20-24	11	7	4						
25-29	8	8					1	1	
30-34	13	8	5				2		2
35-39	22	9	13				6	3	3
40-44	29	16	13	1		1	9	4	5
45-49	23	14	9	3		3	7	5	2
50-54	32	23	9	15	8	7	8	7	1
55-59	52	27	25	18	8	10	11	9	2
60-64	58	30	28	29	20	9	4	3	1
65-69	113	56	57	59	37	22	4	2	2
70-74	155	73	82	64	47	17	11	4	7
75-79	165	69	96	53	31	22	16	7	9
80-84	114	40	74	38	24	14	6	4	2
85+	110	26	84	17	9	8	4	2	2

2－19a　续表

单位：人

年　龄	家庭其他成员供养			财产性收入			保险收入			其　他		
	小计	男	女	小计	男	女	小计	男	女	小计	男	女
总　计	**509**	**167**	**342**	**10**	**6**	**4**	**2**		**2**	**7**	**4**	**3**
15-19	9	6	3									
20-24	11	7	4									
25-29	7	7										
30-34	10	7	3	1	1							
35-39	16	6	10									
40-44	17	10	7	1	1					1	1	
45-49	11	7	4							2	2	
50-54	6	6		3	2	1						
55-59	21	9	12	2	1	1						
60-64	24	6	18	1	1							
65-69	49	17	32	1		1						
70-74	77	22	55				1		1	2		2
75-79	93	30	63	1		1	1		1	1	1	
80-84	69	12	57							1		1
85+	89	15	74									

2－19b　农村分年龄、性别、未工作残疾人的主要生活来源

单位：人

年　龄	未工作残疾人			离退休金			领取基本生活费		
	合计	男	女	小计	男	女	小计	男	女
总　计	**3085**	**1349**	**1736**	**76**	**74**	**2**	**119**	**87**	**32**
15-19	95	55	40						
20-24	69	41	28				1		1
25-29	67	43	24				2	1	1
30-34	55	33	22				2	1	1
35-39	68	45	23				6	6	
40-44	70	35	35	1	1		3	2	1
45-49	50	32	18	1	1		4	4	
50-54	79	45	34	2	1	1	11	11	
55-59	110	57	53	6	6		9	9	
60-64	171	80	91	15	14	1	8	7	1
65-69	319	143	176	10	10		10	9	1
70-74	475	199	276	11	11		18	15	3
75-79	576	229	347	13	13		18	12	6
80-84	465	178	287	13	13		14	6	8
85+	416	134	282	4	4		13	4	9

2－19b　续表

单位：人

年　龄	家庭其他成员供养			财产性收入			保险收入			其　他		
	小计	男	女	小计	男	女	小计	男	女	小计	男	女
总　计	**2848**	**1161**	**1687**	**5**	**3**	**2**	**1**		**1**	**36**	**24**	**12**
15-19	95	55	40									
20-24	67	40	27							1	1	
25-29	63	41	22	1		1				1	1	
30-34	52	32	20							1		1
35-39	60	37	23							2	2	
40-44	66	32	34									
45-49	43	25	18							2	2	
50-54	65	32	33							1	1	
55-59	91	40	51							4	2	2
60-64	146	57	89							2	2	
65-69	291	119	172	2	1	1				6	4	2
70-74	440	168	272	2	2					4	3	1
75-79	541	201	340							4	3	1
80-84	435	159	276				1		1	2		2
85+	393	123	270							6	3	3

2-20 0-14岁残疾儿童及其家庭基本情况

指　　标	单 位	数 量
0-14岁残疾儿童总人数	人	314
有残疾儿童的家庭户	户	300
残疾类别		
视力残疾	人	10
听力残疾	人	7
言语残疾	人	26
肢体残疾	人	46
智力残疾	人	120
精神残疾	人	5
多重残疾	人	100
性别		
男	人	181
女	人	133
性别比(以女性为100)		136
年龄		
0-5岁	人	109
6岁	人	22
7-14岁	人	183
民族		
汉族	人	194
少数民族	人	120
户口性质		
农业	人	282
非农业	人	20
户口待定	人	12
受教育程度		
未上过学	人	2
小学	人	121
初中	人	11
在校生接受义务教育情况		
普通教育学校普通班	人	122
普通教育学校特教班	人	2
特殊教育学校	人	4
其他	人	1
残疾儿童家庭户人均收入水平		
2005年本户人均收入	元	1652
城市	元	2682
农村	元	1483
人均收入在0-683元之间	户	51
人均收入在684-994元之间	户	41

2－21 15岁及以上残疾妇女及其家庭基本情况

指　　标	单 位	数 量
15岁及15岁以上残疾妇女总人数	人	2812
有残疾妇女的家庭户	户	2742
残疾类别		
视力残疾	人	553
听力残疾	人	644
言语残疾	人	13
肢体残疾	人	652
智力残疾	人	91
精神残疾	人	130
多重残疾	人	729
年龄		
15-49岁	人	487
50-59岁	人	256
60-74岁	人	880
75-89岁	人	1042
90岁以上	人	147
民族		
汉族	人	1618
少数民族	人	1194
户口性质		
农业	人	2446
非农业	人	366
户口待定	人	
文盲人口	人	1857
受教育程度		
未上过学	人	22
小学	人	677
初中	人	191

2－21 续表

指　　标	单 位	数 量
高中	人	37
中专	人	17
大学专科	人	6
大学本科	人	5
研究生	人	
婚姻状况		
未婚	人	123
初婚有配偶	人	1341
再婚有配偶	人	35
离婚	人	14
丧偶	人	1299
当前工作状况		
当前有工作	人	574
当前无工作	人	2238
当前无工作者主要生活来源		
离退休金	人	115
领取基本生活费	人	70
家庭其他成员供养	人	2029
财产性收入	人	6
保险收入	人	3
其他	人	15
残疾妇女家庭户人均收入水平		
2005年本户人均收入	元	2146
城市	元	3839
农村	元	1734
人均收入在0-683元之间	户	349
人均收入在684-994元之间	户	308

2－22　60岁及以上老年残疾人及其家庭基本情况

指　　标	单 位	数 量
60岁及60岁以上老年残疾人总数	人	3665
有老年残疾人的家庭户	户	3337
残疾类别		
视力残疾	人	712
听力残疾	人	1192
言语残疾	人	16
肢体残疾	人	786
智力残疾	人	38
精神残疾	人	50
多重残疾	人	871
性别		
男	人	1596
女	人	2069
性别比(以女性为100)		77
年龄		
60-74岁	人	1743
75-89岁	人	1722
90岁以上	人	200
民族		
汉族	人	2227
少数民族	人	1438
户口性质		
农业	人	3085
非农业	人	580
户口待定	人	
文盲人口	人	1983
受教育程度		
未上过学	人	39
小学	人	1279
初中	人	240

2-22 续表

指　　标	单 位	数 量
高中	人	56
中专	人	35
大学专科	人	25
大学本科	人	8
研究生	人	
婚姻状况		
未婚	人	83
初婚有配偶	人	1842
再婚有配偶	人	52
离婚	人	18
丧偶	人	1670
当前工作状况		
当前有工作	人	528
当前无工作	人	3137
当前无工作者主要生活来源		
离退休金	人	326
领取基本生活费	人	126
家庭其他成员供养	人	2647
财产性收入	人	7
保险收入	人	3
其他	人	28
老年残疾人家庭户人均收入水平		
2005年本户人均收入	元	2241
城市	元	4156
农村	元	1751
人均收入在0-683元之间	户	410
人均收入在684-994元之间	户	400

第三部分　残疾人的残疾类别、等级和主要致残原因

3－1　各地区残疾人分残疾类别、残疾等级的分布

单位：人

地　　区	视力残疾					听力残疾				
	小计	一级	二级	三级	四级	小计	一级	二级	三级	四级
总　　计	**911**	**219**	**48**	**76**	**568**	**1467**	**70**	**127**	**689**	**581**
南宁市江南区	44	4	1	5	34	65	1	2	15	47
南宁市宾阳县	29	10	1	3	15	70	2	5	39	24
南宁市马山县	35	5	1	4	25	45	8	2	22	13
柳州市柳北区	14	2			12	48	1	1	15	31
柳州市融水苗族自治县	43	17	5	5	16	41	1	7	32	1
桂林市叠彩区	33	4	1	5	23	71	2	2	34	33
桂林市荔浦县	50	10	7	3	30	86	3	5	46	32
桂林市龙胜各族自治区	26	5	2	2	17	77	3	6	37	31
贺州市八步区	15	3	1		11	89	2	7	28	52
梧州市藤县	33	9		3	21	40		4	24	12
贺州市富川瑶族自治县	33	14	3		16	45	8	13	20	4
防城港市防城区	32	3	3	9	17	42	1	3	17	21
北海市合浦县	20	6			14	88	3	5	40	40
钦州市浦北县	42	8	2	4	28	68	2	5	31	30
贵港市港北区	31	5	1	2	23	82	5	3	49	25
贵港市平南县	24	3	1	4	16	35	2	2	17	14
玉林市博白县	27	14	1	1	11	47	1	3	23	20
玉林市容县	33	9		2	22	90		11	25	54
贵港市桂平市	33	9		2	22	81	12	6	27	36
百色市靖西县	26	9	1	1	15	43	4	5	26	8
百色市田阳县	39	11	4	4	20	89	1	7	53	28
河池市宜州市	68	8	1	3	56	28	1	6	19	2
河池市东兰县	29	9	2	3	15	63	6	14	27	16
来宾市兴宾区	73	21	9	6	37	23	1	3	18	1
崇左市扶绥县	79	21	1	5	52	11			5	6

3-1 续表 1

单位：人

地区	言语残疾					肢体残疾				
	小计	一级	二级	三级	四级	小计	一级	二级	三级	四级
总计	**68**	**10**	**7**	**16**	**35**	**1425**	**56**	**143**	**305**	**921**
南宁市江南区						48		1	9	38
南宁市宾阳县	3			1	2	59	1	7	8	43
南宁市马山县						49	3	9	15	22
柳州市柳北区	1				1	46	2	4	9	31
柳州市融水苗族自治县	6	1		2	3	52	2	5	16	29
桂林市叠彩区	2				2	37	1	2	8	26
桂林市荔浦县	1			1		73	4	7	13	49
桂林市龙胜各族自治区						66	1	7	16	42
贺州市八步区	3		1	2		45		2	11	32
梧州市藤县	8	2	1	1	4	61		1	11	49
贺州市富川瑶族自治县	4	1		2	1	66	2	2	6	56
防城港市防城区	5	2	1		2	75	8	12	10	45
北海市合浦县	4			2	2	62	6	10	10	36
钦州市浦北县	3	1			2	31	2	8	8	13
贵港市港北区	2				2	56	3	8	14	31
贵港市平南县						75		6	20	49
玉林市博白县	3				3	42	3	2	14	23
玉林市容县	5		1		4	62	2	4	12	44
贵港市桂平市						37		2	5	30
百色市靖西县	5	1	1	1	2	101	4	7	17	73
百色市田阳县	1				1	41	5	10	9	17
河池市宜州市	3			2	1	60	1	4	15	40
河池市东兰县	1				1	79	2	7	17	53
来宾市兴宾区	5	2	1	1	1	46	1	9	21	15
崇左市扶绥县	3		1	1	1	56	3	7	11	35

3－1 续表 2

单位：人

地区	智力残疾					精神残疾				
	小计	一级	二级	三级	四级	小计	一级	二级	三级	四级
总　计	**324**	**10**	**37**	**116**	**161**	**304**	**76**	**36**	**40**	**152**
南宁市江南区	1				1	16	5	1	2	8
南宁市宾阳县	10	1		4	5	6	1		1	4
南宁市马山县	21		1	7	13	14	6	2	4	2
柳州市柳北区	8			2	6	5	2		1	2
柳州市融水苗族自治县	7			1	6	22	8		4	10
桂林市叠彩区	6				6	12	1	5	2	4
桂林市荔浦县	11		1	4	6	9	3	4	1	1
桂林市龙胜各族自治区	6		2	2	2	18	2	1	3	12
贺州市八步区	7		1	4	2	8	2	1	1	4
梧州市藤县	14		2	6	6	13	3	3	2	5
贺州市富川瑶族自治县	18		3	10	5	7	1		2	4
防城港市防城区	19		1	8	10	15	2	1	1	11
北海市合浦县	14	1	1	7	5	13	5			8
钦州市浦北县	16	2	3	2	9	10	1	1	1	7
贵港市港北区	22		3	4	15	12	5	2	1	4
贵港市平南县	26		3	12	11	11	3	2		6
玉林市博白县	24		1	3	20	20	10	2		8
玉林市容县	20			13	7	12	5	1	1	5
贵港市桂平市	10		1	4	5	20	1	2	2	15
百色市靖西县	12	2	2	5	3	11	3	2	2	4
百色市田阳县	6			2	4	12	2	1	1	8
河池市宜州市	18	1	3	6	8	7	2		2	3
河池市东兰县	6		4	2		15	1	3	3	8
来宾市兴宾区	16	3	4	7	2	6	1	1	1	3
崇左市扶绥县	6		1	1	4	10	1	1	2	6

3－1 续表 3

单位：人

地区	多重残疾				
	小计	一级	二级	三级	四级
总计	**1338**	**507**	**211**	**390**	**230**
南宁市江南区	62	15	10	16	21
南宁市宾阳县	44	26	3	9	6
南宁市马山县	88	32	14	34	8
柳州市柳北区	51	16	10	19	6
柳州市融水苗族自治县	24	15	4	2	3
桂林市叠彩区	72	14	9	22	27
桂林市荔浦县	50	15	6	27	2
桂林市龙胜各族自治区	41	12	10	13	6
贺州市八步区	43	18	4	13	8
梧州市藤县	40	10	7	16	7
贺州市富川瑶族自治县	22	13	5	4	
防城港市防城区	58	17	8	18	15
北海市合浦县	85	35	11	26	13
钦州市浦北县	51	16	13	12	10
贵港市港北区	42	24	4	9	5
贵港市平南县	78	20	10	38	10
玉林市博白县	31	16	5	6	4
玉林市容县	88	36	11	23	18
贵港市桂平市	61	21	7	14	19
百色市靖西县	49	20	8	14	7
百色市田阳县	54	18	10	16	10
河池市宜州市	44	22	4	11	7
河池市东兰县	87	43	23	15	6
来宾市兴宾区	29	13	5	9	2
崇左市扶绥县	44	20	10	4	10

3－1a 各地区城镇残疾人分残疾类别、残疾等级的分布

单位：人

地区	视力残疾					听力残疾				
	小计	一级	二级	三级	四级	小计	一级	二级	三级	四级
总计	**177**	**28**	**6**	**11**	**132**	**303**	**8**	**9**	**124**	**162**
南宁市江南区	44	4	1	5	34	65	1	2	15	47
南宁市宾阳县	8	1	1		6	18			12	6
南宁市马山县	1				1	1			1	
柳州市柳北区	10	1			9	33		1	10	22
柳州市融水苗族自治县						4		1	3	
桂林市叠彩区	19	3		2	14	46	1	1	21	23
桂林市荔浦县	5		1		4	4			1	3
桂林市龙胜各族自治区										
贺州市八步区						35		1	8	26
梧州市藤县	2	1			1	1			1	
贺州市富川瑶族自治县	1	1				4			4	
防城港市防城区	3		1		2	5		1	3	1
北海市合浦县	4				4	13	1		5	7
钦州市浦北县	1				1	5			2	3
贵港市港北区	9	1			8	20	2		14	4
贵港市平南县	1				1	4	1		3	
玉林市博白县	1	1				5			4	1
玉林市容县	4	3			1	9			3	6
贵港市桂平市	8	4			4	11	1	1	2	7
百色市靖西县	2	1			1	7	1		4	2
百色市田阳县	4	1			3	4			1	3
河池市宜州市	22	2		1	19	3		1	2	
河池市东兰县										
来宾市兴宾区	26	4	2	3	17	6			5	1
崇左市扶绥县	2				2					

3－1a 续表 1

单位：人

地区	言语残疾					肢体残疾				
	小计	一级	二级	三级	四级	小计	一级	二级	三级	四级
总计	**2**				**2**	**288**	**14**	**29**	**71**	**174**
南宁市江南区						48		1	9	38
南宁市宾阳县						19	1	4	3	11
南宁市马山县						2			1	1
柳州市柳北区						32	1	4	7	20
柳州市融水苗族自治县						12	1		4	7
桂林市叠彩区	1				1	26	1	2	7	16
桂林市荔浦县						6	3		1	2
桂林市龙胜各族自治区						5			1	4
贺州市八步区						14		1	4	9
梧州市藤县						1				1
贺州市富川瑶族自治县						14		2	3	9
防城港市防城区						9	1	4	1	3
北海市合浦县						10	1		2	7
钦州市浦北县						3			2	1
贵港市港北区						13	1	2	4	6
贵港市平南县						13		1	7	5
玉林市博白县	1				1	3	1		1	1
玉林市容县						5		2		3
贵港市桂平市						6				6
百色市靖西县						13	1	1	4	7
百色市田阳县						4		2	1	1
河池市宜州市						11	1	1	2	7
河池市东兰县										
来宾市兴宾区						15	1	2	5	7
崇左市扶绥县						4			2	2

3－1a 续表 2

单位：人

地区	智力残疾					精神残疾				
	小计	一级	二级	三级	四级	小计	一级	二级	三级	四级
总计	**37**	**3**	**3**	**10**	**21**	**54**	**11**	**5**	**12**	**26**
南宁市江南区	1				1	16	5	1	2	8
南宁市宾阳县	3				3	1			1	
南宁市马山县	2		1		1	1			1	
柳州市柳北区	4			1	3	3	2			1
柳州市融水苗族自治县	1				1	1				1
桂林市叠彩区	2				2	9	1	4	2	2
桂林市荔浦县										
桂林市龙胜各族自治区						1			1	
贺州市八步区	1				1	5	1		1	3
梧州市藤县						2				2
贺州市富川瑶族自治县	1		1			1			1	
防城港市防城区	1				1	2	1		1	
北海市合浦县	2			2		2				2
钦州市浦北县						1				1
贵港市港北区	1				1					
贵港市平南县						2				2
玉林市博白县	1				1					
玉林市容县	2			2		1				1
贵港市桂平市						1				1
百色市靖西县						1				1
百色市田阳县	1				1					
河池市宜州市	5			2	3	2			1	1
河池市东兰县										
来宾市兴宾区	8	3	1	3	1	2	1		1	
崇左市扶绥县	1				1					

3－1a 续表 3

单位：人

地 区	多重残疾				
	小计	一级	二级	三级	四级
总 计	**277**	**102**	**36**	**76**	**63**
南宁市江南区	62	15	10	16	21
南宁市宾阳县	15	10	1	4	
南宁市马山县	8	2	1	4	1
柳州市柳北区	34	9	8	14	3
柳州市融水苗族自治县	2	2			
桂林市叠彩区	46	10	4	9	23
桂林市荔浦县	6	1		5	
桂林市龙胜各族自治区	3	1		2	
贺州市八步区	10	4		4	2
梧州市藤县	2	1			1
贺州市富川瑶族自治县	1	1			
防城港市防城区	5	2	2	1	
北海市合浦县	11	6		2	3
钦州市浦北县	4	2	2		
贵港市港北区	14	9	2		3
贵港市平南县	4	1	1	2	
玉林市博白县	2	2			
玉林市容县	4	2		2	
贵港市桂平市	2	2			
百色市靖西县	5	2	1	2	
百色市田阳县	6	2	2	1	1
河池市宜州市	17	11	1	3	2
河池市东兰县					
来宾市兴宾区	13	5	1	5	2
崇左市扶绥县	1				1

3－1b　各地区农村残疾人分残疾类别、残疾等级的分布

单位：人

地　区	视力残疾					听力残疾				
	小计	一级	二级	三级	四级	小计	一级	二级	三级	四级
总　计	**734**	**191**	**42**	**65**	**436**	**1164**	**62**	**118**	**565**	**419**
南宁市江南区										
南宁市宾阳县	21	9		3	9	52	2	5	27	18
南宁市马山县	34	5	1	4	24	44	8	2	21	13
柳州市柳北区	4	1			3	15	1		5	9
柳州市融水苗族自治县	43	17	5	5	16	37	1	6	29	1
桂林市叠彩区	14	1	1	3	9	25	1	1	13	10
桂林市荔浦县	45	10	6	3	26	82	3	5	45	29
桂林市龙胜各族自治区	26	5	2	2	17	77	3	6	37	31
贺州市八步区	15	3	1		11	54	2	6	20	26
梧州市藤县	31	8		3	20	39		4	23	12
贺州市富川瑶族自治县	32	13	3		16	41	8	13	16	4
防城港市防城区	29	3	2	9	15	37	1	2	14	20
北海市合浦县	16	6			10	75	2	5	35	33
钦州市浦北县	41	8	2	4	27	63	2	5	29	27
贵港市港北区	22	4	1	2	15	62	3	3	35	21
贵港市平南县	23	3	1	4	15	31	1	2	14	14
玉林市博白县	26	13	1	1	11	42	1	3	19	19
玉林市容县	29	6		2	21	81		11	22	48
贵港市桂平市	25	5		2	18	70	11	5	25	29
百色市靖西县	24	8	1	1	14	36	3	5	22	6
百色市田阳县	35	10	4	4	17	85	1	7	52	25
河池市宜州市	46	6	1	2	37	25	1	5	17	2
河池市东兰县	29	9	2	3	15	63	6	14	27	16
来宾市兴宾区	47	17	7	3	20	17	1	3	13	
崇左市扶绥县	77	21	1	5	50	11			5	6

3-1b 续表 1

单位：人

地　区	言语残疾					肢体残疾				
	小计	一级	二级	三级	四级	小计	一级	二级	三级	四级
总　计	**66**	**10**	**7**	**16**	**33**	**1137**	**42**	**114**	**234**	**747**
南宁市江南区										
南宁市宾阳县	3			1	2	40		3	5	32
南宁市马山县						47	3	9	14	21
柳州市柳北区	1				1	14	1		2	11
柳州市融水苗族自治县	6	1		2	3	40	1	5	12	22
桂林市叠彩区	1				1	11			1	10
桂林市荔浦县	1			1		67	1	7	12	47
桂林市龙胜各族自治区						61	1	7	15	38
贺州市八步区	3		1	2		31		1	7	23
梧州市藤县	8	2	1	1	4	60		1	11	48
贺州市富川瑶族自治县	4	1		2	1	52	2		3	47
防城港市防城区	5	2	1		2	66	7	8	9	42
北海市合浦县	4			2	2	52	5	10	8	29
钦州市浦北县	3	1			2	28	2	8	6	12
贵港市港北区	2				2	43	2	6	10	25
贵港市平南县						62		5	13	44
玉林市博白县	2				2	39	2	2	13	22
玉林市容县	5		1		4	57	2	2	12	41
贵港市桂平市						31		2	5	24
百色市靖西县	5	1	1	1	2	88	3	6	13	66
百色市田阳县	1				1	37	5	8	8	16
河池市宜州市	3			2	1	49		3	13	33
河池市东兰县	1				1	79	2	7	17	53
来宾市兴宾区	5	2	1	1	1	31		7	16	8
崇左市扶绥县	3		1	1	1	52	3	7	9	33

3－1b 续表 2

单位：人

地　区	智力残疾					精神残疾				
	小计	一级	二级	三级	四级	小计	一级	二级	三级	四级
总　计	**287**	**7**	**34**	**106**	**140**	**250**	**65**	**31**	**28**	**126**
南宁市江南区										
南宁市宾阳县	7	1		4	2	5	1			4
南宁市马山县	19			7	12	13	6	2	3	2
柳州市柳北区	4			1	3	2			1	1
柳州市融水苗族自治县	6			1	5	21	8		4	9
桂林市叠彩区	4				4	3		1		2
桂林市荔浦县	11		1	4	6	9	3	4	1	1
桂林市龙胜各族自治区	6		2	2	2	17	2	1	2	12
贺州市八步区	6		1	4	1	3	1	1		1
梧州市藤县	14		2	6	6	11	3	3	2	3
贺州市富川瑶族自治县	17		2	10	5	6	1		1	4
防城港市防城区	18		1	8	9	13	1	1		11
北海市合浦县	12	1	1	5	5	11	5			6
钦州市浦北县	16	2	3	2	9	9	1	1	1	6
贵港市港北区	21		3	4	14	12	5	2	1	4
贵港市平南县	26		3	12	11	9	3	2		4
玉林市博白县	23		1	3	19	20	10	2		8
玉林市容县	18			11	7	11	5	1	1	4
贵港市桂平市	10		1	4	5	19	1	2	2	14
百色市靖西县	12	2	2	5	3	10	3	2	2	3
百色市田阳县	5			2	3	12	2	1	1	8
河池市宜州市	13	1	3	4	5	5	2		1	2
河池市东兰县	6		4	2		15	1	3	3	8
来宾市兴宾区	8		3	4	1	4		1		3
崇左市扶绥县	5		1	1	3	10	1	1	2	6

3－1b 续表 3

单位：人

地 区	多重残疾				
	小计	一级	二级	三级	四级
总 计	**1061**	**405**	**175**	**314**	**167**
南宁市江南区					
南宁市宾阳县	29	16	2	5	6
南宁市马山县	80	30	13	30	7
柳州市柳北区	17	7	2	5	3
柳州市融水苗族自治县	22	13	4	2	3
桂林市叠彩区	26	4	5	13	4
桂林市荔浦县	44	14	6	22	2
桂林市龙胜各族自治区	38	11	10	11	6
贺州市八步区	33	14	4	9	6
梧州市藤县	38	9	7	16	6
贺州市富川瑶族自治县	21	12	5	4	
防城港市防城区	53	15	6	17	15
北海市合浦县	74	29	11	24	10
钦州市浦北县	47	14	11	12	10
贵港市港北区	28	15	2	9	2
贵港市平南县	74	19	9	36	10
玉林市博白县	29	14	5	6	4
玉林市容县	84	34	11	21	18
贵港市桂平市	59	19	7	14	19
百色市靖西县	44	18	7	12	7
百色市田阳县	48	16	8	15	9
河池市宜州市	27	11	3	8	5
河池市东兰县	87	43	23	15	6
来宾市兴宾区	16	8	4	4	
崇左市扶绥县	43	20	10	4	9

3－2　残疾人分残疾类别、残疾等级的年龄构成

单位：人

年　龄	视力残疾					听力残疾				
	小计	一级	二级	三级	四级	小计	一级	二级	三级	四级
总　计	**911**	**219**	**48**	**76**	**568**	**1467**	**70**	**127**	**689**	**581**
0岁										
1岁										
2岁										
3岁										
4岁										
5岁	1	1								
6岁										
7岁	1				1	1				1
8岁	2	1			1					
9岁										
10岁	1	1				2			1	1
11岁						2			1	1
12岁	2				2	1				1
13岁	2			1	1	1				1
14岁	1				1					
15岁	3				3	1				1
16岁	1	1				2				2
17岁						2			1	1
18岁	3	2			1					
19岁	2				2					
20岁	3				3	1			1	
21岁										
22岁										
23岁	3	2			1					
24岁	1				1					
25岁	1	1				1			1	
26岁	3	1			2					

3-2 续表 1

单位：人

年 龄	视力残疾					听力残疾				
	小计	一级	二级	三级	四级	小计	一级	二级	三级	四级
27岁	2				2	1				1
28岁	2	1			1					
29岁	1				1					
30岁	1			1		1				1
31岁	1				1					
32岁	2	1	1			3	1	1	1	
33岁	2			1	1	1			1	
34岁	1		1			4			1	3
35岁	1	1				5			1	4
36岁	5				5	5		2	1	2
37岁	8	1		2	5	2			2	
38岁	1				1	4			1	3
39岁	3		1	1	1	9		1	5	3
40岁	4	1		1	2	9	1	1	4	3
41岁	6	1	1		4	5	1		2	2
42岁	8	3		2	3	4		1	2	1
43岁	5	1			4	10		2	4	4
44岁	1			1		2			1	1
45岁	3	1			2	3				3
46岁						2				2
47岁	3	2			1	8	2	1	2	3
48岁	12	3	1	2	6	13	1		7	5
49岁	2				2	13	1	1	6	5
50岁	7	2			5	12	1	1	4	6
51岁	9	2			7	15		1	9	5
52岁	7	4	1		2	17	1	1	7	8
53岁	10	2		3	5	11	1	1	5	4
54岁	4	2			2	10		1	6	3

3-2 续表 2

单位：人

年龄	视力残疾					听力残疾				
	小计	一级	二级	三级	四级	小计	一级	二级	三级	四级
55岁	6	2	1		3	16	1	4	7	4
56岁	16	2	1	1	12	22	1	2	9	10
57岁	12	4			8	19	1	3	9	6
58岁	11	2		1	8	17		5	8	4
59岁	13	6			7	18		2	6	10
60岁	17	3	1	2	11	25	1		10	14
61岁	18	4	2	2	10	22			9	13
62岁	15	4		4	7	23	1		12	10
63岁	18	1		1	16	21	2	1	8	10
64岁	16	2	1	2	11	32	2	1	12	17
65岁	19	4	1	2	12	35	2	2	15	16
66岁	15	2	1	3	9	46	3	2	20	21
67岁	28	6	2	2	18	47		6	20	21
68岁	32	8	2	2	20	46	4	3	21	18
69岁	36	6	1	4	25	51	4	4	22	21
70岁	26	7	2	1	16	62	1	3	26	32
71岁	32	6	2	2	22	48	1	3	19	25
72岁	34	3	2	1	28	43	1	7	19	16
73岁	37	5	1	1	30	67	4	7	27	29
74岁	33	11	2	1	19	54		3	29	22
75岁	37	9	3	3	22	61	3	6	26	26
76岁	42	6	3	5	28	53		6	28	19
77岁	37	5	1	2	29	50	5	3	24	18
78岁	31	11	1	6	13	58	5	4	20	29
79岁	29	11	1	2	15	47	2	4	20	21
80岁	28	7	3	4	14	41	3	3	23	12
81岁	19	8	1		10	41	1	7	22	11
82岁	23	5	1	2	15	40	1	2	28	9
83岁	14	3		2	9	25	3	1	15	6
84岁	11	4		1	6	31	1	2	20	8
85+	65	24	6	2	33	123	7	16	78	22

3-2 续表 3

单位：人

年龄	言语残疾					肢体残疾				
	小计	一级	二级	三级	四级	小计	一级	二级	三级	四级
总　计	**68**	**10**	**7**	**16**	**35**	**1425**	**56**	**143**	**305**	**921**
0岁										
1岁						1			1	
2岁						2				2
3岁	8	1	3	1	3	3			1	2
4岁	2	1			1	1				1
5岁	1				1	3			1	2
6岁	4	1		1	2					
7岁	3		1	1	1	2				2
8岁	2			1	1	2		1	1	
9岁	1				1	5				3
10岁	1				1	5		1		4
11岁	2				2	2			1	1
12岁						4			3	1
13岁	1	1				5			1	4
14岁	1			1		11		1	1	9
15岁	1				1	2			1	1
16岁	3				3	5			2	3
17岁	1			1		6		2		4
18岁	1				1	5				5
19岁						5	1		2	2
20岁						8			2	6
21岁	3		1	1	1	9	2		3	4
22岁						4	1	1		2
23岁						10			3	7
24岁						4				4
25岁	1				1	8		1	3	4
26岁						9	1		3	5

3-2 续表 4

单位：人

年 龄	言语残疾					肢体残疾				
	小计	一级	二级	三级	四级	小计	一级	二级	三级	四级
27岁						10			3	7
28岁						10	2		3	5
29岁						11		1	4	6
30岁						7			2	5
31岁						11		1	2	8
32岁						16	1		3	12
33岁	1			1		12	1	1	2	8
34岁	1	1				13		1	3	9
35岁	1	1				17		2	5	10
36岁						15	2	2	5	6
37岁	1				1	17			6	11
38岁						17	2	2	4	9
39岁	3				3	17			7	10
40岁						20	1	1	5	13
41岁						14			9	5
42岁	1	1				19	1	1	7	10
43岁	1				1	26	1	2	5	18
44岁						11	1		3	7
45岁						11		1	2	8
46岁	1				1	13	1	1	6	5
47岁						21	2	1	3	15
48岁	1				1	18	1		3	14
49岁	1				1	19	1	3		15
50岁						18	1	2	5	10
51岁						19			5	14
52岁						16		2	2	12
53岁						22		4	5	13
54岁	1				1	14		2	1	11

3-2 续表 5

单位：人

年龄	言语残疾					肢体残疾				
	小计	一级	二级	三级	四级	小计	一级	二级	三级	四级
55岁						18			2	16
56岁						21	1	1	4	15
57岁	1				1	12	1	3	4	4
58岁	1			1		18	3	1	3	11
59岁	1			1		15		3	1	11
60岁	4		2		2	17		1	6	10
61岁						31		4	5	22
62岁	1			1		18	1		4	13
63岁						21	2	4	3	12
64岁	1				1	21		1	2	18
65岁	4	1		1	2	30	1	1	7	21
66岁						27		4	7	16
67岁	1			1		36		2	6	28
68岁						32	1	8	4	19
69岁	1			1		32	2	4	3	23
70岁	1			1		33	1	5	6	21
71岁						29		2	7	20
72岁						45	3	5	5	32
73岁						33		2	9	22
74岁						31		3	9	19
75岁	1			1		41	2	11	8	20
76岁						31	2	2	4	23
77岁	1	1				28	1	2	7	18
78岁						41	1	3	7	30
79岁						30	1	3	9	17
80岁						27		5	5	17
81岁	1	1				17	1	1	2	13
82岁						13	1	4		8
83岁						26	2	3	7	14
84岁						17	1	2	3	11
85+						79	5	16	15	43

3－2 续表 6

单位：人

年龄	智力残疾					精神残疾				
	小计	一级	二级	三级	四级	小计	一级	二级	三级	四级
总　计	**324**	**10**	**37**	**116**	**161**	**304**	**76**	**36**	**40**	**152**
0岁	13	1		7	5					
1岁	12			2	10					
2岁	14	2	1	2	9	1				1
3岁	3			2	1					
4岁	7			1	6					
5岁	8		1	2	5					
6岁	8			4	4					
7岁	12		1	3	8	1				1
8岁	9		1	1	7					
9岁	3		1	1	1					
10岁	7	1	1	3	2					
11岁	6	1			5					
12岁	6		1		5	1				1
13岁	6		1	1	4					
14岁	6	1	1	1	3	2				2
15岁	9			3	6					
16岁	6	1	1	3	1	1				1
17岁	8		2	5	1	3		1	1	1
18岁	5			1	4	3	1			2
19岁	5			3	2	1				1
20岁	7			4	3	4	1			3
21岁	2				2	5	1			4
22岁	4		1	3		4	2	1		1
23岁	5			2	3	3	1	1	1	
24岁	5	1	1	3		6	3	1	1	1
25岁	7			3	4	5	3			2
26岁	2				2	8	2	1		5

3-2 续表 7

单位：人

年龄	智力残疾					精神残疾				
	小计	一级	二级	三级	四级	小计	一级	二级	三级	四级
27岁	5			4	1	7	2	1	1	3
28岁	3			2	1	5	1			4
29岁	2				2	4	1			3
30岁	4			2	2	5		1	2	2
31岁	7		1	4	2	8	2	1		5
32岁	5		1	1	3	9	3			6
33岁	3			2	1	3	1	1		1
34岁	1		1			4	3	1		
35岁	5			3	2	8	2		2	4
36岁	1			1		7	3			4
37岁	6			4	2	11	4			7
38岁	4		2	1	1	5		2		3
39岁	6			6		7	1		1	5
40岁	4		2		2	12	2	2	1	7
41岁	2		1		1	8	1			7
42岁	2	1			1	5	1	1	1	2
43岁	4		1	3		7	2	1	2	2
44岁	1			1		5	2		2	1
45岁	3			1	2	1	1			
46岁	4		1	3		6	2	2		2
47岁	2		1		1	10	3		2	5
48岁	2		1		1	6	1	2		3
49岁	4			2	2	12	3		2	7
50岁	2			1	1	3	1			2
51岁	8		1	1	6	8	1	1	2	4
52岁	1		1			7	3	3		1
53岁	2			1	1	7			2	5
54岁	2			1	1	6	2		3	1

3－2 续表 8

单位：人

年龄	智力残疾					精神残疾				
	小计	一级	二级	三级	四级	小计	一级	二级	三级	四级
55岁	1			1		7	1		2	4
56岁	3			1	2	3	1	1	1	
57岁						2				2
58岁	2		1	1		5		1	1	3
59岁						3		2		1
60岁	3			1	2	4	2	2		
61岁	2			1	1	2				2
62岁	1		1			5	1		1	3
63岁						4				4
64岁						4	1	1		2
65岁	3		2	1		2		1		1
66岁	2				2	2			2	
67岁	3	1			2	2			1	1
68岁						2			1	1
69岁						3	2			1
70岁	1				1	4		2		2
71岁						2	1		1	
72岁										
73岁	2		1		1					
74岁	4			1	3	2	2			
75岁	1				1	2			1	1
76岁						2		1	1	
77岁	3		1		2	1			1	
78岁	2			1	1	1				1
79岁	1			1						
80岁	2		1		1	1	1			
81岁	1				1					
82岁	1				1	1			1	
83岁						2	1			1
84岁	2		1	1						
85+	4		1	2	1	2	1	1		

3-2 续表 9

单位：人

年龄	多重残疾				
	小计	一级	二级	三级	四级
总 计	**1338**	**507**	**211**	**390**	**230**
0岁	1		1		
1岁	2	1		1	
2岁	2	2			
3岁	9	4	3	2	
4岁	11	4	1	5	1
5岁	4	3	1		
6岁	10	4	3	3	
7岁	9	4		3	2
8岁	6	6			
9岁	10	5	4	1	
10岁	7	6	1		
11岁	13	9	2	1	1
12岁	7	4	1	1	1
13岁	2	1		1	
14岁	7	5		2	
15岁	7	4	1	2	
16岁	10	5	2	2	1
17岁	10	5	1	2	2
18岁	10	6	1	1	2
19岁	7	4	1	2	
20岁	11	4	4	3	
21岁	11	8		2	1
22岁	4	3		1	
23岁	9	8		1	
24岁	7	4	2		1
25岁	9	6		3	
26岁	8	3		2	3

3－2 续表 10

单位：人

年 龄	多重残疾				
	小计	一级	二级	三级	四级
27岁	10	6	2	1	1
28岁	8	5	1	2	
29岁	5	3	2		
30岁	8	4	1	2	1
31岁	13	6	1	3	3
32岁	7	3	4		
33岁	9	5	2		2
34岁	6	3	2	1	
35岁	7	3	1	3	
36岁	16	9	3	2	2
37岁	9	6	1	2	
38岁	8	4	1	1	2
39岁	11	3	2	2	4
40岁	11	7	2	1	1
41岁	8	3	2	2	1
42岁	8	3	4		1
43岁	7	3		2	2
44岁	2	2			
45岁	3	1		1	1
46岁	2	2			
47岁	5	4	1		
48岁	5	3		2	
49岁	5	1	2	2	
50岁	6	4	2		
51岁	12	4	3	2	3
52岁	8	5	1		2
53岁	14	7	2	4	1
54岁	7	1	2	1	3

3-2 续表 11

单位：人

年龄	多重残疾				
	小计	一级	二级	三级	四级
55岁	8	2	2	3	1
56岁	9	3	2	3	1
57岁	8	4	1	2	1
58岁	7	2	1	3	1
59岁	12	5	2	4	1
60岁	6	3		3	
61岁	7	4	2		1
62岁	10	5		4	1
63岁	10	2	2	3	3
64岁	11	2	1	5	3
65岁	14		4	6	4
66岁	10	4		1	5
67岁	13	4	1	6	2
68岁	14	4	1	6	3
69岁	18	4	5	5	4
70岁	21	8	3	6	4
71岁	18	3	2	4	9
72岁	20	5	4	5	6
73岁	32	8	6	10	8
74岁	33	12	3	9	9
75岁	30	6	8	7	9
76岁	31	9	5	10	7
77岁	33	8	4	13	8
78岁	35	11	6	11	7
79岁	39	13	7	12	7
80岁	45	8	4	17	16
81岁	41	13	6	11	11
82岁	41	10	4	17	10
83岁	43	13	6	14	10
84岁	38	13	6	13	6
85+	258	91	40	100	27

3－2a　残疾人分残疾类别、残疾等级的年龄构成(男性)

单位：人

年　龄	视力残疾					听力残疾				
	小计	一级	二级	三级	四级	小计	一级	二级	三级	四级
总　计	**352**	**84**	**19**	**32**	**217**	**821**	**48**	**74**	**371**	**328**
0岁										
1岁										
2岁										
3岁										
4岁										
5岁										
6岁										
7岁						1				1
8岁										
9岁										
10岁	1	1				2			1	1
11岁						1				1
12岁	1				1	1				1
13岁	2			1	1					
14岁										
15岁	1				1					
16岁						2				2
17岁						1			1	
18岁	1	1								
19岁	2				2					
20岁	1				1	1			1	
21岁										
22岁										
23岁	1	1								
24岁	1				1					
25岁						1			1	
26岁	2	1			1					

3－2a 续表 1

单位：人

年龄	视力残疾					听力残疾				
	小计	一级	二级	三级	四级	小计	一级	二级	三级	四级
27岁	1				1					
28岁	1	1								
29岁										
30岁						1				1
31岁	1				1					
32岁	1		1			1	1			
33岁	1				1	1			1	
34岁	1		1			2				2
35岁	1	1				4				4
36岁	3				3	3		2		1
37岁	4			2	2					
38岁						3			1	2
39岁	2		1	1		5		1	2	2
40岁	3	1		1	1	7	1	1	3	2
41岁	3	1			2	2				2
42岁	1				1	1				1
43岁	2	1			1	7		2	2	3
44岁						1			1	
45岁	1				1	1				1
46岁						1				1
47岁	1	1				3				3
48岁	7	3		1	3	9	1		5	3
49岁	1				1	9	1	1	5	2
50岁	2				2	5		1	1	3
51岁	5	1			4	5			4	1
52岁	3	2			1	11		1	3	7
53岁	5	1		1	3	4			2	2
54岁	3	1			2	6		1	4	1

3－2a 续表 2

单位：人

年 龄	视力残疾					听力残疾				
	小计	一级	二级	三级	四级	小计	一级	二级	三级	四级
55岁	4	1			3	9	1	2	3	3
56岁	6			1	5	12	1	1	6	4
57岁	4	2			2	8		2	3	3
58岁	5	1		1	3	10		3	4	3
59岁	8	4			4	10			6	4
60岁	8	2			6	14	1		3	10
61岁	9	2	1	2	4	17			8	9
62岁	5			3	2	18	1		11	6
63岁	8				8	12	2	1	3	6
64岁	7	1		1	5	20	1		6	13
65岁	7	1		1	5	26	2	2	7	15
66岁	6	1	1	1	3	28	3	2	12	11
67岁	8	1	1	1	5	23		4	9	10
68岁	11	3			8	31	3	3	12	13
69岁	13	3	1	2	7	34	4	2	14	14
70岁	8	1	1		6	33	1	2	13	17
71岁	9	1	1		7	20	1		9	10
72岁	15	1		1	13	29	1	4	14	10
73岁	11	1	1		9	44	3	7	16	18
74岁	18	9			9	28			15	13
75岁	11	2		1	8	34	2	3	18	11
76岁	13	1	2	1	9	30		5	14	11
77岁	15			2	13	27	4	2	13	8
78岁	13	5	1		7	28	1	1	11	15
79岁	12	5	1	2	4	24	1	2	10	11
80岁	12	3	3	1	5	21	1	2	14	4
81岁	4	2			2	19	1	3	11	4
82岁	8	3	1		4	19	1	2	10	6
83岁	4	1		1	2	16	3	1	10	2
84岁	6	2		1	3	15	1		8	6
85+	18	7	1	2	8	60	4	8	40	8

3－2a 续表 3

单位：人

年 龄	言语残疾					肢体残疾				
	小计	一级	二级	三级	四级	小计	一级	二级	三级	四级
总 计	**48**	**6**	**7**	**9**	**26**	**759**	**33**	**76**	**187**	**463**
0岁										
1岁										
2岁						2				2
3岁	6	1	3		2	2			1	1
4岁	2	1			1	1				1
5岁						3			1	2
6岁	4	1		1	2					
7岁	1		1			2				2
8岁	1				1	2		1	1	
9岁						1				1
10岁	1				1	2		1		1
11岁	2				2	1			1	
12岁						3			2	1
13岁	1	1				4			1	3
14岁	1			1		9		1	1	7
15岁	1				1	2			1	1
16岁	3				3	2			1	1
17岁	1			1		5		2		3
18岁						1				1
19岁						3	1		1	1
20岁						3			1	2
21岁	3		1	1	1	5	1		1	3
22岁						3		1		2
23岁						7			2	5
24岁						4				4
25岁	1				1	4			2	2
26岁						7			3	4

3－2a 续表 4

单位：人

年 龄	言语残疾					肢体残疾				
	小计	一级	二级	三级	四级	小计	一级	二级	三级	四级
27岁						6			2	4
28岁						6	2		1	3
29岁						10		1	4	5
30岁						3			1	2
31岁						8		1	2	5
32岁						13			3	10
33岁						8	1		2	5
34岁	1	1				11		1	1	9
35岁						12		1	4	7
36岁						11	1	2	5	3
37岁	1				1	15			5	10
38岁						13	1	1	3	8
39岁	1				1	14			6	8
40岁						16	1	1	5	9
41岁						11			6	5
42岁						10	1	1	3	5
43岁						19	1	2	4	12
44岁						9			2	7
45岁						6			2	4
46岁	1				1	9	1	1	4	3
47岁						14	1		2	11
48岁						12	1		1	10
49岁	1				1	13	1	1		11
50岁						14	1	2	5	6
51岁						14			5	9
52岁						16		2	2	12
53岁						8		2	1	5
54岁	1				1	11		1	1	9

3－2a 续表 5

单位：人

年龄	言语残疾					肢体残疾				
	小计	一级	二级	三级	四级	小计	一级	二级	三级	四级
55岁						9			1	8
56岁						12		1	4	7
57岁	1				1	9	1	1	4	3
58岁	1			1		10	2		3	5
59岁						8		1	1	6
60岁	4		2		2	7			3	4
61岁						18		2	2	14
62岁	1			1		6				6
63岁						15	2	1	3	9
64岁	1				1	8		1	2	5
65岁	2				2	16	1		3	12
66岁						13		3	5	5
67岁	1			1		16		1	2	13
68岁						10	1	2	1	6
69岁	1			1		15	1	2	3	9
70岁						14		3	2	9
71岁						14		2	5	7
72岁						20	3	2	4	11
73岁						14		1	6	7
74岁						15		1	6	8
75岁	1			1		15		6	5	4
76岁						10	1	2	1	6
77岁	1	1				8			2	6
78岁						18		3	4	11
79岁						13	1	1	3	8
80岁						8		2	1	5
81岁						7	1	1	2	3
82岁						6	1	3		2
83岁						8	1		1	6
84岁						4	1	1	1	1
85+						23	1	7	5	10

3－2a 续表 6

单位：人

年 龄	智力残疾					精神残疾				
	小计	一级	二级	三级	四级	小计	一级	二级	三级	四级
总 计	**178**	**8**	**19**	**62**	**89**	**171**	**42**	**21**	**19**	**89**
0岁	2	1		1						
1岁	7			2	5					
2岁	8	2		2	4	1				1
3岁	1			1						
4岁	5			1	4					
5岁	3				3					
6岁	6			2	4					
7岁	6		1		5					
8岁	7		1		6					
9岁	3		1	1	1					
10岁	4	1	1	2						
11岁	4	1			3					
12岁	3		1		2					
13岁	2		1		1					
14岁	4		1		3	1				1
15岁	6			2	4					
16岁	5	1	1	2	1	1				1
17岁	3		2	1		2		1		1
18岁	2				2	2				2
19岁	3			1	2	1				1
20岁	4			2	2	3				3
21岁	1				1	2				2
22岁	2			2		3	2			1
23岁	4			2	2	2	1		1	
24岁	5	1	1	3		1	1			
25岁	3			2	1	3	1			2
26岁						4	1	1		2

3－2a 续表 7

单位：人

年 龄	智力残疾					精神残疾				
	小计	一级	二级	三级	四级	小计	一级	二级	三级	四级
27岁	4			3	1	5	2	1		2
28岁	1			1		4	1			3
29岁	2				2	3	1			2
30岁	3			1	2	3		1	1	1
31岁	6		1	3	2	5	2			3
32岁	2				2	6	2			4
33岁	3			2	1	1	1			
34岁						2	2			
35岁	3			2	1	7	2		1	4
36岁	1			1		6	3			3
37岁	3			2	1	6	3			3
38岁	1			1		3		2		1
39岁	4			4		6	1		1	4
40岁						8	1	2		5
41岁						5	1			4
42岁	1	1				3		1		2
43岁	1			1		3		1	1	1
44岁						2	2			
45岁	2			1	1	1	1			
46岁	3		1	2		4	1	1		2
47岁	2		1		1	5	1		2	2
48岁	2		1		1	4		1		3
49岁	2				2	7	2		1	4
50岁	2			1	1	2	1			1
51岁	5			1	4	4			1	3
52岁						3		2		1
53岁	1			1		5			2	3
54岁						2			2	

3－2a 续表 8

单位：人

年龄	智力残疾					精神残疾				
	小计	一级	二级	三级	四级	小计	一级	二级	三级	四级
55岁	1			1		4			1	3
56岁	2				2	3	1	1	1	
57岁						2				2
58岁	1		1			2		1		1
59岁						2		2		
60岁						1		1		
61岁	2			1	1					
62岁										
63岁						1				1
64岁						1	1			
65岁	2		1	1		2		1		1
66岁						1			1	
67岁	2				2	1			1	
68岁										
69岁						1	1			
70岁						1		1		
71岁						1	1			
72岁										
73岁	1				1					
74岁	3				3	2	2			
75岁						2			1	1
76岁						1			1	
77岁	2		1		1					
78岁	2			1	1	1				1
79岁	1			1						
80岁										
81岁										
82岁										
83岁						1				1
84岁	1		1							
85+	1			1						

3－2a 续表 9

单位：人

年 龄	多重残疾				
	小计	一级	二级	三级	四级
总 计	**563**	**220**	**89**	**175**	**79**
0岁					
1岁	1	1			
2岁	2	2			
3岁	4	1	2	1	
4岁	3			2	1
5岁	4	3	1		
6岁	3	2	1		
7岁	7	4		2	1
8岁	4	4			
9岁	4	1	3		
10岁	3	3			
11岁	10	6	2	1	1
12岁	6	4	1	1	
13岁					
14岁	3	1		2	
15岁	5	4		1	
16岁	6	4		1	1
17岁	6	2	1	1	2
18岁	5	4	1		
19岁	3	2		1	
20岁	10	3	4	3	
21岁	7	4		2	1
22岁	3	3			
23岁	7	6		1	
24岁	4	3	1		
25岁	7	5		2	
26岁	4	1		2	1

3－2a 续表 10

单位：人

年 龄	多重残疾				
	小计	一级	二级	三级	四级
27岁	8	4	2	1	1
28岁	5	4		1	
29岁	4	3	1		
30岁	4	2		1	1
31岁	7	3		1	3
32岁	4	2	2		
33岁	6	5	1		
34岁	2		1	1	
35岁	4	1	1	2	
36岁	9	4	2	2	1
37岁	6	4		2	
38岁	4	2		1	1
39岁	3	1		1	1
40岁	3	2		1	
41岁	1	1			
42岁	2	1	1		
43岁	2	1			1
44岁					
45岁					
46岁	1	1			
47岁	3	2	1		
48岁	5	3		2	
49岁	3	1	1	1	
50岁	3	1	2		
51岁	8	4	1	2	1
52岁	4	3	1		
53岁	10	4	1	4	1
54岁	4	1	1	1	1

3－2a 续表 11

单位：人

年龄	多重残疾				
	小计	一级	二级	三级	四级
55岁	6	1	2	2	1
56岁	7	2	1	3	1
57岁	5	1	1	2	1
58岁	2			2	
59岁	7	3		3	1
60岁	5	2		3	
61岁	5	3	1		1
62岁	4	2		2	
63岁	7	2	2	1	2
64岁	5	1		4	
65岁	8		1	5	2
66岁	5	3			2
67岁	6	3	1	2	
68岁	9	2		5	2
69岁	9	2	5	1	1
70岁	8	3		4	1
71岁	7	1	1	2	3
72岁	8	3	1	2	2
73岁	14	3	3	4	4
74岁	10	2	1	4	3
75岁	12	2	5	4	1
76岁	13	4		6	3
77岁	10	2	2	4	2
78岁	13	5	2	5	1
79岁	12	5	1	3	3
80岁	11	3		5	3
81岁	11	4		5	2
82岁	12	3	1	4	4
83岁	13	5	2	4	2
84岁	21	6	4	8	3
85+	62	9	16	29	8

3－2b 残疾人分残疾类别、残疾等级的年龄构成(女性)

单位：人

年 龄	视力残疾					听力残疾				
	小计	一级	二级	三级	四级	小计	一级	二级	三级	四级
总 计	**559**	**135**	**29**	**44**	**351**	**646**	**22**	**53**	**318**	**253**
0岁										
1岁										
2岁										
3岁										
4岁										
5岁	1	1								
6岁										
7岁	1				1					
8岁	2	1			1					
9岁										
10岁										
11岁						1			1	
12岁	1				1					
13岁						1				1
14岁	1				1					
15岁	2				2	1				1
16岁	1	1								
17岁						1				1
18岁	2	1			1					
19岁										
20岁	2				2					
21岁										
22岁										
23岁	2	1			1					
24岁										
25岁	1	1								
26岁	1				1					

3-2b 续表 1

单位：人

年龄	视力残疾					听力残疾				
	小计	一级	二级	三级	四级	小计	一级	二级	三级	四级
27岁	1				1	1				1
28岁	1				1					
29岁	1				1					
30岁	1			1						
31岁										
32岁	1	1				2		1	1	
33岁	1			1						
34岁						2			1	1
35岁						1			1	
36岁	2				2	2			1	1
37岁	4	1			3	2			2	
38岁	1				1	1				1
39岁	1				1	4			3	1
40岁	1				1	2			1	1
41岁	3		1		2	3	1		2	
42岁	7	3		2	2	3		1	2	
43岁	3				3	3			2	1
44岁	1			1		1				1
45岁	2	1			1	2				2
46岁						1				1
47岁	2	1			1	5	2	1	2	
48岁	5		1	1	3	4			2	2
49岁	1				1	4			1	3
50岁	5	2			3	7	1		3	3
51岁	4	1			3	10		1	5	4
52岁	4	2	1		1	6	1		4	1
53岁	5	1		2	2	7	1	1	3	2
54岁	1	1				4			2	2

3-2b 续表 2

单位：人

年龄	视力残疾					听力残疾				
	小计	一级	二级	三级	四级	小计	一级	二级	三级	四级
55岁	2	1	1			7		2	4	1
56岁	10	2	1		7	10		1	3	6
57岁	8	2			6	11	1	1	6	3
58岁	6	1			5	7		2	4	1
59岁	5	2			3	8		2		6
60岁	9	1	1	2	5	11			7	4
61岁	9	2	1		6	5			1	4
62岁	10	4		1	5	5			1	4
63岁	10	1		1	8	9			5	4
64岁	9	1	1	1	6	12	1	1	6	4
65岁	12	3	1	1	7	9			8	1
66岁	9	1		2	6	18			8	10
67岁	20	5	1	1	13	24		2	11	11
68岁	21	5	2	2	12	15	1		9	5
69岁	23	3		2	18	17		2	8	7
70岁	18	6	1	1	10	29		1	13	15
71岁	23	5	1	2	15	28		3	10	15
72岁	19	2	2		15	14		3	5	6
73岁	26	4		1	21	23	1		11	11
74岁	15	2	2	1	10	26		3	14	9
75岁	26	7	3	2	14	27	1	3	8	15
76岁	29	5	1	4	19	23		1	14	8
77岁	22	5	1		16	23	1	1	11	10
78岁	18	6		6	6	30	4	3	9	14
79岁	17	6			11	23	1	2	10	10
80岁	16	4		3	9	20	2	1	9	8
81岁	15	6	1		8	22		4	11	7
82岁	15	2		2	11	21			18	3
83岁	10	2		1	7	9			5	4
84岁	5	2			3	16		2	12	2
85+	47	17	5		25	63	3	8	38	14

3－2b 续表 3

单位：人

年龄	言语残疾					肢体残疾				
	小计	一级	二级	三级	四级	小计	一级	二级	三级	四级
总计	**20**	**4**		**7**	**9**	**666**	**23**	**67**	**118**	**458**
0岁										
1岁						1			1	
2岁										
3岁	2			1	1	1				1
4岁										
5岁	1				1					
6岁										
7岁	2			1	1					
8岁	1			1						
9岁	1				1	4			2	2
10岁						3				3
11岁						1				1
12岁						1			1	
13岁						1				1
14岁						2				2
15岁										
16岁						3			1	2
17岁						1				1
18岁	1				1	4				4
19岁						2			1	1
20岁						5			1	4
21岁						4	1		2	1
22岁						1	1			
23岁						3			1	2
24岁										
25岁						4		1	1	2
26岁						2	1			1

3－2b 续表 4

单位：人

年龄	言语残疾					肢体残疾				
	小计	一级	二级	三级	四级	小计	一级	二级	三级	四级
27岁						4			1	3
28岁						4			2	2
29岁						1				1
30岁						4			1	3
31岁						3				3
32岁						3	1			2
33岁	1			1		4		1		3
34岁						2			2	
35岁	1	1				5		1	1	3
36岁						4	1			3
37岁						2			1	1
38岁						4	1	1	1	1
39岁	2				2	3			1	2
40岁						4				4
41岁						3			3	
42岁	1	1				9			4	5
43岁	1				1	7			1	6
44岁						2	1		1	
45岁						5		1		4
46岁						4			2	2
47岁						7	1	1	1	4
48岁	1				1	6			2	4
49岁						6		2		4
50岁						4				4
51岁						5				5
52岁										
53岁						14		2	4	8
54岁						3		1		2

3－2b 续表 5

单位：人

年 龄	言语残疾					肢体残疾				
	小计	一级	二级	三级	四级	小计	一级	二级	三级	四级
55岁						9			1	8
56岁						9	1			8
57岁						3		2		1
58岁						8	1	1		6
59岁	1			1		7		2		5
60岁						10		1	3	6
61岁						13		2	3	8
62岁						12	1		4	7
63岁						6		3		3
64岁						13				13
65岁	2	1		1		14		1	4	9
66岁						14		1	2	11
67岁						20		1	4	15
68岁						22		6	3	13
69岁						17	1	2		14
70岁	1			1		19	1	2	4	12
71岁						15			2	13
72岁						25		3	1	21
73岁						19		1	3	15
74岁						16		2	3	11
75岁						26	2	5	3	16
76岁						21	1		3	17
77岁						20	1	2	5	12
78岁						23	1		3	19
79岁						17		2	6	9
80岁						19		3	4	12
81岁	1	1				10				10
82岁						7		1		6
83岁						18	1	3	6	8
84岁						13		1	2	10
85+						56	4	9	10	33

3－2b　续表 6

单位：人

年龄	智力残疾					精神残疾				
	小计	一级	二级	三级	四级	小计	一级	二级	三级	四级
总　计	**146**	**2**	**18**	**54**	**72**	**133**	**34**	**15**	**21**	**63**
0岁	11			6	5					
1岁	5				5					
2岁	6		1		5					
3岁	2			1	1					
4岁	2				2					
5岁	5		1	2	2					
6岁	2			2						
7岁	6			3	3	1				1
8岁	2			1	1					
9岁										
10岁	3			1	2					
11岁	2				2					
12岁	3				3	1				1
13岁	4			1	3					
14岁	2	1		1		1				1
15岁	3			1	2					
16岁	1			1						
17岁	5			4	1	1			1	
18岁	3			1	2	1	1			
19岁	2			2						
20岁	3			2	1	1	1			
21岁	1				1	3	1			2
22岁	2		1	1		1		1		
23岁	1				1	1		1		
24岁						5	2	1	1	1
25岁	4			1	3	2	2			
26岁	2				2	4	1			3

3-2b 续表 7

单位：人

年龄	智力残疾					精神残疾				
	小计	一级	二级	三级	四级	小计	一级	二级	三级	四级
27岁	1			1		2			1	1
28岁	2			1	1	1				1
29岁						1				1
30岁	1			1		2			1	1
31岁	1			1		3		1		2
32岁	3		1	1	1	3	1			2
33岁						2		1		1
34岁	1		1			2	1	1		
35岁	2			1	1	1			1	
36岁						1				1
37岁	3			2	1	5	1			4
38岁	3		2		1	2				2
39岁	2			2		1				1
40岁	4		2		2	4	1		1	2
41岁	2		1		1	3				3
42岁	1				1	2	1		1	
43岁	3		1	2		4	2		1	1
44岁	1			1		3			2	1
45岁	1				1					
46岁	1			1		2	1	1		
47岁						5	2			3
48岁						2	1	1		
49岁	2			2		5	1		1	3
50岁						1				1
51岁	3		1		2	4	1	1	1	1
52岁	1		1			4	3	1		
53岁	1				1	2				2
54岁	2			1	1	4	2		1	1

3－2b　续表 8

单位：人

年　龄	智力残疾					精神残疾				
	小计	一级	二级	三级	四级	小计	一级	二级	三级	四级
55岁						3	1		1	1
56岁	1			1						
57岁										
58岁	1			1		3			1	2
59岁						1				1
60岁	3			1	2	3	2	1		
61岁						2				2
62岁	1		1			5	1		1	3
63岁						3				3
64岁						3		1		2
65岁	1		1							
66岁	2				2	1			1	
67岁	1	1				1				1
68岁						2			1	1
69岁						2	1			1
70岁	1				1	3		1		2
71岁						1			1	
72岁										
73岁	1		1							
74岁	1			1						
75岁	1				1					
76岁						1		1		
77岁	1				1	1			1	
78岁										
79岁										
80岁	2		1		1	1	1			
81岁	1				1					
82岁	1				1	1			1	
83岁						1	1			
84岁	1			1						
85+	3		1	1	1	2	1	1		

3-2b 续表 9

单位：人

年　龄	多重残疾				
	小计	一级	二级	三级	四级
总　计	**775**	**287**	**122**	**215**	**151**
0岁	1		1		
1岁	1			1	
2岁					
3岁	5	3	1	1	
4岁	8	4	1	3	
5岁					
6岁	7	2	2	3	
7岁	2			1	1
8岁	2	2			
9岁	6	4	1	1	
10岁	4	3	1		
11岁	3	3			
12岁	1				1
13岁	2	1		1	
14岁	4	4			
15岁	2		1	1	
16岁	4	1	2	1	
17岁	4	3		1	
18岁	5	2		1	2
19岁	4	2	1	1	
20岁	1	1			
21岁	4	4			
22岁	1			1	
23岁	2	2			
24岁	3	1	1		1
25岁	2	1		1	
26岁	4	2			2

3－2b 续表 10

单位：人

年 龄	多重残疾				
	小计	一级	二级	三级	四级
27岁	2	2			
28岁	3	1	1	1	
29岁	1		1		
30岁	4	2	1	1	
31岁	6	3	1	2	
32岁	3	1	2		
33岁	3		1		2
34岁	4	3	1		
35岁	3	2		1	
36岁	7	5	1		1
37岁	3	2	1		
38岁	4	2	1		1
39岁	8	2	2	1	3
40岁	8	5	2		1
41岁	7	2	2	2	1
42岁	6	2	3		1
43岁	5	2		2	1
44岁	2	2			
45岁	3	1		1	1
46岁	1	1			
47岁	2	2			
48岁					
49岁	2		1	1	
50岁	3	3			
51岁	4		2		2
52岁	4	2			2
53岁	4	3	1		
54岁	3		1		2

3－2b 续表 11

单位：人

年 龄	多重残疾				
	小计	一级	二级	三级	四级
55岁	2	1		1	
56岁	2	1	1		
57岁	3	3			
58岁	5	2	1	1	1
59岁	5	2	2	1	
60岁	1	1			
61岁	2	1	1		
62岁	6	3		2	1
63岁	3			2	1
64岁	6	1	1	1	3
65岁	6		3	1	2
66岁	5	1		1	3
67岁	7	1		4	2
68岁	5	2	1	1	1
69岁	9	2		4	3
70岁	13	5	3	2	3
71岁	11	2	1	2	6
72岁	12	2	3	3	4
73岁	18	5	3	6	4
74岁	23	10	2	5	6
75岁	18	4	3	3	8
76岁	18	5	5	4	4
77岁	23	6	2	9	6
78岁	22	6	4	6	6
79岁	27	8	6	9	4
80岁	34	5	4	12	13
81岁	30	9	6	6	9
82岁	29	7	3	13	6
83岁	30	8	4	10	8
84岁	17	7	2	5	3
85+	196	82	24	71	19

3－3 各地区多重残疾人分残疾类别、残疾等级的分布

单位：人

地区	视力残疾					听力残疾				
	小计	一级	二级	三级	四级	小计	一级	二级	三级	四级
总计	**601**	**178**	**58**	**74**	**291**	**753**	**127**	**86**	**336**	**204**
南宁市江南区	32	8	3	2	19	27	3	1	11	12
南宁市宾阳县	25	12	2	2	9	26	5	2	9	10
南宁市马山县	38	8	10	4	16	43	10	3	22	8
柳州市柳北区	18	6	1		11	35	3	2	16	14
柳州市融水苗族自治县	12	8	2	1	1	7	4		3	
桂林市叠彩区	39	5	1	13	20	49	4	2	15	28
桂林市荔浦县	27	6	4	6	11	35	3	2	23	7
桂林市龙胜各族自治区	17	3	1	4	9	25	6	5	9	5
贺州市八步区	11	5	1		5	30	7	4	10	9
梧州市藤县	14	1	1	4	8	23	5	4	9	5
贺州市富川瑶族自治县	12	5	2	1	4	18	8	3	6	1
防城港市防城区	23	3	1	5	14	25	2	5	11	7
北海市合浦县	51	19	6	3	23	68	7	7	35	19
钦州市浦北县	28	5	4	2	17	33	4	6	13	10
贵港市港北区	19	5	2	2	10	19	7	3	6	3
贵港市平南县	30	1	3	9	17	39	6	3	27	3
玉林市博白县	10	7	1	2		19	3	5	9	2
玉林市容县	30	9	1	3	17	32	1	6	12	13
贵港市桂平市	40	7	2	1	30	48	8	5	17	18
百色市靖西县	19	8	3		8	31	7	5	13	6
百色市田阳县	27	11	1	4	11	33		4	22	7
河池市宜州市	28	8		4	16	18	8	1	9	
河池市东兰县	27	17	4	2	4	58	13	8	25	12
来宾市兴宾区	7	2	2		3	3			2	1
崇左市扶绥县	17	9			8	9	3		2	4

3-3 续表 1

单位：人

地区	言语残疾					肢体残疾				
	小计	一级	二级	三级	四级	小计	一级	二级	三级	四级
总计	**349**	**199**	**64**	**49**	**37**	**602**	**44**	**84**	**145**	**329**
南宁市江南区	7	4	2		1	32	1	4	8	19
南宁市宾阳县	8	4	2	1	1	12	3	1	2	6
南宁市马山县	13	9	2	2		34	2	6	16	10
柳州市柳北区	14	7	6		1	31	2	9	8	12
柳州市融水苗族自治县	8	5	3			14	4		3	7
桂林市叠彩区	13	2	2	7	2	37	3	4	7	23
桂林市荔浦县	11	6	3	1	1	26	3	1	4	18
桂林市龙胜各族自治区	15	6	3	5	1	13	1	1	5	6
贺州市八步区	15	8	2	4	1	22		4	3	15
梧州市藤县	15	8	2	2	3	15			5	10
贺州市富川瑶族自治县	8	7	1			9	1		3	5
防城港市防城区	17	7		4	6	27	2	7	5	13
北海市合浦县	14	10	2	1	1	44	1	9	7	27
钦州市浦北县	13	7	3	2	1	9	1	1	3	4
贵港市港北区	19	14	1	1	3	18	2	3	4	9
贵港市平南县	24	14	3	5	2	40	1	3	11	25
玉林市博白县	11	6	2	2	1	11	2	1	3	5
玉林市容县	23	17	3	1	2	51	7	4	11	29
贵港市桂平市	16	10	1	3	2	9	1		1	7
百色市靖西县	11	7	4			27		1	3	23
百色市田阳县	18	9	3	1	5	23	3	7	6	7
河池市宜州市	7	4	2		1	23	2	3	2	16
河池市东兰县	24	16	4	4		48		11	14	23
来宾市兴宾区	6	3	3			10		2	6	2
崇左市扶绥县	19	9	5	3	2	17	2	2	5	8

3－3 续表 2

单位：人

地区	智力残疾					精神残疾				
	小计	一级	二级	三级	四级	小计	一级	二级	三级	四级
总　计	**495**	**74**	**105**	**182**	**134**	**244**	**95**	**44**	**33**	**72**
南宁市江南区	21	3	2	6	10	21	5	4	3	9
南宁市宾阳县	15	6	2	7		9	6	2		1
南宁市马山县	60		2	32	26	39	11	6	9	13
柳州市柳北区	15	1	2	10	2	4	2	1	1	
柳州市融水苗族自治县	10	3	2	3	2	4	1	1	1	1
桂林市叠彩区	27		5	9	13	12	4	1	3	4
桂林市荔浦县	5	1	2	2						
桂林市龙胜各族自治区	14	1	7	3	3	7	1	2	1	3
贺州市八步区	18	6	6	3	3	8	3	2	1	2
梧州市藤县	17	3	4	5	5	3	1		2	
贺州市富川瑶族自治县	1				1					
防城港市防城区	21	3	2	2	14	15	5	3		7
北海市合浦县	15	4	4	4	3	6	4		2	
钦州市浦北县	24	5	7	7	5	7	4	3		
贵港市港北区	17	11	3	3		7	6			1
贵港市平南县	29	3	11	7	8	15	4	2	4	5
玉林市博白县	9		2	3	4	5	1	1		3
玉林市容县	35	3	4	20	8	17	9	1	2	5
贵港市桂平市	11	3	2	2	4	4	1	1		2
百色市靖西县	12	2	3	5	2	7	4	1	1	1
百色市田阳县	20	2	3	8	7	9	2	2	1	4
河池市宜州市	16	4	4	6	2	3	2	1		
河池市东兰县	37		11	24	2	19	11	4	1	3
来宾市兴宾区	23	6	8	6	3	12	8	2		2
崇左市扶绥县	23	4	7	5	7	11		4	1	6

3－3a 各地区城镇多重残疾人分残疾类别、残疾等级的分布

单位：人

地区	视力残疾					听力残疾				
	小计	一级	二级	三级	四级	小计	一级	二级	三级	四级
总 计	**125**	**37**	**9**	**10**	**69**	**144**	**27**	**6**	**62**	**49**
南宁市江南区	32	8	3	2	19	27	3	1	11	12
南宁市宾阳县	8	5	2		1	9	3		4	2
南宁市马山县	1				1	4	1		2	1
柳州市柳北区	11	4	1		6	20	1		12	7
柳州市融水苗族自治县	2	1		1		1	1			
桂林市叠彩区	24	3		4	17	32	2	1	9	20
桂林市荔浦县	4	1		1	2	3			3	
桂林市龙胜各族自治区	2				2	2	1		1	
贺州市八步区	2	1			1	7	1	1	4	1
梧州市藤县						1				1
贺州市富川瑶族自治县						1	1			
防城港市防城区	1				1	3		1	2	
北海市合浦县	7	2	1		4	6	1		3	2
钦州市浦北县	1	1				3			2	1
贵港市港北区	6	1	2	1	2	4	3	1		
贵港市平南县	1				1	1			1	
玉林市博白县	1	1				2	1	1		
玉林市容县	2	1			1	1			1	
贵港市桂平市	2	2				2	1		1	
百色市靖西县	1	1				1			1	
百色市田阳县	3	1			2	3			2	1
河池市宜州市	11	3		1	7	10	7		3	
河池市东兰县										
来宾市兴宾区	3	1			2	1				1
崇左市扶绥县										

3－3a 续表 1

单位：人

地区	言语残疾					肢体残疾				
	小计	一级	二级	三级	四级	小计	一级	二级	三级	四级
总计	**60**	**32**	**14**	**5**	**9**	**137**	**11**	**25**	**36**	**65**
南宁市江南区	7	4	2		1	32	1	4	8	19
南宁市宾阳县	4	2	1		1	6	2		2	2
南宁市马山县	3	2	1			4		1	3	
柳州市柳北区	9	4	4		1	21		7	7	7
柳州市融水苗族自治县						1			1	
桂林市叠彩区	8	2	1	3	2	19	3	3	3	10
桂林市荔浦县	1			1		3			1	2
桂林市龙胜各族自治区						2				2
贺州市八步区	2	1	1			5		1	1	3
梧州市藤县	1	1				1				1
贺州市富川瑶族自治县	1	1								
防城港市防城区	2				2	3	1	1		1
北海市合浦县	2	2				8	1	1	2	4
钦州市浦北县						1		1		
贵港市港北区	7	6	1			8		2	2	4
贵港市平南县	2	1		1		1		1		
玉林市博白县	1	1								
玉林市容县	2	1			1	3	1		2	
贵港市桂平市						1				1
百色市靖西县	1		1			2			1	1
百色市田阳县	2	1			1	2	1	1		
河池市宜州市	2	2				9	1	1	1	6
河池市东兰县										
来宾市兴宾区	3	1	2			5		1	2	2
崇左市扶绥县										

3-3a 续表 2

单位：人

地区	智力残疾					精神残疾				
	小计	一级	二级	三级	四级	小计	一级	二级	三级	四级
总　计	**106**	**22**	**17**	**37**	**30**	**59**	**23**	**8**	**8**	**20**
南宁市江南区	21	3	2	6	10	21	5	4	3	9
南宁市宾阳县	6	4	1	1		2		1		1
南宁市马山县	4		2		2	2			1	1
柳州市柳北区	14		2	10	2	3	1	1	1	
柳州市融水苗族自治县										
桂林市叠彩区	16		4	4	8	8	3		1	4
桂林市荔浦县	1			1						
桂林市龙胜各族自治区	1			1						
贺州市八步区	6	2	1	1	2	4	3			1
梧州市藤县	1	1				1	1			
贺州市富川瑶族自治县										
防城港市防城区	1	1				1	1			
北海市合浦县	2	1		1		1	1			
钦州市浦北县	2	1		1		2	1	1		
贵港市港北区	6	5	1			3	2			1
贵港市平南县	2			1	1	1			1	
玉林市博白县										
玉林市容县										
贵港市桂平市										
百色市靖西县	3		1	2		2	1		1	
百色市田阳县	3	1	1		1	2	1	1		
河池市宜州市	5	1		3	1	1	1			
河池市东兰县										
来宾市兴宾区	11	2	2	5	2	4	2			2
崇左市扶绥县	1				1	1				1

3－3b 各地区农村多重残疾人分残疾类别、残疾等级的分布

单位：人

地区	视力残疾					听力残疾				
	小计	一级	二级	三级	四级	小计	一级	二级	三级	四级
总计	**476**	**141**	**49**	**64**	**222**	**609**	**100**	**80**	**274**	**155**
南宁市江南区										
南宁市宾阳县	17	7		2	8	17	2	2	5	8
南宁市马山县	37	8	10	4	15	39	9	3	20	7
柳州市柳北区	7	2			5	15	2	2	4	7
柳州市融水苗族自治县	10	7	2		1	6	3		3	
桂林市叠彩区	15	2	1	9	3	17	2	1	6	8
桂林市荔浦县	23	5	4	5	9	32	3	2	20	7
桂林市龙胜各族自治区	15	3	1	4	7	23	5	5	8	5
贺州市八步区	9	4	1		4	23	6	3	6	8
梧州市藤县	14	1	1	4	8	22	5	4	9	4
贺州市富川瑶族自治县	12	5	2	1	4	17	7	3	6	1
防城港市防城区	22	3	1	5	13	22	2	4	9	7
北海市合浦县	44	17	5	3	19	62	6	7	32	17
钦州市浦北县	27	4	4	2	17	30	4	6	11	9
贵港市港北区	13	4		1	8	15	4	2	6	3
贵港市平南县	29	1	3	9	16	38	6	3	26	3
玉林市博白县	9	6	1	2		17	2	4	9	2
玉林市容县	28	8	1	3	16	31	1	6	11	13
贵港市桂平市	38	5	2	1	30	46	7	5	16	18
百色市靖西县	18	7	3		8	30	7	5	12	6
百色市田阳县	24	10	1	4	9	30		4	20	6
河池市宜州市	17	5		3	9	8	1	1	6	
河池市东兰县	27	17	4	2	4	58	13	8	25	12
来宾市兴宾区	4	1	2		1	2			2	
崇左市扶绥县	17	9			8	9	3		2	4

3-3b 续表 1

单位：人

地区	言语残疾					肢体残疾				
	小计	一级	二级	三级	四级	小计	一级	二级	三级	四级
总计	**289**	**167**	**50**	**44**	**28**	**465**	**33**	**59**	**109**	**264**
南宁市江南区										
南宁市宾阳县	4	2	1	1		6	1	1		4
南宁市马山县	10	7	1	2		30	2	5	13	10
柳州市柳北区	5	3	2			10	2	2	1	5
柳州市融水苗族自治县	8	5	3			13	4		2	7
桂林市叠彩区	5		1	4		18		1	4	13
桂林市荔浦县	10	6	3		1	23	3	1	3	16
桂林市龙胜各族自治区	15	6	3	5	1	11	1	1	5	4
贺州市八步区	13	7	1	4	1	17		3	2	12
梧州市藤县	14	7	2	2	3	14			5	9
贺州市富川瑶族自治县	7	6	1			9	1		3	5
防城港市防城区	15	7		4	4	24	1	6	5	12
北海市合浦县	12	8	2	1	1	36		8	5	23
钦州市浦北县	13	7	3	2	1	8	1		3	4
贵港市港北区	12	8		1	3	10	2	1	2	5
贵港市平南县	22	13	3	4	2	39	1	2	11	25
玉林市博白县	10	5	2	2	1	11	2	1	3	5
玉林市容县	21	16	3	1	1	48	6	4	9	29
贵港市桂平市	16	10	1	3	2	8	1		1	6
百色市靖西县	10	7	3			25		1	2	22
百色市田阳县	16	8	3	1	4	21	2	6	6	7
河池市宜州市	5	2	2		1	14	1	2	1	10
河池市东兰县	24	16	4	4		48		11	14	23
来宾市兴宾区	3	2	1			5		1	4	
崇左市扶绥县	19	9	5	3	2	17	2	2	5	8

3－3b 续表 2

单位：人

地区	智力残疾					精神残疾				
	小计	一级	二级	三级	四级	小计	一级	二级	三级	四级
总计	**389**	**52**	**88**	**145**	**104**	**185**	**72**	**36**	**25**	**52**
南宁市江南区										
南宁市宾阳县	9	2	1	6		7	6	1		
南宁市马山县	56			32	24	37	11	6	8	12
柳州市柳北区	1	1				1	1			
柳州市融水苗族自治县	10	3	2	3	2	4	1	1	1	1
桂林市叠彩区	11		1	5	5	4	1	1	2	
桂林市荔浦县	4	1	2	1						
桂林市龙胜各族自治区	13	1	7	2	3	7	1	2	1	3
贺州市八步区	12	4	5	2	1	4		2	1	1
梧州市藤县	16	2	4	5	5	2			2	
贺州市富川瑶族自治县	1				1					
防城港市防城区	20	2	2	2	14	14	4	3		7
北海市合浦县	13	3	4	3	3	5	3		2	
钦州市浦北县	22	4	7	6	5	5	3	2		
贵港市港北区	11	6	2	3		4	4			
贵港市平南县	27	3	11	6	7	14	4	2	3	5
玉林市博白县	9		2	3	4	5	1	1		3
玉林市容县	35	3	4	20	8	17	9	1	2	5
贵港市桂平市	11	3	2	2	4	4	1	1		2
百色市靖西县	9	2	2	3	2	5	3	1		1
百色市田阳县	17	1	2	8	6	7	1	1	1	4
河池市宜州市	11	3	4	3	1	2	1	1		
河池市东兰县	37		11	24	2	19	11	4	1	3
来宾市兴宾区	12	4	6	1	1	8	6	2		
崇左市扶绥县	22	4	7	5	6	10		4	1	5

3－4　多重残疾人分残疾类别、残疾等级的年龄构成

单位：人

年　龄	视力残疾					听力残疾				
	小计	一级	二级	三级	四级	小计	一级	二级	三级	四级
总　计	**601**	**178**	**58**	**74**	**291**	**753**	**127**	**86**	**336**	**204**
0岁	1				1					
1岁										
2岁										
3岁	1				1	2	2			
4岁										
5岁						1	1			
6岁						2	2			
7岁						2	2			
8岁	1		1			3	3			
9岁						2	2			
10岁						2	2			
11岁	2	2				5	3	1	1	
12岁						1	1			
13岁										
14岁										
15岁						1	1			
16岁						4	2	1		1
17岁						1		1		
18岁										
19岁	1				1	1		1		
20岁						3		2		1
21岁	1				1	4	3	1		
22岁						2	2			
23岁	1	1				3	2		1	
24岁	1		1			2	2			
25岁	1	1				3	2		1	
26岁						1		1		

3－4 续表 1

单位：人

年龄	视力残疾					听力残疾				
	小计	一级	二级	三级	四级	小计	一级	二级	三级	四级
27岁	1	1				1	1			
28岁	2			1	1	2	1			1
29岁										
30岁						2	1			1
31岁						3	3			
32岁						2		1	1	
33岁						3	3			
34岁						2			2	
35岁	1	1				2		1	1	
36岁	2	1			1	2	1			1
37岁	1		1			3	2	1		
38岁						4	3	1		
39岁						2	2			
40岁	1			1		4	4			
41岁	2	1			1	5	1	1	1	2
42岁										
43岁	1			1						
44岁						1	1			
45岁	1	1								
46岁						2	2			
47岁						2	1			1
48岁						2		1	1	
49岁						3	1	1	1	
50岁						4	3		1	
51岁	2				2	4	2	1		1
52岁	1				1	4	3			1
53岁						7	4	1	2	
54岁	2	1			1	3			2	1

3－4 续表 2

单位：人

年 龄	视力残疾					听力残疾				
	小计	一级	二级	三级	四级	小计	一级	二级	三级	四级
55岁	3				3	4	1	1	1	1
56岁	1	1				4	2		2	
57岁	4	3			1	2			1	1
58岁	1	1				4		1	2	1
59岁						5	1	2	1	1
60岁	2				2	5	2		3	
61岁	4		1		3	5	2	2		1
62岁	4	3			1	5		1	3	1
63岁	1				1	5	1		2	2
64岁	5			2	3	5			1	4
65岁	8		1	1	6	6			4	2
66岁	9	2			7	6	1		1	4
67岁	8	2			6	9	1	1	6	1
68岁	6	1			5	11	2		5	4
69岁	7	1	1	2	3	10			4	6
70岁	12	4	2		6	11	1	3	5	2
71岁	14	1	2	1	10	13		1	5	7
72岁	18	3	1	2	12	11	1		4	6
73岁	20	3	2	3	12	18	3		10	5
74岁	21	10		3	8	22	1	1	11	9
75岁	21	6	1	4	10	20		5	7	8
76岁	19	5	1	4	9	24	2	3	11	8
77岁	19	3		5	11	26	3	1	10	12
78岁	24	7	4	1	12	25	1	4	10	10
79岁	28	7	3	2	16	26	2	3	15	6
80岁	33	5	2	3	23	31	1		19	11
81岁	31	11	2	2	16	34	1	4	15	14
82岁	28	7	4	5	12	29		3	14	12
83岁	25	8	3	1	13	33	2	6	14	11
84岁	24	11	3	3	7	28		4	17	7
85+	174	63	22	27	62	202	25	23	118	36

3-4 续表 3

单位：人

年龄	言语残疾					肢体残疾				
	小计	一级	二级	三级	四级	小计	一级	二级	三级	四级
总计	**349**	**199**	**64**	**49**	**37**	**602**	**44**	**84**	**145**	**329**
0岁						1		1		
1岁						2	1		1	
2岁						2	1			1
3岁	6	4	1	1		6		2	3	1
4岁	7	4	1	2		3			1	2
5岁	4	1	2		1	1	1			
6岁	9	4	3	1	1	3		1	1	1
7岁	6	4		1	1	3	2			1
8岁	6	6				1	1			
9岁	8	5	2		1	4		2	1	1
10岁	7	6	1			1	1			
11岁	10	5	4		1	2	2			
12岁	4	2	1	1		2	2			
13岁	1	1								
14岁	6	4	1	1						
15岁	5	2	1	1	1	2	1	1		
16岁	9	4	2	2	1	1	1			
17岁	8	5	1	1	1	1			1	
18岁	5	1	3	1		2			1	1
19岁	5	3		2		1		1		
20岁	11	4	3	4		3	1	1		1
21岁	9	6	1		2	4	2	1		1
22岁	2	2								
23岁	5	5				4	1		2	1
24岁	5	4		1		1			1	
25岁	7	5		2		1				1
26岁	3	3				4	1			3

3-4 续表 4

单位：人

年龄	言语残疾					肢体残疾				
	小计	一级	二级	三级	四级	小计	一级	二级	三级	四级
27岁	6	4	1	1		6		2	1	3
28岁	3	2		1		1				1
29岁	2	1	1			1			1	
30岁	6	3		1	2	2		1		1
31岁	6	5			1	1				1
32岁	4	2	1	1						
33岁	5	2	2	1		1			1	
34岁	5	2		1	2	1	1			
35岁	3	2		1		5		1	1	3
36岁	8	7	1			3		1	2	
37岁	5	5				3		1	1	1
38岁	6	3	2	1		1		1		
39岁	5	3	1		1	3			1	2
40岁	8	6	1	1		1				1
41岁	3	1	1		1	1				1
42岁	6	3	3			3			1	2
43岁						6		1	1	4
44岁	2	2								
45岁						2				2
46岁	2	2								
47岁	4	3	1			1			1	
48岁	2	2				2			2	
49岁	1	1				2				2
50岁	6	3	3							
51岁	8	4	3		1	3			1	2
52岁	5	4	1			1			1	
53岁	11	6	2	2	1	5	1	1	1	2
54岁	1			1		4				4

3－4 续表 5

单位：人

年龄	言语残疾					肢体残疾				
	小计	一级	二级	三级	四级	小计	一级	二级	三级	四级
55岁	2	1		1		3		1	1	1
56岁	2	1			1	2			2	
57岁	3	1	1		1	2	1			1
58岁	2	1			1	1				1
59岁	6	2	2	1	1	4			4	
60岁	1	1				1				1
61岁	3	3				4	1		1	2
62岁	1	1				4	1		1	2
63岁	3	1	1		1	4		2	1	1
64岁	1	1				7		2	3	2
65岁	1				1	7		2	2	3
66岁	2	2				4	2			2
67岁	1			1		7			3	4
68岁	3		1		2	6		1	3	2
69岁	4	1	1	2		11		6	1	4
70岁	2	1	1			14	2	2	4	6
71岁	2	1			1	10	1	1	2	6
72岁	3	2	1			9		2	4	3
73岁	3	1		2		19		3	6	10
74岁	4	1	1		2	16	1		1	14
75岁						20		3	1	16
76岁	2	1		1		17	1	2	6	8
77岁	2	1			1	17	1	4	3	9
78岁	3	2		1		22	1	2	5	14
79岁	3		1	1	1	14	2	2	3	7
80岁	3	1	1		1	20	1		4	15
81岁	1				1	19	1	3	2	13
82岁	2	2				23	1	2	4	16
83岁	2	1	1			26	1	3	7	15
84岁	5		1	2	2	24		6	5	13
85+	6	1		4	1	151	6	16	38	91

3-4 续表 6

单位：人

年龄	智力残疾					精神残疾				
	小计	一级	二级	三级	四级	小计	一级	二级	三级	四级
总计	**495**	**74**	**105**	**182**	**134**	**244**	**95**	**44**	**33**	**72**
0岁	1		1			1		1		
1岁	2	1			1					
2岁	2	1		1						
3岁	8	2	2	2	2	3	1	1		1
4岁	11	2	2	5	2	4		1	2	1
5岁	4	1	1	1	1	1	1			
6岁	9	4	1	2	2	2	1	1		
7岁	8	3		1	4	4		1	2	1
8岁	3	2	1							
9岁	8	2	3	1	2	4	1	3		
10岁	5	4		1						
11岁	8	5	1		2	4	2	1		1
12岁	6	1	1	1	3	2			1	1
13岁	2	1		1		1				1
14岁	7	3		3	1	3	1	1	1	
15岁	6	3	1	2		4	2	1		1
16岁	7	1	1	3	2	2	1			1
17岁	9	3	1	3	2	5	3		1	1
18岁	10	3	4	1	2	8	5		1	2
19岁	6	1		3	2	1	1			
20岁	9	1	3	2	3					
21岁	5		1	3	1	2	1			1
22岁	2			2		2	1			1
23岁	7	1	2	4		3	3			
24岁	6	1	1	3	1	3		2		1
25岁	6	1	1	4		1	1			
26岁	6	2		2	2	5			1	4

3－4 续表 7

单位：人

年 龄	智力残疾					精神残疾				
	小计	一级	二级	三级	四级	小计	一级	二级	三级	四级
27岁	8	1	3		4	1	1			
28岁	6	2	2	1	1	4	3	1		
29岁	4		3		1	3	2			1
30岁	6	1	1	3	1	3	1	1		1
31岁	13	3	4	3	3	7	2		2	3
32岁	5		4		1	4	1	2	1	
33岁	6	1		3	2	5	2			3
34岁	5		2	1	2	1		1		
35岁	6		2	4		2	2			
36岁	14	1	2	9	2	6	2	3		1
37岁	6	1	2	2	1	3	1	1	1	
38岁	6			3	3	2				2
39岁	9	1	2	2	4	4		1		3
40岁	8		2	5	1	3	1	1		1
41岁	3			2	1	2		1		1
42岁	5	1	2	1	1	3		1		2
43岁	4	1	1		2	5	3			2
44岁	2		1	1						
45岁	2			1	1	1			1	
46岁	1			1						
47岁	3		2	1		1	1			
48岁	3			2	1	1	1			
49岁	3			3		2		1		1
50岁	3		1	2		2	1		1	
51岁	5		2	2	1	4	2			2
52岁	4		3		1	2	1			1
53岁	7		1	3	3	3	1			2
54岁	3		2		1	1				1

3-4 续表 8

单位：人

年 龄	智力残疾					精神残疾				
	小计	一级	二级	三级	四级	小计	一级	二级	三级	四级
55岁	5			5		1	1			
56岁	5		1	2	2	5		1		4
57岁	4		1	2	1	2		1	1	
58岁	5			4	1	5	1		3	1
59岁	5		1	2	2	5	2		2	1
60岁	2			1	1	1	1			
61岁	2		1	1		1	1			
62岁	4			2	2	4	1		1	2
63岁	6		3	1	2	2		1		1
64岁	4		2	1	1	3	2	1		
65岁	7		1	3	3	3			1	2
66岁	3	2		1		1	1			
67岁	1			1		2	1		1	
68岁	3		2		1	3	1	1		1
69岁	6		1	2	3	4	2			2
70岁	2			1	1	4	1			3
71岁	1				1	1	1			
72岁	2		1	1						
73岁	6	1	1	1	3	5	2	2		1
74岁	4		1	3		1		1		
75岁						1			1	
76岁	3		1	1	1	2	2			
77岁	6	1	3		2	2	2			
78岁	3			2	1	4	1	2		1
79岁	8		1	2	5	6	5	1		
80岁	5		2		3	3	1		1	1
81岁	2			1	1					
82岁	7	1		2	4	3	1		2	
83岁	8	2	1	1	4	3	3			
84岁	8	2	1	3	2	1	1			
85+	55	3	8	30	14	26	8	6	5	7

3－5 残疾(含多重)人分残疾类别、残疾等级的残疾发现年龄

单位：人

残疾发现年龄	视力残疾					听力残疾				
	小计	一级	二级	三级	四级	小计	一级	二级	三级	四级
总　计	**1512**	**397**	**106**	**150**	**859**	**2220**	**197**	**213**	**1025**	**785**
0岁	23	9		4	10	43	29	8	4	2
1岁	20	13	2	1	4	27	14	5	4	4
2岁	8	2	1	2	3	19	12	3	3	1
3岁	14	9	1		4	24	15	5	2	2
4岁	7	6			1	6	5		1	
5岁	12	8		2	2	7	1	1	4	1
6岁	13	5			8	5	1	1	2	1
7岁	4	1		2	1	14	3		7	4
8岁	5	1		1	3	8	2		1	5
9岁	6	3	1		2	2		1		1
10岁	8	2	1		5	7	2	1	3	1
11岁	1	1				4		1	2	1
12岁	6	1	1		4	5			5	
13岁	3	1			2	6	1		1	4
14岁	2	1			1	2		1		1
15岁	6	1			5	10	1	1	5	3
16岁	3	2			1	5		1	3	1
17岁	4	1	1		2	4			1	3
18岁	1	1				11	3		4	4
19岁	2				2	6	2	1	2	1
20岁	7	4		1	2	10	1	1	4	4
21岁	1			1		10			3	7
22岁	1				1	2	2			
23岁	1			1		4			4	
24岁	1	1				7		1	5	1
25岁	2	2				3		1	1	1
26岁	1				1	4			3	1

3－5 续表 1

单位：人

残疾发现年龄	视力残疾					听力残疾				
	小计	一级	二级	三级	四级	小计	一级	二级	三级	四级
27岁	4	1		1	2	9	2	4	1	2
28岁						3			2	1
29岁	3			1	2	6			5	1
30岁	3	2	1			7	1	1	2	3
31岁	2	1		1		7		3	2	2
32岁	5	1	1		3	5		1	3	1
33岁						7		1	3	3
34岁	3	1		1	1	10	5			5
35岁	1				1	3			3	
36岁	6	2	1		3	15		1	9	5
37岁	3	1			2	7	1	3	2	1
38岁	2				2	12		1	6	5
39岁	5			1	4	5		1	3	1
40岁	12	3		2	7	12	2	1	2	7
41岁	6	1			5	9	2	2	3	2
42岁	5	2		1	2	8	2	1	4	1
43岁	2	1			1	13	4	1	5	3
44岁	3			1	2	11		1	5	5
45岁	2				2	9		2	3	4
46岁	5	3		1	1	13	1	1	4	7
47岁	3	1	1		1	20	1	2	9	8
48岁	10	3	1	1	5	15	1	1	8	5
49岁	13	3	1		9	20	6	1	4	9
50岁	10	4		1	5	21		5	11	5
51岁	7	2	1	1	3	14	1		8	5
52岁	10	4	1		5	13		1	5	7
53岁	10	3		2	5	15		2	8	5
54岁	13	4	1		8	18		1	8	9

3-5 续表 2

单位：人

残疾发现年龄	视力残疾					听力残疾				
	小计	一级	二级	三级	四级	小计	一级	二级	三级	四级
55岁	16	3		3	10	18	1	4	8	5
56岁	19	8	3	1	7	21		2	12	7
57岁	14	3		3	8	25		2	10	13
58岁	21	3		2	16	26	2	2	13	9
59岁	26	6	3	1	16	37	2	2	19	14
60岁	20	4	4	2	10	37	2		20	15
61岁	27	7	1	2	17	37	2	3	17	15
62岁	25	2	3	1	19	45	4	5	18	18
63岁	28	5	1	1	21	39	4	3	14	18
64岁	35	5	1	3	26	50	2	5	29	14
65岁	35	8		3	24	59	1	2	28	28
66岁	41	9	3	3	26	47	2	9	21	15
67岁	40	7	1	3	29	56	4	7	23	22
68岁	47	11	3	1	32	74	3	6	30	35
69岁	43	13	5	4	21	58	3	4	21	30
70岁	48	6	2	4	36	73	5	4	36	28
71岁	55	12	8	9	26	63	2	5	30	26
72岁	58	14	1	6	37	72	1	5	32	34
73岁	60	15	5	7	33	78	1	10	36	31
74岁	41	11	4	2	24	67	1	8	32	26
75岁	45	7	2	11	25	76	4	5	41	26
76岁	42	5	2	3	32	62	4	4	30	24
77岁	45	3	3	5	34	68	4	6	31	27
78岁	48	8	3	7	30	70	2	6	31	31
79岁	41	15	4	2	20	54	1	4	32	17
80岁	42	12	3	4	23	51	1	3	30	17
81岁	40	13	1	1	25	49		6	27	16
82岁	22	3	3	3	13	35	1	3	21	10
83岁	30	10	2	2	16	38	1	3	25	9
84岁	27	12	2	4	9	42	3	4	25	10
85+	121	39	16	17	49	131	11	10	81	29

3-5 续表 3

单位：人

残疾发现年龄	言语残疾					肢体残疾				
	小计	一级	二级	三级	四级	小计	一级	二级	三级	四级
总　计	**417**	**209**	**71**	**65**	**72**	**2027**	**100**	**227**	**450**	**1250**
0岁	43	19	10	8	6	106	14	18	30	44
1岁	51	33	11	2	5	69	8	6	18	37
2岁	80	40	13	13	14	60	5	5	14	36
3岁	94	53	13	13	15	27		2	9	16
4岁	30	16	4	4	6	15			6	9
5岁	7	2	2	1	2	23		1	5	17
6岁	5	2	1	2		15		1	2	12
7岁	8	3	2	3		20		1	7	12
8岁	5	1		1	3	22	3	2	5	12
9岁	3	1		2		8			3	5
10岁						20		1	5	14
11岁						14	2	2	2	8
12岁	2		2			10	1	1		8
13岁	1	1				14		1	3	10
14岁						10			2	8
15岁	4	1	2		1	7	1	1	1	4
16岁						6	1		2	3
17岁						15	1	1	3	10
18岁						9			1	8
19岁	1	1				13			3	10
20岁	2	2				14			5	9
21岁	1		1			10			4	6
22岁						11			5	6
23岁	1	1				7		1		6
24岁	1	1				13	1	1	6	5
25岁	3	2	1			8	1	2		5
26岁	2	2				14	1	1	2	10

3－5 续表 4

单位：人

残疾发现年龄	言语残疾					肢体残疾				
	小计	一级	二级	三级	四级	小计	一级	二级	三级	四级
27岁	4	3		1		11			5	6
28岁						6			1	5
29岁	2	2				10		1	3	6
30岁						11			2	9
31岁						12	1	1	1	9
32岁						10			1	9
33岁						14	1		4	9
34岁						7			5	2
35岁	1	1				13			5	8
36岁						8		1	1	6
37岁	1	1				7			3	4
38岁	1				1	17			5	12
39岁						9			1	8
40岁	1	1				12	1	2	5	4
41岁	1				1	14		1	5	8
42岁						12		2		10
43岁						9	2		1	6
44岁	1				1	11	1	2	3	5
45岁	2		1		1	18	1	1		16
46岁						19			5	14
47岁	1			1		15		5	1	9
48岁	1				1	16	2	2	2	10
49岁	2	1			1	16	1	1	5	9
50岁						22		3	3	16
51岁	2	1			1	17	1		2	14
52岁						20			4	16
53岁						19	1	3	5	10
54岁	1	1				19	1	3	1	14

3-5 续表 5

单位：人

残疾发现年龄	言语残疾					肢体残疾				
	小计	一级	二级	三级	四级	小计	一级	二级	三级	四级
55岁	2		1	1		19		3	1	15
56岁	1	1				24	1	2	1	20
57岁	2	2				27	2	1	5	19
58岁	1				1	20		2	3	15
59岁	2	1			1	34	2	5	11	16
60岁	2	1			1	38		9	4	25
61岁						25	1	4	5	15
62岁						28		4	5	19
63岁						30	3	3	6	18
64岁	1				1	37	1	5	7	24
65岁						44	1	1	11	31
66岁	2	1		1		35		3	8	24
67岁	3		1	1	1	39	2	6	5	26
68岁	3		1	1	1	45	1	7	9	28
69岁	5	1		4		56		5	9	42
70岁	2	1	1			47	2	3	11	31
71岁	1				1	35		6	8	21
72岁	1			1		33	1	3	10	19
73岁	2		1		1	40	2	9	8	21
74岁	2	1			1	34	3	6	8	17
75岁	5	4			1	32	1	6	6	19
76岁	2	2				50	5	5	12	28
77岁	1				1	41	2	6	8	25
78岁	2	1		1		37	2	3	9	23
79岁	1		1			26		5	7	14
80岁	2		1	1		27	2	6	4	15
81岁	1				1	27	1	3	3	20
82岁	1	1				28	2	6	9	11
83岁						24	1	6	5	12
84岁	3		1	2		15	1	2	3	9
85+	2			1	1	96	9	16	27	44

3-5 续表 6

单位：人

残疾发现年龄	智力残疾					精神残疾				
	小计	一级	二级	三级	四级	小计	一级	二级	三级	四级
总　计	**819**	**84**	**142**	**298**	**295**	**548**	**171**	**80**	**73**	**224**
0岁	112	24	31	38	19	20	12	5	1	2
1岁	70	17	8	28	17	10	4	1	2	3
2岁	75	9	12	29	25	8	2	4		2
3岁	80	5	17	22	36	12	4	5	1	2
4岁	45	6	5	20	14	9	4		5	
5岁	30		6	6	18	3	2		1	
6岁	24	1	3	6	14	6	2	1		3
7岁	30		2	13	15	4			2	2
8岁	18	2	1	7	8	4	4			
9岁	7		2	3	2					
10岁	12		1	4	7	4	1		1	2
11岁	5			3	2	3	1			2
12岁	5			1	4	1				1
13岁	12		3	4	5	8	4			4
14岁	4	1		2	1	6	1		1	4
15岁	8		1	3	4	5				5
16岁	3			2	1	12	2	1	1	8
17岁	2			2		10	2	2	1	5
18岁	5	1		2	2	14	7	2	1	4
19岁	3		1	2		11	4	3	1	3
20岁	8	2		5	1	19	9	1	1	8
21岁	2				2	14	2	2	2	8
22岁	1				1	15	4	3	2	6
23岁	6		1	3	2	16	4	1	3	8
24岁	5		2	2	1	16	3	6		7
25岁	2		1	1		8	3		1	4
26岁	4		1	3		8	3		2	3

3-5 续表 7

单位：人

残疾发现年龄	智力残疾					精神残疾				
	小计	一级	二级	三级	四级	小计	一级	二级	三级	四级
27岁	5		1	2	2	11	2	1		8
28岁	1				1	7	3			4
29岁	8	1	2	3	2	11	4	5		2
30岁	6	1		3	2	14	6		1	7
31岁	4	1	1	1	1	9	1	1	2	5
32岁						8	3	1	1	3
33岁	6			3	3	5	2	1	1	1
34岁						17	2	2	4	9
35岁	1				1	9	2	1	1	5
36岁	2		1		1	8	3		1	4
37岁	2			1	1	4	1			3
38岁	2			1	1	8	2	2	1	3
39岁	2			1	1	7	2	1	1	3
40岁	3		2	1		6	2	1	1	2
41岁	2			1	1	3	1			2
42岁	1				1	5			1	4
43岁						7	2		1	4
44岁	2			1	1	7	1		2	4
45岁	3			2	1	7	1	1	2	3
46岁	2				2	6			1	5
47岁	1		1			4	1	1	2	
48岁	4		1	1	2	5	2		1	2
49岁	1			1		4		2	1	1
50岁	3		1	2		7	1	1		5
51岁	1		1			6	1	1	1	3
52岁	4		1	2	1	3		1		2
53岁	2			1	1	6	1	2	2	1
54岁	2			1	1	2				2

3－5 续表 8

单位：人

残疾发现年龄	智力残疾					精神残疾				
	小计	一级	二级	三级	四级	小计	一级	二级	三级	四级
55岁	5		1	1	3	5	2		1	2
56岁	3		1	1	1	4		1	2	1
57岁	3	1		1	1	3	1	1		1
58岁	1				1	3	2			1
59岁						4	1		1	2
60岁	3	1	1		1	2			1	1
61岁	2			1	1	1	1			
62岁	2		1		1	4	1	1	1	1
63岁	1				1	3		1		2
64岁	2		1		1	5		1		4
65岁	2		1		1					
66岁	3		1		2	2			1	1
67岁	4	1	1	1	1	5	2	1		2
68岁	4			2	2	2	1			1
69岁	7			3	4	5	3	1		1
70岁	7	1	2	2	2	2	2			
71岁	2			1	1	2	2			
72岁	4		2		2	1				1
73岁	10	1		6	3	2	1	1		
74岁	4		3		1	4	2	1		1
75岁	9	1	2	3	3	4	3	1		
76岁	5			2	3					
77岁	12	1	2	3	6	10	5	2	1	2
78岁	7		2	3	2	1	1			
79岁	6		1	1	4	3	2		1	
80岁	6	2		2	2	1				1
81岁	8		1	5	2	4	2		2	
82岁	7		1	3	3	6	2		3	1
83岁	6	1		2	3	1				1
84岁	10	1		7	2	6	1	3		2
85+	26	2	8	9	7	11	4	3	2	2

3－6 视力残疾(含多重)人分城乡、残疾等级的主要致残原因

单位：人

致残主要原因	视力残疾总人数(含多重残疾)			残疾一级		
	合计	城镇	农村	小计	城镇	农村
总 计	**1512**	**302**	**1210**	**397**	**65**	**332**
致残原因一						
遗传、先天异常或发育障碍	54	9	45	21	2	19
白内障	982	175	807	217	33	184
青光眼	41	12	29	11	1	10
沙眼	14	2	12	8	1	7
角膜病	112	23	89	70	14	56
视神经病变	77	28	49	19	7	12
视网膜、色素膜病变	117	30	87	31	3	28
屈光不正	29	10	19	2		2
弱视	6	2	4			
外伤	9	2	7	3	1	2
中毒						
其他	47	8	39	13	3	10
原因不明	24	1	23	2		2
致残原因二						
遗传、先天异常或发育障碍						
白内障	13	3	10	2		2
青光眼	16	5	11	12	3	9
沙眼	1		1			
角膜病	43	8	35	22	3	19
视神经病变	18	12	6	4	1	3
视网膜、色素膜病变	45	20	25	14	5	9
屈光不正	21	15	6	3	1	2
弱视	13	5	8			
外伤	19	3	16	10	1	9
中毒	1		1			
其他						
原因不明						

3－6 续表

单位：人

致残主要原因	残疾二级			残疾三级			残疾四级		
	小计	城镇	农村	小计	城镇	农村	小计	城镇	农村
总　计	**106**	**15**	**91**	**150**	**21**	**129**	**859**	**201**	**658**
致残原因一									
遗传、先天异常或发育障碍	1		1	6	1	5	26	6	20
白内障	82	12	70	101	13	88	582	117	465
青光眼	1	1		7	1	6	22	9	13
沙眼	2		2	1		1	3	1	2
角膜病	3		3	9		9	30	9	21
视神经病变	7	1	6	6	1	5	45	19	26
视网膜、色素膜病变	7	1	6	12	2	10	67	24	43
屈光不正				2	1	1	25	9	16
弱视	1		1				5	2	3
外伤				2		2	4	1	3
中毒									
其他	1		1	2	1	1	31	4	27
原因不明	1		1	2	1	1	19		19
致残原因二									
遗传、先天异常或发育障碍									
白内障	1		1	2		2	8	3	5
青光眼	2	1	1	1	1		1		1
沙眼	1		1						
角膜病	5		5	4	1	3	12	4	8
视神经病变	1		1	2	2		11	9	2
视网膜、色素膜病变	3	2	1	3	2	1	25	11	14
屈光不正				1	1		17	13	4
弱视				1		1	12	5	7
外伤	1		1	2		2	6	2	4
中毒							1		1
其他									
原因不明									

3－7 听力残疾(含多重)人分城乡、残疾等级的主要致残原因

单位：人

致残主要原因	听力残疾总人数(含多重残疾)			残疾一级		
	合计	城镇	农村	小计	城镇	农村
总　计	**2220**	**447**	**1773**	**197**	**35**	**162**
致残原因一						
遗传	28	5	23	15	3	12
母孕期病毒感染	3	1	2	3	1	2
传染性疾病	11	2	9	2	1	1
自身免疫缺陷性疾病	10	5	5			
全身性疾病	168	58	110	15	3	12
中耳炎	240	52	188	14	2	12
老年性耳聋	1377	256	1121	58	14	44
早产和低体重						
新生儿窒息	2		2			
高胆红素血症						
药物中毒	37	12	25	15	3	12
创伤或意外伤害	40	5	35	7	2	5
噪声和爆震	39	11	28	1		1
其他	31	8	23	8	3	5
原因不明	234	32	202	59	3	56
致残原因二						
遗传						
母孕期病毒感染						
传染性疾病						
自身免疫缺陷性疾病						
全身性疾病	3	1	2			
中耳炎	8	3	5	1		1
老年性耳聋	225	75	150	15	4	11
早产和低体重						
新生儿窒息						
高胆红素血症	1		1			
药物中毒	10	3	7			
创伤或意外伤害	6	1	5			
噪声和爆震	18	13	5	1	1	
其他						
原因不明						

3-7 续表

单位：人

致残主要原因	残疾二级			残疾三级			残疾四级		
	小计	城镇	农村	小计	城镇	农村	小计	城镇	农村
总　计	**213**	**15**	**198**	**1025**	**186**	**839**	**785**	**211**	**574**
致残原因一									
遗传	1		1	8	1	7	4	1	3
母孕期病毒感染									
传染性疾病	2		2	4	1	3	3		3
自身免疫缺陷性疾病	3	1	2	2	2		5	2	3
全身性疾病	7	1	6	61	16	45	85	38	47
中耳炎	29	4	25	103	19	84	94	27	67
老年性耳聋	123	5	118	700	117	583	496	120	376
早产和低体重									
新生儿窒息				2		2			
高胆红素血症									
药物中毒	4	1	3	14	7	7	4	1	3
创伤或意外伤害	5		5	18	2	16	10	1	9
噪声和爆震	5		5	15	4	11	18	7	11
其他	7		7	11	4	7	5	1	4
原因不明	27	3	24	87	13	74	61	13	48
致残原因二									
遗传									
母孕期病毒感染									
传染性疾病									
自身免疫缺陷性疾病									
全身性疾病				1	1		2		2
中耳炎	1		1	2		2	4	3	1
老年性耳聋	21	4	17	86	21	65	103	46	57
早产和低体重									
新生儿窒息									
高胆红素血症				1		1			
药物中毒	1		1	5		5	4	3	1
创伤或意外伤害	1		1	3		3	2	1	1
噪声和爆震				9	5	4	8	7	1
其他									
原因不明									

3－8　言语残疾(含多重)人分城乡、残疾等级的主要致残原因

单位：人

致残主要原因	言语残疾总人数(含多重残疾)			残疾一级		
	合计	城镇	农村	小计	城镇	农村
总　　计	**417**	**62**	**355**	**209**	**32**	**177**
致残原因一						
唐氏综合症	13	5	8	7	3	4
脑性瘫痪	28	4	24	16	2	14
新生儿病理性黄疸						
早产、低体重和过期产	8	3	5	4	2	2
腭裂	15		15	1		1
智力低下	74	7	67	34	4	30
脑梗死	34	12	22	14	4	10
脑出血	18	6	12	9	4	5
脑炎	29	6	23	16	3	13
脑囊虫病						
喉、舌疾病术后	6		6			
听力障碍	64	7	57	53	7	46
帕金森氏病	2		2			
多发性硬化						
脊髓侧索硬化						
脑外伤	6	1	5	4	1	3
产伤	2	1	1			
孤独症	3	1	2	1		1
癫痫	5	1	4	1		1
CO中毒						
其他	36	2	34	13		13
原因不明	74	6	68	36	2	34
致残原因二						
唐氏综合症						
脑性瘫痪						
新生儿病理性黄疸						
早产、低体重和过期产						
腭裂						
智力低下	4	2	2	2	1	1
脑梗死	1		1			
脑出血						
脑炎	5		5	2		2
脑囊虫病						
喉、舌疾病术后						
听力障碍	13	1	12	10	1	9
帕金森氏病						
多发性硬化						
脊髓侧索硬化						
脑外伤	1		1			
产伤	1		1			
孤独症	2		2	2		2
癫痫	2		2	1		1
CO中毒						
其他						
原因不明						

3-8 续表

单位：人

致残主要原因	残疾二级			残疾三级			残疾四级		
	小计	城镇	农村	小计	城镇	农村	小计	城镇	农村
总　计	**71**	**14**	**57**	**65**	**5**	**60**	**72**	**11**	**61**
致残原因一									
唐氏综合症	5	2	3				1		1
脑性瘫痪	8	1	7	2		2	2	1	1
新生儿病理性黄疸									
早产、低体重和过期产	3	1	2				1		1
腭裂	2		2	3		3	9		9
智力低下	17	1	16	16	2	14	7		7
脑梗死	4	2	2	7	1	6	9	5	4
脑出血	3	1	2	2		2	4	1	3
脑炎	6	1	5	2		2	5	2	3
脑囊虫病									
喉、舌疾病术后	3		3	1		1	2		2
听力障碍	4		4	5		5	2		2
帕金森氏病				1		1	1		1
多发性硬化									
脊髓侧索硬化									
脑外伤				2		2			
产伤	1	1		1		1			
孤独症	1		1	1	1				
癫痫	2	1	1	2		2			
CO中毒									
其他	6		6	6	1	5	11	1	10
原因不明	6	3	3	14		14	18	1	17
致残原因二									
唐氏综合症									
脑性瘫痪									
新生儿病理性黄疸									
早产、低体重和过期产									
腭裂									
智力低下	2	1	1						
脑梗死	1		1						
脑出血									
脑炎	1		1	2		2			
脑囊虫病									
喉、舌疾病术后									
听力障碍	2		2	1		1			
帕金森氏病									
多发性硬化									
脊髓侧索硬化									
脑外伤							1		1
产伤	1		1						
孤独症									
癫痫							1		1
CO中毒									
其他									
原因不明									

3－9 肢体残疾(含多重)人分城乡、残疾等级的主要致残原因

单位：人

致残主要原因	肢体残疾总人数(含多重残疾)			残疾一级		
	合计	城镇	农村	小计	城镇	农村
总　计	**2027**	**425**	**1602**	**100**	**25**	**75**
致残原因一						
脑性瘫痪	58	19	39	15	4	11
发育畸形	60	15	45	3	1	2
侏儒症	18	5	13			
其他先天性或发育障碍	26	3	23			
脊髓灰质炎	98	26	72	6	1	5
脑血管疾病	306	102	204	40	12	28
周围血管疾病	7	4	3			
肿瘤	12	7	5	1		1
骨关节病	581	101	480	15	3	12
地方病						
脊髓疾病	39	11	28	2		2
工伤	55	18	37			
交通事故	69	17	52	2	1	1
脊髓损伤	7	3	4	3	1	2
脑外伤	11	4	7			
其他外伤	326	44	282	3		3
结核性感染	4	1	3			
化脓性感染	13	1	12			
中毒	8	3	5			
其他	209	28	181	8	2	6
原因不明	120	13	107	2		2
致残原因二						
脑性瘫痪						
发育畸形						
侏儒症						
其他先天性或发育障碍	5	2	3			
脊髓灰质炎	1	1				
脑血管疾病						
周围血管疾病	1		1	1		1
肿瘤						
骨关节病	3		3			
地方病						
脊髓疾病	12	2	10	1	1	
工伤	3		3			
交通事故	2	1	1			
脊髓损伤	6		6	1		1
脑外伤	2	2		1	1	
其他外伤	38	8	30	3		3
结核性感染	2		2	1		1
化脓性感染	8	2	6			
中毒						
其他						
原因不明						

3－9 续表

单位：人

致残主要原因	残疾二级			残疾三级			残疾四级		
	小计	城镇	农村	小计	城镇	农村	小计	城镇	农村
总　计	**227**	**54**	**173**	**450**	**107**	**343**	**1250**	**239**	**1011**
致残原因一									
脑性瘫痪	14	5	9	18	8	10	11	2	9
发育畸形	5	1	4	15	3	12	37	10	27
侏儒症				3		3	15	5	10
其他先天性或发育障碍	2		2	6		6	18	3	15
脊髓灰质炎	8	2	6	29	7	22	55	16	39
脑血管疾病	89	25	64	103	35	68	74	30	44
周围血管疾病	1	1		5	3	2	1		1
肿瘤	3	2	1	2	1	1	6	4	2
骨关节病	41	7	34	86	23	63	439	68	371
地方病									
脊髓疾病	1		1	3	1	2	33	10	23
工伤	1		1	13	1	12	41	17	24
交通事故	2	1	1	22	4	18	43	11	32
脊髓损伤	1	1		2		2	1	1	
脑外伤	1		1	4	2	2	6	2	4
其他外伤	19	2	17	79	12	67	225	30	195
结核性感染							4	1	3
化脓性感染	1		1	3	1	2	9		9
中毒				1	1		7	2	5
其他	19	3	16	37	4	33	145	19	126
原因不明	19	4	15	19	1	18	80	8	72
致残原因二									
脑性瘫痪									
发育畸形									
侏儒症									
其他先天性或发育障碍				3	1	2	2	1	1
脊髓灰质炎				1	1				
脑血管疾病									
周围血管疾病									
肿瘤									
骨关节病							3		3
地方病									
脊髓疾病	1	1		3		3	7		7
工伤				1		1	2		2
交通事故				1	1		1		1
脊髓损伤	1		1	2		2	2		2
脑外伤	1	1							
其他外伤	7		7	12	2	10	16	6	10
结核性感染	1		1						
化脓性感染	3		3	2	1	1	3	1	2
中毒									
其他									
原因不明									

3－10 智力残疾(含多重)人分城乡、残疾等级的主要致残原因

单位：人

致残主要原因	智力残疾总人数(含多重残疾)			残疾一级		
	合计	城镇	农村	小计	城镇	农村
总　计	**819**	**143**	**676**	**84**	**25**	**59**
致残原因一						
遗传	54	6	48	8	2	6
脑疾病	283	59	224	29	10	19
内分泌障碍	2	2		1	1	
惊厥性疾病	30	4	26	2		2
新生儿窒息	20	7	13	4	1	3
早产、低体重和过期产	21	4	17	3	1	2
发育畸形	10	5	5	3	1	2
营养不良	11	3	8			
母孕期外伤及物力伤害	1		1			
产伤	2		2			
工伤	1		1			
交通事故	6	3	3	1	1	
其他外伤	24	8	16	1		1
中毒与过敏反应	2	1	1			
不良社会文化因素	33	1	32			
其他	82	18	64	9	4	5
原因不明	237	22	215	23	4	19
致残原因二						
遗传						
脑疾病	2		2			
内分泌障碍	1		1			
惊厥性疾病	5	1	4	1		1
新生儿窒息	2	1	1			
早产、低体重和过期产	8	4	4	1	1	
发育畸形	5	1	4			
营养不良	10	1	9	1		1
母孕期外伤及物力伤害						
产伤	1	1				
工伤						
交通事故						
其他外伤	5		5			
中毒与过敏反应						
不良社会文化因素	21	6	15	2		2
其他						
原因不明						

3－10 续表

单位：人

致残主要原因	残疾二级			残疾三级			残疾四级		
	小计	城镇	农村	小计	城镇	农村	小计	城镇	农村
总　计	**142**	**20**	**122**	**298**	**47**	**251**	**295**	**51**	**244**
致残原因一									
遗传	7		7	28	4	24	11		11
脑疾病	61	10	51	115	20	95	78	19	59
内分泌障碍							1	1	
惊厥性疾病	5	1	4	7	1	6	16	2	14
新生儿窒息	4	3	1	5	2	3	7	1	6
早产、低体重和过期产	3	1	2	8		8	7	2	5
发育畸形	2	1	1	3	2	1	2	1	1
营养不良				2		2	9	3	6
母孕期外伤及物力伤害							1		1
产伤				2		2			
工伤							1		1
交通事故	1		1	2	1	1	2	1	1
其他外伤	7	1	6	4	2	2	12	5	7
中毒与过敏反应				1	1		1		1
不良社会文化因素	5		5	7	1	6	21		21
其他	9		9	33	7	26	31	7	24
原因不明	38	3	35	81	6	75	95	9	86
致残原因二									
遗传									
脑疾病	1		1	1		1			
内分泌障碍				1		1			
惊厥性疾病	1	1		2		2	1		1
新生儿窒息				2	1	1			
早产、低体重和过期产	2	2		2		2	3	1	2
发育畸形	1		1	1		1	3	1	2
营养不良	1		1	4		4	4	1	3
母孕期外伤及物力伤害									
产伤	1	1							
工伤									
交通事故									
其他外伤	2		2	2		2	1		1
中毒与过敏反应									
不良社会文化因素	3	1	2	8	3	5	8	2	6
其他									
原因不明									

3－11 精神残疾(含多重)人分城乡、残疾等级的主要致残原因

单位：人

致残主要原因	精神残疾总人数(含多重残疾)			残疾一级		
	合计	城镇	农村	小计	城镇	农村
总　计	**548**	**113**	**435**	**171**	**34**	**137**
致残原因一						
痴呆	72	15	57	30	7	23
其他器质性精神障碍	49	10	39	24	4	20
使用精神活性物质所致的障碍	19	5	14	1		1
精神分裂症	274	52	222	87	14	73
妄想性障碍	6	1	5			
分裂情感性障碍	3		3			
其他精神病性障碍	13		13	3		3
心境障碍	9	1	8			
神经症性障碍	7	4	3	1		1
行为综合症	1		1			
人格障碍	4		4			
孤独症	10	3	7	1		1
癫痫	33	1	32	6		6
其他	32	16	16	13	6	7
原因不明	16	5	11	5	3	2
致残原因二						
痴呆						
其他器质性精神障碍	1		1			
使用精神活性物质所致的障碍						
精神分裂症	3		3	2		2
妄想性障碍						
分裂情感性障碍						
其他精神病性障碍	2	1	1			
心境障碍	1	1				
神经症性障碍						
行为综合症						
人格障碍						
孤独症						
癫痫	2	2		1	1	
其他						
原因不明						

3－11 续表

单位：人

致残主要原因	残疾二级			残疾三级			残疾四级		
	小计	城镇	农村	小计	城镇	农村	小计	城镇	农村
总　计	**80**	**13**	**67**	**73**	**20**	**53**	**224**	**46**	**178**
致残原因一									
痴呆	14	2	12	10	2	8	18	4	14
其他器质性精神障碍	6	1	5	7	2	5	12	3	9
使用精神活性物质所致的障碍	2	1	1	4	2	2	12	2	10
精神分裂症	31	5	26	34	9	25	122	24	98
妄想性障碍	2		2				4	1	3
分裂情感性障碍	1		1	1		1	1		1
其他精神病性障碍	2		2	3		3	5		5
心境障碍				1		1	8	1	7
神经症性障碍	1	1		1	1		4	2	2
行为综合症	1		1						
人格障碍	2		2	1		1	1		1
孤独症	2		2	3	2	1	4	1	3
癫痫	3		3	3		3	21	1	20
其他	9	3	6	3	2	1	7	5	2
原因不明	4		4	2		2	5	2	3
致残原因二									
痴呆									
其他器质性精神障碍	1		1						
使用精神活性物质所致的障碍									
精神分裂症	1		1						
妄想性障碍									
分裂情感性障碍									
其他精神病性障碍							2	1	1
心境障碍	1	1							
神经症性障碍									
行为综合症									
人格障碍									
孤独症									
癫痫				1	1				
其他									
原因不明									

3－12 视力残疾(含多重)人分年龄、性别的主要致残原因

单位：人

年龄	遗传、先天异常或发育障碍		白内障		青光眼		沙眼		角膜病	
	男	女	男	女	男	女	男	女	男	女
总计	**25**	**29**	**329**	**666**	**20**	**37**	**1**	**14**	**66**	**89**
0岁										
1岁										
2岁										
3岁										
4岁										
5岁		1								
6岁										
7岁		1		1						
8岁		1							1	1
9岁										
10岁	1				1					
11岁	1				1					
12岁		1		1						
13岁	2									
14岁										
15岁		2		1						
16岁										1
17岁										
18岁		1								
19岁	1									
20岁	1		1							
21岁										
22岁										
23岁		2							1	2
24岁										
25岁				1						1
26岁	2	1		1						

3－12 续表 1

单位：人

年 龄	遗传、先天异常或发育障碍		白内障		青光眼		沙 眼		角膜病	
	男	女	男	女	男	女	男	女	男	女
27岁		1							2	
28岁	1	1	1						1	
29岁										
30岁		1								
31岁									1	
32岁		1								
33岁	1									
34岁										
35岁									1	
36岁	3			1						
37岁		2							1	1
38岁										
39岁	1									
40岁		1			1				2	
41岁		1	1	1		1				
42岁	1									1
43岁	1	2		2						
44岁										
45岁										1
46岁										
47岁	1		1							1
48岁			3	2	1				1	
49岁				1					1	1
50岁										2
51岁			3	2					1	1
52岁	1			1		1			1	1
53岁			2	1					1	3
54岁	1			2						

3－12 续表 2

单位：人

年龄	遗传、先天异常或发育障碍		白内障		青光眼		沙眼		角膜病	
	男	女	男	女	男	女	男	女	男	女
55岁	1	1	1	2					1	
56岁	1	2	2	4	1	2				
57岁			2	6					3	
58岁	2		3	2		1			1	1
59岁		1	1	1	1	1			3	1
60岁			3	5				1	3	1
61岁		1	8	3					3	2
62岁			4	4					1	2
63岁			7	6				2		
64岁			6	7		2			2	
65岁			7	8						1
66岁			4	9	1	1			2	3
67岁			9	17					1	1
68岁			9	16					2	2
69岁			10	20					3	3
70岁			9	11		1	1	1	2	5
71岁			12	19		1			1	3
72岁	1		16	19		1			1	4
73岁			12	28	1	2			3	2
74岁		1	14	22	3	2			1	2
75岁			15	33	1	1		2	1	3
76岁		1	14	33	2	2				2
77岁			15	29	1	5		1	1	2
78岁	1	1	16	26	1	2			1	2
79岁			16	28		2		2	2	2
80岁			18	31				1	2	4
81岁			8	34	1			1	1	1
82岁			9	28		1			1	1
83岁			8	27	1			1	3	3
84岁			16	14					1	
85+		1	43	156	2	8		2	5	19

3－12 续表 3

单位：人

年龄	视神经病变		视网膜、色素膜病变		屈光不正		弱视	
	男	女	男	女	男	女	男	女
总计	**36**	**59**	**56**	**106**	**21**	**29**	**9**	**10**
0岁		1						
1岁								
2岁								
3岁	1							
4岁								
5岁								
6岁								
7岁								
8岁			1	1				
9岁								
10岁								
11岁								
12岁					1			
13岁					1		1	
14岁						1		1
15岁			1	1				
16岁								
17岁								
18岁	1							1
19岁			1		2		2	
20岁		1						1
21岁							1	
22岁								
23岁						1		
24岁	2							
25岁								
26岁			1					

3－12 续表 4

单位：人

年 龄	视神经病变		视网膜、色素膜病变		屈光不正		弱 视	
	男	女	男	女	男	女	男	女
27岁	1							1
28岁		1						
29岁		1						
30岁								
31岁								
32岁							1	
33岁				1				
34岁			1					
35岁								
36岁			1		1	1	1	2
37岁	1	2	1		1			2
38岁				1				
39岁			2			1		1
40岁			1	1				
41岁	1			1			1	
42岁		2		2			1	
43岁				1	1			
44岁		1						
45岁	1	2						
46岁								
47岁		1						
48岁		1		1				
49岁								
50岁			1	2				
51岁	1	1		2	2			
52岁	1	3	1					
53岁			2	3				
54岁			2		1			

3－12 续表 5

单位：人

年 龄	视神经病变		视网膜、色素膜病变		屈光不正		弱 视	
	男	女	男	女	男	女	男	女
55岁	1		1		2		1	
56岁	2	1		3				
57岁		1		3		2		
58岁		1	1	3				
59岁	1		2	3				
60岁	1		1					
61岁	1	1	2	1		1		
62岁	1	1		2	1	2		
63岁				2				
64岁	1	1	1	1		1		
65岁		3	2	6		2		1
66岁			2	3	1			
67岁		4		3	1			
68岁	2	1	1	2				
69岁		1		3		2		
70岁		6		4		2		
71岁	1	2	1	6		2		
72岁	2		3	4	1	2		
73岁		3	1	1		1		
74岁	2	3	2	2	1			
75岁	1	1		3	1	1		
76岁	1	1	2	3		2		
77岁	2		2	3				
78岁		2	4	5	1			
79岁		2	1	1	1	1		
80岁	1	1	1	3				
81岁			1	3				
82岁	5	1	1	5		1		
83岁				1				
84岁	1		3	1	1	1		
85+		5	5	9		2		

3-12 续表 6

单位：人

年 龄	外 伤		中 毒		其 他		原因不明	
	男	女	男	女	男	女	男	女
总 计	**22**	**6**		**1**	**22**	**25**	**7**	**17**
0岁								
1岁								
2岁								
3岁								
4岁								
5岁								
6岁								
7岁								
8岁								
9岁								
10岁								
11岁	1							
12岁								
13岁								
14岁								
15岁								
16岁								
17岁								
18岁	1							
19岁								
20岁								
21岁								
22岁								
23岁								
24岁								
25岁								
26岁								

3－12 续表 7

单位：人

年龄	外伤		中毒		其他		原因不明	
	男	女	男	女	男	女	男	女
27岁	1							
28岁								
29岁								
30岁								
31岁								
32岁								
33岁								
34岁								
35岁	1				1			
36岁					1			
37岁								
38岁								
39岁								
40岁								1
41岁						2		
42岁		1						1
43岁						1		
44岁								
45岁	1	1						
46岁								
47岁								
48岁	1				1	1		
49岁								
50岁		1					1	1
51岁								
52岁								
53岁	2							
54岁								

3-12 续表 8

单位：人

年 龄	外 伤		中 毒		其 他		原因不明	
	男	女	男	女	男	女	男	女
55岁					1			
56岁	2						1	
57岁	1							
58岁								1
59岁								
60岁					1	3	1	
61岁		1				3		
62岁		1				2		
63岁					1	1		
64岁								1
65岁					1		1	
66岁	3				1	1		1
67岁	1					1		1
68岁	1					1		2
69岁	1				1			1
70岁	1				2			
71岁					1	2	1	
72岁					1			1
73岁					2	3	2	
74岁	1				2	1		
75岁					1			
76岁					1			
77岁								
78岁								
79岁	1					1		2
80岁	1							3
81岁		1			1			1
82岁					1	1		
83岁				1				
84岁								
85+	1				1	1		

3－13　听力残疾(含多重)人分年龄、性别的主要致残原因

单位：人

年　龄	遗　传		母孕期病毒感染		传染性疾病		自身免疫缺陷性疾病	
	男	女	男	女	男	女	男	女
总　计	**19**	**9**	**1**	**2**	**7**	**4**	**6**	**4**
0岁								
1岁								
2岁								
3岁								
4岁								
5岁								
6岁		1						
7岁	1							
8岁	1							
9岁								
10岁								
11岁				1				
12岁								
13岁								
14岁								
15岁								
16岁								
17岁								
18岁								
19岁								
20岁	1							
21岁				1				
22岁	1							
23岁	1							
24岁								
25岁	1							
26岁								
27岁								

3-13 续表 1

单位：人

年龄	遗传		母孕期病毒感染		传染性疾病		自身免疫缺陷性疾病	
	男	女	男	女	男	女	男	女
28岁								
29岁								
30岁								
31岁								
32岁								
33岁	1							
34岁		1						
35岁					1	1		
36岁	1							
37岁								
38岁								
39岁								
40岁		1				1		
41岁						1		
42岁								
43岁								
44岁								
45岁								
46岁								
47岁								
48岁	1							
49岁	2						1	
50岁		2						
51岁	1				1			
52岁								
53岁	2							
54岁								
55岁	1							
56岁		1	1					

3－13　续表 2

单位：人

年　龄	遗　传		母孕期病毒感染		传染性疾病		自身免疫缺陷性疾病	
	男	女	男	女	男	女	男	女
57岁								1
58岁		1						
59岁	1	1						1
60岁	1							
61岁	2							
62岁								
63岁								
64岁								
65岁								
66岁					1		1	
67岁								
68岁								
69岁								
70岁					1			
71岁								
72岁								
73岁								
74岁		1					1	
75岁					1		1	1
76岁								
77岁								
78岁								
79岁								
80岁					1	1		
81岁								1
82岁								
83岁								
84岁								
85+					1		2	

3－13 续表 3

单位：人

年 龄	全身性疾病		中耳炎		老年性耳聋		早产和低体重	
	男	女	男	女	男	女	男	女
总 计	**79**	**92**	**135**	**113**	**759**	**843**		
0岁								
1岁								
2岁								
3岁								
4岁								
5岁								
6岁								
7岁								
8岁								
9岁								
10岁			1					
11岁			1					
12岁			1					
13岁								
14岁								
15岁				1				
16岁			2					
17岁								
18岁								
19岁								
20岁			1					
21岁								
22岁								
23岁								
24岁								
25岁				1				
26岁								
27岁				1				

3－13 续表 4

单位：人

年 龄	全身性疾病		中耳炎		老年性耳聋		早产和低体重	
	男	女	男	女	男	女	男	女
28岁								
29岁								
30岁			1					
31岁								
32岁			1	1				
33岁			1					
34岁	1		1					
35岁	1	1	2					
36岁			2	1				
37岁		1						
38岁			3					
39岁			1	2				
40岁	1		1	2				
41岁			2	1				
42岁			1	1				
43岁		1	4					
44岁				1				
45岁		1		1				
46岁				1	1			
47岁		2	1	1				
48岁		1	2	1		1		
49岁			4	1				
50岁	1	1	2					
51岁	1		1	3	1	2		
52岁		1	3	3	1	3		
53岁	2	2	2	2				
54岁			3	2				
55岁		1	3	3	2	2		
56岁			4	4	3	6		

3－13 续表 5

单位：人

年 龄	全身性疾病		中耳炎		老年性耳聋		早产和低体重	
	男	女	男	女	男	女	男	女
57岁	2	1	1	5	1	3		
58岁			3	1	5	2		
59岁		1	2	3	6	2		
60岁	4	1	2	2	9	5		
61岁	1		1	1	12	2		
62岁		2	3		12	5		
63岁	1	2	2	2	8	7		
64岁	2	1	3	4	14	9		
65岁	5		5	3	20	6		
66岁	2	3	2	3	20	16		
67岁	4	3	3	5	21	22		
68岁	4		3		32	14		
69岁	5	4	6	3	29	18		
70岁		5	6	2	32	26		
71岁	5	3	5	4	23	30		
72岁	1	3	3	1	26	21		
73岁	3		2	3	47	29		
74岁	3	5	1	4	28	38		
75岁	5	9	4	5	37	32		
76岁		3	5	2	34	37		
77岁	1	1	2	1	32	35		
78岁	2	4	1	2	36	44		
79岁	4	2	2	5	31	36		
80岁	3	3	4	1	24	42		
81岁	1	4	2	2	28	45		
82岁	7	3		4	28	38		
83岁	1	2	5		24	32		
84岁	1	4	3	1	29	25		
85+	5	11	3	10	103	208		

3－13 续表 6

单位：人

年 龄	新生儿窒息		高胆红素血症		药物中毒		创伤或意外伤害	
	男	女	男	女	男	女	男	女
总 计	**2**			**1**	**32**	**15**	**30**	**16**
0岁								
1岁								
2岁								
3岁								
4岁								
5岁								
6岁								
7岁							1	
8岁								
9岁								1
10岁								
11岁	1						1	
12岁								
13岁						1		
14岁								
15岁					1			
16岁					1		1	
17岁								
18岁								
19岁						1		
20岁							1	
21岁					1	1		
22岁					1			
23岁					1			
24岁					1			
25岁					1			
26岁								
27岁					1			

3-13 续表 7

单位：人

年龄	新生儿窒息		高胆红素血症		药物中毒		创伤或意外伤害	
	男	女	男	女	男	女	男	女
28岁								
29岁								
30岁								1
31岁					1			
32岁								
33岁								
34岁								1
35岁								
36岁								
37岁							1	
38岁								1
39岁							1	
40岁					2	1		
41岁								
42岁								
43岁					1	1		
44岁								
45岁								
46岁								
47岁						1	1	
48岁					1			
49岁								3
50岁					1	1		
51岁						1		1
52岁							1	
53岁					1			
54岁								1
55岁					2		1	
56岁							1	

3－13 续表 8

单位：人

年 龄	新生儿窒息		高胆红素血症		药物中毒		创伤或意外伤害	
	男	女	男	女	男	女	男	女
57岁								
58岁						1	1	2
59岁					1			1
60岁								
61岁								
62岁						1	4	
63岁					2	2		
64岁						1	1	1
65岁					1		2	
66岁					1	1	1	
67岁					1		1	
68岁				1	2			1
69岁					1		2	
70岁					1	1		1
71岁							1	
72岁							2	
73岁					2		1	
74岁								
75岁					1		1	
76岁								
77岁							1	
78岁								
79岁								
80岁								
81岁								
82岁							1	
83岁							1	
84岁	1							
85+					2			1

3－13　续表 9

单位：人

年　龄	噪声和爆震		其　他		原因不明	
	男	女	男	女	男	女
总　计	**51**	**6**	**18**	**13**	**126**	**108**
0岁						
1岁						
2岁						
3岁				1	1	
4岁						
5岁					1	
6岁					1	
7岁					1	
8岁						2
9岁						1
10岁					2	1
11岁		1			2	1
12岁					1	
13岁						
14岁						
15岁						
16岁				1	1	
17岁					2	1
18岁						
19岁						
20岁					2	
21岁						1
22岁						
23岁					1	
24岁					1	
25岁			1			
26岁						1
27岁						

3－13 续表 10

单位：人

年 龄	噪声和爆震		其 他		原因不明	
	男	女	男	女	男	女
28岁	1				1	
29岁						
30岁						1
31岁			1			1
32岁				1	1	1
33岁					2	
34岁					2	
35岁	1				1	
36岁					2	1
37岁					1	2
38岁			1		1	2
39岁	1		1		2	3
40岁				1	4	1
41岁				1	1	4
42岁						2
43岁	2			1	2	
44岁	1					1
45岁			1			
46岁					1	1
47岁					2	2
48岁	1		2		4	1
49岁				1	5	
50岁					3	5
51岁		1	1	1	1	4
52岁	3		2		4	3
53岁	1	1	1			5
54岁	1		1		4	1
55岁					4	2
56岁	1				6	2

3－13 续表 11

单位：人

年 龄	噪声和爆震		其 他		原因不明	
	男	女	男	女	男	女
57岁	2		1	1	2	3
58岁					4	4
59岁			1		1	4
60岁	2				3	5
61岁	3			1	4	4
62岁	1				2	1
63岁	1				2	2
64岁	4				4	1
65岁	2		1		2	1
66岁	4		1		3	2
67岁	1				3	3
68岁					3	3
69岁	1		1		1	2
70岁	3				1	5
71岁	1				1	1
72岁	1				2	
73岁	2				4	1
74岁	1		1		3	1
75岁	1					1
76岁	1				3	
77岁	1	1			1	6
78岁					1	1
79岁	1	1		1		2
80岁				1	1	
81岁	1	1				
82岁						
83岁						
84岁				1	1	
85+	4				4	2

3－14　言语残疾(含多重)人分年龄、性别的主要致残原因

单位：人

年　龄	唐氏综合症		脑性瘫痪		新生儿病理性黄疸		早产、低体重和过期产		腭　裂	
	男	女	男	女	男	女	男	女	男	女
总　计	**6**	**7**	**17**	**11**			**4**	**4**	**9**	**6**
0岁										
1岁										
2岁										
3岁			1	1				1	1	
4岁				2						
5岁			1							
6岁			1	1			1			
7岁			1							
8岁			1							
9岁			1	1				1		1
10岁		2	1						1	
11岁			1				1	1	2	
12岁			2							
13岁										
14岁	1	2								
15岁	1									
16岁		1	1							
17岁	1						1			
18岁								1		
19岁										
20岁			1	1			1			
21岁			1	1					2	
22岁										
23岁										
24岁										
25岁	1								1	
26岁			1							
27岁	1		3							

3-14 续表 1

单位：人

年龄	唐氏综合症		脑性瘫痪		新生儿病理性黄疸		早产、低体重和过期产		腭裂	
	男	女	男	女	男	女	男	女	男	女
28岁				1						
29岁										
30岁										
31岁	1									
32岁										
33岁				1						
34岁				1						
35岁		1								1
36岁										
37岁										
38岁										
39岁										1
40岁		1								
41岁										
42岁				1						
43岁										1
44岁										
45岁										
46岁										
47岁										
48岁										
49岁										
50岁										
51岁										
52岁										
53岁										
54岁									1	
55岁										
56岁										

3－14 续表 2

单位：人

年 龄	唐氏综合症		脑性瘫痪		新生儿病理性黄疸		早产、低体重和过期产		腭 裂	
	男	女	男	女	男	女	男	女	男	女
57岁										
58岁										
59岁										
60岁										
61岁										
62岁										
63岁										
64岁										
65岁										1
66岁										
67岁									1	
68岁										
69岁										
70岁										1
71岁										
72岁										
73岁										
74岁										
75岁										
76岁										
77岁										
78岁										
79岁										
80岁										
81岁										
82岁										
83岁										
84岁										
85+										

3－14　续表 3

单位：人

年龄	智力低下		脑梗死		脑出血		脑炎	
	男	女	男	女	男	女	男	女
总计	**50**	**28**	**20**	**15**	**12**	**6**	**21**	**13**
0岁								
1岁								
2岁								
3岁								
4岁	1	2						
5岁	1						1	
6岁	1	1						1
7岁	1				1			
8岁	1						2	
9岁					1	1		
10岁	1							
11岁	2	1						
12岁							1	
13岁		1						
14岁								
15岁		1			1			
16岁	1	2						1
17岁	3	1						1
18岁	2							
19岁	2	1						
20岁	3							
21岁	2						1	
22岁								
23岁	2						1	
24岁							1	1
25岁	3							
26岁								1
27岁								

3－14 续表 4

单位：人

年 龄	智力低下		脑梗死		脑出血		脑 炎	
	男	女	男	女	男	女	男	女
28岁							1	
29岁			1				1	
30岁	1	2					1	1
31岁	1	1						
32岁		1					1	
33岁	1							
34岁		1						
35岁	1							1
36岁	3	1					1	
37岁	1	1						
38岁	2							
39岁	1	1			1			1
40岁	1						2	
41岁								1
42岁		1				1		2
43岁								
44岁								1
45岁								
46岁	1	1						
47岁	1	1						
48岁								
49岁			1					
50岁	1	1						
51岁	1				1		4	1
52岁							1	
53岁	2	1	1	1	1		1	
54岁	1							
55岁								
56岁	1						1	

3－14 续表 5

单位：人

年龄	智力低下		脑梗死		脑出血		脑炎	
	男	女	男	女	男	女	男	女
57岁	1			1				
58岁	1							
59岁	1	2						
60岁			2					
61岁					1			
62岁		1	1					
63岁			1					
64岁		1						
65岁			1		1			
66岁								
67岁			1					
68岁	1			1				
69岁			2	1	1			
70岁				1		1		
71岁			1					
72岁				1				
73岁				1				
74岁			1					
75岁								
76岁			1		1			
77岁			1					
78岁			1			1		
79岁		1		1		1		
80岁			1	1				
81岁				1	1			
82岁				2				
83岁					1	1		
84岁			2					
85+			1	3				

3-14 续表 6

单位：人

年龄	脑囊虫病		喉、舌疾病术后		听力障碍		帕金森氏病		多发性硬化	
	男	女	男	女	男	女	男	女	男	女
总计			**6**		**45**	**32**	**1**	**1**		
0岁										
1岁										
2岁										
3岁			3		1					
4岁										
5岁					1					
6岁										
7岁					1					
8岁					1	2				
9岁						1				
10岁						1				
11岁			1		2	2				
12岁					1					
13岁										
14岁										
15岁					1					
16岁					1	1				
17岁					1					
18岁										
19岁						1				
20岁										
21岁					1	2				
22岁					2					
23岁					3					
24岁										
25岁					1	1				
26岁										
27岁					1					

3-14 续表 7

单位：人

年龄	脑囊虫病		喉、舌疾病术后		听力障碍		帕金森氏病		多发性硬化	
	男	女	男	女	男	女	男	女	男	女
28岁					1					
29岁										
30岁						2				
31岁						1				
32岁						1				
33岁					1					
34岁										
35岁										
36岁					1					
37岁					1	1				
38岁					2	2				
39岁					1	1				
40岁						3				
41岁										
42岁										
43岁										
44岁										
45岁										
46岁					1	1				
47岁					1	1				
48岁					2					
49岁					1					
50岁					2	2				
51岁										
52岁					2	1				
53岁					2	1				
54岁										
55岁					1					
56岁					1					

3－14 续表 8

单位：人

年 龄	脑囊虫病		喉、舌疾病术后		听力障碍		帕金森氏病		多发性硬化	
	男	女	男	女	男	女	男	女	男	女
57岁			1		1					
58岁			1							
59岁						1				
60岁										
61岁					1					
62岁						1				
63岁					1					
64岁										
65岁										
66岁					1					
67岁										
68岁					1					
69岁										
70岁										
71岁										
72岁										
73岁					1					
74岁					1					
75岁										
76岁										
77岁										
78岁							1			
79岁										
80岁								1		
81岁										
82岁										
83岁										
84岁										
85+						2				

3－14 续表 9

单位：人

年龄	脊髓侧索硬化		脑外伤		产伤		孤独症	
	男	女	男	女	男	女	男	女
总计			**3**	**4**	**1**	**2**	**1**	**4**
0岁								
1岁								
2岁								
3岁								1
4岁						1		1
5岁								
6岁								1
7岁								
8岁								
9岁				1				
10岁								
11岁								
12岁								
13岁								
14岁								
15岁				1				
16岁								
17岁								1
18岁								
19岁								
20岁					1		1	
21岁			1					
22岁								
23岁								
24岁								
25岁								
26岁								
27岁								

3－14 续表 10

单位：人

年 龄	脊髓侧索硬化		脑外伤		产 伤		孤独症	
	男	女	男	女	男	女	男	女
28岁								
29岁								
30岁								
31岁			1					
32岁								
33岁								
34岁				1				
35岁								
36岁								
37岁								
38岁						1		
39岁								
40岁								
41岁								
42岁			1					
43岁								
44岁								
45岁								
46岁								
47岁								
48岁								
49岁								
50岁								
51岁								
52岁								
53岁								
54岁								
55岁								
56岁								

3－14 续表 11

单位：人

年龄	脊髓侧索硬化		脑外伤		产伤		孤独症	
	男	女	男	女	男	女	男	女
57岁								
58岁								
59岁								
60岁								
61岁								
62岁								
63岁								
64岁								
65岁								
66岁				1				
67岁								
68岁								
69岁								
70岁								
71岁								
72岁								
73岁								
74岁								
75岁								
76岁								
77岁								
78岁								
79岁								
80岁								
81岁								
82岁								
83岁								
84岁								
85+								

3－14 续表 12

单位：人

年 龄	癫 痫		CO中毒		其 他		原因不明	
	男	女	男	女	男	女	男	女
总 计	**4**	**3**			**24**	**12**	**46**	**28**
0岁								
1岁								
2岁								
3岁					1	1	1	3
4岁					2	1		
5岁								1
6岁					2	1	2	1
7岁					2		1	2
8岁	1					1		
9岁							1	
10岁							1	1
11岁							1	
12岁								
13岁							1	
14岁	1					1	1	1
15岁							1	
16岁	1				2		3	
17岁		1			1			
18岁		1					2	
19岁								1
20岁					2		2	
21岁							1	1
22岁								
23岁								
24岁							2	1
25岁							1	
26岁								1
27岁								1

3－14　续表 13

单位：人

年　龄	癫　痫		CO中毒		其　他		原因不明	
	男	女	男	女	男	女	男	女
28岁								
29岁								
30岁								
31岁						1	1	
32岁							1	
33岁					2			1
34岁							2	1
35岁								
36岁							1	2
37岁					1		1	
38岁								
39岁						1	1	
40岁					1			1
41岁							1	1
42岁						1		1
43岁								
44岁								1
45岁								
46岁							1	
47岁								
48岁						1		
49岁								
50岁							1	
51岁						1	1	
52岁	1							
53岁		1				1	1	
54岁								
55岁							1	
56岁								

3－14 续表 14

单位：人

年 龄	癫 痫		CO中毒		其 他		原因不明	
	男	女	男	女	男	女	男	女
57岁								
58岁								1
59岁						1	1	1
60岁					1		2	
61岁								1
62岁								
63岁					1			
64岁							1	
65岁					1			1
66岁								
67岁								
68岁					1			
69岁							1	
70岁								
71岁							1	
72岁					1		1	
73岁					1			
74岁					1		1	
75岁							1	
76岁								
77岁							1	1
78岁								
79岁							1	
80岁								
81岁								
82岁								
83岁								
84岁					1		1	1
85+								

3－15　肢体残疾(含多重)人分年龄、性别的主要致残原因

单位：人

年　龄	脑性瘫痪		发育畸形		侏儒症		其他先天性或发育障碍	
	男	女	男	女	男	女	男	女
总　计	**37**	**21**	**32**	**28**	**3**	**15**	**17**	**14**
0岁		1						
1岁	1	1						
2岁	2		1					
3岁	3	1		2				1
4岁		1						1
5岁	1		2					
6岁	1	1						
7岁	2							
8岁	1							
9岁	1		1	1				
10岁	1			1			1	1
11岁	1		1				1	
12岁	2		1	1			1	
13岁				1			1	
14岁	1							
15岁	2							
16岁	1		1	1		1		
17岁		1						
18岁	2	1				2	1	
19岁						1	1	
20岁				2		1		
21岁	2	1				1		
22岁			1	1				
23岁	1			1	1		1	
24岁			2					
25岁	1							
26岁	1						1	
27岁	4		1					

3－15　续表 1

单位：人

年　龄	脑性瘫痪		发育畸形		侏儒症		其他先天性或发育障碍	
	男	女	男	女	男	女	男	女
28岁		1		1				1
29岁	1					1	1	
30岁		1				1		
31岁	1							
32岁			1				1	
33岁		1	1	1				
34岁		1		1				
35岁	1	1	1			1	1	
36岁	1	1						
37岁				1	1			
38岁		1	1				1	
39岁	1		2	1				
40岁		1		1			1	2
41岁			1	1				
42岁		3	1		1		1	1
43岁			4					
44岁								
45岁			1	1			1	1
46岁			1					
47岁								1
48岁			3	1			1	
49岁			1					1
50岁								
51岁								
52岁								
53岁		1						
54岁								
55岁				1		1		
56岁			1					

3－15 续表 2

单位：人

年龄	脑性瘫痪		发育畸形		侏儒症		其他先天性或发育障碍	
	男	女	男	女	男	女	男	女
57岁				1				
58岁						1		1
59岁		1						1
60岁								
61岁				1				
62岁								
63岁	1		1					
64岁				1				
65岁			1					
66岁						1		
67岁						1		
68岁				1				1
69岁								
70岁								
71岁								
72岁								
73岁								
74岁								
75岁								
76岁							1	
77岁						1		
78岁								
79岁						1		
80岁								
81岁				2				
82岁								
83岁								
84岁								
85+				1				1

3－15 续表 3

单位：人

年 龄	脊髓灰质炎		脑血管疾病		周围血管疾病		肿 瘤	
	男	女	男	女	男	女	男	女
总 计	**78**	**21**	**184**	**122**	**4**	**4**	**6**	**6**
0岁								
1岁								
2岁								
3岁								
4岁				1				
5岁								
6岁								
7岁								
8岁								
9岁		1	1	2				
10岁								
11岁								
12岁								
13岁	1							
14岁	1							
15岁	1							
16岁								
17岁	2							
18岁		1						
19岁								
20岁	1							
21岁	2	1						
22岁								
23岁	1							
24岁	1							
25岁	2							1
26岁	1						1	
27岁								

3－15 续表 4

单位：人

年 龄	脊髓灰质炎		脑血管疾病		周围血管疾病		肿 瘤	
	男	女	男	女	男	女	男	女
28岁	1			1				
29岁	1		1					
30岁								
31岁								
32岁		1						
33岁	2							
34岁	4	1						
35岁	4	1	1					
36岁	6							
37岁	5		1					
38岁	3	2	1					
39岁			2					
40岁	2		1					
41岁	2	1	1					
42岁	2	2		1				1
43岁	2	2	3				1	
44岁	3	1	1					
45岁	2	2	1	1				1
46岁	5	1	1	1				
47岁	3		1	1				
48岁	2		1					
49岁	1	2						1
50岁	2		2					
51岁	2		6	1				
52岁	1		2					
53岁			3	5				
54岁	1		1	1				
55岁			2	2				1
56岁	1		1					

3－15 续表 5

单位：人

年 龄	脊髓灰质炎		脑血管疾病		周围血管疾病		肿 瘤	
	男	女	男	女	男	女	男	女
57岁	1		1	3	1			
58岁			2	2	1	1		
59岁	1		4					
60岁		1	2	1				
61岁	1		8	1				
62岁			3	2				
63岁	1		6	1			2	1
64岁			6	1				
65岁			4	1				
66岁			6	2				
67岁	1		5	8				
68岁	1		6	6				
69岁			7	4				
70岁			6	4				
71岁			11	2				
72岁	1	1	7	9				
73岁	1		8	1		1	1	
74岁			5	3				
75岁			5	6	1			
76岁			5	3				
77岁			5	5				
78岁			4	6	1	1		
79岁			4	5				
80岁			2	4				
81岁			5	2				
82岁			5	2				
83岁			2	4		1		
84岁			3	1			1	
85+			13	16				

3-15 续表 6

单位：人

年 龄	骨关节病		地方病		脊髓疾病		工 伤	
	男	女	男	女	男	女	男	女
总 计	**192**	**392**			**19**	**32**	**49**	**9**
0岁								
1岁								
2岁								
3岁	1							
4岁								
5岁								
6岁								
7岁								
8岁								
9岁		1						
10岁								
11岁								
12岁								
13岁	1							
14岁							1	
15岁								
16岁	1	1						
17岁								
18岁								
19岁							1	
20岁					1			
21岁	1				1			
22岁							1	
23岁	2						1	
24岁							1	
25岁								
26岁		1						
27岁	1	2						

3－15 续表 7

单位：人

年龄	骨关节病		地方病		脊髓疾病		工伤	
	男	女	男	女	男	女	男	女
28岁	2				1		1	
29岁								
30岁	2						1	
31岁	1						1	
32岁	2						2	
33岁	1	1			1		2	
34岁	2				1		1	
35岁		1			1			
36岁	1	2					3	
37岁		1			1			
38岁	2						2	
39岁	1						1	
40岁	4	1					1	
41岁	2							
42岁	2						1	
43岁	1	1					2	1
44岁	1							
45岁	1	1						
46岁	1							
47岁	2	2					1	
48岁	1	1						1
49岁	4						2	
50岁	3	3			1		1	
51岁	2	2					1	
52岁	2				1		2	
53岁	3	2					1	
54岁	2	2					1	
55岁	3	2					2	
56岁	2	2				1		1

3-15 续表 8

单位：人

年 龄	骨关节病		地方病		脊髓疾病		工 伤	
	男	女	男	女	男	女	男	女
57岁	3							
58岁	3	2						
59岁	2	2			1			1
60岁	2	2				1	2	
61岁	6	5						
62岁	1	8			1		1	
63岁	1	1					1	
64岁	2	6				1	1	
65岁	3	7				1	2	
66岁	5	7			2	1	1	
67岁	2	10				2	1	
68岁	3	10				1	1	1
69岁	3	9			1		1	
70岁	7	13				1		
71岁	2	9				2	1	
72岁	5	16			2		2	
73岁	6	12				4		
74岁	3	15				1	1	1
75岁	7	23				1		
76岁	5	11						
77岁	3	11			1	3		
78岁	8	19			2			2
79岁	5	13				1		
80岁	4	18				4		
81岁	2	11				3		
82岁	5	11						
83岁	7	18						
84岁	6	13						1
85+	24	81				4		

3－15 续表 9

单位：人

年 龄	交通事故		脊髓损伤		脑外伤		其他外伤		结核性感染	
	男	女	男	女	男	女	男	女	男	女
总 计	**56**	**15**	**11**	**2**	**9**	**4**	**192**	**172**	**5**	**1**
0岁										
1岁										
2岁										
3岁					1			1		
4岁										
5岁										
6岁										
7岁							1			
8岁	1									
9岁								1		
10岁							1	1		
11岁								1		
12岁							1			
13岁							1			
14岁	2						3	2		
15岁	1									
16岁										
17岁							2			
18岁									1	
19岁								1		
20岁	1						1	2		
21岁							1	1		
22岁			1							
23岁							2	1		
24岁							1			
25岁		1					1	1		
26岁							5	2		
27岁	1	1			1		3	2		

3-15 续表 10

单位：人

年 龄	交通事故		脊髓损伤		脑外伤		其他外伤		结核性感染	
	男	女	男	女	男	女	男	女	男	女
28岁							2	1		
29岁	4				1		2			
30岁							1	1		
31岁	4				1		1	2		
32岁	1						5	1		
33岁								1		
34岁	1						3	1		
35岁	1	1			1		6	1		
36岁								1		1
37岁	3		1				7			
38岁	1						3	1		
39岁	2		1		1		2	1		
40岁	2						3			
41岁	5	1								
42岁							2	3		
43岁	2	1	1				4	4		
44岁							3		1	
45岁										
46岁		1	1				1	1		
47岁	2	1					5	2		
48岁							5	1		
49岁	2		1				3	1		
50岁		1	1				4			
51岁	1	1			1					
52岁	1						5			
53岁	4						1	2		
54岁							7	2		
55岁	1						1	1		
56岁				2			5	4	1	

3－15 续表 11

单位：人

年 龄	交通事故		脊髓损伤		脑外伤		其他外伤		结核性感染	
	男	女	男	女	男	女	男	女	男	女
57岁	1	1	1							
58岁	1						4	2		
59岁							1	2		
60岁							1	4		
61岁			1				3	4		
62岁							3	2		
63岁			1				2	4		
64岁	2						1	3		
65岁					1		4	3		
66岁	1	1				1		1		
67岁	2						3	5		
68岁							2	4		
69岁	1					1	3	4	1	
70岁							7	8		
71岁							2	5		
72岁	2						5	1		
73岁	1	1				1	3	5		
74岁	1	1					5	3		
75岁			1				2	1		
76岁					1		2	7		
77岁							3	5		
78岁						1	5	4	1	
79岁		1					5	4		
80岁							3	3		
81岁							2	3		
82岁								4		
83岁							3	5		
84岁							3	2		
85+	1	1					11	26		

3－15　续表 12

单位：人

年　龄	化脓性感染		中　毒		其　他		原因不明	
	男	女	男	女	男	女	男	女
总　计	**13**	**8**	**6**	**2**	**78**	**131**	**45**	**75**
0岁								
1岁						1		
2岁							1	
3岁								
4岁					1			
5岁					1			
6岁						1		
7岁							1	1
8岁					1			
9岁								
10岁								
11岁								
12岁								
13岁								
14岁			1					
15岁								
16岁								
17岁						1	1	
18岁								
19岁					1		1	
20岁					1			1
21岁					1	1		
22岁					1			
23岁					1	2		
24岁								
25岁					1	1		
26岁							1	
27岁					1			

3－15 续表 13

单位：人

年龄	化脓性感染		中毒		其他		原因不明	
	男	女	男	女	男	女	男	女
28岁								
29岁							1	
30岁						2		
31岁						1		
32岁					1	1		
33岁		1			1			
34岁								
35岁					1		1	
36岁	1				1			
37岁					1			1
38岁	1					1		
39岁					4	1		1
40岁			1		2			1
41岁						1		
42岁	1					1		
43岁	1	1			2	1		
44岁						1		
45岁								
46岁								
47岁					1		1	
48岁		1			1	1		
49岁						1		1
50岁		1					1	
51岁	1				3	1		
52岁					3			
53岁		1				3	1	1
54岁	2				1		1	
55岁	1				1	2		
56岁			1		1			

3－15 续表 14

单位：人

年 龄	化脓性感染		中 毒		其 他		原因不明	
	男	女	男	女	男	女	男	女
57岁	1				1		1	
58岁						1		
59岁	1	1			1	1		
60岁					1	1		1
61岁	1					2	1	1
62岁						1		1
63岁					1	1	1	1
64岁						2		3
65岁			1		2	3	2	2
66岁						4	1	
67岁					2		2	1
68岁						1		1
69岁			1		2	3	2	2
70岁					2			1
71岁						5		1
72岁					1	4	1	
73岁		1			2	2	1	3
74岁	1		1		2	1		5
75岁	1				3	4	2	4
76岁					2	8	1	3
77岁					1	6	1	3
78岁					4	4	2	3
79岁					3	1		3
80岁						3	4	3
81岁					2	5		
82岁					1	5	2	2
83岁					2	6	3	3
84岁					5	4	1	2
85+		1		2	4	28	6	19

3－16　智力残疾(含多重)人分年龄、性别的主要致残原因

单位：人

年　龄	遗　传		脑疾病		内分泌障碍		惊厥性疾病		新生儿窒息	
	男	女	男	女	男	女	男	女	男	女
总　计	**28**	**26**	**158**	**127**		**3**	**26**	**9**	**14**	**8**
0岁			1						1	1
1岁	1	1	2						1	
2岁		1	3				1		2	1
3岁				1						
4岁	1	1	1	2						2
5岁	1		1						1	
6岁			2	3			4		3	2
7岁			3				2	1		
8岁	1		3					1	1	
9岁			3	2			2			
10岁		2	1	1			1			
11岁			2				1		3	
12岁			4						1	
13岁			1	2		1		1		1
14岁		2	2				3			
15岁	1		4	1						
16岁	1	1	2	1						
17岁	3	1	1	4						
18岁	1		1					1		
19岁		1	2				1			
20岁	2		2	2			2	1	1	
21岁	1		4	1						
22岁		1	1	1						
23岁	1		3	1			1			
24岁			1	1			1	1		
25岁	2		2	1						
26岁	2			1			1	1		
27岁	1	1	4	2				1		

3-16 续表 1

单位：人

年 龄	遗 传		脑疾病		内分泌障碍		惊厥性疾病		新生儿窒息	
	男	女	男	女	男	女	男	女	男	女
28岁				2			1			
29岁			3				2			
30岁			3	2						
31岁	1	1	2	3						
32岁			4	2						
33岁			2	1						
34岁				1						
35岁		2	4	2			1			
36岁	2	2	6							
37岁		2		1			1			
38岁			2	3						1
39岁		2	1	3						
40岁		1	2	3						
41岁				1						
42岁		1	1	2						
43岁		1	1	2						
44岁				1						
45岁			1	1						
46岁			1	1						
47岁			1							
48岁	1									
49岁	1		3							
50岁			1							
51岁	1		3	1						
52岁			1	1			1			
53岁			2	1				1		
54岁										
55岁	1		3	1						
56岁	1		1	1						

3－16 续表 2

单位：人

年 龄	遗 传		脑疾病		内分泌障碍		惊厥性疾病		新生儿窒息	
	男	女	男	女	男	女	男	女	男	女
57岁			1							
58岁			1							
59岁			1	1						
60岁		1	1							
61岁			1							
62岁				3						
63岁			3							
64岁			2	2						
65岁	1		4							
66岁			2							
67岁			1	1						
68岁			1	1						
69岁			4	1						
70岁				1						
71岁				1						
72岁			1							
73岁		1	2	4		1				
74岁			3	2						
75岁										
76岁										
77岁			3	2						
78岁			3	1						
79岁			3	4		1				
80岁				5						
81岁			1	2						
82岁			1	3						
83岁			2	3						
84岁			4	2						
85+			9	25						

3-16 续表 3

单位：人

年 龄	早产、低体重和过期产		发育畸形		营养不良		母孕期外伤及物理伤害	
	男	女	男	女	男	女	男	女
总 计	**17**	**12**	**9**	**6**	**10**	**11**	**1**	
0岁		4				1		
1岁	1	1	1	1		2		
2岁	1	1				2	1	
3岁		2	1					
4岁	2		2	1		2		
5岁			1		1			
6岁	1	1						
7岁					1			
8岁								
9岁	1							
10岁	1							
11岁	2	1	1		1	1		
12岁	1	1				1		
13岁								
14岁								
15岁				1				
16岁	1			1				
17岁	1				1			
18岁								
19岁								
20岁	2		1					
21岁								
22岁		1		1				
23岁			1		1			
24岁	1							
25岁								
26岁								
27岁	1							

3－16 续表 4

单位：人

年 龄	早产、低体重和过期产		发育畸形		营养不良		母孕期外伤及物理伤害	
	男	女	男	女	男	女	男	女
28岁								
29岁								
30岁								
31岁	1				1			
32岁								
33岁			1					
34岁								
35岁				1				
36岁								
37岁								
38岁					1			
39岁								
40岁						2		
41岁								
42岁								
43岁								
44岁								
45岁								
46岁								
47岁								
48岁					1			
49岁					1			
50岁								
51岁								
52岁								
53岁								
54岁								
55岁					1			
56岁								

3-16 续表 5

单位：人

年龄	早产、低体重和过期产		发育畸形		营养不良		母孕期外伤及物理伤害	
	男	女	男	女	男	女	男	女
57岁								
58岁								
59岁								
60岁								
61岁								
62岁								
63岁								
64岁								
65岁								
66岁								
67岁								
68岁								
69岁								
70岁								
71岁								
72岁								
73岁								
74岁								
75岁								
76岁								
77岁								
78岁								
79岁								
80岁								
81岁								
82岁								
83岁								
84岁								
85+								

3－16 续表 6

单位：人

年 龄	产 伤		工 伤		交通事故		其他外伤	
	男	女	男	女	男	女	男	女
总 计	**2**	**1**	**1**		**4**	**2**	**17**	**12**
0岁								
1岁								
2岁								
3岁							1	
4岁								
5岁	1							
6岁								
7岁					1			
8岁								
9岁							1	1
10岁								
11岁								1
12岁								
13岁								
14岁								
15岁						1		
16岁								
17岁							1	1
18岁								
19岁								
20岁	1	1						1
21岁							1	
22岁								
23岁							1	
24岁								
25岁								
26岁								
27岁							1	

3-16 续表 7

单位：人

年 龄	产 伤		工 伤		交通事故		其他外伤	
	男	女	男	女	男	女	男	女
28岁								
29岁								
30岁								
31岁					1		1	
32岁								
33岁					1			
34岁								1
35岁							1	
36岁								
37岁								
38岁								
39岁							2	
40岁								
41岁								
42岁								
43岁								
44岁								
45岁								
46岁								
47岁					1			
48岁							1	
49岁								
50岁								
51岁								2
52岁								
53岁							1	
54岁								1
55岁								
56岁								

3－16 续表 8

单位：人

年 龄	产 伤		工 伤		交通事故		其他外伤	
	男	女	男	女	男	女	男	女
57岁			1					
58岁								
59岁								
60岁								
61岁								1
62岁								
63岁								
64岁								
65岁							1	
66岁						1		
67岁								
68岁								
69岁								
70岁								
71岁								
72岁								
73岁							1	
74岁								
75岁								
76岁							1	
77岁								
78岁								
79岁								
80岁							1	
81岁								
82岁								
83岁								
84岁							1	
85+								3

3－16 续表 9

单位：人

年 龄	中毒与过敏反应		不良社会文化因素		其 他		原因不明	
	男	女	男	女	男	女	男	女
总 计	**1**	**1**	**30**	**24**	**34**	**48**	**113**	**124**
0岁						1		5
1岁			2	2			2	2
2岁				1			3	2
3岁						2	2	2
4岁			4	2	1	1		1
5岁			1	1		1	1	3
6岁							1	2
7岁		1			1	3	5	3
8岁			2		1	1	3	
9岁			1				1	1
10岁							3	3
11岁							3	
12岁						1	3	2
13岁			1			1		2
14岁				1	1	1	1	2
15岁					1		4	2
16岁					2		3	1
17岁							2	3
18岁					1	2	4	5
19岁					2	1	1	3
20岁			2				3	
21岁			1					1
22岁							2	
23岁					2	1	1	
24岁			1	1	1		4	1
25岁			1	2	2	1	2	1
26岁							1	2
27岁			1		1		2	

3－16 续表 10

单位：人

年 龄	中毒与过敏反应		不良社会文化因素		其 他		原因不明	
	男	女	男	女	男	女	男	女
28岁							3	3
29岁						1	1	
30岁					1		2	2
31岁					2	1	5	2
32岁							1	3
33岁			1		2			2
34岁							2	2
35岁								
36岁							1	4
37岁			1		2		3	2
38岁				1	1		1	
39岁			1	2			3	2
40岁						2		4
41岁						1		3
42岁			1					2
43岁						1		3
44岁								2
45岁			2					2
46岁							3	
47岁							2	1
48岁							2	
49岁						1		2
50岁					2		1	1
51岁	1			1			3	2
52岁						1		1
53岁			1	1			2	
54岁			1					3
55岁								1
56岁				1	1		3	

3－16 续表 11

单位：人

年 龄	中毒与过敏反应		不良社会文化因素		其 他		原因不明	
	男	女	男	女	男	女	男	女
57岁					1		1	
58岁							2	4
59岁			1				1	1
60岁							1	2
61岁			1				1	
62岁							1	1
63岁					2		1	
64岁								
65岁				1		1	2	1
66岁						2		
67岁				1			1	1
68岁				1			1	
69岁						1		
70岁								2
71岁								
72岁							1	
73岁								
74岁			2			1		
75岁								1
76岁							1	1
77岁				1			1	2
78岁						1		
79岁				1				1
80岁								1
81岁			1					
82岁						3		1
83岁					1		1	1
84岁					1	1	1	1
85+				3	2	13	1	5

3－17 精神残疾(含多重)人分年龄、性别的主要致残原因

单位：人

年龄	痴呆		其他器质性精神障碍		使用精神活性物质所致的障碍		精神分裂症	
	男	女	男	女	男	女	男	女
总计	**24**	**48**	**30**	**20**	**18**	**1**	**136**	**141**
0岁								
1岁								
2岁								
3岁								
4岁								
5岁								
6岁			1					
7岁								
8岁								
9岁								
10岁								
11岁								
12岁								
13岁								
14岁								
15岁			2					
16岁							1	
17岁				1			2	
18岁	1		2				3	2
19岁							1	1
20岁							2	1
21岁							3	3
22岁	1		1				1	2
23岁		1	1				1	1
24岁								5
25岁							2	2
26岁			1	1			2	5
27岁							4	3

3-17 续表 1

单位：人

年龄	痴呆		其他器质性精神障碍		使用精神活性物质所致的障碍		精神分裂症	
	男	女	男	女	男	女	男	女
28岁			1	2			5	1
29岁			1				4	2
30岁			1				4	1
31岁			1	1			4	4
32岁			2				7	2
33岁			1	1			2	1
34岁				1			2	2
35岁			1		1		5	2
36岁			1				6	4
37岁					3		5	5
38岁							2	3
39岁					1		4	3
40岁		1		1	1		6	5
41岁							4	5
42岁					1		2	2
43岁				1			3	6
44岁							2	2
45岁							1	1
46岁			1				2	2
47岁			1				4	4
48岁							1	2
49岁	1			1	1	1	5	3
50岁			1	1			2	
51岁			1		1		4	5
52岁		2					3	4
53岁			2		4		1	2
54岁					1		1	5
55岁					1		2	2
56岁	1				1		3	1

3－17 续表 2

单位：人

年　龄	痴　呆		其他器质性精神障碍		使用精神活性物质所致的障碍		精神分裂症	
	男	女	男	女	男	女	男	女
57岁	1		1	1			1	
58岁				2			2	2
59岁	1				1		3	2
60岁							1	2
61岁	1	1						1
62岁	1							7
63岁			1					2
64岁	1						1	3
65岁		1			1			2
66岁				2			1	
67岁							2	1
68岁		2		1			1	2
69岁		1	1					2
70岁	2		1	1				2
71岁	1	1						1
72岁								
73岁	1	3					1	
74岁		1					2	
75岁	1		1					
76岁							1	2
77岁		2						1
78岁	2	3						
79岁	2	3					1	
80岁		3		1				
81岁								
82岁		4						
83岁	1	2	1					
84岁		1						
85+	5	16	1	1			1	3

3-17 续表 3

单位：人

年龄	妄想性障碍		分裂情感性障碍		其他精神病性障碍		心境障碍	
	男	女	男	女	男	女	男	女
总计	**5**	**1**	**1**	**2**	**8**	**7**	**5**	**5**
0岁								
1岁								
2岁								
3岁								
4岁								
5岁								
6岁								
7岁					1			
8岁								
9岁								
10岁								
11岁								
12岁								
13岁								
14岁								
15岁								
16岁								
17岁				1				
18岁								
19岁								
20岁								
21岁								
22岁								
23岁								
24岁								
25岁								
26岁							1	
27岁								

3－17　续表 4

单位：人

年　龄	妄想性障碍		分裂情感性障碍		其他精神病性障碍		心境障碍	
	男	女	男	女	男	女	男	女
28岁								
29岁								
30岁								1
31岁					1			
32岁								
33岁								
34岁								
35岁								
36岁								
37岁								1
38岁			1					
39岁						2		
40岁								1
41岁							1	
42岁	1							
43岁	1							
44岁								
45岁								
46岁								
47岁							1	
48岁								
49岁								2
50岁						1		
51岁					1			
52岁								
53岁					1	1		
54岁								
55岁								
56岁	1							

3－17 续表 5

单位：人

年 龄	妄想性障碍		分裂情感性障碍		其他精神病性障碍		心境障碍	
	男	女	男	女	男	女	男	女
57岁								
58岁						1		
59岁					1			
60岁								
61岁								
62岁								
63岁	1			1				
64岁								
65岁	1						1	
66岁								
67岁								
68岁					1			
69岁					2			
70岁		1						
71岁								
72岁								
73岁								
74岁								
75岁						1		
76岁								
77岁								
78岁								
79岁								
80岁								
81岁								
82岁								
83岁							1	
84岁								
85+						1		

3－17 续表 6

单位：人

年 龄	神经症性障碍		行为综合症		人格障碍		孤独症	
	男	女	男	女	男	女	男	女
总 计	**3**	**4**	**1**		**3**	**1**	**4**	**6**
0岁								
1岁								
2岁							1	
3岁								2
4岁							2	1
5岁								
6岁								1
7岁								1
8岁								
9岁								
10岁								
11岁								
12岁								
13岁								
14岁								
15岁								
16岁								
17岁							1	1
18岁								
19岁								
20岁								
21岁								
22岁								
23岁								
24岁								
25岁								
26岁					1			
27岁					1			

3－17 续表 7

单位：人

年 龄	神经症性障碍		行为综合症		人格障碍		孤独症	
	男	女	男	女	男	女	男	女
28岁								
29岁								
30岁								
31岁					1			
32岁								
33岁								
34岁								
35岁								
36岁								
37岁								
38岁								
39岁								
40岁								
41岁								
42岁		1						
43岁			1					
44岁								
45岁								
46岁								
47岁		1						
48岁	1							
49岁								
50岁								
51岁								
52岁								
53岁								
54岁								
55岁						1		
56岁								

3－17 续表 8

单位：人

年 龄	神经症性障碍		行为综合症		人格障碍		孤独症	
	男	女	男	女	男	女	男	女
57岁								
58岁	1							
59岁								
60岁	1							
61岁								
62岁								
63岁								
64岁								
65岁								
66岁								
67岁		1						
68岁								
69岁								
70岁		1						
71岁								
72岁								
73岁								
74岁								
75岁								
76岁								
77岁								
78岁								
79岁								
80岁								
81岁								
82岁								
83岁								
84岁								
85+								

3－17　续表 9

单位：人

年　龄	癫　痫		其　他		原因不明	
	男	女	男	女	男	女
总　计	**23**	**12**	**15**	**17**	**9**	**7**
0岁				1		
1岁						
2岁						
3岁				1		
4岁				1		
5岁			1			
6岁						
7岁		2	1			
8岁						
9岁			2	1	1	
10岁						
11岁			2	1	1	
12岁		1	1	1		
13岁				1		
14岁	2	1		2		
15岁	1			1		
16岁	1				1	
17岁	1	1				
18岁			1	3		
19岁						
20岁	1					
21岁	1					
22岁	1				1	
23岁	2					
24岁	1	1			1	1
25岁	1		1			
26岁			1		1	
27岁						

3－17 续表 10

单位：人

年 龄	癫 痫		其 他		原因不明	
	男	女	男	女	男	女
28岁						
29岁						
30岁			1			
31岁			1			2
32岁				1		1
33岁		1	1	1		
34岁						
35岁			1			
36岁	1	1				
37岁						
38岁			1			
39岁	1					
40岁	1					
41岁						
42岁	1					
43岁						
44岁		1				
45岁						
46岁	1					
47岁	1					
48岁	3					
49岁	1					
50岁						
51岁						
52岁						
53岁						
54岁						
55岁	1			1		
56岁					1	

3－17 续表 11

单位：人

年 龄	癫 痫		其 他		原因不明	
	男	女	男	女	男	女
57岁						
58岁						2
59岁						
60岁		1				
61岁						
62岁						1
63岁					1	
64岁		2				
65岁						
66岁						
67岁						
68岁						
69岁				1		
70岁						
71岁						
72岁						
73岁						
74岁						
75岁						
76岁					1	
77岁						
78岁						
79岁						
80岁						
81岁						
82岁						
83岁						
84岁						
85+						

第四部分　残疾人的活动和参与、义务教育、社会保障、接受服务及主要需求

4－1　各地区18岁及以上视力残疾人分残疾等级的生活自理状况

单位：人

地　　区	无障碍/无适用				轻度障碍			
	残疾一级	残疾二级	残疾三级	残疾四级	残疾一级	残疾二级	残疾三级	残疾四级
总　　计	**63**	**32**	**49**	**458**	**90**	**12**	**23**	**96**
南宁市江南区	1		2	31			3	2
南宁市宾阳县	8	1	3	15	2			
南宁市马山县		1	1	1			2	24
柳州市柳北区	1			11	1			
柳州市融水苗族自治县	7	5	5	10	7			5
桂林市叠彩区	2		1	17	1		4	4
桂林市荔浦县	4	7	3	30	5			
桂林市龙胜各族自治区		1	2	13	1	1		4
贺州市八步区	2	1		9	1			
梧州市藤县				14			2	7
贺州市富川瑶族自治县				13	1	2		2
防城港市防城区	2	2	8	17	1	1	1	
北海市合浦县	4			13	2			
钦州市浦北县	6	2	4	28	2			
贵港市港北区		1	1	19	3		1	3
贵港市平南县	1		4	15	1	1		1
玉林市博白县	2	1		9	9		1	1
玉林市容县	5		2	21	3			1
贵港市桂平市	3		1	20	4		1	1
百色市靖西县	2	1	1	15	4			
百色市田阳县	2	4	4	20	8			
河池市宜州市				31	3		3	23
河池市东兰县	4	2	2	14	4			1
来宾市兴宾区		2	2	34	14	7	3	3
崇左市扶绥县	7	1	3	38	13		2	14

4-1 续表 1

单位：人

地　区	中度障碍				重度障碍			
	残疾一级	残疾二级	残疾三级	残疾四级	残疾一级	残疾二级	残疾三级	残疾四级
总　计	**32**	**2**	**3**	**5**	**18**	**2**		
南宁市江南区	1				1	1		
南宁市宾阳县								
南宁市马山县			1		4			
柳州市柳北区								
柳州市融水苗族自治县	2			1				
桂林市叠彩区	1	1		1				
桂林市荔浦县	1							
桂林市龙胜各族自治区	4							
贺州市八步区								
梧州市藤县	4		1		5			
贺州市富川瑶族自治县				1	4	1		
防城港市防城区								
北海市合浦县								
钦州市浦北县								
贵港市港北区	1				1			
贵港市平南县								
玉林市博白县	2							
玉林市容县	1							
贵港市桂平市	2			1				
百色市靖西县	3							
百色市田阳县								
河池市宜州市	4	1		1				
河池市东兰县	1							
来宾市兴宾区	4		1		3			
崇左市扶绥县	1							

4－1　续表 2

单位：人

地　　区	极重度障碍/不能完成			
	残疾一级	残疾二级	残疾三级	残疾四级
总　　计	**12**			
南宁市江南区	1			
南宁市宾阳县				
南宁市马山县	1			
柳州市柳北区				
柳州市融水苗族自治县				
桂林市叠彩区				
桂林市荔浦县				
桂林市龙胜各族自治区				
贺州市八步区				
梧州市藤县				
贺州市富川瑶族自治县	9			
防城港市防城区				
北海市合浦县				
钦州市浦北县				
贵港市港北区				
贵港市平南县				
玉林市博白县				
玉林市容县				
贵港市桂平市				
百色市靖西县				
百色市田阳县				
河池市宜州市	1			
河池市东兰县				
来宾市兴宾区				
崇左市扶绥县				

4－2 各地区18岁及以上视力残疾人分残疾等级的生活活动状况

单位：人

地区	无障碍/无适用				轻度障碍			
	残疾一级	残疾二级	残疾三级	残疾四级	残疾一级	残疾二级	残疾三级	残疾四级
总　计	**1**	**4**	**14**	**87**	**24**	**15**	**22**	**301**
南宁市江南区				6	1		3	26
南宁市宾阳县					1	1	2	9
南宁市马山县							1	25
柳州市柳北区								10
柳州市融水苗族自治县			1	2	5	2	3	9
桂林市叠彩区				1	2		1	14
桂林市荔浦县				1		1		18
桂林市龙胜各族自治区				1				5
贺州市八步区								2
梧州市藤县								21
贺州市富川瑶族自治县				6		2		9
防城港市防城区		1	7	12	2	2	2	5
北海市合浦县					3			13
钦州市浦北县								6
贵港市港北区				1				3
贵港市平南县			1	7			1	3
玉林市博白县				2				2
玉林市容县				1			1	16
贵港市桂平市			1	14	2		1	7
百色市靖西县								
百色市田阳县	1	3	4	19	7	1		1
河池市宜州市								41
河池市东兰县				14		1	2	1
来宾市兴宾区					1	5	5	37
崇左市扶绥县								18

4－2 续表 1

单位：人

地 区	中度障碍				重度障碍			
	残疾一级	残疾二级	残疾三级	残疾四级	残疾一级	残疾二级	残疾三级	残疾四级
总 计	**75**	**18**	**28**	**151**	**67**	**9**	**11**	**19**
南宁市江南区			2	1				
南宁市宾阳县	7		1	5	2			1
南宁市马山县		1	3		3			
柳州市柳北区	1			1				
柳州市融水苗族自治县	6	2	1	5	5	1		
桂林市叠彩区	2		4	7		1		
桂林市荔浦县	3	3	2	11	7	3	1	
桂林市龙胜各族自治区			2	7	4	1		4
贺州市八步区	3	1		7				
梧州市藤县			2		6		1	
贺州市富川瑶族自治县						1		1
防城港市防城区	1							
北海市合浦县	3							
钦州市浦北县		1	3	22	7	1	1	
贵港市港北区	1	1		16	1		2	2
贵港市平南县		1	1	3	2		1	3
玉林市博白县	7	1	1	5	4			1
玉林市容县				4			1	
贵港市桂平市	7			1				
百色市靖西县			1	13	3	1		2
百色市田阳县	2							
河池市宜州市	5	1	2	14			1	
河池市东兰县	5	1			4			
来宾市兴宾区	10	4	1		10			
崇左市扶绥县	12	1	2	29	9		3	5

4－2 续表 2

单位：人

地　区	极重度障碍/不能完成			
	残疾一级	残疾二级	残疾三级	残疾四级
总　计	**48**	**2**		**1**
南宁市江南区	3	1		
南宁市宾阳县				
南宁市马山县	2			
柳州市柳北区	1			
柳州市融水苗族自治县				
桂林市叠彩区				
桂林市荔浦县				
桂林市龙胜各族自治区	1	1		
贺州市八步区				
梧州市藤县	3			
贺州市富川瑶族自治县	14			
防城港市防城区				
北海市合浦县				
钦州市浦北县	1			
贵港市港北区	3			
贵港市平南县				
玉林市博白县	2			
玉林市容县	9			1
贵港市桂平市				
百色市靖西县	6			
百色市田阳县				
河池市宜州市	3			
河池市东兰县				
来宾市兴宾区				
崇左市扶绥县				

4－3 各地区18岁及以上视力残疾人分残疾等级的社会参与状况

单位：人

地区	无障碍/无适用				轻度障碍			
	残疾一级	残疾二级	残疾三级	残疾四级	残疾一级	残疾二级	残疾三级	残疾四级
总　计	**1**	**7**	**14**	**155**	**67**	**22**	**42**	**356**
南宁市江南区				12	1		5	21
南宁市宾阳县				2	7	1	3	11
南宁市马山县								24
柳州市柳北区				4	1			7
柳州市融水苗族自治县				3	6	4	4	10
桂林市叠彩区					1		1	14
桂林市荔浦县					1	4	3	24
桂林市龙胜各族自治区							1	9
贺州市八步区					1			2
梧州市藤县								21
贺州市富川瑶族自治县				2				12
防城港市防城区		1	5	12	2	2	4	5
北海市合浦县				11	3			2
钦州市浦北县				3			3	24
贵港市港北区				5	2	1	2	16
贵港市平南县			1	3		1	1	10
玉林市博白县					1			6
玉林市容县				3	2		2	19
贵港市桂平市			1	16	1		1	5
百色市靖西县					1	1	1	14
百色市田阳县	1	4	4	20	7			
河池市宜州市				3	3	1	3	52
河池市东兰县				14		1	2	1
来宾市兴宾区		2	2	34	8	5	3	3
崇左市扶绥县			1	8	19	1	3	44

4-3 续表 1

单位：人

地区	中度障碍				重度障碍			
	残疾一级	残疾二级	残疾三级	残疾四级	残疾一级	残疾二级	残疾三级	残疾四级
总计	**74**	**15**	**17**	**46**	**55**	**4**	**2**	**2**
南宁市江南区					3	1		
南宁市宾阳县	3			2				
南宁市马山县		1	4		3			1
柳州市柳北区	1							
柳州市融水苗族自治县	8	1	1	3	2			
桂林市叠彩区	3		3	8		1	1	
桂林市荔浦县	4	3		6	5			
桂林市龙胜各族自治区		1	1	8	4	1		
贺州市八步区	2	1		7				
梧州市藤县			2		7		1	
贺州市富川瑶族自治县	1	2		1		1		1
防城港市防城区	1							
北海市合浦县	2				1			
钦州市浦北县	5	2	1	1	3			
贵港市港北区	2			1	1			
贵港市平南县			2	3	2			
玉林市博白县	7	1	1	4	5			
玉林市容县	5				2			
贵港市桂平市	8			1				
百色市靖西县	4			1	4			
百色市田阳县	2							
河池市宜州市	4				1			
河池市东兰县	4	1			5			
来宾市兴宾区	6	2	1		7			
崇左市扶绥县	2		1					

4－3 续表 2

单位：人

地　　区	极重度障碍/不能完成			
	残疾一级	残疾二级	残疾三级	残疾四级
总　　计	**18**			
南宁市江南区				
南宁市宾阳县				
南宁市马山县	2			
柳州市柳北区				
柳州市融水苗族自治县				
桂林市叠彩区				
桂林市荔浦县				
桂林市龙胜各族自治区	1			
贺州市八步区				
梧州市藤县	2			
贺州市富川瑶族自治县	13			
防城港市防城区				
北海市合浦县				
钦州市浦北县				
贵港市港北区				
贵港市平南县				
玉林市博白县				
玉林市容县				
贵港市桂平市				
百色市靖西县				
百色市田阳县				
河池市宜州市				
河池市东兰县				
来宾市兴宾区				
崇左市扶绥县				

4－4　各地区18岁及以上听力残疾人分残疾等级的理解和交流状况

单位：人

地　区	无障碍/无适用				轻度障碍			
	残疾一级	残疾二级	残疾三级	残疾四级	残疾一级	残疾二级	残疾三级	残疾四级
总　计	**5**	**30**	**143**	**178**	**16**	**43**	**386**	**356**
南宁市江南区		1		15	1		11	31
南宁市宾阳县			5	1		3	29	22
南宁市马山县			1					13
柳州市柳北区				3			5	22
柳州市融水苗族自治县	1	7	31	1				
桂林市叠彩区		1	1	11			32	22
桂林市荔浦县			3	4	1		32	24
桂林市龙胜各族自治区			1	10	1	4	24	17
贺州市八步区		5	17	45	1	1	8	5
梧州市藤县			1	3		1	19	6
贺州市富川瑶族自治县					1	3	11	4
防城港市防城区				4	1	2	15	15
北海市合浦县	1	1	2	1	1	4	38	39
钦州市浦北县			1	4	1		22	24
贵港市港北区		1	2	5			17	13
贵港市平南县			2	6	1	2	15	7
玉林市博白县			4	2	1	2	16	17
玉林市容县			1	1		10	23	53
贵港市桂平市	1		6	26	5	2	16	8
百色市靖西县						2	2	
百色市田阳县		5	33	25	1	2	19	3
河池市宜州市	1	6	18	2				
河池市东兰县			2	6		5	21	7
来宾市兴宾区	1	3	12	1			6	
崇左市扶绥县				2			5	4

4－4　续表 1

单位：人

地　区	中度障碍				重度障碍			
	残疾一级	残疾二级	残疾三级	残疾四级	残疾一级	残疾二级	残疾三级	残疾四级
总　计	**27**	**40**	**131**	**34**	**21**	**13**	**26**	**4**
南宁市江南区		1	4	1				
南宁市宾阳县	2	2	5	1				
南宁市马山县			21		8	2		
柳州市柳北区			9	6	1	1	1	
柳州市融水苗族自治县			1					
桂林市叠彩区	2	1	1					
桂林市荔浦县	1	4	10	4	1	1	1	
桂林市龙胜各族自治区	1	2	11	3	1			
贺州市八步区	1	1	2	1				
梧州市藤县		3	4	3				
贺州市富川瑶族自治县	4	6	6		3	3	3	
防城港市防城区		1	1	2			1	
北海市合浦县	1							
钦州市浦北县		4	8	1	1	1		
贵港市港北区	3	1	19	6	1	1	11	
贵港市平南县	1							
玉林市博白县		1	3	1				
玉林市容县		1	1					
贵港市桂平市	5	3	5	2	1	1		
百色市靖西县	2		15	2	2	3	9	4
百色市田阳县			1					
河池市宜州市								
河池市东兰县	4	9	4	1	2			
来宾市兴宾区								
崇左市扶绥县								

4-4 续表 2

单位：人

地　区	极重度障碍/不能完成			
	残疾一级	残疾二级	残疾三级	残疾四级
总　计	**1**	**1**		
南宁市江南区				
南宁市宾阳县				
南宁市马山县				
柳州市柳北区				
柳州市融水苗族自治县				
桂林市叠彩区				
桂林市荔浦县				
桂林市龙胜各族自治区				
贺州市八步区				
梧州市藤县				
贺州市富川瑶族自治县		1		
防城港市防城区				
北海市合浦县				
钦州市浦北县				
贵港市港北区	1			
贵港市平南县				
玉林市博白县				
玉林市容县				
贵港市桂平市				
百色市靖西县				
百色市田阳县				
河池市宜州市				
河池市东兰县				
来宾市兴宾区				
崇左市扶绥县				

4－5 各地区18岁及以上听力残疾人分残疾等级的生活自理状况

单位：人

地区	无障碍/无适用				轻度障碍			
	残疾一级	残疾二级	残疾三级	残疾四级	残疾一级	残疾二级	残疾三级	残疾四级
总　计	**64**	**123**	**649**	**554**	**6**	**4**	**34**	**17**
南宁市江南区	1	2	15	46				1
南宁市宾阳县	2	5	37	23			1	
南宁市马山县	8	2	22	13				
柳州市柳北区	1	1	15	31				
柳州市融水苗族自治县	1	7	32	1				
桂林市叠彩区	2	2	31	33			3	
桂林市荔浦县	2	5	46	32	1			
桂林市龙胜各族自治区	2	6	33	29	1		3	1
贺州市八步区	2	7	27	50				1
梧州市藤县		4	24	12				
贺州市富川瑶族自治县	6	12	19	4	2	1	1	
防城港市防城区	1	3	17	21				
北海市合浦县	3	5	39	40			1	
钦州市浦北县	2	5	31	29				
贵港市港北区	5	3	37	24			11	
贵港市平南县	2	2	17	13				
玉林市博白县	1	3	21	18			2	2
玉林市容县		11	25	54				
贵港市桂平市	10	3	18	26	2	3	9	10
百色市靖西县	4	5	24	4			1	2
百色市田阳县	1	7	53	28				
河池市宜州市	1	6	18	2				
河池市东兰县	6	14	26	14			1	
来宾市兴宾区	1	3	18	1				
崇左市扶绥县			4	6			1	

4-5 续表 1

单位：人

地　　区	中度障碍				重度障碍			
	残疾一级	残疾二级	残疾三级	残疾四级	残疾一级	残疾二级	残疾三级	残疾四级
总　　计			**3**	**1**				
南宁市江南区								
南宁市宾阳县			1	1				
南宁市马山县								
柳州市柳北区								
柳州市融水苗族自治县								
桂林市叠彩区								
桂林市荔浦县								
桂林市龙胜各族自治区								
贺州市八步区								
梧州市藤县								
贺州市富川瑶族自治县								
防城港市防城区								
北海市合浦县								
钦州市浦北县								
贵港市港北区			1					
贵港市平南县								
玉林市博白县								
玉林市容县								
贵港市桂平市								
百色市靖西县			1					
百色市田阳县								
河池市宜州市								
河池市东兰县								
来宾市兴宾区								
崇左市扶绥县								

4－5 续表 2

单位：人

地区	极重度障碍/不能完成			
	残疾一级	残疾二级	残疾三级	残疾四级
总计				
南宁市江南区				
南宁市宾阳县				
南宁市马山县				
柳州市柳北区				
柳州市融水苗族自治县				
桂林市叠彩区				
桂林市荔浦县				
桂林市龙胜各族自治区				
贺州市八步区				
梧州市藤县				
贺州市富川瑶族自治县				
防城港市防城区				
北海市合浦县				
钦州市浦北县				
贵港市港北区				
贵港市平南县				
玉林市博白县				
玉林市容县				
贵港市桂平市				
百色市靖西县				
百色市田阳县				
河池市宜州市				
河池市东兰县				
来宾市兴宾区				
崇左市扶绥县				

4-6 各地区18岁及以上听力残疾人分残疾等级的与人相处状况

单位：人

地 区	无障碍/无适用				轻度障碍			
	残疾一级	残疾二级	残疾三级	残疾四级	残疾一级	残疾二级	残疾三级	残疾四级
总 计	**10**	**43**	**296**	**297**	**15**	**44**	**284**	**251**
南宁市江南区				21	1	2	14	26
南宁市宾阳县	1		1	4		4	37	19
南宁市马山县				2			6	11
柳州市柳北区				1			1	18
柳州市融水苗族自治县		6	32		1	1		1
桂林市叠彩区			16	21		1	17	12
桂林市荔浦县	2	5	45	32	1		1	
桂林市龙胜各族自治区	1		2	9		5	29	21
贺州市八步区		6	20	50	2	1	5	
梧州市藤县			2	2		1	20	9
贺州市富川瑶族自治县				1	1	6	14	3
防城港市防城区	1	2	7	11		1	9	10
北海市合浦县		5	40	40	2			
钦州市浦北县	1	3	29	28		2	1	1
贵港市港北区			3	3		1	29	20
贵港市平南县	2	2	17	13				
玉林市博白县		1	4	5	1	2	19	15
玉林市容县				1		2	21	52
贵港市桂平市			1	15	3		21	19
百色市靖西县			1			1	5	1
百色市田阳县	1	7	52	28			1	
河池市宜州市	1	6	18	2				
河池市东兰县			5	6	2	12	22	8
来宾市兴宾区					1	2	8	1
崇左市扶绥县			1	2			4	4

4-6 续表 1

单位：人

地区	中度障碍				重度障碍			
	残疾一级	残疾二级	残疾三级	残疾四级	残疾一级	残疾二级	残疾三级	残疾四级
总　计	**22**	**31**	**98**	**19**	**23**	**8**	**8**	**5**
南宁市江南区			1					
南宁市宾阳县	1	1	1	1				
南宁市马山县	2		16		6	2		
柳州市柳北区			13	12	1	1	1	
柳州市融水苗族自治县								
桂林市叠彩区	1	1	1		1			
桂林市荔浦县								
桂林市龙胜各族自治区	1	1	5		1			
贺州市八步区			2	1				
梧州市藤县		3	2	1				
贺州市富川瑶族自治县	4	4	5		3	2	1	
防城港市防城区			1					
北海市合浦县	1							
钦州市浦北县	1		1					
贵港市港北区	4	2	16	1	1		1	
贵港市平南县								
玉林市博白县								
玉林市容县		9	4	1				
贵港市桂平市	3	5	5	2	6	1		
百色市靖西县	1	2	15		3	2	5	5
百色市田阳县								
河池市宜州市								
河池市东兰县	3	2			1			
来宾市兴宾区		1	10					
崇左市扶绥县								

4-6 续表 2

单位：人

地　区	极重度障碍/不能完成			
	残疾一级	残疾二级	残疾三级	残疾四级
总　计		**1**		
南宁市江南区				
南宁市宾阳县				
南宁市马山县				
柳州市柳北区				
柳州市融水苗族自治县				
桂林市叠彩区				
桂林市荔浦县				
桂林市龙胜各族自治区				
贺州市八步区				
梧州市藤县				
贺州市富川瑶族自治县		1		
防城港市防城区				
北海市合浦县				
钦州市浦北县				
贵港市港北区				
贵港市平南县				
玉林市博白县				
玉林市容县				
贵港市桂平市				
百色市靖西县				
百色市田阳县				
河池市宜州市				
河池市东兰县				
来宾市兴宾区				
崇左市扶绥县				

4－7 各地区18岁及以上听力残疾人分残疾等级的生活活动状况

单位：人

地区	无障碍/无适用				轻度障碍			
	残疾一级	残疾二级	残疾三级	残疾四级	残疾一级	残疾二级	残疾三级	残疾四级
总　计	**13**	**39**	**202**	**263**	**16**	**45**	**275**	**230**
南宁市江南区	1	1	8	34			6	12
南宁市宾阳县	1		1	5	1	4	35	18
南宁市马山县				1	2		1	11
柳州市柳北区			8	21		1	5	9
柳州市融水苗族自治县	1	7	31	1			1	
桂林市叠彩区		1	2	2	1		16	20
桂林市荔浦县			5	6	1	1	28	18
桂林市龙胜各族自治区				8	1	4	23	17
贺州市八步区	1	3	9	31		3	17	17
梧州市藤县		1	7	4		1	10	5
贺州市富川瑶族自治县				1	1	3	12	3
防城港市防城区	1	1	2	9		2	13	12
北海市合浦县	2	3	38	39	1	2	1	1
钦州市浦北县	1	1	4	11		1	10	12
贵港市港北区			3	6			8	11
贵港市平南县	1	2	16	13	1		1	
玉林市博白县		1	3	3	1	1	13	16
玉林市容县		4	17	34		7	8	20
贵港市桂平市				3	2	1	2	9
百色市靖西县			2			1	5	
百色市田阳县		4	18	18	1	2	30	10
河池市宜州市	1	6	18	2				
河池市东兰县	2	2	6	9	3	11	19	5
来宾市兴宾区	1	2	4	1			8	
崇左市扶绥县				1			3	4

4－7 续表 1

单位：人

地区	中度障碍				重度障碍			
	残疾一级	残疾二级	残疾三级	残疾四级	残疾一级	残疾二级	残疾三级	残疾四级
总　计	**18**	**21**	**157**	**60**	**22**	**20**	**49**	**18**
南宁市江南区			1			1		1
南宁市宾阳县		1	3	1				
南宁市马山县			21	1	6	2		
柳州市柳北区	1		2	1				
柳州市融水苗族自治县								
桂林市叠彩区		1	11	10	1		4	
桂林市荔浦县		2	13	8	2	2		
桂林市龙胜各族自治区		2	12	4	1		1	1
贺州市八步区	1	1	1	2				1
梧州市藤县		1	6	2		1	1	1
贺州市富川瑶族自治县	5	6	6		2	3	2	
防城港市防城区			2					
北海市合浦县			1					
钦州市浦北县	1	2	15	5		1	2	1
贵港市港北区	4	1	25	5	1	2	11	2
贵港市平南县								
玉林市博白县		1	7	1				
玉林市容县								
贵港市桂平市	5	1	14	17	5	4	11	7
百色市靖西县			4	2	4	4	15	4
百色市田阳县		1	5					
河池市宜州市								
河池市东兰县	1	1	2					
来宾市兴宾区			5				1	
崇左市扶绥县			1	1			1	

4－7 续表 2

单位：人

地　　区	极重度障碍/不能完成			
	残疾一级	残疾二级	残疾三级	残疾四级
总　　计	**1**	**2**	**3**	**1**
南宁市江南区				
南宁市宾阳县				
南宁市马山县				
柳州市柳北区				
柳州市融水苗族自治县				
桂林市叠彩区			1	1
桂林市荔浦县				
桂林市龙胜各族自治区	1			
贺州市八步区				
梧州市藤县				
贺州市富川瑶族自治县		1		
防城港市防城区				
北海市合浦县				
钦州市浦北县				
贵港市港北区			2	
贵港市平南县				
玉林市博白县				
玉林市容县				
贵港市桂平市				
百色市靖西县				
百色市田阳县				
河池市宜州市				
河池市东兰县				
来宾市兴宾区		1		
崇左市扶绥县				

4－8 各地区18岁及以上听力残疾人分残疾等级的社会参与状况

单位：人

地区	无障碍/无适用				轻度障碍			
	残疾一级	残疾二级	残疾三级	残疾四级	残疾一级	残疾二级	残疾三级	残疾四级
总　计	**3**	**22**	**162**	**251**	**17**	**58**	**372**	**276**
南宁市江南区			11	39	1	2	4	8
南宁市宾阳县					2	3	36	24
南宁市马山县							1	13
柳州市柳北区				2			9	26
柳州市融水苗族自治县			13	1		4	18	
桂林市叠彩区			1	3	2	2	30	28
桂林市荔浦县			3	4		2	29	22
桂林市龙胜各族自治区	1			4		4	26	24
贺州市八步区		5	13	46	1	2	12	4
梧州市藤县		1	9	6		1	11	5
贺州市富川瑶族自治县							4	1
防城港市防城区		1		7	1	1	15	14
北海市合浦县		5	38	40	2		2	
钦州市浦北县			2	8	1	2	21	20
贵港市港北区					2	1	20	15
贵港市平南县			1	6	2	2	16	7
玉林市博白县			2	9	1	3	21	11
玉林市容县		2	9	37		9	16	16
贵港市桂平市				4			6	19
百色市靖西县						1	17	3
百色市田阳县	1	7	53	28				
河池市宜州市						5	18	2
河池市东兰县			3	6	2	12	22	8
来宾市兴宾区	1	1	4	1		2	14	
崇左市扶绥县							4	6

4－8 续表 1

单位：人

地　　区	中度障碍				重度障碍			
	残疾一级	残疾二级	残疾三级	残疾四级	残疾一级	残疾二级	残疾三级	残疾四级
总　　计	**24**	**31**	**136**	**41**	**24**	**16**	**16**	**4**
南宁市江南区								
南宁市宾阳县		2	3					
南宁市马山县	2		21		5	2		
柳州市柳北区			5	3		1	1	
柳州市融水苗族自治县		3	1		1			
桂林市叠彩区			2	2			1	
桂林市荔浦县	2	1	14	6	1	2		
桂林市龙胜各族自治区	1	2	10	2	1			
贺州市八步区	1		2	1				
梧州市藤县		2	4					1
贺州市富川瑶族自治县	4	9	14	3	4	4	2	
防城港市防城区		1	2					
北海市合浦县	1							
钦州市浦北县	1	3	7	1			1	
贵港市港北区	2		26	9	1	2	3	
贵港市平南县								
玉林市博白县								
玉林市容县				1				
贵港市桂平市	3	1	14	11	9	5	7	2
百色市靖西县	2	4	8	2	2		1	1
百色市田阳县								
河池市宜州市	1	1						
河池市东兰县	4	2	2					
来宾市兴宾区								
崇左市扶绥县			1					

4－8 续表 2

单位：人

地区	极重度障碍/不能完成			
	残疾一级	残疾二级	残疾三级	残疾四级
总计	**2**			
南宁市江南区				
南宁市宾阳县				
南宁市马山县	1			
柳州市柳北区	1			
柳州市融水苗族自治县				
桂林市叠彩区				
桂林市荔浦县				
桂林市龙胜各族自治区				
贺州市八步区				
梧州市藤县				
贺州市富川瑶族自治县				
防城港市防城区				
北海市合浦县				
钦州市浦北县				
贵港市港北区				
贵港市平南县				
玉林市博白县				
玉林市容县				
贵港市桂平市				
百色市靖西县				
百色市田阳县				
河池市宜州市				
河池市东兰县				
来宾市兴宾区				
崇左市扶绥县				

4－9　各地区18岁及以上言语残疾人分残疾等级的理解和交流状况

单位：人

地　　区	无障碍/无适用				轻度障碍			
	残疾一级	残疾二级	残疾三级	残疾四级	残疾一级	残疾二级	残疾三级	残疾四级
总　　计	**1**	**1**	**4**	**14**	**3**	**1**	**5**	**4**
南宁市江南区								
南宁市宾阳县								
南宁市马山县								
柳州市柳北区				1				
柳州市融水苗族自治县				2	1		1	
桂林市叠彩区								1
桂林市荔浦县			1					
桂林市龙胜各族自治区								
贺州市八步区			1				1	
梧州市藤县	1			2	1			
贺州市富川瑶族自治县				1			1	
防城港市防城区								2
北海市合浦县							1	
钦州市浦北县								
贵港市港北区				2				
贵港市平南县								
玉林市博白县				2				
玉林市容县				1				
贵港市桂平市								
百色市靖西县			1	2	1			
百色市田阳县								
河池市宜州市			1					1
河池市东兰县				1				
来宾市兴宾区						1	1	
崇左市扶绥县		1						

4-9 续表 1

单位：人

地区	中度障碍				重度障碍			
	残疾一级	残疾二级	残疾三级	残疾四级	残疾一级	残疾二级	残疾三级	残疾四级
总　计	**1**	**1**	**1**					
南宁市江南区								
南宁市宾阳县								
南宁市马山县								
柳州市柳北区								
柳州市融水苗族自治县								
桂林市叠彩区								
桂林市荔浦县								
桂林市龙胜各族自治区								
贺州市八步区								
梧州市藤县								
贺州市富川瑶族自治县	1		1					
防城港市防城区								
北海市合浦县								
钦州市浦北县								
贵港市港北区								
贵港市平南县								
玉林市博白县								
玉林市容县								
贵港市桂平市								
百色市靖西县		1						
百色市田阳县								
河池市宜州市								
河池市东兰县								
来宾市兴宾区								
崇左市扶绥县								

4-9 续表 2

单位：人

地　区	极重度障碍/不能完成			
	残疾一级	残疾二级	残疾三级	残疾四级
总　计	**1**			
南宁市江南区				
南宁市宾阳县				
南宁市马山县				
柳州市柳北区				
柳州市融水苗族自治县				
桂林市叠彩区				
桂林市荔浦县				
桂林市龙胜各族自治区				
贺州市八步区				
梧州市藤县				
贺州市富川瑶族自治县				
防城港市防城区	1			
北海市合浦县				
钦州市浦北县				
贵港市港北区				
贵港市平南县				
玉林市博白县				
玉林市容县				
贵港市桂平市				
百色市靖西县				
百色市田阳县				
河池市宜州市				
河池市东兰县				
来宾市兴宾区				
崇左市扶绥县				

4－10 各地区18岁及以上言语残疾人分残疾等级的生活自理状况

单位：人

地　区	无障碍/无适用				轻度障碍			
	残疾一级	残疾二级	残疾三级	残疾四级	残疾一级	残疾二级	残疾三级	残疾四级
总　计	**4**	**3**	**9**	**17**	**2**		**1**	**1**
南宁市江南区								
南宁市宾阳县								
南宁市马山县								
柳州市柳北区				1				
柳州市融水苗族自治县	1		1	2				
桂林市叠彩区				1				
桂林市荔浦县			1					
桂林市龙胜各族自治区								
贺州市八步区			2					
梧州市藤县	1			2	1			
贺州市富川瑶族自治县	1		1	1			1	
防城港市防城区				2	1			
北海市合浦县			1					
钦州市浦北县								
贵港市港北区				2				
贵港市平南县								
玉林市博白县				1				1
玉林市容县				1				
贵港市桂平市								
百色市靖西县	1	1	1	2				
百色市田阳县								
河池市宜州市			1	1				
河池市东兰县				1				
来宾市兴宾区		1	1					
崇左市扶绥县		1						

4-10 续表 1

单位：人

地　　区	中度障碍				重度障碍			
	残疾一级	残疾二级	残疾三级	残疾四级	残疾一级	残疾二级	残疾三级	残疾四级
总　　计								
南宁市江南区								
南宁市宾阳县								
南宁市马山县								
柳州市柳北区								
柳州市融水苗族自治县								
桂林市叠彩区								
桂林市荔浦县								
桂林市龙胜各族自治区								
贺州市八步区								
梧州市藤县								
贺州市富川瑶族自治县								
防城港市防城区								
北海市合浦县								
钦州市浦北县								
贵港市港北区								
贵港市平南县								
玉林市博白县								
玉林市容县								
贵港市桂平市								
百色市靖西县								
百色市田阳县								
河池市宜州市								
河池市东兰县								
来宾市兴宾区								
崇左市扶绥县								

4－10 续表 2

单位：人

地　　区	极重度障碍/不能完成			
	残疾一级	残疾二级	残疾三级	残疾四级
总　　计				
南宁市江南区				
南宁市宾阳县				
南宁市马山县				
柳州市柳北区				
柳州市融水苗族自治县				
桂林市叠彩区				
桂林市荔浦县				
桂林市龙胜各族自治区				
贺州市八步区				
梧州市藤县				
贺州市富川瑶族自治县				
防城港市防城区				
北海市合浦县				
钦州市浦北县				
贵港市港北区				
贵港市平南县				
玉林市博白县				
玉林市容县				
贵港市桂平市				
百色市靖西县				
百色市田阳县				
河池市宜州市				
河池市东兰县				
来宾市兴宾区				
崇左市扶绥县				

4－11　各地区18岁及以上言语残疾人分残疾等级的与人相处状况

单位：人

地　区	无障碍/无适用				轻度障碍			
	残疾一级	残疾二级	残疾三级	残疾四级	残疾一级	残疾二级	残疾三级	残疾四级
总　计		**1**	**1**	**9**	**3**		**6**	**8**
南宁市江南区								
南宁市宾阳县								
南宁市马山县								
柳州市柳北区								1
柳州市融水苗族自治县				2	1		1	
桂林市叠彩区								1
桂林市荔浦县							1	
桂林市龙胜各族自治区								
贺州市八步区							1	
梧州市藤县					2			2
贺州市富川瑶族自治县							1	1
防城港市防城区				1				1
北海市合浦县			1					
钦州市浦北县								
贵港市港北区				1				1
贵港市平南县								
玉林市博白县				2				
玉林市容县				1				
贵港市桂平市								
百色市靖西县				1			1	1
百色市田阳县								
河池市宜州市								
河池市东兰县				1				
来宾市兴宾区							1	
崇左市扶绥县		1						

4－11 续表 1

单位：人

地　区	中度障碍				重度障碍			
	残疾一级	残疾二级	残疾三级	残疾四级	残疾一级	残疾二级	残疾三级	残疾四级
总　计	**2**	**1**	**3**	**1**		**1**		
南宁市江南区								
南宁市宾阳县								
南宁市马山县								
柳州市柳北区								
柳州市融水苗族自治县								
桂林市叠彩区								
桂林市荔浦县								
桂林市龙胜各族自治区								
贺州市八步区			1					
梧州市藤县								
贺州市富川瑶族自治县	1		1					
防城港市防城区								
北海市合浦县								
钦州市浦北县								
贵港市港北区								
贵港市平南县								
玉林市博白县								
玉林市容县								
贵港市桂平市								
百色市靖西县	1	1						
百色市田阳县								
河池市宜州市			1	1				
河池市东兰县								
来宾市兴宾区						1		
崇左市扶绥县								

4－11 续表 2

单位：人

地　区	极重度障碍/不能完成			
	残疾一级	残疾二级	残疾三级	残疾四级
总　计	**1**			
南宁市江南区				
南宁市宾阳县				
南宁市马山县				
柳州市柳北区				
柳州市融水苗族自治县				
桂林市叠彩区				
桂林市荔浦县				
桂林市龙胜各族自治区				
贺州市八步区				
梧州市藤县				
贺州市富川瑶族自治县				
防城港市防城区	1			
北海市合浦县				
钦州市浦北县				
贵港市港北区				
贵港市平南县				
玉林市博白县				
玉林市容县				
贵港市桂平市				
百色市靖西县				
百色市田阳县				
河池市宜州市				
河池市东兰县				
来宾市兴宾区				
崇左市扶绥县				

4－12 各地区18岁及以上言语残疾人分残疾等级的生活活动状况

单位：人

地区	无障碍/无适用				轻度障碍			
	残疾一级	残疾二级	残疾三级	残疾四级	残疾一级	残疾二级	残疾三级	残疾四级
总　计	**3**	**1**	**7**	**14**	**2**	**2**		**3**
南宁市江南区								
南宁市宾阳县								
南宁市马山县								
柳州市柳北区								1
柳州市融水苗族自治县			1	2	1			
桂林市叠彩区				1				
桂林市荔浦县			1					
桂林市龙胜各族自治区								
贺州市八步区			1					
梧州市藤县	1			1	1			1
贺州市富川瑶族自治县	1		1	1				
防城港市防城区				2				
北海市合浦县			1					
钦州市浦北县								
贵港市港北区				1				1
贵港市平南县								
玉林市博白县				1				
玉林市容县				1				
贵港市桂平市								
百色市靖西县	1		1	2		1		
百色市田阳县								
河池市宜州市			1	1				
河池市东兰县				1				
来宾市兴宾区						1		
崇左市扶绥县		1						

4－12 续表 1

单位：人

地区	中度障碍				重度障碍			
	残疾一级	残疾二级	残疾三级	残疾四级	残疾一级	残疾二级	残疾三级	残疾四级
总计			**2**	**1**	**1**		**1**	
南宁市江南区								
南宁市宾阳县								
南宁市马山县								
柳州市柳北区								
柳州市融水苗族自治县								
桂林市叠彩区								
桂林市荔浦县								
桂林市龙胜各族自治区								
贺州市八步区							1	
梧州市藤县								
贺州市富川瑶族自治县			1					
防城港市防城区					1			
北海市合浦县								
钦州市浦北县								
贵港市港北区								
贵港市平南县								
玉林市博白县				1				
玉林市容县								
贵港市桂平市								
百色市靖西县								
百色市田阳县								
河池市宜州市								
河池市东兰县								
来宾市兴宾区			1					
崇左市扶绥县								

4-12 续表 2

单位：人

地区	极重度障碍/不能完成			
	残疾一级	残疾二级	残疾三级	残疾四级
总计				
南宁市江南区				
南宁市宾阳县				
南宁市马山县				
柳州市柳北区				
柳州市融水苗族自治县				
桂林市叠彩区				
桂林市荔浦县				
桂林市龙胜各族自治区				
贺州市八步区				
梧州市藤县				
贺州市富川瑶族自治县				
防城港市防城区				
北海市合浦县				
钦州市浦北县				
贵港市港北区				
贵港市平南县				
玉林市博白县				
玉林市容县				
贵港市桂平市				
百色市靖西县				
百色市田阳县				
河池市宜州市				
河池市东兰县				
来宾市兴宾区				
崇左市扶绥县				

4－13　各地区18岁及以上言语残疾人分残疾等级的社会参与状况

单位：人

地　区	无障碍/无适用				轻度障碍			
	残疾一级	残疾二级	残疾三级	残疾四级	残疾一级	残疾二级	残疾三级	残疾四级
总　计			**1**	**5**	**2**	**3**	**3**	**10**
南宁市江南区								
南宁市宾阳县								
南宁市马山县								
柳州市柳北区								1
柳州市融水苗族自治县				1	1		1	1
桂林市叠彩区								1
桂林市荔浦县							1	
桂林市龙胜各族自治区								
贺州市八步区								
梧州市藤县								1
贺州市富川瑶族自治县				1			1	
防城港市防城区								2
北海市合浦县			1					
钦州市浦北县								
贵港市港北区				1				1
贵港市平南县								
玉林市博白县								1
玉林市容县								1
贵港市桂平市								
百色市靖西县				1	1	1		1
百色市田阳县								
河池市宜州市								
河池市东兰县				1				
来宾市兴宾区						1		
崇左市扶绥县						1		

4－13 续表 1

单位：人

地区	中度障碍				重度障碍			
	残疾一级	残疾二级	残疾三级	残疾四级	残疾一级	残疾二级	残疾三级	残疾四级
总　计	**3**		**6**	**3**	**1**			
南宁市江南区								
南宁市宾阳县								
南宁市马山县								
柳州市柳北区								
柳州市融水苗族自治县								
桂林市叠彩区								
桂林市荔浦县								
桂林市龙胜各族自治区								
贺州市八步区			2					
梧州市藤县	1			1	1			
贺州市富川瑶族自治县	1		1					
防城港市防城区	1							
北海市合浦县								
钦州市浦北县								
贵港市港北区								
贵港市平南县								
玉林市博白县				1				
玉林市容县								
贵港市桂平市								
百色市靖西县			1					
百色市田阳县								
河池市宜州市			1	1				
河池市东兰县								
来宾市兴宾区			1					
崇左市扶绥县								

4－13 续表 2

单位：人

地　　区	极重度障碍/不能完成			
	残疾一级	残疾二级	残疾三级	残疾四级
总　　计				
南宁市江南区				
南宁市宾阳县				
南宁市马山县				
柳州市柳北区				
柳州市融水苗族自治县				
桂林市叠彩区				
桂林市荔浦县				
桂林市龙胜各族自治区				
贺州市八步区				
梧州市藤县				
贺州市富川瑶族自治县				
防城港市防城区				
北海市合浦县				
钦州市浦北县				
贵港市港北区				
贵港市平南县				
玉林市博白县				
玉林市容县				
贵港市桂平市				
百色市靖西县				
百色市田阳县				
河池市宜州市				
河池市东兰县				
来宾市兴宾区				
崇左市扶绥县				

4-14 各地区18岁及以上肢体残疾人分残疾等级的身体移动状况

单位：人

地区	无障碍/无适用				轻度障碍			
	残疾一级	残疾二级	残疾三级	残疾四级	残疾一级	残疾二级	残疾三级	残疾四级
总　计	**2**	**3**	**54**	**302**		**3**	**61**	**451**
南宁市江南区				8			1	28
南宁市宾阳县				9			2	25
南宁市马山县			5	8			1	11
柳州市柳北区			2	18			3	10
柳州市融水苗族自治县			4	16			8	11
桂林市叠彩区				13			2	13
桂林市荔浦县				3				46
桂林市龙胜各族自治区			2	12			3	20
贺州市八步区				15			4	10
梧州市藤县			1	13			1	33
贺州市富川瑶族自治县			1	11				44
防城港市防城区	1		3	9			1	29
北海市合浦县			3	9			1	13
钦州市浦北县		1	2	3			1	4
贵港市港北区			1	3			2	17
贵港市平南县			1	22			7	15
玉林市博白县	1		3	7			3	10
玉林市容县			2	23			3	19
贵港市桂平市				13				11
百色市靖西县			2	10		1	3	41
百色市田阳县			3	12		2	3	3
河池市宜州市			6	16			2	12
河池市东兰县			5	18			3	13
来宾市兴宾区		1	4	6			5	8
崇左市扶绥县		1	4	25			2	5

4－14 续表 1

单位：人

地区	中度障碍				重度障碍			
	残疾一级	残疾二级	残疾三级	残疾四级	残疾一级	残疾二级	残疾三级	残疾四级
总　计		**17**	**136**	**122**	**6**	**70**	**32**	**6**
南宁市江南区			8			1		
南宁市宾阳县			4	7		6	1	
南宁市马山县		1	9	2	1	4		
柳州市柳北区			4	2		1		1
柳州市融水苗族自治县		1	2			3	1	
桂林市叠彩区			6			2		
桂林市荔浦县			13			7		
桂林市龙胜各族自治区			5	9		3	3	
贺州市八步区			4	5		1	3	
梧州市藤县			7	1				
贺州市富川瑶族自治县			4			2	1	
防城港市防城区			2	5		12	4	
北海市合浦县		2	5	13		3		
钦州市浦北县		1	2	3	1	2	2	1
贵港市港北区		2	9	7		2	1	
贵港市平南县		1	8	7		2	2	
玉林市博白县			2	3		1	3	2
玉林市容县		1	5			3	1	
贵港市桂平市			3	5		1	1	1
百色市靖西县		2	8	22	1	2	2	
百色市田阳县		3	2	2	1	2	1	
河池市宜州市			4	11		3	2	
河池市东兰县			7	14		3	2	
来宾市兴宾区			10			1		1
崇左市扶绥县		3	3	4	2	3	2	

4-14 续表 2

单位：人

地　区	极重度障碍/不能完成			
	残疾一级	残疾二级	残疾三级	残疾四级
总　计	**48**	**45**	**7**	**1**
南宁市江南区				
南宁市宾阳县	1	1		
南宁市马山县	2	4		
柳州市柳北区	2	3		
柳州市融水苗族自治县	2	1		1
桂林市叠彩区	1			
桂林市荔浦县	4			
桂林市龙胜各族自治区	1	4	1	
贺州市八步区		1		
梧州市藤县				
贺州市富川瑶族自治县	2			
防城港市防城区	7			
北海市合浦县	6	5		
钦州市浦北县	1	4		
贵港市港北区	3	4		
贵港市平南县		2	1	
玉林市博白县	2		1	
玉林市容县	2		1	
贵港市桂平市		1	1	
百色市靖西县	3	2		
百色市田阳县	4	2		
河池市宜州市	1	1	1	
河池市东兰县	2	3		
来宾市兴宾区	1	7	1	
崇左市扶绥县	1			

4－15　各地区18岁及以上肢体残疾人分残疾等级的生活自理状况

单位：人

地　区	无障碍/无适用				轻度障碍			
	残疾一级	残疾二级	残疾三级	残疾四级	残疾一级	残疾二级	残疾三级	残疾四级
总　计	**1**	**5**	**77**	**499**	**1**	**12**	**109**	**359**
南宁市江南区				12			6	24
南宁市宾阳县			3	30			2	11
南宁市马山县			3	8		2	8	13
柳州市柳北区			7	29		1	2	2
柳州市融水苗族自治县			10	25		1	4	2
桂林市叠彩区				11			1	15
桂林市荔浦县								49
桂林市龙胜各族自治区			6	35			6	6
贺州市八步区			3	15			2	15
梧州市藤县				3			1	44
贺州市富川瑶族自治县				34			4	21
防城港市防城区			1	26			4	17
北海市合浦县				5			2	22
钦州市浦北县		1	1	8			5	3
贵港市港北区				19		1	10	8
贵港市平南县			8	26			7	17
玉林市博白县	1		1				4	17
玉林市容县			1	26			8	16
贵港市桂平市			2	19		1		7
百色市靖西县		2	4	42		2	8	27
百色市田阳县		1	5	15	1	2	4	2
河池市宜州市		1	8	36			4	3
河池市东兰县			6	36		1	5	8
来宾市兴宾区			3	9			10	6
崇左市扶绥县			5	30		1	2	4

4－15 续表 1

单位：人

地 区	中度障碍				重度障碍			
	残疾一级	残疾二级	残疾三级	残疾四级	残疾一级	残疾二级	残疾三级	残疾四级
总 计	**6**	**47**	**87**	**22**	**13**	**63**	**17**	
南宁市江南区			3			1		
南宁市宾阳县		3	2			4		
南宁市马山县		3	4			4		
柳州市柳北区		2			2	1		
柳州市融水苗族自治县	1	1	1			2		
桂林市叠彩区			7			2		
桂林市荔浦县			13			7		
桂林市龙胜各族自治区		5	2			2		
贺州市八步区			5			1	1	
梧州市藤县			8					
贺州市富川瑶族自治县			2		1	2		
防城港市防城区	1	2	4			9	1	
北海市合浦县		2	6	8		7	1	
钦州市浦北县	1	2			1	3	1	
贵港市港北区		2	3		1	4		
贵港市平南县		2	2	1		2	2	
玉林市博白县	1		5	5	1	1	2	
玉林市容县		3	2			1	1	
贵港市桂平市			1	3		1	2	
百色市靖西县	1	1	2	4	2	2	1	
百色市田阳县		6			3			
河池市宜州市		1	3			2		
河池市东兰县		4	5	1	2	1	1	
来宾市兴宾区		3	5			3	2	
崇左市扶绥县	1	5	2			1	2	

4-15 续表 2

单位：人

地　区	极重度障碍/不能完成			
	残疾一级	残疾二级	残疾三级	残疾四级
总　计	**35**	**11**		**2**
南宁市江南区				
南宁市宾阳县	1			
南宁市马山县	3			
柳州市柳北区				
柳州市融水苗族自治县	1	1		1
桂林市叠彩区	1			
桂林市荔浦县	4			
桂林市龙胜各族自治区	1			
贺州市八步区		1		
梧州市藤县				
贺州市富川瑶族自治县	1			
防城港市防城区	7	1		
北海市合浦县	6	1		
钦州市浦北县		2		
贵港市港北区	2	1		
贵港市平南县		1		
玉林市博白县				
玉林市容县	2			
贵港市桂平市				1
百色市靖西县	1			
百色市田阳县	1			
河池市宜州市	1			
河池市东兰县				
来宾市兴宾区	1	3		
崇左市扶绥县	2			

4-16 各地区18岁及以上肢体残疾人分残疾等级的生活活动状况

单位：人

地区	无障碍/无适用				轻度障碍			
	残疾一级	残疾二级	残疾三级	残疾四级	残疾一级	残疾二级	残疾三级	残疾四级
总计		**1**	**13**	**65**		**3**	**47**	**518**
南宁市江南区								35
南宁市宾阳县								35
南宁市马山县							1	19
柳州市柳北区								6
柳州市融水苗族自治县			6	19			7	7
桂林市叠彩区				1				25
桂林市荔浦县								49
桂林市龙胜各族自治区		1		10			5	22
贺州市八步区				3			3	21
梧州市藤县			4	3			3	44
贺州市富川瑶族自治县				1			1	54
防城港市防城区				1			1	34
北海市合浦县				1			1	12
钦州市浦北县				2		1	2	6
贵港市港北区				2				20
贵港市平南县				1			1	7
玉林市博白县							1	4
玉林市容县				4			1	7
贵港市桂平市				1				11
百色市靖西县						1		22
百色市田阳县			2	9		1	2	7
河池市宜州市				3			4	13
河池市东兰县				2			3	16
来宾市兴宾区			1	1			8	12
崇左市扶绥县				1			3	30

4－16 续表 1

单位：人

地　区	中度障碍				重度障碍			
	残疾一级	残疾二级	残疾三级	残疾四级	残疾一级	残疾二级	残疾三级	残疾四级
总　计	**1**	**9**	**137**	**228**	**4**	**47**	**57**	**65**
南宁市江南区			9	1		1		
南宁市宾阳县			7	6		4		
南宁市马山县			12	2		4	2	
柳州市柳北区			2	18			5	7
柳州市融水苗族自治县		1	1	1		2		
桂林市叠彩区			7			2	1	
桂林市荔浦县			13			7		
桂林市龙胜各族自治区			4	6		1	2	3
贺州市八步区			3	4			3	2
梧州市藤县			2					
贺州市富川瑶族自治县			5		1	2		
防城港市防城区			4	7			1	
北海市合浦县		1	6	20		3	2	2
钦州市浦北县			2	1	1	1	1	1
贵港市港北区		1	7	5		3	5	
贵港市平南县			2	15		2	12	21
玉林市博白县			6	14	1		5	4
玉林市容县			2	22			4	8
贵港市桂平市			2	11		1		6
百色市靖西县	1	2	13	46		2	1	5
百色市田阳县		3	5	1	1	4		
河池市宜州市			4	20			4	2
河池市东兰县			6	24		2	6	3
来宾市兴宾区		1	10	1		2	1	1
崇左市扶绥县			3	3		4	2	

4-16 续表 2

单位：人

地　区	极重度障碍/不能完成			
	残疾一级	残疾二级	残疾三级	残疾四级
总　计	**51**	**78**	**36**	**6**
南宁市江南区				
南宁市宾阳县	1	3		
南宁市马山县	3	5		
柳州市柳北区	2	4	2	
柳州市融水苗族自治县	2	2	1	1
桂林市叠彩区	1			
桂林市荔浦县	4			
桂林市龙胜各族自治区	1	5	3	
贺州市八步区		2	2	
梧州市藤县				
贺州市富川瑶族自治县	1			
防城港市防城区	8	12	4	1
北海市合浦县	6	6		
钦州市浦北县	1	6	2	1
贵港市港北区	3	4	1	
贵港市平南县		3	4	
玉林市博白县	2	1		
玉林市容县	2	4	5	1
贵港市桂平市		1	3	1
百色市靖西县	3	2	1	
百色市田阳县	4	1		
河池市宜州市	1	4	3	1
河池市东兰县	2	4	2	
来宾市兴宾区	1	6		
崇左市扶绥县	3	3	3	

4－17　各地区18岁及以上肢体残疾人分残疾等级的社会参与状况

单位:人

地　区	无障碍/无适用				轻度障碍			
	残疾一级	残疾二级	残疾三级	残疾四级	残疾一级	残疾二级	残疾三级	残疾四级
总　计	**1**		**8**	**134**		**5**	**90**	**582**
南宁市江南区								35
南宁市宾阳县				4			1	36
南宁市马山县							6	21
柳州市柳北区				1			2	12
柳州市融水苗族自治县				6			12	20
桂林市叠彩区				2				24
桂林市荔浦县								49
桂林市龙胜各族自治区	1		2	6		1	9	32
贺州市八步区			2	17			3	9
梧州市藤县				1				46
贺州市富川瑶族自治县			1	53			3	2
防城港市防城区				1			3	27
北海市合浦县							1	14
钦州市浦北县				2		1	1	6
贵港市港北区				2		2	8	25
贵港市平南县				11		1	15	32
玉林市博白县								9
玉林市容县							1	39
贵港市桂平市				6			2	20
百色市靖西县							1	22
百色市田阳县				3			3	12
河池市宜州市			3	13			3	23
河池市东兰县				5			5	28
来宾市兴宾区							6	13
崇左市扶绥县				1			5	26

4－17 续表 1

单位:人

地 区	中度障碍				重度障碍			
	残疾一级	残疾二级	残疾三级	残疾四级	残疾一级	残疾二级	残疾三级	残疾四级
总 计	**1**	**46**	**166**	**159**	**19**	**70**	**21**	**5**
南宁市江南区			9	1		1		
南宁市宾阳县			6	1		7		
南宁市马山县		1	9			7		
柳州市柳北区			1	16			4	1
柳州市融水苗族自治县		1	2	1		2	1	
桂林市叠彩区			7			2	1	
桂林市荔浦县			13			7		
桂林市龙胜各族自治区		4	2	3		2	1	
贺州市八步区			3	4		2	3	
梧州市藤县			9					
贺州市富川瑶族自治县		2	2					
防城港市防城区		2	7	15	4	10		
北海市合浦县		1	6	21		4	2	
钦州市浦北县		1	4	3	1	3	1	
贵港市港北区		2	5		2	4		
贵港市平南县		3	3	1		1		
玉林市博白县			10	13	1	1	2	
玉林市容县		2	9	2		2	1	1
贵港市桂平市		1	2	3		1	1	1
百色市靖西县		3	13	50	4	3	1	1
百色市田阳县	1	7	6	2	1	1		
河池市宜州市		4	8	3	1		1	
河池市东兰县		3	11	11	1	3	1	1
来宾市兴宾区		5	13	2	1	4	1	
崇左市扶绥县		4	6	7	3	3		

4－17 续表 2

单位:人

地　　区	极重度障碍/不能完成			
	残疾一级	残疾二级	残疾三级	残疾四级
总　　计	**35**	**17**	**5**	**2**
南宁市江南区				
南宁市宾阳县	1			
南宁市马山县	3	1		
柳州市柳北区	2	4	2	1
柳州市融水苗族自治县	2	2		1
桂林市叠彩区	1			
桂林市荔浦县	4			
桂林市龙胜各族自治区				
贺州市八步区				
梧州市藤县				
贺州市富川瑶族自治县	2			
防城港市防城区	4			
北海市合浦县	6	5		
钦州市浦北县	1	3	1	
贵港市港北区	1			
贵港市平南县			1	
玉林市博白县	2			
玉林市容县	2		1	
贵港市桂平市				
百色市靖西县		1		
百色市田阳县	3	1		
河池市宜州市				
河池市东兰县	1			
来宾市兴宾区				
崇左市扶绥县				

4-18 各地区18岁及以上智力残疾人分残疾等级的理解和交流状况

单位:人

地　区	无障碍/无适用				轻度障碍			
	残疾一级	残疾二级	残疾三级	残疾四级	残疾一级	残疾二级	残疾三级	残疾四级
总　计				**8**		**1**	**14**	**49**
南宁市江南区								
南宁市宾阳县								2
南宁市马山县							2	8
柳州市柳北区							1	
柳州市融水苗族自治县				1				3
桂林市叠彩区								3
桂林市荔浦县				1				3
桂林市龙胜各族自治区								
贺州市八步区								
梧州市藤县								
贺州市富川瑶族自治县							2	1
防城港市防城区				1				5
北海市合浦县								3
钦州市浦北县							1	
贵港市港北区								2
贵港市平南县								5
玉林市博白县				1				4
玉林市容县							2	2
贵港市桂平市								2
百色市靖西县							2	1
百色市田阳县								1
河池市宜州市				4			1	2
河池市东兰县						1		
来宾市兴宾区							2	1
崇左市扶绥县							1	1

4－18　续表 1

单位:人

地　　区	中度障碍				重度障碍			
	残疾一级	残疾二级	残疾三级	残疾四级	残疾一级	残疾二级	残疾三级	残疾四级
总　　计		**5**	**37**	**19**	**2**	**8**	**21**	**2**
南宁市江南区								
南宁市宾阳县			2	2				
南宁市马山县			2					
柳州市柳北区			1	2				
柳州市融水苗族自治县								
桂林市叠彩区								
桂林市荔浦县								
桂林市龙胜各族自治区			1	2			1	
贺州市八步区			1	1		1	1	
梧州市藤县			1	1			2	1
贺州市富川瑶族自治县			1	2		1	4	
防城港市防城区			5			1		
北海市合浦县			4				1	
钦州市浦北县		1		4		1		1
贵港市港北区							1	
贵港市平南县			3	3		2	5	
玉林市博白县						1		
玉林市容县			8	1			2	
贵港市桂平市								
百色市靖西县			1		1		1	
百色市田阳县			2	1				
河池市宜州市		1	3		1	1	2	
河池市东兰县		2					1	
来宾市兴宾区			2					
崇左市扶绥县		1						

4－18 续表 2

单位:人

地　区	极重度障碍/不能完成			
	残疾一级	残疾二级	残疾三级	残疾四级
总　计	**1**	**11**	**3**	
南宁市江南区				
南宁市宾阳县				
南宁市马山县				
柳州市柳北区				
柳州市融水苗族自治县				
桂林市叠彩区				
桂林市荔浦县		1		
桂林市龙胜各族自治区		2		
贺州市八步区				
梧州市藤县				
贺州市富川瑶族自治县			1	
防城港市防城区				
北海市合浦县		1		
钦州市浦北县	1	1		
贵港市港北区		2		
贵港市平南县		1		
玉林市博白县				
玉林市容县				
贵港市桂平市			2	
百色市靖西县		2		
百色市田阳县				
河池市宜州市		1		
河池市东兰县				
来宾市兴宾区				
崇左市扶绥县				

4－19 各地区18岁及以上智力残疾人分残疾等级的身体移动状况

单位:人

地区	无障碍/无适用				轻度障碍			
	残疾一级	残疾二级	残疾三级	残疾四级	残疾一级	残疾二级	残疾三级	残疾四级
总　计	**3**	**23**	**74**	**78**		**2**	**1**	
南宁市江南区								
南宁市宾阳县			2	4				
南宁市马山县			4	8				
柳州市柳北区			2	2				
柳州市融水苗族自治县				4				
桂林市叠彩区				3				
桂林市荔浦县		1		4				
桂林市龙胜各族自治区		2	2	2				
贺州市八步区		1	2	1				
梧州市藤县			3	2				
贺州市富川瑶族自治县		1	8	3				
防城港市防城区		1	5	6				
北海市合浦县		1	5	3				
钦州市浦北县	1	3	1	5				
贵港市港北区		2	1	2				
贵港市平南县		3	8	8				
玉林市博白县		1		5				
玉林市容县			12	3				
贵港市桂平市			2	2				
百色市靖西县	1	2	3	1			1	
百色市田阳县			2	2				
河池市宜州市	1	3	6	6				
河池市东兰县		1	1			2		
来宾市兴宾区			4	1				
崇左市扶绥县		1	1	1				

4－19 续表 1

单位:人

地区	中度障碍				重度障碍			
	残疾一级	残疾二级	残疾三级	残疾四级	残疾一级	残疾二级	残疾三级	残疾四级
总计								
南宁市江南区								
南宁市宾阳县								
南宁市马山县								
柳州市柳北区								
柳州市融水苗族自治县								
桂林市叠彩区								
桂林市荔浦县								
桂林市龙胜各族自治区								
贺州市八步区								
梧州市藤县								
贺州市富川瑶族自治县								
防城港市防城区								
北海市合浦县								
钦州市浦北县								
贵港市港北区								
贵港市平南县								
玉林市博白县								
玉林市容县								
贵港市桂平市								
百色市靖西县								
百色市田阳县								
河池市宜州市								
河池市东兰县								
来宾市兴宾区								
崇左市扶绥县								

4－19 续表 2

单位:人

地区	极重度障碍/不能完成			
	残疾一级	残疾二级	残疾三级	残疾四级
总计				
南宁市江南区				
南宁市宾阳县				
南宁市马山县				
柳州市柳北区				
柳州市融水苗族自治县				
桂林市叠彩区				
桂林市荔浦县				
桂林市龙胜各族自治区				
贺州市八步区				
梧州市藤县				
贺州市富川瑶族自治县				
防城港市防城区				
北海市合浦县				
钦州市浦北县				
贵港市港北区				
贵港市平南县				
玉林市博白县				
玉林市容县				
贵港市桂平市				
百色市靖西县				
百色市田阳县				
河池市宜州市				
河池市东兰县				
来宾市兴宾区				
崇左市扶绥县				

4－20 各地区18岁及以上智力残疾人分残疾等级的生活自理状况

单位:人

地区	无障碍/无适用				轻度障碍			
	残疾一级	残疾二级	残疾三级	残疾四级	残疾一级	残疾二级	残疾三级	残疾四级
总计	**1**	**6**	**35**	**66**		**13**	**34**	**12**
南宁市江南区								
南宁市宾阳县			2	3				1
南宁市马山县			2	8			2	
柳州市柳北区			2	2				
柳州市融水苗族自治县				4				
桂林市叠彩区				2				1
桂林市荔浦县				3		1		1
桂林市龙胜各族自治区		2	2	2				
贺州市八步区				1		1	2	
梧州市藤县			2	2			1	
贺州市富川瑶族自治县			1	2			3	1
防城港市防城区			2	5		1	3	1
北海市合浦县		1	5	3				
钦州市浦北县			1	3		2		2
贵港市港北区				2		2	1	
贵港市平南县			4	8		3	4	
玉林市博白县				5				
玉林市容县			1				10	3
贵港市桂平市				2			2	
百色市靖西县							3	1
百色市田阳县			2	2				
河池市宜州市	1	1	4	5		1	2	1
河池市东兰县		1				2	1	
来宾市兴宾区			4	1				
崇左市扶绥县		1	1	1				

4－20　续表 1

单位:人

地　　区	中度障碍				重度障碍			
	残疾一级	残疾二级	残疾三级	残疾四级	残疾一级	残疾二级	残疾三级	残疾四级
总　　计	**1**	**3**	**5**		**1**	**2**	**1**	
南宁市江南区								
南宁市宾阳县								
南宁市马山县								
柳州市柳北区								
柳州市融水苗族自治县								
桂林市叠彩区								
桂林市荔浦县								
桂林市龙胜各族自治区								
贺州市八步区								
梧州市藤县								
贺州市富川瑶族自治县		1	3				1	
防城港市防城区								
北海市合浦县								
钦州市浦北县	1					1		
贵港市港北区								
贵港市平南县								
玉林市博白县		1						
玉林市容县			1					
贵港市桂平市								
百色市靖西县		1	1		1	1		
百色市田阳县								
河池市宜州市								
河池市东兰县								
来宾市兴宾区								
崇左市扶绥县								

4－20 续表 2

单位:人

地 区	极重度障碍/不能完成			
	残疾一级	残疾二级	残疾三级	残疾四级
总 计		**1**		
南宁市江南区				
南宁市宾阳县				
南宁市马山县				
柳州市柳北区				
柳州市融水苗族自治县				
桂林市叠彩区				
桂林市荔浦县				
桂林市龙胜各族自治区				
贺州市八步区				
梧州市藤县				
贺州市富川瑶族自治县				
防城港市防城区				
北海市合浦县				
钦州市浦北县				
贵港市港北区				
贵港市平南县				
玉林市博白县				
玉林市容县				
贵港市桂平市				
百色市靖西县				
百色市田阳县				
河池市宜州市		1		
河池市东兰县				
来宾市兴宾区				
崇左市扶绥县				

4－21　各地区18岁及以上智力残疾人分残疾等级的与人相处状况

单位:人

地　区	无障碍/无适用				轻度障碍			
	残疾一级	残疾二级	残疾三级	残疾四级	残疾一级	残疾二级	残疾三级	残疾四级
总　计		**1**	**5**	**15**		**3**	**18**	**43**
南宁市江南区								
南宁市宾阳县				1				2
南宁市马山县				6			4	2
柳州市柳北区			1				1	1
柳州市融水苗族自治县				1				3
桂林市叠彩区				1				2
桂林市荔浦县								3
桂林市龙胜各族自治区								1
贺州市八步区								
梧州市藤县							1	
贺州市富川瑶族自治县							2	1
防城港市防城区				2				3
北海市合浦县				1			2	1
钦州市浦北县			1					1
贵港市港北区								1
贵港市平南县								5
玉林市博白县								5
玉林市容县							2	2
贵港市桂平市								2
百色市靖西县								1
百色市田阳县							2	2
河池市宜州市			1	1		1	3	5
河池市东兰县		1				2		
来宾市兴宾区			2	1				
崇左市扶绥县				1			1	

4－21 续表 1

单位:人

地区	中度障碍				重度障碍			
	残疾一级	残疾二级	残疾三级	残疾四级	残疾一级	残疾二级	残疾三级	残疾四级
总　计		**3**	**28**	**13**	**2**	**8**	**18**	**7**
南宁市江南区								
南宁市宾阳县			2					1
南宁市马山县								
柳州市柳北区				1				
柳州市融水苗族自治县								
桂林市叠彩区								
桂林市荔浦县						1		1
桂林市龙胜各族自治区			1			1	1	1
贺州市八步区			1	1				
梧州市藤县			1	1			1	1
贺州市富川瑶族自治县			2	2		1	2	
防城港市防城区			5	1		1		
北海市合浦县			3	1		1		
钦州市浦北县				1	1	2		3
贵港市港北区			1	1				
贵港市平南县		1	2	3			4	
玉林市博白县								
玉林市容县			6	1			4	
贵港市桂平市							1	
百色市靖西县			1			1	3	
百色市田阳县								
河池市宜州市		1	1		1		1	
河池市东兰县							1	
来宾市兴宾区			2					
崇左市扶绥县		1						

4－21 续表 2

单位:人

地　　区	极重度障碍/不能完成			
	残疾一级	残疾二级	残疾三级	残疾四级
总　计	**1**	**10**	**6**	
南宁市江南区				
南宁市宾阳县				
南宁市马山县				
柳州市柳北区				
柳州市融水苗族自治县				
桂林市叠彩区				
桂林市荔浦县				
桂林市龙胜各族自治区		1		
贺州市八步区		1	1	
梧州市藤县				
贺州市富川瑶族自治县			2	
防城港市防城区				
北海市合浦县				
钦州市浦北县		1		
贵港市港北区		2		
贵港市平南县		2	2	
玉林市博白县		1		
玉林市容县				
贵港市桂平市			1	
百色市靖西县	1	1		
百色市田阳县				
河池市宜州市		1		
河池市东兰县				
来宾市兴宾区				
崇左市扶绥县				

4－22　各地区18岁及以上智力残疾人分残疾等级的生活活动状况

单位:人

地　区	无障碍/无适用				轻度障碍			
	残疾一级	残疾二级	残疾三级	残疾四级	残疾一级	残疾二级	残疾三级	残疾四级
总　计			**2**	**10**		**3**	**14**	**39**
南宁市江南区								
南宁市宾阳县				1				1
南宁市马山县								6
柳州市柳北区			1	1				1
柳州市融水苗族自治县				1				2
桂林市叠彩区								1
桂林市荔浦县								3
桂林市龙胜各族自治区								
贺州市八步区								
梧州市藤县							1	2
贺州市富川瑶族自治县							3	1
防城港市防城区				1				5
北海市合浦县								2
钦州市浦北县			1					2
贵港市港北区								
贵港市平南县								3
玉林市博白县								4
玉林市容县							2	2
贵港市桂平市				1				
百色市靖西县								
百色市田阳县							2	2
河池市宜州市				4			1	1
河池市东兰县						3		
来宾市兴宾区				1			4	
崇左市扶绥县							1	1

4－22 续表 1

单位:人

地　　区	中度障碍				重度障碍			
	残疾一级	残疾二级	残疾三级	残疾四级	残疾一级	残疾二级	残疾三级	残疾四级
总　计	**1**	**2**	**31**	**23**		**5**	**18**	**5**
南宁市江南区								
南宁市宾阳县			2	2				
南宁市马山县			4	2				
柳州市柳北区			1					
柳州市融水苗族自治县				1				
桂林市叠彩区				1				1
桂林市荔浦县				1				
桂林市龙胜各族自治区				1		1	1	1
贺州市八步区			1	1			1	
梧州市藤县			1				1	
贺州市富川瑶族自治县			1	2			1	
防城港市防城区			5					
北海市合浦县			1	1			4	
钦州市浦北县		1				1		2
贵港市港北区			1	1		1		1
贵港市平南县			2	5			3	
玉林市博白县				1		1		
玉林市容县			7	1			3	
贵港市桂平市				1				
百色市靖西县			2	1			2	
百色市田阳县								
河池市宜州市	1		3	1		1	1	
河池市东兰县							1	
来宾市兴宾区								
崇左市扶绥县		1						

4－22　续表 2

单位:人

地　区	极重度障碍/不能完成			
	残疾一级	残疾二级	残疾三级	残疾四级
总　计	**2**	**15**	**10**	**1**
南宁市江南区				
南宁市宾阳县				
南宁市马山县				
柳州市柳北区				
柳州市融水苗族自治县				
桂林市叠彩区				
桂林市荔浦县		1		
桂林市龙胜各族自治区		1	1	
贺州市八步区		1		
梧州市藤县				
贺州市富川瑶族自治县		1	3	
防城港市防城区		1		
北海市合浦县		1		
钦州市浦北县	1	1		1
贵港市港北区		1		
贵港市平南县		3	3	
玉林市博白县				
玉林市容县				
贵港市桂平市			2	
百色市靖西县	1	2		
百色市田阳县				
河池市宜州市		2	1	
河池市东兰县				
来宾市兴宾区				
崇左市扶绥县				

4－23　各地区18岁及以上智力残疾人分残疾等级的社会参与状况

单位:人

地　区	无障碍/无适用				轻度障碍			
	残疾一级	残疾二级	残疾三级	残疾四级	残疾一级	残疾二级	残疾三级	残疾四级
总　计			**2**	**11**		**4**	**21**	**51**
南宁市江南区								
南宁市宾阳县							1	4
南宁市马山县								8
柳州市柳北区							2	2
柳州市融水苗族自治县				1				3
桂林市叠彩区								1
桂林市荔浦县								3
桂林市龙胜各族自治区								1
贺州市八步区								1
梧州市藤县								1
贺州市富川瑶族自治县							3	3
防城港市防城区								6
北海市合浦县							4	3
钦州市浦北县			1					2
贵港市港北区								1
贵港市平南县								3
玉林市博白县				2				2
玉林市容县							6	2
贵港市桂平市				2				
百色市靖西县							1	1
百色市田阳县								2
河池市宜州市			1	5		2	2	1
河池市东兰县						2		
来宾市兴宾区				1			1	
崇左市扶绥县							1	1

4-23 续表 1

单位:人

地　区	中度障碍				重度障碍			
	残疾一级	残疾二级	残疾三级	残疾四级	残疾一级	残疾二级	残疾三级	残疾四级
总　计	**1**	**7**	**35**	**14**	**1**	**8**	**12**	**2**
南宁市江南区								
南宁市宾阳县			1					
南宁市马山县			4					
柳州市柳北区								
柳州市融水苗族自治县								
桂林市叠彩区				2				
桂林市荔浦县		1						1
桂林市龙胜各族自治区			1	1		1	1	
贺州市八步区			1			1	1	
梧州市藤县			2	1			1	
贺州市富川瑶族自治县		1	4				1	
防城港市防城区			4			1	1	
北海市合浦县			1			1		
钦州市浦北县	1	3		3				
贵港市港北区				1		1	1	
贵港市平南县			2	4		1	1	1
玉林市博白县				1		1		
玉林市容县			4	1			2	
贵港市桂平市			1				1	
百色市靖西县			2			1	1	
百色市田阳县			2					
河池市宜州市			3		1			
河池市东兰县		1					1	
来宾市兴宾区			3					
崇左市扶绥县		1						

4－23 续表 2

单位:人

地　　区	极重度障碍/不能完成			
	残疾一级	残疾二级	残疾三级	残疾四级
总　计	**1**	**6**	**5**	
南宁市江南区				
南宁市宾阳县				
南宁市马山县				
柳州市柳北区				
柳州市融水苗族自治县				
桂林市叠彩区				
桂林市荔浦县				
桂林市龙胜各族自治区		1		
贺州市八步区				
梧州市藤县				
贺州市富川瑶族自治县				
防城港市防城区				
北海市合浦县				
钦州市浦北县				
贵港市港北区		1		
贵港市平南县		2	5	
玉林市博白县				
玉林市容县				
贵港市桂平市				
百色市靖西县	1	1		
百色市田阳县				
河池市宜州市		1		
河池市东兰县				
来宾市兴宾区				
崇左市扶绥县				

4－24　各地区18岁及以上精神残疾人分残疾等级的理解和交流状况

单位:人

地　区	无障碍/无适用				轻度障碍			
	残疾一级	残疾二级	残疾三级	残疾四级	残疾一级	残疾二级	残疾三级	残疾四级
总　计	**1**		**2**	**37**	**2**	**5**	**14**	**89**
南宁市江南区				4	1	1	1	3
南宁市宾阳县			1					1
南宁市马山县							3	
柳州市柳北区							1	1
柳州市融水苗族自治县			1					6
桂林市叠彩区				1			1	2
桂林市荔浦县								1
桂林市龙胜各族自治区	1			2			2	10
贺州市八步区					1			3
梧州市藤县								3
贺州市富川瑶族自治县				2				2
防城港市防城区				5			1	5
北海市合浦县				2				5
钦州市浦北县				1		1		5
贵港市港北区				2				2
贵港市平南县				2				4
玉林市博白县				2		1		6
玉林市容县								4
贵港市桂平市				6			2	9
百色市靖西县				1				2
百色市田阳县				2				4
河池市宜州市							2	3
河池市东兰县				2		2	1	4
来宾市兴宾区				1				1
崇左市扶绥县				2				3

4－24 续表 1

单位:人

地区	中度障碍				重度障碍			
	残疾一级	残疾二级	残疾三级	残疾四级	残疾一级	残疾二级	残疾三级	残疾四级
总　计	**11**	**25**	**22**	**19**	**37**	**5**	**1**	
南宁市江南区			1	1	2			
南宁市宾阳县	1			3				
南宁市马山县		2	1	2	1			
柳州市柳北区	1			1	1			
柳州市融水苗族自治县	2		2	2	5		1	
桂林市叠彩区		4	1	1		1		
桂林市荔浦县		4	1		1			
桂林市龙胜各族自治区	1	1	1					
贺州市八步区		1	1	1	1			
梧州市藤县		1	1	1	2	2		
贺州市富川瑶族自治县			2		1			
防城港市防城区		1		1	2			
北海市合浦县	1			1	3			
钦州市浦北县			1		1			
贵港市港北区	1	2	1		3			
贵港市平南县	1	2			2			
玉林市博白县	2	1			2			
玉林市容县		1	1	1	3			
贵港市桂平市		1			1	1		
百色市靖西县		2	2	1	2			
百色市田阳县			1	2	2	1		
河池市宜州市	1							
河池市东兰县		1	2		1			
来宾市兴宾区			1					
崇左市扶绥县		1	2	1	1			

4-24 续表 2

单位:人

地区	极重度障碍/不能完成			
	残疾一级	残疾二级	残疾三级	残疾四级
总计	**25**			
南宁市江南区	2			
南宁市宾阳县				
南宁市马山县	5			
柳州市柳北区				
柳州市融水苗族自治县	1			
桂林市叠彩区	1			
桂林市荔浦县	2			
桂林市龙胜各族自治区				
贺州市八步区				
梧州市藤县	1			
贺州市富川瑶族自治县				
防城港市防城区				
北海市合浦县	1			
钦州市浦北县				
贵港市港北区	1			
贵港市平南县				
玉林市博白县	6			
玉林市容县	2			
贵港市桂平市				
百色市靖西县	1			
百色市田阳县				
河池市宜州市	1			
河池市东兰县				
来宾市兴宾区	1			
崇左市扶绥县				

4－25　各地区18岁及以上精神残疾人分残疾等级的身体移动状况

单位:人

地　区	无障碍/无适用				轻度障碍			
	残疾一级	残疾二级	残疾三级	残疾四级	残疾一级	残疾二级	残疾三级	残疾四级
总　计	**51**	**27**	**24**	**134**	**20**	**6**	**13**	**11**
南宁市江南区	5		1	8			1	
南宁市宾阳县			1	4	1			
南宁市马山县	6	2	3	2			1	
柳州市柳北区	1			1	1		1	1
柳州市融水苗族自治县	3			6	3		3	2
桂林市叠彩区		4	1	4	1	1	1	
桂林市荔浦县	2	4	1	1				
桂林市龙胜各族自治区			1	12	2	1	1	
贺州市八步区	2	1	1	3				1
梧州市藤县	3	2	1	4		1		
贺州市富川瑶族自治县			2	3	1			1
防城港市防城区	2	1	1	10				1
北海市合浦县	1			7	4			1
钦州市浦北县	1	1	1	6				
贵港市港北区	3	2		4	2		1	
贵港市平南县	2	1		5		1		1
玉林市博白县	10	2		8				
玉林市容县	5			5		1	1	
贵港市桂平市		2	2	15	1			
百色市靖西县	1	2	2	4	1			
百色市田阳县	1	1	1	7	1			1
河池市宜州市	1		1	2	1		1	1
河池市东兰县		1	1	5	1	1	2	1
来宾市兴宾区	1		1	2				
崇左市扶绥县	1	1	2	6				

4-25 续表 1

单位:人

地区	中度障碍				重度障碍			
	残疾一级	残疾二级	残疾三级	残疾四级	残疾一级	残疾二级	残疾三级	残疾四级
总 计	**4**	**2**	**1**		**1**		**1**	
南宁市江南区		1						
南宁市宾阳县								
南宁市马山县								
柳州市柳北区								
柳州市融水苗族自治县	1		1		1			
桂林市叠彩区								
桂林市荔浦县	1							
桂林市龙胜各族自治区							1	
贺州市八步区								
梧州市藤县								
贺州市富川瑶族自治县								
防城港市防城区								
北海市合浦县								
钦州市浦北县								
贵港市港北区								
贵港市平南县	1							
玉林市博白县								
玉林市容县								
贵港市桂平市								
百色市靖西县	1							
百色市田阳县								
河池市宜州市								
河池市东兰县		1						
来宾市兴宾区								
崇左市扶绥县								

4－25 续表 2

单位:人

地区	极重度障碍/不能完成			
	残疾一级	残疾二级	残疾三级	残疾四级
总计				
南宁市江南区				
南宁市宾阳县				
南宁市马山县				
柳州市柳北区				
柳州市融水苗族自治县				
桂林市叠彩区				
桂林市荔浦县				
桂林市龙胜各族自治区				
贺州市八步区				
梧州市藤县				
贺州市富川瑶族自治县				
防城港市防城区				
北海市合浦县				
钦州市浦北县				
贵港市港北区				
贵港市平南县				
玉林市博白县				
玉林市容县				
贵港市桂平市				
百色市靖西县				
百色市田阳县				
河池市宜州市				
河池市东兰县				
来宾市兴宾区				
崇左市扶绥县				

4－26 各地区18岁及以上精神残疾人分残疾等级的生活自理状况

单位:人

地　区	无障碍/无适用				轻度障碍			
	残疾一级	残疾二级	残疾三级	残疾四级	残疾一级	残疾二级	残疾三级	残疾四级
总　计	**2**	**7**	**7**	**102**	**19**	**17**	**25**	**41**
南宁市江南区				6		1	2	2
南宁市宾阳县				2			1	2
南宁市马山县			2	1	1	2	2	1
柳州市柳北区					2		1	2
柳州市融水苗族自治县				5	1		2	1
桂林市叠彩区		1		2		2	2	2
桂林市荔浦县		1	1					1
桂林市龙胜各族自治区				9			2	3
贺州市八步区	1	1	1	3				1
梧州市藤县		1		4		2		
贺州市富川瑶族自治县			1	4	1		1	
防城港市防城区				7	1	1		4
北海市合浦县	1			5	3			3
钦州市浦北县		1		5	1		1	1
贵港市港北区				3	3	2	1	1
贵港市平南县		1		5	1	1		1
玉林市博白县				4	3	1		4
玉林市容县			1	2	2	1		3
贵港市桂平市				12		1	2	3
百色市靖西县				4		2	2	
百色市田阳县				8			1	
河池市宜州市							2	3
河池市东兰县		1		5		1	3	1
来宾市兴宾区				1				1
崇左市扶绥县			1	5				1

4－26 续表 1

单位:人

地区	中度障碍				重度障碍			
	残疾一级	残疾二级	残疾三级	残疾四级	残疾一级	残疾二级	残疾三级	残疾四级
总计	**33**	**11**	**7**	**2**	**14**			
南宁市江南区	2				1			
南宁市宾阳县	1							
南宁市马山县					2			
柳州市柳北区								
柳州市融水苗族自治县	4		2	2	3			
桂林市叠彩区		2			1			
桂林市荔浦县	2	3						
桂林市龙胜各族自治区	1	1	1					
贺州市八步区					1			
梧州市藤县	2		1		1			
贺州市富川瑶族自治县								
防城港市防城区			1		1			
北海市合浦县	1							
钦州市浦北县								
贵港市港北区	1				1			
贵港市平南县	1							
玉林市博白县	7	1						
玉林市容县	2				1			
贵港市桂平市		1			1			
百色市靖西县	3							
百色市田阳县	2	1						
河池市宜州市	2							
河池市东兰县		1			1			
来宾市兴宾区	1		1					
崇左市扶绥县	1	1	1					

4－26　续表 2

单位:人

地　区	极重度障碍/不能完成			
	残疾一级	残疾二级	残疾三级	残疾四级
总　计	**8**			
南宁市江南区	2			
南宁市宾阳县				
南宁市马山县	3			
柳州市柳北区				
柳州市融水苗族自治县				
桂林市叠彩区				
桂林市荔浦县	1			
桂林市龙胜各族自治区	1			
贺州市八步区				
梧州市藤县				
贺州市富川瑶族自治县				
防城港市防城区				
北海市合浦县				
钦州市浦北县				
贵港市港北区				
贵港市平南县	1			
玉林市博白县				
玉林市容县				
贵港市桂平市				
百色市靖西县				
百色市田阳县				
河池市宜州市				
河池市东兰县				
来宾市兴宾区				
崇左市扶绥县				

4－27 各地区18岁及以上精神残疾人分残疾等级的与人相处状况

单位:人

地　区	无障碍/无适用				轻度障碍			
	残疾一级	残疾二级	残疾三级	残疾四级	残疾一级	残疾二级	残疾三级	残疾四级
总　计				**18**	**2**	**1**	**2**	**61**
南宁市江南区							1	7
南宁市宾阳县								
南宁市马山县								
柳州市柳北区								
柳州市融水苗族自治县								1
桂林市叠彩区								2
桂林市荔浦县								
桂林市龙胜各族自治区				1			1	4
贺州市八步区					1			3
梧州市藤县				1				2
贺州市富川瑶族自治县								4
防城港市防城区				3				3
北海市合浦县				3				3
钦州市浦北县				2				1
贵港市港北区					1			2
贵港市平南县				2				
玉林市博白县				1				5
玉林市容县								3
贵港市桂平市								8
百色市靖西县								1
百色市田阳县								4
河池市宜州市								3
河池市东兰县				2		1		3
来宾市兴宾区				1				
崇左市扶绥县				2				2

4－27 续表 1

单位:人

地　区	中度障碍				重度障碍			
	残疾一级	残疾二级	残疾三级	残疾四级	残疾一级	残疾二级	残疾三级	残疾四级
总　计	**2**	**10**	**22**	**55**	**32**	**20**	**14**	**10**
南宁市江南区		1			1		1	1
南宁市宾阳县				4	1		1	
南宁市马山县		1	2	2		1	2	
柳州市柳北区				2	1		1	
柳州市融水苗族自治县	1		4	5	5			2
桂林市叠彩区		1	2	2		3		
桂林市荔浦县				1	2	3		
桂林市龙胜各族自治区			1	6	1	1	1	1
贺州市八步区	1	1	1	1				
梧州市藤县		2	1	1	3	1		
贺州市富川瑶族自治县			1		1		1	
防城港市防城区			1	4	1			1
北海市合浦县				2	3			
钦州市浦北县			1			1		2
贵港市港北区		1	1	2	3	1		
贵港市平南县				3	1	2		1
玉林市博白县				1	3	2		1
玉林市容县		1	1	2	1			
贵港市桂平市				7		2	2	
百色市靖西县				2	1	1	2	1
百色市田阳县			1	4	2	1		
河池市宜州市			2		1			
河池市东兰县		1	1	1	1	1	2	
来宾市兴宾区			1	1				
崇左市扶绥县		1	1	2			1	

4－27 续表 2

单位:人

地区	极重度障碍/不能完成			
	残疾一级	残疾二级	残疾三级	残疾四级
总计	**40**	**4**	**1**	**1**
南宁市江南区	4			
南宁市宾阳县				
南宁市马山县	6			
柳州市柳北区	1			
柳州市融水苗族自治县	2			
桂林市叠彩区	1	1		
桂林市荔浦县	1	1	1	
桂林市龙胜各族自治区	1			
贺州市八步区				
梧州市藤县				
贺州市富川瑶族自治县				
防城港市防城区	1	1		
北海市合浦县	2			
钦州市浦北县	1			1
贵港市港北区	1			
贵港市平南县	2			
玉林市博白县	7			
玉林市容县	4			
贵港市桂平市	1			
百色市靖西县	2	1		
百色市田阳县				
河池市宜州市	1			
河池市东兰县				
来宾市兴宾区	1			
崇左市扶绥县	1			

4－28　各地区18岁及以上精神残疾人分残疾等级的生活活动状况

单位:人

地　　区	无障碍/无适用				轻度障碍			
	残疾一级	残疾二级	残疾三级	残疾四级	残疾一级	残疾二级	残疾三级	残疾四级
总　　计		**1**		**7**	**1**			**55**
南宁市江南区				1				1
南宁市宾阳县								1
南宁市马山县								1
柳州市柳北区								1
柳州市融水苗族自治县								
桂林市叠彩区								1
桂林市荔浦县								1
桂林市龙胜各族自治区								2
贺州市八步区					1			3
梧州市藤县								2
贺州市富川瑶族自治县								4
防城港市防城区								3
北海市合浦县				1				4
钦州市浦北县								5
贵港市港北区								2
贵港市平南县				1				2
玉林市博白县								3
玉林市容县								2
贵港市桂平市				1				7
百色市靖西县								1
百色市田阳县								3
河池市宜州市								2
河池市东兰县		1		2				2
来宾市兴宾区				1				
崇左市扶绥县								2

4－28 续表 1

单位:人

地　区	中度障碍				重度障碍			
	残疾一级	残疾二级	残疾三级	残疾四级	残疾一级	残疾二级	残疾三级	残疾四级
总　计	**3**	**2**	**10**	**68**	**16**	**27**	**26**	**15**
南宁市江南区				4		1	2	2
南宁市宾阳县				3			1	
南宁市马山县				1		2	4	
柳州市柳北区					1		1	1
柳州市融水苗族自治县	1		3	8	3		1	
桂林市叠彩区	1			3		1	2	
桂林市荔浦县		1	1		1	3		
桂林市龙胜各族自治区			1	8		1	2	2
贺州市八步区				1	1	1	1	
梧州市藤县				1	1	3	1	1
贺州市富川瑶族自治县			1				1	
防城港市防城区		1	1	8	1			
北海市合浦县	1			2	1			1
钦州市浦北县						1	1	1
贵港市港北区				2	2	2	1	
贵港市平南县				2		2		1
玉林市博白县				4	2	2		1
玉林市容县				2		1	1	1
贵港市桂平市				5		1	1	2
百色市靖西县				3	1	2	2	
百色市田阳县				4	2	1	1	1
河池市宜州市							1	1
河池市东兰县			2	2		2	1	
来宾市兴宾区				1				
崇左市扶绥县			1	4		1	1	

4－28 续表 2

单位:人

地 区	极重度障碍/不能完成			
	残疾一级	残疾二级	残疾三级	残疾四级
总 计	**56**	**5**	**3**	
南宁市江南区	5			
南宁市宾阳县	1			
南宁市马山县	6			
柳州市柳北区	1			
柳州市融水苗族自治县	4			
桂林市叠彩区		4		
桂林市荔浦县	2			
桂林市龙胜各族自治区	2			
贺州市八步区				
梧州市藤县	2			
贺州市富川瑶族自治县	1			
防城港市防城区	1			
北海市合浦县	3			
钦州市浦北县	1			
贵港市港北区	3			
贵港市平南县	3			
玉林市博白县	8			
玉林市容县	5			
贵港市桂平市	1	1	1	
百色市靖西县	2			
百色市田阳县				
河池市宜州市	2		1	
河池市东兰县	1			
来宾市兴宾区	1		1	
崇左市扶绥县	1			

4－29　各地区18岁及以上精神残疾人分残疾等级的社会参与状况

单位:人

地　区	无障碍/无适用				轻度障碍			
	残疾一级	残疾二级	残疾三级	残疾四级	残疾一级	残疾二级	残疾三级	残疾四级
总　计	**1**			**2**		**1**	**5**	**55**
南宁市江南区	1							2
南宁市宾阳县								
南宁市马山县							1	
柳州市柳北区								2
柳州市融水苗族自治县								1
桂林市叠彩区				2				1
桂林市荔浦县								
桂林市龙胜各族自治区								5
贺州市八步区								2
梧州市藤县						1		2
贺州市富川瑶族自治县								4
防城港市防城区								2
北海市合浦县								5
钦州市浦北县								4
贵港市港北区								
贵港市平南县								3
玉林市博白县								1
玉林市容县								2
贵港市桂平市							1	7
百色市靖西县							2	3
百色市田阳县								4
河池市宜州市								2
河池市东兰县								
来宾市兴宾区							1	1
崇左市扶绥县								2

4－29 续表 1

单位:人

地　区	中度障碍				重度障碍			
	残疾一级	残疾二级	残疾三级	残疾四级	残疾一级	残疾二级	残疾三级	残疾四级
总　计	**18**	**16**	**21**	**78**	**31**	**17**	**13**	**10**
南宁市江南区		1	1	3			1	3
南宁市宾阳县	1			4			1	
南宁市马山县		1	1	2	1	1	2	
柳州市柳北区	1		1		1			
柳州市融水苗族自治县	3		3	7	5		1	
桂林市叠彩区	1	3	1	1		2	1	
桂林市荔浦县		2		1	1	2	1	
桂林市龙胜各族自治区		1	3	6	2			1
贺州市八步区	2			2		1	1	
梧州市藤县	2	2	1	2	1			
贺州市富川瑶族自治县			1		1		1	
防城港市防城区			1	5	1	1		4
北海市合浦县	1			3	4			
钦州市浦北县	1			2		1	1	
贵港市港北区				4	4	2	1	
贵港市平南县		1		2	3	1		1
玉林市博白县		1		7	3			
玉林市容县			1	3		1		
贵港市桂平市	1	2	1	8				
百色市靖西县	3			1		2		
百色市田阳县	1	1	1	4	1			
河池市宜州市			1	1	2		1	
河池市东兰县			2	5	1	3	1	1
来宾市兴宾区				1				
崇左市扶绥县	1	1	2	4				

4－29 续表 2

单位:人

地　区	极重度障碍/不能完成			
	残疾一级	残疾二级	残疾三级	残疾四级
总　计	**26**	**1**		
南宁市江南区	4			
南宁市宾阳县				
南宁市马山县	5			
柳州市柳北区				
柳州市融水苗族自治县				
桂林市叠彩区				
桂林市荔浦县	2			
桂林市龙胜各族自治区				
贺州市八步区				
梧州市藤县				
贺州市富川瑶族自治县				
防城港市防城区	1			
北海市合浦县				
钦州市浦北县				
贵港市港北区	1			
贵港市平南县				
玉林市博白县	7	1		
玉林市容县	5			
贵港市桂平市				
百色市靖西县				
百色市田阳县				
河池市宜州市				
河池市东兰县				
来宾市兴宾区	1			
崇左市扶绥县				

4－30 各地区18岁及以上多重残疾人分残疾等级的理解和交流状况

单位:人

地 区	无障碍/无适用				轻度障碍			
	残疾一级	残疾二级	残疾三级	残疾四级	残疾一级	残疾二级	残疾三级	残疾四级
总 计	**86**	**29**	**112**	**96**	**86**	**44**	**130**	**98**
南宁市江南区	4	3	3	7	1		7	10
南宁市宾阳县	3		2	4	10		2	2
南宁市马山县	2		2		5	5	17	7
柳州市柳北区				1	4		5	3
柳州市融水苗族自治县	5	2		2	2			1
桂林市叠彩区	1	2	9	13	1	3	8	12
桂林市荔浦县	2	1	4	1	4	2	7	1
桂林市龙胜各族自治区	1	1	2		3		6	1
贺州市八步区	5		4	3	2	2	5	5
梧州市藤县		1	1	3	1	1	5	2
贺州市富川瑶族自治县	1	1	2		3		1	
防城港市防城区			2	2			8	8
北海市合浦县	14	5	16	7	8	3	7	6
钦州市浦北县	1		3	3	3	1	1	5
贵港市港北区	2	1	1	3	2			
贵港市平南县	3	1	19	8	4	4	14	
玉林市博白县	4	1	1		4	1	3	1
玉林市容县	2		4	7	5	7	11	10
贵港市桂平市	1		5	9	3	5	6	10
百色市靖西县	3		3	4	4	1	6	2
百色市田阳县	4	3	11	5	4	1	3	4
河池市宜州市	11		8	4	2	1	2	3
河池市东兰县	9	5	7	4	5	6	2	2
来宾市兴宾区	1	1	2	1			3	1
崇左市扶绥县	7	1	1	5	6	1	1	2

4－30 续表 1

单位:人

地区	中度障碍				重度障碍			
	残疾一级	残疾二级	残疾三级	残疾四级	残疾一级	残疾二级	残疾三级	残疾四级
总　计	**102**	**63**	**89**	**26**	**80**	**45**	**28**	**2**
南宁市江南区	2	3	4	2	1	2	1	
南宁市宾阳县	5	3	4		3			
南宁市马山县	18	7	13	1	4	1		
柳州市柳北区	6	4	9	2	1	3	2	
柳州市融水苗族自治县	2					1		
桂林市叠彩区	5	1	4	2	5	3		
桂林市荔浦县	3	2	11				4	
桂林市龙胜各族自治区	1	7	2	4	2		2	1
贺州市八步区	4				1	2		
梧州市藤县	2	1	4	1	2		2	
贺州市富川瑶族自治县	3	3	1		3			
防城港市防城区	3	2	6	3	5	5	1	
北海市合浦县		2	2		2	1	1	
钦州市浦北县	2	4	5	2	3	5	2	
贵港市港北区	1		2	1	7	1	4	1
贵港市平南县	5	1	3	1	5	3	1	
玉林市博白县	3	2	2	1				
玉林市容县	11	1	6	1	7	2		
贵港市桂平市	7	2	1		3		1	
百色市靖西县	4	1	4	1	2	4	1	
百色市田阳县	6	4	2	1	1	2		
河池市宜州市	1				1	1	1	
河池市东兰县	4	8	1		17	4	5	
来宾市兴宾区	2	2	1		4	2		
崇左市扶绥县	2	3	2	3	1	3		

4－30 续表 2

单位:人

地　区	极重度障碍/不能完成			
	残疾一级	残疾二级	残疾三级	残疾四级
总　计	**81**	**9**	**5**	
南宁市江南区	5			
南宁市宾阳县	3			
南宁市马山县	3			
柳州市柳北区	2		1	
柳州市融水苗族自治县	3			
桂林市叠彩区				
桂林市荔浦县	3	1		
桂林市龙胜各族自治区	3	1	1	
贺州市八步区	4		1	
梧州市藤县	1	1	1	
贺州市富川瑶族自治县	1			
防城港市防城区	4	1		
北海市合浦县	4			
钦州市浦北县	4	2		
贵港市港北区	8	2	1	
贵港市平南县	1			
玉林市博白县	2			
玉林市容县	9			
贵港市桂平市	2			
百色市靖西县	2			
百色市田阳县				
河池市宜州市	4	1		
河池市东兰县	8			
来宾市兴宾区	4			
崇左市扶绥县	1			

4－31　各地区18岁及以上多重残疾人分残疾等级的身体移动状况

单位:人

地　　区	无障碍/无适用				轻度障碍			
	残疾一级	残疾二级	残疾三级	残疾四级	残疾一级	残疾二级	残疾三级	残疾四级
总　　计	**225**	**97**	**177**	**127**	**60**	**28**	**97**	**69**
南宁市江南区	4	1	5	11	3	1	5	8
南宁市宾阳县	14	3	5	4	3		2	2
南宁市马山县	12	5	19	7	5	5	4	1
柳州市柳北区	5	4	5	3	1		3	2
柳州市融水苗族自治县	6	1		1	2	1		1
桂林市叠彩区	4	2	9	16	6		7	11
桂林市荔浦县	8	4	10		3	1	12	2
桂林市龙胜各族自治区	9	6	7	4			2	1
贺州市八步区	7	2	5	3	2	1	2	3
梧州市藤县	6	3	7	2		1	2	4
贺州市富川瑶族自治县	4	1	3		2	3	1	
防城港市防城区	5	2	10	7		1	4	5
北海市合浦县	13	5	12	8	4	1	11	3
钦州市浦北县	9	8	8	9	1	1	1	1
贵港市港北区	11		6	2	1	1	1	1
贵港市平南县	12	5	12	4	3	2	11	3
玉林市博白县	7	3	4		1		1	
玉林市容县	20	6	6	8	3	2	12	8
贵港市桂平市	10	4	9	14	2	3	3	3
百色市靖西县	6	3	4	3	3		4	3
百色市田阳县	7	7	12	9	6		2	1
河池市宜州市	11	1	7			1		3
河池市东兰县	19	11	6		5	3	5	3
来宾市兴宾区	3	5	3	2	3		1	
崇左市扶绥县	13	5	3	10	1		1	

4－31 续表 1

单位:人

地区	中度障碍				重度障碍			
	残疾一级	残疾二级	残疾三级	残疾四级	残疾一级	残疾二级	残疾三级	残疾四级
总　计	**56**	**29**	**76**	**25**	**44**	**28**	**13**	**1**
南宁市江南区	2	2	4		2	3		
南宁市宾阳县	2		1		3			
南宁市马山县	7	3	8		6		1	
柳州市柳北区	1		8	1	2	2	1	
柳州市融水苗族自治县				1	1	1		
桂林市叠彩区		3	5		1	4		
桂林市荔浦县		1	4					
桂林市龙胜各族自治区	1	1	4	1		2		
贺州市八步区	3		3	2	2	1		
梧州市藤县			4					
贺州市富川瑶族自治县	2				3			
防城港市防城区	1	1	3	1	3	3		
北海市合浦县	4	4	3	1	4			1
钦州市浦北县	3	1	2			2		
贵港市港北区	2	2	1	2		1		
贵港市平南县	2	2	8	2			6	
玉林市博白县	1			2	2		1	
玉林市容县	2	2	3	2	3			
贵港市桂平市	2			2	1		1	
百色市靖西县	3	2	5	1	3	1	1	
百色市田阳县	1	1	2			1		
河池市宜州市	4		3	4	1		1	
河池市东兰县	9	3	3	3	7	5	1	
来宾市兴宾区	3		2					
崇左市扶绥县	1	1				2		

4－31 续表 2

单位:人

地 区	极重度障碍/不能完成			
	残疾一级	残疾二级	残疾三级	残疾四级
总 计	**50**	**8**	**1**	
南宁市江南区	2	1	1	
南宁市宾阳县	2			
南宁市马山县	2			
柳州市柳北区	4	1		
柳州市融水苗族自治县	3			
桂林市叠彩区	1			
桂林市荔浦县	1			
桂林市龙胜各族自治区				
贺州市八步区	2			
梧州市藤县				
贺州市富川瑶族自治县				
防城港市防城区	3	1		
北海市合浦县	3	1		
钦州市浦北县				
贵港市港北区	6			
贵港市平南县	1			
玉林市博白县	2	1		
玉林市容县	6			
贵港市桂平市	1			
百色市靖西县				
百色市田阳县	1	1		
河池市宜州市	3	1		
河池市东兰县	3	1		
来宾市兴宾区	2			
崇左市扶绥县	2			

4－32　各地区18岁及以上多重残疾人分残疾等级的生活自理状况

单位:人

地　　区	无障碍/无适用				轻度障碍			
	残疾一级	残疾二级	残疾三级	残疾四级	残疾一级	残疾二级	残疾三级	残疾四级
总　　计	**126**	**63**	**172**	**138**	**114**	**71**	**149**	**77**
南宁市江南区	1	1	6	14	1	2	6	5
南宁市宾阳县	10	1	3	5	6	2	5	1
南宁市马山县	6	2	10	2	4	8	19	6
柳州市柳北区	2	2	8	4	3	2	9	2
柳州市融水苗族自治县	3	2		2	2			1
桂林市叠彩区	3	1	7	17	3		9	9
桂林市荔浦县	7	4	12	1	3	1	10	1
桂林市龙胜各族自治区	8	4	8	5		4	5	1
贺州市八步区	2	1	5	4	6	2	2	4
梧州市藤县	3		3	2	3	4	8	4
贺州市富川瑶族自治县	4	3	4		2	1		
防城港市防城区	1	2	10	9	3		5	4
北海市合浦县	8	3	11	6	8	5	12	6
钦州市浦北县	3	4	7	10	6	5	2	
贵港市港北区	6	1	3	3	4	2	4	2
贵港市平南县	7	2	22	8	7	5	9	
玉林市博白县	4	2	2		1		3	1
玉林市容县	5	4	7	8	11	6	12	10
贵港市桂平市	3	2	7	11	5	4	5	7
百色市靖西县	5	2	7	5	4	3	7	2
百色市田阳县	5	4	12	8	8	3	4	2
河池市宜州市	8		7	4	4	2	4	2
河池市东兰县	13	9	7	2	11	7	4	3
来宾市兴宾区		3	2	2	5	2	3	
崇左市扶绥县	9	4	2	6	4	1	2	4

4－32 续表 1

单位:人

地　区	中度障碍				重度障碍			
	残疾一级	残疾二级	残疾三级	残疾四级	残疾一级	残疾二级	残疾三级	残疾四级
总　计	**95**	**30**	**39**	**7**	**60**	**23**	**4**	
南宁市江南区	6	3	2			2	1	
南宁市宾阳县	1				4			
南宁市马山县	14	3	3		6			
柳州市柳北区	4	1			2	2		
柳州市融水苗族自治县	3	1			1			
桂林市叠彩区	4	5	5	1	2	3		
桂林市荔浦县	1		4			1		
桂林市龙胜各族自治区	2	1						
贺州市八步区	4		3		3	1		
梧州市藤县			2					
贺州市富川瑶族自治县					4			
防城港市防城区	5	3	2		1	3		
北海市合浦县	4	2	3	1	7	1		
钦州市浦北县	2	1	1		1	2	1	
贵港市港北区	2		1		6	1		
贵港市平南县	2	1	5	1	1	1	1	
玉林市博白县	4	1		1	2	1	1	
玉林市容县	8		2		6			
贵港市桂平市	5	1	1	1	2			
百色市靖西县	6					1		
百色市田阳县	1	2			1	1		
河池市宜州市	1			1	2			
河池市东兰县	11	4	4	1	7	1		
来宾市兴宾区	3		1		1			
崇左市扶绥县	2	1			1	2		

4－32 续表 2

单位:人

地　区	极重度障碍/不能完成			
	残疾一级	残疾二级	残疾三级	残疾四级
总　计	**40**	**3**		
南宁市江南区	5			
南宁市宾阳县	3			
南宁市马山县	2			
柳州市柳北区	2			
柳州市融水苗族自治县	3			
桂林市叠彩区				
桂林市荔浦县	1			
桂林市龙胜各族自治区				
贺州市八步区	1			
梧州市藤县				
贺州市富川瑶族自治县	1			
防城港市防城区	2			
北海市合浦县	1			
钦州市浦北县	1			
贵港市港北区	2			
贵港市平南县	1			
玉林市博白县	2			
玉林市容县	4			
贵港市桂平市	1			
百色市靖西县				
百色市田阳县				
河池市宜州市	4	1		
河池市东兰县	1	2		
来宾市兴宾区	2			
崇左市扶绥县	1			

4－33 各地区18岁及以上多重残疾人分残疾等级的与人相处状况

单位:人

地区	无障碍/无适用				轻度障碍			
	残疾一级	残疾二级	残疾三级	残疾四级	残疾一级	残疾二级	残疾三级	残疾四级
总　计	**110**	**53**	**177**	**125**	**63**	**38**	**100**	**70**
南宁市江南区	4	4	2	8	2	1	8	10
南宁市宾阳县	3		3	4	10	1	4	2
南宁市马山县	4	3	7	1	6	2	12	5
柳州市柳北区	1			2	1		4	
柳州市融水苗族自治县	6	2		2	1			1
桂林市叠彩区	2	1	10	17	1	2	8	6
桂林市荔浦县	6	5	24	2	1		1	
桂林市龙胜各族自治区		2	6		3	2	4	5
贺州市八步区	5		8	6	2	3	1	1
梧州市藤县		1	3	4		1	5	2
贺州市富川瑶族自治县	2	2	2		4	2	2	
防城港市防城区			3	1			9	9
北海市合浦县	18	8	21	13	3		3	
钦州市浦北县	2	3	6	8	1	3	2	1
贵港市港北区	2	1	1	2			2	3
贵港市平南县	2	4	30	6	4		4	2
玉林市博白县	3		2		7	2	3	2
玉林市容县	4		5	7	2	2	11	10
贵港市桂平市		1	4	11	3	5	6	7
百色市靖西县	7	1	8	5		2	2	1
百色市田阳县	7	5	12	8	2	3	1	
河池市宜州市	10		9	6	2	1	1	1
河池市东兰县	11	9	8	5	5	5	2	1
来宾市兴宾区	1		2	2			3	
崇左市扶绥县	10	1	1	5	3	1	2	1

4-33 续表 1

单位:人

地区	中度障碍				重度障碍			
	残疾一级	残疾二级	残疾三级	残疾四级	残疾一级	残疾二级	残疾三级	残疾四级
总　计	**102**	**44**	**63**	**25**	**83**	**45**	**19**	**2**
南宁市江南区	1	2	5	1	3	1		
南宁市宾阳县	3	2	1		5			
南宁市马山县	12	4	13	2	8	4		
柳州市柳北区	8	4	9	4	2	2	3	
柳州市融水苗族自治县	2					1		
桂林市叠彩区	3	1	3	4	5	4		
桂林市荔浦县	1		1		1			
桂林市龙胜各族自治区	1	3		1	3	2	2	
贺州市八步区	3			1	3			
梧州市藤县	1	1	2		4		2	
贺州市富川瑶族自治县	2				2			
防城港市防城区	3	2	4	1	4	6	1	2
北海市合浦县	2	1	2		2	1		
钦州市浦北县	4		2	1	3	5	1	
贵港市港北区	3		1		11	3	3	
贵港市平南县	5	1	2	1	3	3	1	
玉林市博白县	1	2					1	
玉林市容县	12	7	5	1	4	1		
贵港市桂平市	9		2	1	1	1	1	
百色市靖西县	2	2	2	1	5		2	
百色市田阳县	5		3	2	1	2		
河池市宜州市	2	1	1		1			
河池市东兰县	14	6	3		8	3	2	
来宾市兴宾区	1	2	1		3	3		
崇左市扶绥县	2	3	1	4	1	3		

4－33 续表 2

单位:人

地　区	极重度障碍/不能完成			
	残疾一级	残疾二级	残疾三级	残疾四级
总　计	**77**	**10**	**5**	
南宁市江南区	3			
南宁市宾阳县	3			
南宁市马山县	2			
柳州市柳北区	1	1	1	
柳州市融水苗族自治县	3			
桂林市叠彩区	1	1		
桂林市荔浦县	3	1		
桂林市龙胜各族自治区	3		1	
贺州市八步区	3	1	1	
梧州市藤县	1	1	1	
贺州市富川瑶族自治县	1			
防城港市防城区	5			
北海市合浦县	3	1		
钦州市浦北县	3	1		
贵港市港北区	4		1	
贵港市平南县	4	1		
玉林市博白县	2			
玉林市容县	12			
贵港市桂平市	3			
百色市靖西县	1	1		
百色市田阳县				
河池市宜州市	4	1		
河池市东兰县	5			
来宾市兴宾区	6			
崇左市扶绥县	1			

4－34 各地区18岁及以上多重残疾人分残疾等级的生活活动状况

单位:人

地区	无障碍/无适用				轻度障碍			
	残疾一级	残疾二级	残疾三级	残疾四级	残疾一级	残疾二级	残疾三级	残疾四级
总　计	**14**	**7**	**24**	**21**	**52**	**24**	**86**	**88**
南宁市江南区			1	1		1	6	12
南宁市宾阳县	1				6		2	4
南宁市马山县					1		2	3
柳州市柳北区		1					4	2
柳州市融水苗族自治县		1		1	3			1
桂林市叠彩区					3		6	14
桂林市荔浦县					2	3	10	1
桂林市龙胜各族自治区					2	1	1	1
贺州市八步区	1	1		2	1		5	2
梧州市藤县			3	2	1	2	3	3
贺州市富川瑶族自治县	1		1			3	2	
防城港市防城区			1	3			9	6
北海市合浦县	1		5	3	9	2	7	6
钦州市浦北县	2		2	1		1	1	6
贵港市港北区	2				2		1	4
贵港市平南县	2	2	4	1	1		2	1
玉林市博白县					3		1	
玉林市容县	1				1	3	5	5
贵港市桂平市			1	1	1	2	5	7
百色市靖西县		1					1	1
百色市田阳县	1		3	5	4	3	7	2
河池市宜州市			2		2		3	1
河池市东兰县			1		7	2	1	1
来宾市兴宾区		1		1			1	1
崇左市扶绥县	2				3	1	1	4

4－34 续表 1

单位:人

地　区	中度障碍				重度障碍			
	残疾一级	残疾二级	残疾三级	残疾四级	残疾一级	残疾二级	残疾三级	残疾四级
总　计	**90**	**44**	**142**	**75**	**111**	**69**	**84**	**35**
南宁市江南区	2	1	5	4	5	4	2	2
南宁市宾阳县	5	1	4	2	4	1	2	
南宁市马山县	4	3	24	5	12	8	4	
柳州市柳北区	2	1	2	2	1	2	10	1
柳州市融水苗族自治县	1				2	2		1
桂林市叠彩区	1	1	12	8	3	4	1	4
桂林市荔浦县	5	2	10	1	2		6	
桂林市龙胜各族自治区	3	2	5	4	1	6	4	1
贺州市八步区	3		3	4	5	1	1	
梧州市藤县			2		3		3	1
贺州市富川瑶族自治县	3	1	1		4			
防城港市防城区		2	2	4	5		4	
北海市合浦县	6	6	12	3	5	1	1	1
钦州市浦北县	2	2	4	3	3	5	3	
贵港市港北区	1	1	2		4		3	1
贵港市平南县	5		13	3	2	2	15	4
玉林市博白县	1	2	3	1	4	1	2	1
玉林市容县	7	2	4	6	6	5	7	6
贵港市桂平市	5	1	4	10	7	3	1	1
百色市靖西县	5		8	4	8	5	5	2
百色市田阳县	7	2	6	3	2	4		
河池市宜州市	8	1	3	3	3	1	2	3
河池市东兰县	9	10	9	3	14	6	4	2
来宾市兴宾区	1	2	2		3	2	3	
崇左市扶绥县	4	1	2	2	3	6	1	4

4－34 续表 2

单位:人

地区	极重度障碍/不能完成			
	残疾一级	残疾二级	残疾三级	残疾四级
总计	**168**	**46**	**28**	**3**
南宁市江南区	6	2	1	
南宁市宾阳县	8	1		
南宁市马山县	15	2	2	
柳州市柳北区	10	3	1	1
柳州市融水苗族自治县	6			
桂林市叠彩区	5	4	2	1
桂林市荔浦县	3	1		
桂林市龙胜各族自治区	4		3	
贺州市八步区	6	2	1	
梧州市藤县	2	2	2	
贺州市富川瑶族自治县	3			
防城港市防城区	7	6	1	
北海市合浦县	7	2	1	
钦州市浦北县	6	4	1	
贵港市港北区	11	3	2	
贵港市平南县	8	5	3	
玉林市博白县	5	1		
玉林市容县	19		5	1
贵港市桂平市	3	1	2	
百色市靖西县	2			
百色市田阳县	1	1		
河池市宜州市	6	1	1	
河池市东兰县	13	5		
来宾市兴宾区	7			
崇左市扶绥县	5			

4－35　各地区18岁及以上多重残疾人分残疾等级的社会参与状况

单位:人

地　　区	无障碍/无适用				轻度障碍			
	残疾一级	残疾二级	残疾三级	残疾四级	残疾一级	残疾二级	残疾三级	残疾四级
总　　计	**6**	**8**	**30**	**26**	**73**	**42**	**147**	**143**
南宁市江南区			1	3	1	2	6	14
南宁市宾阳县				1	7		4	3
南宁市马山县	1		1			2	6	7
柳州市柳北区					2	1	2	3
柳州市融水苗族自治县					3	1		3
桂林市叠彩区				1	3	2	12	22
桂林市荔浦县					1	3	15	1
桂林市龙胜各族自治区					1	1	4	4
贺州市八步区			3	3	3		4	4
梧州市藤县			1			2	4	6
贺州市富川瑶族自治县		2	1		1			
防城港市防城区							10	6
北海市合浦县		3	9	6	5	2	8	5
钦州市浦北县				1		1	6	7
贵港市港北区					1	1	2	3
贵港市平南县					6	5	24	6
玉林市博白县			1		3	3	1	
玉林市容县				1	8	5	12	12
贵港市桂平市			3	2	2	2	5	13
百色市靖西县							2	4
百色市田阳县	4	3	7	6	5	2	4	3
河池市宜州市					7		9	5
河池市东兰县			2		5	3	5	4
来宾市兴宾区			1	1	1	2	1	1
崇左市扶绥县	1			1	8	2	1	7

4－35 续表 1

单位:人

地　区	中度障碍				重度障碍			
	残疾一级	残疾二级	残疾三级	残疾四级	残疾一级	残疾二级	残疾三级	残疾四级
总　计	**144**	**75**	**152**	**47**	**131**	**49**	**30**	**6**
南宁市江南区	6	2	7	2	3	4	1	
南宁市宾阳县	10	3	3	2	6		1	
南宁市马山县	15	8	24	1	12	3	1	
柳州市柳北区	2	1	6	3	3	3	8	
柳州市融水苗族自治县	1	1			5	1		
桂林市叠彩区	4	1	6	3	4	4	3	1
桂林市荔浦县	4	1	10	1	3	2	1	
桂林市龙胜各族自治区	5	5	7	2		3	2	
贺州市八步区	5	2	2		2	1		1
梧州市藤县	1	1	6		4	1	2	
贺州市富川瑶族自治县	3	2	3		4			
防城港市防城区	1		6	5	11	6	1	2
北海市合浦县	5	4	9	2	16	1		
钦州市浦北县	5	7	4	2	3	2	1	
贵港市港北区	4	1	3	1	6		1	1
贵港市平南县	7	2	12	3	3		1	
玉林市博白县	2		3	2	4	1		
玉林市容县	9	4	9	4	9	1		1
贵港市桂平市	9	5	4	4	4		1	
百色市靖西县	10	3	10	3	5	3	2	
百色市田阳县	5	3	5	1	1	2		
河池市宜州市	4	2	2	2	4			
河池市东兰县	21	12	4	2	16	7	4	
来宾市兴宾区	1	2	4		2	1		
崇左市扶绥县	5	3	3	2	1	3		

4－35 续表 2

单位:人

地 区	极重度障碍/不能完成			
	残疾一级	残疾二级	残疾三级	残疾四级
总 计	**81**	**16**	**5**	
南宁市江南区	3			
南宁市宾阳县	1			
南宁市马山县	4			
柳州市柳北区	6	2	1	
柳州市融水苗族自治县	3			
桂林市叠彩区	1	2		
桂林市荔浦县	4			
桂林市龙胜各族自治区	4			
贺州市八步区	6	1	1	
梧州市藤县	1			
贺州市富川瑶族自治县	3			
防城港市防城区		2		
北海市合浦县	2	1		
钦州市浦北县	5	2		
贵港市港北区	9	2	2	
贵港市平南县	2	2		
玉林市博白县	4		1	
玉林市容县	8			
贵港市桂平市	1			
百色市靖西县				
百色市田阳县				
河池市宜州市	4	1		
河池市东兰县	1	1		
来宾市兴宾区	7			
崇左市扶绥县	2			

4－36　各地区视力残疾人分残疾等级的康复形式

单位：人

地　　区	机构康复				延伸服务			
	残疾一级	残疾二级	残疾三级	残疾四级	残疾一级	残疾二级	残疾三级	残疾四级
总　　计	**156**	**47**	**69**	**525**	**4**		**1**	**13**
南宁市江南区	3	1	5	34				
南宁市宾阳县	7	1	3	14				
南宁市马山县	4	1	4	25				
柳州市柳北区	2			11				1
柳州市融水苗族自治县	9	5	5	14				
桂林市叠彩区		1	2	12				3
桂林市荔浦县	10	7	3	30				
桂林市龙胜各族自治区	2	2	2	12				3
贺州市八步区	3	1		11				
梧州市藤县	7		3	21				
贺州市富川瑶族自治县	11	3		15				
防城港市防城区	3	3	9	17				
北海市合浦县	4			13				
钦州市浦北县	6	1	4	28				
贵港市港北区	3	1	2	18				
贵港市平南县		1	3	14	2		1	2
玉林市博白县	4	1	1	7	1			4
玉林市容县	5		2	22				
贵港市桂平市	5		2	22				
百色市靖西县	8	1	1	13				
百色市田阳县	10	4	4	20				
河池市宜州市	8	1	3	51				
河池市东兰县	3	2	3	14	1			
来宾市兴宾区	21	9	6	37				
崇左市扶绥县	18	1	2	50				

4－36 续表

单位：人

地　　区	社区和家庭服务			
	残疾一级	残疾二级	残疾三级	残疾四级
总　　计	**59**	**1**	**6**	**30**
南宁市江南区	1			
南宁市宾阳县	3			1
南宁市马山县	1			
柳州市柳北区				
柳州市融水苗族自治县	8			2
桂林市叠彩区	4		3	8
桂林市荔浦县				
桂林市龙胜各族自治区	3			2
贺州市八步区				
梧州市藤县	2			
贺州市富川瑶族自治县	3			1
防城港市防城区				
北海市合浦县	2			1
钦州市浦北县	2	1		
贵港市港北区	2			5
贵港市平南县	1			
玉林市博白县	9			
玉林市容县	4			
贵港市桂平市	4			
百色市靖西县	1			2
百色市田阳县	1			
河池市宜州市				5
河池市东兰县	5			1
来宾市兴宾区				
崇左市扶绥县	3		3	2

4－37 各地区视力残疾人分残疾等级的康复内容

单位：人

地　区	医疗服务				辅助器具			
	残疾一级	残疾二级	残疾三级	残疾四级	残疾一级	残疾二级	残疾三级	残疾四级
总　计	**158**	**47**	**73**	**535**	**50**	**6**	**9**	**92**
南宁市江南区	4	1	5	33	1			4
南宁市宾阳县	7	1	3	14	1			
南宁市马山县	4	1	4	25	1			
柳州市柳北区	2			12	2			8
柳州市融水苗族自治县	10	5	5	13				
桂林市叠彩区	2	1	5	20				2
桂林市荔浦县	10	7	3	30				
桂林市龙胜各族自治区	2	2	2	12				
贺州市八步区	3	1		11	2	1		7
梧州市藤县	7		3	21	1			
贺州市富川瑶族自治县	10	3		16	1			
防城港市防城区	3	3	9	17		1	3	3
北海市合浦县	4			13	2			
钦州市浦北县	6	1	4	28				1
贵港市港北区	3	1	2	18				3
贵港市平南县		1	4	15	1	1		5
玉林市博白县	6	1	1	7	8			4
玉林市容县	6		2	22	3		1	3
贵港市桂平市	5		2	22	9		2	20
百色市靖西县	7	1	1	14				6
百色市田阳县	10	4	4	20	6			4
河池市宜州市	8	1	3	50	1			4
河池市东兰县	3	2	3	15	5	2	2	9
来宾市兴宾区	21	9	6	37				1
崇左市扶绥县	15	1	2	50	6	1	1	8

4－37 续表

单位：人

地 区	康复训练与服务			
	残疾一级	残疾二级	残疾三级	残疾四级
总 计	**69**	**6**	**17**	**81**
南宁市江南区				
南宁市宾阳县	5		1	3
南宁市马山县	5	1	4	23
柳州市柳北区	2			7
柳州市融水苗族自治县	7		1	5
桂林市叠彩区	2			1
桂林市荔浦县				
桂林市龙胜各族自治区	3			5
贺州市八步区				
梧州市藤县	3		1	
贺州市富川瑶族自治县	4			
防城港市防城区				
北海市合浦县	2			1
钦州市浦北县	2	1		
贵港市港北区	2			3
贵港市平南县	3		2	1
玉林市博白县				
玉林市容县				
贵港市桂平市	4			2
百色市靖西县	1			1
百色市田阳县	11	4	4	20
河池市宜州市	1			4
河池市东兰县	7		1	2
来宾市兴宾区				
崇左市扶绥县	5		3	3

4－38 各地区听力残疾人分残疾等级的康复形式

单位：人

地　区	机构康复				延伸服务			
	残疾一级	残疾二级	残疾三级	残疾四级	残疾一级	残疾二级	残疾三级	残疾四级
总　计	**54**	**102**	**564**	**496**	**1**	**3**	**8**	**22**
南宁市江南区		2	12	23			3	22
南宁市宾阳县	2	5	38	24				
南宁市马山县	4	2	8	7	1		1	
柳州市柳北区	1	1	15	31				
柳州市融水苗族自治县		6	27			1		
桂林市叠彩区	2	2	27	28				
桂林市荔浦县	3	4	46	29		1		
桂林市龙胜各族自治区	3	6	37	31				
贺州市八步区	2	7	28	52				
梧州市藤县		2	21	10				
贺州市富川瑶族自治县	6	2	6	1				
防城港市防城区	1	3	17	21				
北海市合浦县	2	5	37	40			2	
钦州市浦北县	2	2	17	18				
贵港市港北区	2	2	29	21				
贵港市平南县	2	2	17	14				
玉林市博白县								
玉林市容县		11	24	54			1	
贵港市桂平市	12	6	27	36				
百色市靖西县	2	2	11	3		1	1	
百色市田阳县		7	51	28				
河池市宜州市	1	6	19	2				
河池市东兰县	6	14	27	16				
来宾市兴宾区	1	3	18	1				
崇左市扶绥县			5	6				

4－38 续表

单位：人

地　　区	社区和家庭服务			
	残疾一级	残疾二级	残疾三级	残疾四级
总　　计	**15**	**22**	**117**	**63**
南宁市江南区	1			2
南宁市宾阳县			1	
南宁市马山县	3		13	6
柳州市柳北区				
柳州市融水苗族自治县	1		5	1
桂林市叠彩区			7	5
桂林市荔浦县				3
桂林市龙胜各族自治区				
贺州市八步区				
梧州市藤县		2	3	2
贺州市富川瑶族自治县	2	11	14	3
防城港市防城区				
北海市合浦县	1		1	
钦州市浦北县		3	14	12
贵港市港北区	3	1	20	4
贵港市平南县				
玉林市博白县	1	3	23	20
玉林市容县				
贵港市桂平市				
百色市靖西县	2	2	14	5
百色市田阳县	1		2	
河池市宜州市				
河池市东兰县				
来宾市兴宾区				
崇左市扶绥县				

4－39 各地区听力残疾人分残疾等级的康复内容

单位：人

地区	医疗服务				辅助器具			
	残疾一级	残疾二级	残疾三级	残疾四级	残疾一级	残疾二级	残疾三级	残疾四级
总　计	**48**	**84**	**470**	**448**	**58**	**120**	**601**	**424**
南宁市江南区			1	6	1	2	15	42
南宁市宾阳县	2	5	38	24	2	5	37	20
南宁市马山县	3	2	8	6	6	1	18	12
柳州市柳北区	1	1	15	30	1	1	15	31
柳州市融水苗族自治县		4	21		1	7	17	
桂林市叠彩区	2	2	34	33	2	2	29	20
桂林市荔浦县	2	4	34	24	3	5	46	31
桂林市龙胜各族自治区	3	6	37	31	3	6	37	11
贺州市八步区		2	16	41	2	7	28	18
梧州市藤县		3	20	11		2	4	1
贺州市富川瑶族自治县	3	1	4	2	8	13	20	4
防城港市防城区	1	3	17	21	1	3	16	17
北海市合浦县		3	24	38	3	5	32	17
钦州市浦北县	1	2	10	11	2	5	31	29
贵港市港北区	4	3	33	21	3	1	32	14
贵港市平南县	2	2	17	14	2	2	17	14
玉林市博白县			3	7	1	3	20	13
玉林市容县		11	25	54		11	24	54
贵港市桂平市	12	6	25	36	5	4	16	16
百色市靖西县	4	5	25	8	4	5	26	8
百色市田阳县	1	2	14	8		7	53	27
河池市宜州市					1	6	19	2
河池市东兰县	6	14	27	16	6	14	26	16
来宾市兴宾区	1	3	18	1	1	3	18	1
崇左市扶绥县			4	5			5	6

4－39　续表

单位：人

地　区	康复训练与服务			
	残疾一级	残疾二级	残疾三级	残疾四级
总　计	**6**	**10**	**45**	**50**
南宁市江南区				
南宁市宾阳县			1	
南宁市马山县	2			3
柳州市柳北区	1			
柳州市融水苗族自治县			15	1
桂林市叠彩区	1		1	4
桂林市荔浦县			1	
桂林市龙胜各族自治区	1			
贺州市八步区				
梧州市藤县				
贺州市富川瑶族自治县				
防城港市防城区				
北海市合浦县	1			
钦州市浦北县			4	4
贵港市港北区			2	2
贵港市平南县				
玉林市博白县				
玉林市容县		10	21	36
贵港市桂平市				
百色市靖西县				
百色市田阳县				
河池市宜州市				
河池市东兰县				
来宾市兴宾区				
崇左市扶绥县				

4－40 各地区言语残疾人分残疾等级的康复形式

单位：人

地 区	机构康复				延伸服务			
	残疾一级	残疾二级	残疾三级	残疾四级	残疾一级	残疾二级	残疾三级	残疾四级
总 计	**5**	**5**	**8**	**21**			**1**	**3**
南宁市江南区								
南宁市宾阳县			1	2				
南宁市马山县								
柳州市柳北区								
柳州市融水苗族自治县			1	2			1	
桂林市叠彩区				1				
桂林市荔浦县								
桂林市龙胜各族自治区								
贺州市八步区		1	1					
梧州市藤县	1		1					
贺州市富川瑶族自治县				1				
防城港市防城区	1	1		1				1
北海市合浦县				1				
钦州市浦北县	1			2				
贵港市港北区				2				
贵港市平南县								
玉林市博白县				1				2
玉林市容县		1		3				
贵港市桂平市								
百色市靖西县		1	1	2				
百色市田阳县				1				
河池市宜州市			1					
河池市东兰县								
来宾市兴宾区	2	1	1	1				
崇左市扶绥县			1	1				

4－40 续表

单位：人

地　区	社区和家庭服务			
	残疾一级	残疾二级	残疾三级	残疾四级
总　计	**5**	**2**	**7**	**11**
南宁市江南区				
南宁市宾阳县				
南宁市马山县				
柳州市柳北区				1
柳州市融水苗族自治县	1			1
桂林市叠彩区				1
桂林市荔浦县			1	
桂林市龙胜各族自治区				
贺州市八步区			1	
梧州市藤县	1	1		4
贺州市富川瑶族自治县	1		2	
防城港市防城区	1			
北海市合浦县			2	1
钦州市浦北县				
贵港市港北区				
贵港市平南县				
玉林市博白县				
玉林市容县				1
贵港市桂平市				
百色市靖西县	1			
百色市田阳县				
河池市宜州市			1	1
河池市东兰县				1
来宾市兴宾区				
崇左市扶绥县		1		

4－41　各地区言语残疾人分残疾等级的康复内容

单位：人

地　　区	医疗服务				辅助器具			
	残疾一级	残疾二级	残疾三级	残疾四级	残疾一级	残疾二级	残疾三级	残疾四级
总　　计	**5**	**5**	**7**	**19**	**1**			**3**
南宁市江南区								
南宁市宾阳县			1	2				
南宁市马山县								
柳州市柳北区				1				
柳州市融水苗族自治县			1	2				
桂林市叠彩区				1				
桂林市荔浦县								
桂林市龙胜各族自治区								
贺州市八步区		1	1					
梧州市藤县	1				1			1
贺州市富川瑶族自治县								
防城港市防城区	1	1		2				
北海市合浦县			1					1
钦州市浦北县				1				
贵港市港北区								
贵港市平南县								
玉林市博白县				2				1
玉林市容县		1		3				
贵港市桂平市								
百色市靖西县	1	1	1	2				
百色市田阳县				1				
河池市宜州市								
河池市东兰县								
来宾市兴宾区	2	1	1	1				
崇左市扶绥县			1	1				

4－41　续表

单位：人

地　　区	康复训练与服务			
	残疾一级	残疾二级	残疾三级	残疾四级
总　　计	**6**	**5**	**12**	**21**
南宁市江南区				
南宁市宾阳县				2
南宁市马山县				
柳州市柳北区				
柳州市融水苗族自治县	1		2	2
桂林市叠彩区				2
桂林市荔浦县			1	
桂林市龙胜各族自治区				
贺州市八步区		1	1	
梧州市藤县		1	1	3
贺州市富川瑶族自治县	1		2	1
防城港市防城区	2	1		
北海市合浦县			2	2
钦州市浦北县	1			1
贵港市港北区				2
贵港市平南县				
玉林市博白县				
玉林市容县				2
贵港市桂平市				
百色市靖西县	1	1		1
百色市田阳县				
河池市宜州市			2	1
河池市东兰县				1
来宾市兴宾区				
崇左市扶绥县		1	1	1

4－42 各地区肢体残疾人分残疾等级的康复形式

单位：人

地　区	机构康复				延伸服务			
	残疾一级	残疾二级	残疾三级	残疾四级	残疾一级	残疾二级	残疾三级	残疾四级
总　计	**34**	**97**	**185**	**544**	**1**	**5**	**11**	**30**
南宁市江南区		1	8	36				
南宁市宾阳县	1	7	8	41				
南宁市马山县	1	8	8	10				
柳州市柳北区	2	4	9	31				
柳州市融水苗族自治县	1	1	8	15				
桂林市叠彩区	1							
桂林市荔浦县	4	6	12	38		1		1
桂林市龙胜各族自治区	1	7	16	41				
贺州市八步区		2	7	24				
梧州市藤县		1	10	48				
贺州市富川瑶族自治县	2	1	3	12			1	
防城港市防城区	3	10	7	30	1		2	1
北海市合浦县	5	9	8	28				
钦州市浦北县	1	4	7	10		1		1
贵港市港北区	3	6	12	17				
贵港市平南县		3	12	32		3	6	16
玉林市博白县				1				
玉林市容县			1	4			2	11
贵港市桂平市		2	5	30				
百色市靖西县	1	1		7				
百色市田阳县	5	9	9	16				
河池市宜州市		4	14	33				
河池市东兰县	1	1	3	16				
来宾市兴宾区		4	9	6				
崇左市扶绥县	2	6	9	18				

4－42 续表

单位：人

地　　区	社区和家庭服务			
	残疾一级	残疾二级	残疾三级	残疾四级
总　　计	**21**	**41**	**109**	**347**
南宁市江南区			1	2
南宁市宾阳县				2
南宁市马山县	2	1	7	12
柳州市柳北区				
柳州市融水苗族自治县	1	4	8	14
桂林市叠彩区		2	8	26
桂林市荔浦县			1	10
桂林市龙胜各族自治区				1
贺州市八步区			4	8
梧州市藤县			1	1
贺州市富川瑶族自治县		1	2	44
防城港市防城区	4	2	1	14
北海市合浦县	1	1	2	8
钦州市浦北县	1	3	1	2
贵港市港北区		2	2	14
贵港市平南县			2	1
玉林市博白县	3	2	14	22
玉林市容县	2	4	9	29
贵港市桂平市				
百色市靖西县	3	6	17	66
百色市田阳县		1		1
河池市宜州市	1		1	7
河池市东兰县	1	6	14	37
来宾市兴宾区	1	5	12	9
崇左市扶绥县	1	1	2	17

4－43　各地区肢体残疾人分残疾等级的康复内容

单位：人

地　区	医疗服务				辅助器具			
	残疾一级	残疾二级	残疾三级	残疾四级	残疾一级	残疾二级	残疾三级	残疾四级
总　计	**41**	**112**	**220**	**664**	**30**	**84**	**151**	**309**
南宁市江南区			6	32				1
南宁市宾阳县	1	7	8	40		3	1	2
南宁市马山县	1	8	8	10	3	9	14	22
柳州市柳北区	2	4	9	29		2	1	4
柳州市融水苗族自治县	1	2	10	18	2	5	8	21
桂林市叠彩区	1							
桂林市荔浦县	4	6	11	39	3	2	4	8
桂林市龙胜各族自治区	1	7	16	40	1	4	9	10
贺州市八步区		2	6	24		2	9	15
梧州市藤县		1	11	48		1	7	17
贺州市富川瑶族自治县	2	1	2	12			1	1
防城港市防城区	4	10	6	28	1	1	3	6
北海市合浦县	5	9	8	26		1	1	5
钦州市浦北县	1	7	7	11	2	7	5	9
贵港市港北区	3	7	13	26	3	6	12	14
贵港市平南县		6	17	46		6	15	26
玉林市博白县	2		8	16	1	2	5	3
玉林市容县			2	10	1	4	8	29
贵港市桂平市		2	4	29		2	5	24
百色市靖西县	4	7	17	69	4	7	17	65
百色市田阳县	5	9	9	13	4	8	5	9
河池市宜州市	1	4	12	37	1		6	8
河池市东兰县	1	3	11	36	1	4	4	1
来宾市兴宾区		3	9	8	1	3	3	
崇左市扶绥县	2	7	10	17	2	5	8	9

4－43 续表

单位：人

地　区	康复训练与服务			
	残疾一级	残疾二级	残疾三级	残疾四级
总　计	**40**	**101**	**201**	**527**
南宁市江南区		1	4	7
南宁市宾阳县		3	4	6
南宁市马山县	3	9	13	17
柳州市柳北区		3	3	8
柳州市融水苗族自治县	2	4	13	25
桂林市叠彩区	1	2	8	26
桂林市荔浦县	3	5	8	20
桂林市龙胜各族自治区	1	7	11	33
贺州市八步区		2	8	22
梧州市藤县			10	40
贺州市富川瑶族自治县		1	3	44
防城港市防城区	6	7	6	27
北海市合浦县	6	8	7	18
钦州市浦北县	2	8	8	13
贵港市港北区	3	7	8	16
贵港市平南县		4	15	35
玉林市博白县			3	6
玉林市容县	1	1	6	9
贵港市桂平市			3	13
百色市靖西县	4	6	17	39
百色市田阳县	3	8	6	4
河池市宜州市	1	2	12	25
河池市东兰县	2	6	13	49
来宾市兴宾区	1	7	11	8
崇左市扶绥县	1		1	17

4－44 各地区智力残疾人分残疾等级的康复形式

单位：人

地　区	机构康复				延伸服务			
	残疾一级	残疾二级	残疾三级	残疾四级	残疾一级	残疾二级	残疾三级	残疾四级
总　计	**5**	**14**	**56**	**62**		**2**	**3**	**4**
南宁市江南区								
南宁市宾阳县	1		4	4				
南宁市马山县		1	7	12				
柳州市柳北区			2	5				
柳州市融水苗族自治县				3				
桂林市叠彩区				4				
桂林市荔浦县			3	3				
桂林市龙胜各族自治区			1					
贺州市八步区		1	2				2	
梧州市藤县		1	3	1				
贺州市富川瑶族自治县			1	2				
防城港市防城区			3	2				
北海市合浦县			2					
钦州市浦北县	1					1	1	1
贵港市港北区		2	2	3				
贵港市平南县		1	2	2				
玉林市博白县				6				
玉林市容县			8	3				
贵港市桂平市		1	4	4				
百色市靖西县	2	2	5	3				
百色市田阳县			1	1				
河池市宜州市	1	2	2	2		1		2
河池市东兰县			1					
来宾市兴宾区		3	2					1
崇左市扶绥县			1	2				

4－44 续表

单位：人

地　区	社区和家庭服务			
	残疾一级	残疾二级	残疾三级	残疾四级
总　计	**5**	**21**	**57**	**95**
南宁市江南区				1
南宁市宾阳县				1
南宁市马山县				1
柳州市柳北区				1
柳州市融水苗族自治县			1	3
桂林市叠彩区				2
桂林市荔浦县		1	1	3
桂林市龙胜各族自治区		2	1	2
贺州市八步区				2
梧州市藤县		1	3	5
贺州市富川瑶族自治县		3	9	3
防城港市防城区		1	5	8
北海市合浦县	1	1	5	5
钦州市浦北县	1	2	1	8
贵港市港北区		1	2	12
贵港市平南县		2	10	9
玉林市博白县		1	3	14
玉林市容县			5	4
贵港市桂平市				1
百色市靖西县				
百色市田阳县			1	3
河池市宜州市			4	4
河池市东兰县		4	1	
来宾市兴宾区	3	1	5	1
崇左市扶绥县		1		2

4－45　各地区智力残疾人分残疾等级的康复内容

单位：人

地　区	医疗服务				辅助器具			
	残疾一级	残疾二级	残疾三级	残疾四级	残疾一级	残疾二级	残疾三级	残疾四级
总　计	**5**	**17**	**61**	**76**	**1**	**1**	**2**	
南宁市江南区								
南宁市宾阳县	1		3	4				
南宁市马山县		1	7	12				
柳州市柳北区			2	5				
柳州市融水苗族自治县				3				
桂林市叠彩区				4				
桂林市荔浦县		1	3	3				
桂林市龙胜各族自治区		1	1					
贺州市八步区		1	3					
梧州市藤县		1	4	2				
贺州市富川瑶族自治县		1						
防城港市防城区		1	3	7				
北海市合浦县			2	2				
钦州市浦北县	1						1	
贵港市港北区		2	3	9				
贵港市平南县		1	4	1				
玉林市博白县				3				
玉林市容县			11	5			1	
贵港市桂平市		1	3	4				
百色市靖西县	2	2	5	3	1			
百色市田阳县				2				
河池市宜州市	1	3	5	6				
河池市东兰县						1		
来宾市兴宾区		1	2					
崇左市扶绥县				1				

4－45 续表

单位：人

地　　区	康复训练与服务			
	残疾一级	残疾二级	残疾三级	残疾四级
总　　计	**8**	**25**	**85**	**116**
南宁市江南区				1
南宁市宾阳县	1		3	3
南宁市马山县		1	5	9
柳州市柳北区				2
柳州市融水苗族自治县			1	6
桂林市叠彩区				4
桂林市荔浦县			4	4
桂林市龙胜各族自治区		1	1	2
贺州市八步区		1	3	2
梧州市藤县		1	3	5
贺州市富川瑶族自治县		3	9	5
防城港市防城区			5	4
北海市合浦县	1	1	7	5
钦州市浦北县	2	3	2	9
贵港市港北区		1	1	6
贵港市平南县		3	11	11
玉林市博白县		1	3	18
玉林市容县			13	6
贵港市桂平市			1	1
百色市靖西县	1		1	1
百色市田阳县			1	3
河池市宜州市		1	2	3
河池市东兰县		4	2	
来宾市兴宾区	3	3	6	2
崇左市扶绥县		1	1	4

4－46　各地区精神残疾人分残疾等级的康复形式

单位：人

地　区	机构康复				延伸服务			
	残疾一级	残疾二级	残疾三级	残疾四级	残疾一级	残疾二级	残疾三级	残疾四级
总　计	**67**	**27**	**28**	**110**		**1**		**4**
南宁市江南区	5	1		1				
南宁市宾阳县	1		1	4				
南宁市马山县	6	2	3	2				
柳州市柳北区	2		1	2				
柳州市融水苗族自治县	3		2	4				
桂林市叠彩区	1	5	2	4				
桂林市荔浦县	3	3	1			1		1
桂林市龙胜各族自治区	2	1	1	10				
贺州市八步区	1	1	1	2				
梧州市藤县	3	1	1	3				
贺州市富川瑶族自治县	1		1	2				2
防城港市防城区	2	1	1	11				
北海市合浦县	5			7				
钦州市浦北县	1	1	1	7				
贵港市港北区	5	2	1	4				
贵港市平南县								
玉林市博白县	10	2		8				
玉林市容县	5	1	1	5				
贵港市桂平市	1	1	2	14				
百色市靖西县	3	2	2	2				
百色市田阳县	2	1	1	6				
河池市宜州市	2		2	2				1
河池市东兰县	1	1	1	4				
来宾市兴宾区	1		1	3				
崇左市扶绥县	1	1	1	3				

4－46 续表

单位：人

地　区	社区和家庭服务			
	残疾一级	残疾二级	残疾三级	残疾四级
总　计	**9**	**8**	**12**	**38**
南宁市江南区			2	7
南宁市宾阳县				
南宁市马山县			1	
柳州市柳北区				
柳州市融水苗族自治县	5		2	6
桂林市叠彩区				
桂林市荔浦县				
桂林市龙胜各族自治区			2	2
贺州市八步区	1			2
梧州市藤县		2	1	2
贺州市富川瑶族自治县			1	
防城港市防城区				
北海市合浦县				1
钦州市浦北县				
贵港市港北区				
贵港市平南县	3	2		6
玉林市博白县				
玉林市容县				
贵港市桂平市		1		1
百色市靖西县				2
百色市田阳县				2
河池市宜州市				
河池市东兰县		2	2	4
来宾市兴宾区		1		
崇左市扶绥县			1	3

4－47 各地区精神残疾人分残疾等级的康复内容

单位：人

地区	医疗服务				辅助器具			
	残疾一级	残疾二级	残疾三级	残疾四级	残疾一级	残疾二级	残疾三级	残疾四级
总计	**68**	**32**	**35**	**129**				
南宁市江南区	5	1	1	7				
南宁市宾阳县	1		1	4				
南宁市马山县	6	2	3	2				
柳州市柳北区	2		1	2				
柳州市融水苗族自治县	3		2	4				
桂林市叠彩区	1	5	2	4				
桂林市荔浦县	3	4	1	1				
桂林市龙胜各族自治区	2	1	2	9				
贺州市八步区	2	1	1	4				
梧州市藤县	3	2	2	5				
贺州市富川瑶族自治县	1		2	3				
防城港市防城区	2	1	1	11				
北海市合浦县	5			7				
钦州市浦北县	1	1	1	7				
贵港市港北区	5	2	1	4				
贵港市平南县								
玉林市博白县	10	2		8				
玉林市容县	5	1	1	5				
贵港市桂平市	1	1	2	14				
百色市靖西县	3	2	2	2				
百色市田阳县	2	1	1	7				
河池市宜州市	2		2	3				
河池市东兰县	1	3	3	7				
来宾市兴宾区	1	1	1	3				
崇左市扶绥县	1	1	2	6				

4－47 续表

单位：人

地区	康复训练与服务			
	残疾一级	残疾二级	残疾三级	残疾四级
总计	**14**	**7**	**10**	**48**
南宁市江南区			1	7
南宁市宾阳县				4
南宁市马山县			1	
柳州市柳北区	2			2
柳州市融水苗族自治县	5		2	6
桂林市叠彩区				
桂林市荔浦县				
桂林市龙胜各族自治区			1	3
贺州市八步区	1	1	1	1
梧州市藤县		1		2
贺州市富川瑶族自治县				1
防城港市防城区				
北海市合浦县				1
钦州市浦北县				
贵港市港北区				
贵港市平南县	3	2		6
玉林市博白县				
玉林市容县				
贵港市桂平市		1		1
百色市靖西县				2
百色市田阳县				1
河池市宜州市	2		1	2
河池市东兰县	1	2	3	8
来宾市兴宾区				
崇左市扶绥县				1

4－48　各地区多重残疾人分残疾等级的康复形式

单位：人

地　区	机构康复				延伸服务			
	残疾一级	残疾二级	残疾三级	残疾四级	残疾一级	残疾二级	残疾三级	残疾四级
总　计	**339**	**135**	**268**	**170**	**4**	**5**	**7**	**5**
南宁市江南区	9	5	10	12		1	1	1
南宁市宾阳县	22	3	8	6				
南宁市马山县	27	12	27	8				
柳州市柳北区	16	8	18	6				
柳州市融水苗族自治县	14	2	2	2				
桂林市叠彩区	8	4	10	17				
桂林市荔浦县	11	4	25	2				
桂林市龙胜各族自治区	12	9	12	6				
贺州市八步区	16	3	10	6			1	1
梧州市藤县	6	4	12	5	1			
贺州市富川瑶族自治县	9	4	2					
防城港市防城区	12	6	13	11		2		
北海市合浦县	24	9	20	12				1
钦州市浦北县	13	9	6	9		1	1	1
贵港市港北区	13	2	6	5				
贵港市平南县	12	5	31	6		1	3	
玉林市博白县	6		1		1			
玉林市容县	14	7	8	9	1			1
贵港市桂平市	18	7	14	19	1			
百色市靖西县	10	4	4	2				
百色市田阳县	13	7	12	8			1	
河池市宜州市	19	4	10	6				
河池市东兰县	18	9	3	4				
来宾市兴宾区	6	4	3	2				
崇左市扶绥县	11	4	1	7				

4－48 续表

单位：人

地　区	社区和家庭服务			
	残疾一级	残疾二级	残疾三级	残疾四级
总　计	**164**	**71**	**115**	**55**
南宁市江南区	6	4	5	8
南宁市宾阳县	4		1	
南宁市马山县	5	2	7	
柳州市柳北区		2	1	
柳州市融水苗族自治县	1	2		1
桂林市叠彩区	6	5	12	10
桂林市荔浦县	4	2	2	
桂林市龙胜各族自治区		1	1	
贺州市八步区	2	1	2	1
梧州市藤县	3	3	4	2
贺州市富川瑶族自治县	4	1	2	
防城港市防城区	5		5	4
北海市合浦县	11	2	6	
钦州市浦北县	3	3	5	
贵港市港北区	11	2	3	
贵港市平南县	8	4	4	4
玉林市博白县	9	5	5	4
玉林市容县	21	4	15	8
贵港市桂平市	2			
百色市靖西县	10	4	10	5
百色市田阳县	5	3	3	2
河池市宜州市	3		1	1
河池市东兰县	25	14	12	2
来宾市兴宾区	7	1	6	
崇左市扶绥县	9	6	3	3

4－49 各地区多重残疾人分残疾等级的康复内容

单位：人

地区	医疗服务				辅助器具			
	残疾一级	残疾二级	残疾三级	残疾四级	残疾一级	残疾二级	残疾三级	残疾四级
总计	**360**	**149**	**282**	**180**	**198**	**86**	**189**	**98**
南宁市江南区	11	7	9	10		4	5	5
南宁市宾阳县	25	3	9	6	13	1	3	2
南宁市马山县	27	12	27	8	19	7	25	3
柳州市柳北区	13	7	18	6	9	5	10	6
柳州市融水苗族自治县	14	2	1	2	7	1		
桂林市叠彩区	10	5	9	17	4	1	5	7
桂林市荔浦县	11	4	23	2	8	4	20	1
桂林市龙胜各族自治区	8	9	11	6	8	5	5	1
贺州市八步区	14	3	9	6	6	1	8	6
梧州市藤县	8	4	12	6	2	2	6	2
贺州市富川瑶族自治县	11	4	3		6	2	3	
防城港市防城区	9	6	14	13	2	2	7	1
北海市合浦县	20	8	18	12	19	5	8	5
钦州市浦北县	11	8	7	8	6	7	8	8
贵港市港北区	15	3	8	5	10	1	2	3
贵港市平南县	10	6	34	7	5	5	20	5
玉林市博白县	14	2	1	2	2	1	4	1
玉林市容县	26	9	12	12	10	6	16	7
贵港市桂平市	16	7	14	19	10	5	9	17
百色市靖西县	18	8	13	6	14	6	9	6
百色市田阳县	10	6	9	5	9	5	7	5
河池市宜州市	14	4	6	7	7		6	3
河池市东兰县	26	14	9	6	16	9	3	2
来宾市兴宾区	8	4	5	2		1		
崇左市扶绥县	11	4	1	7	6			2

4－49 续表

单位：人

地　　区	康复训练与服务			
	残疾一级	残疾二级	残疾三级	残疾四级
总　　计	**240**	**111**	**169**	**80**
南宁市江南区	6	4	6	8
南宁市宾阳县	7	1	2	
南宁市马山县	15	9	14	1
柳州市柳北区	8	7	7	2
柳州市融水苗族自治县	7	3	1	2
桂林市叠彩区	7	6	14	12
桂林市荔浦县	8	2	3	
桂林市龙胜各族自治区	7	6	6	1
贺州市八步区	9	2	7	7
梧州市藤县	6	4	9	5
贺州市富川瑶族自治县	4	1	1	
防城港市防城区	13	3	8	6
北海市合浦县	16	4	5	2
钦州市浦北县	8	6	6	3
贵港市港北区	10	1	3	1
贵港市平南县	16	8	27	9
玉林市博白县		2	1	1
玉林市容县	23	7	10	4
贵港市桂平市	5		1	1
百色市靖西县	11	4	5	
百色市田阳县	7	5	9	4
河池市宜州市	6	1	4	4
河池市东兰县	26	15	11	3
来宾市兴宾区	5	1	6	
崇左市扶绥县	10	9	3	4

4－50 各地区残疾人分城乡、残疾等级的持证情况

单位：人

地区	持证残疾人			持有残疾证人数		
				残疾一级		
	合计	城镇	农村	小计	城镇	农村
总计	**416**	**157**	**259**	**99**	**33**	**66**
南宁市江南区	12	12		2	2	
南宁市宾阳县	13	10	3	1	1	
南宁市马山县	16	5	11	3	1	2
柳州市柳北区	34	28	6	3	2	1
柳州市融水苗族自治县	12	5	7	4	1	3
桂林市叠彩区	37	28	9	6	4	2
桂林市荔浦县	17	2	15	2		2
桂林市龙胜各族自治区	18	4	14	3		3
贺州市八步区	14	4	10	3		3
梧州市藤县	9		9	4		4
贺州市富川瑶族自治县	13	4	9			
防城港市防城区	29	5	24	7	1	6
北海市合浦县	27	6	21	11	3	8
钦州市浦北县	10	3	7	3	1	2
贵港市港北区	21	12	9	9	6	3
贵港市平南县	6	2	4	2	1	1
玉林市博白县	7	1	6	1	1	
玉林市容县	7	2	5	3	1	2
贵港市桂平市	29	7	22	9	4	5
百色市靖西县	13	1	12	5		5
百色市田阳县	11	2	9	5		5
河池市宜州市	17	4	13	4	2	2
河池市东兰县	16		16	3		3
来宾市兴宾区	18	10	8	3	2	1
崇左市扶绥县	10		10	3		3

4－50 续表

单位：人

地　　区	持有残疾证人数								
	残疾二级			残疾三级			残疾四级		
	小计	城镇	农村	小计	城镇	农村	小计	城镇	农村
合　　计	**39**	**12**	**27**	**110**	**35**	**75**	**168**	**77**	**91**
南宁市江南区	1	1		3	3		6	6	
南宁市宾阳县	2	2		3	3		7	4	3
南宁市马山县	2	1	1	10	3	7	1		1
柳州市柳北区	2	2		10	8	2	19	16	3
柳州市融水苗族自治县	1		1	5	3	2	2	1	1
桂林市叠彩区	1		1	8	6	2	22	18	4
桂林市荔浦县	1		1	3		3	11	2	9
桂林市龙胜各族自治区	2		2	1		1	12	4	8
贺州市八步区				3	1	2	8	3	5
梧州市藤县	1		1	2		2	2		2
贺州市富川瑶族自治县				2		2	11	4	7
防城港市防城区	2	1	1	9		9	11	3	8
北海市合浦县	1		1	4		4	11	3	8
钦州市浦北县	1		1	5	1	4	1	1	
贵港市港北区	1	1		5	2	3	6	3	3
贵港市平南县				2	1	1	2		2
玉林市博白县	1		1	3		3	2		2
玉林市容县	1	1		2		2	1		1
贵港市桂平市	2		2	3		3	15	3	12
百色市靖西县	3		3	4	1	3	1		1
百色市田阳县	3		3	1		1	2	2	
河池市宜州市	3	2	1	9		9	1		1
河池市东兰县	3		3	5		5	5		5
来宾市兴宾区	4	1	3	7	3	4	4	4	
崇左市扶绥县	1		1	1		1	5		5

4－51 6-14岁视力残疾人分年龄、性别、残疾等级的在校生接受义务教育情况

单位：人

年 龄	残疾人		残疾一级							
			普通教育学校普通班		普通教育学校特教班		特殊教育学校		其他	
	男	女	男	女	男	女	男	女	男	女
总 计	**4**	**5**		**1**						
6岁										
7岁		1								
8岁		2		1						
9岁										
10岁	1									
11岁										
12岁	1	1								
13岁	2									
14岁		1								

4－51 续表 1

单位：人

年 龄	残疾二级							
	普通教育学校普通班		普通教育学校特教班		特殊教育学校		其他	
	男	女	男	女	男	女	男	女
总 计								
6岁								
7岁								
8岁								
9岁								
10岁								
11岁								
12岁								
13岁								
14岁								

4－51　续表 2

单位：人

年　龄	残疾三级							
	普通教育学校普通班		普通教育学校特教班		特殊教育学校		其他	
	男	女	男	女	男	女	男	女
总　计	**1**							
6岁								
7岁								
8岁								
9岁								
10岁								
11岁								
12岁								
13岁	1							
14岁								

4－51　续表 3

单位：人

年　龄	残疾四级							
	普通教育学校普通班		普通教育学校特教班		特殊教育学校		其他	
	男	女	男	女	男	女	男	女
总　计	**2**	**4**						
6岁								
7岁		1						
8岁		1						
9岁								
10岁								
11岁								
12岁	1	1						
13岁	1							
14岁		1						

4－52 6-14岁听力残疾人分年龄、性别、残疾等级的在校生接受义务教育情况

单位：人

年龄	残疾人		残疾一级							
			普通教育学校普通班		普通教育学校特教班		特殊教育学校		其他	
	男	女	男	女	男	女	男	女	男	女
总计	**5**	**2**								
6岁										
7岁	1									
8岁										
9岁										
10岁	2									
11岁	1	1								
12岁	1									
13岁		1								
14岁										

4－52 续表 1

单位：人

年龄	残疾二级							
	普通教育学校普通班		普通教育学校特教班		特殊教育学校		其他	
	男	女	男	女	男	女	男	女
总计								
6岁								
7岁								
8岁								
9岁								
10岁								
11岁								
12岁								
13岁								
14岁								

4－52 续表 2

单位：人

年 龄	残疾三级							
	普通教育学校普通班		普通教育学校特教班		特殊教育学校		其他	
	男	女	男	女	男	女	男	女
总 计	**1**	**1**						
6岁								
7岁								
8岁								
9岁								
10岁	1							
11岁		1						
12岁								
13岁								
14岁								

4－52 续表 3

单位：人

年 龄	残疾四级							
	普通教育学校普通班		普通教育学校特教班		特殊教育学校		其他	
	男	女	男	女	男	女	男	女
总 计	**4**	**1**						
6岁								
7岁	1							
8岁								
9岁								
10岁	1							
11岁	1							
12岁	1							
13岁		1						
14岁								

4－53 6-14岁言语残疾人分年龄、性别、残疾等级的在校生接受义务教育情况

单位：人

年 龄	残疾人		残疾一级							
			普通教育学校普通班		普通教育学校特教班		特殊教育学校		其他	
	男	女	男	女	男	女	男	女	男	女
总 计	**11**	**4**								
6岁	4									
7岁	1	2								
8岁	1	1								
9岁		1								
10岁	1									
11岁	2									
12岁										
13岁	1									
14岁	1									

4－53 续表 1

单位：人

年 龄	残疾二级							
	普通教育学校普通班		普通教育学校特教班		特殊教育学校		其他	
	男	女	男	女	男	女	男	女
总 计								
6岁								
7岁								
8岁								
9岁								
10岁								
11岁								
12岁								
13岁								
14岁								

4－53 续表 2

单位：人

年 龄	残疾三级							
	普通教育学校普通班		普通教育学校特教班		特殊教育学校		其他	
	男	女	男	女	男	女	男	女
总 计	**2**							
6岁	1							
7岁								
8岁								
9岁								
10岁								
11岁								
12岁								
13岁								
14岁	1							

4－53 续表 3

单位：人

年 龄	残疾四级							
	普通教育学校普通班		普通教育学校特教班		特殊教育学校		其他	
	男	女	男	女	男	女	男	女
总 计	**4**	**2**						
6岁	1							
7岁		1						
8岁								
9岁		1						
10岁	1							
11岁	2							
12岁								
13岁								
14岁								

4－54　6-14岁肢体残疾人分年龄、性别、残疾等级的在校生接受义务教育情况

单位：人

年　龄	残疾人		残疾一级							
			普通教育学校普通班		普通教育学校特教班		特殊教育学校		其他	
	男	女	男	女	男	女	男	女	男	女
总　计	**24**	**12**								
6岁										
7岁	2									
8岁	2									
9岁	1	4								
10岁	2	3								
11岁	1	1								
12岁	3	1								
13岁	4	1								
14岁	9	2								

4－54　续表 1

单位：人

年　龄	残疾二级							
	普通教育学校普通班		普通教育学校特教班		特殊教育学校		其他	
	男	女	男	女	男	女	男	女
总　计	**3**							
6岁								
7岁								
8岁	1							
9岁								
10岁	1							
11岁								
12岁								
13岁								
14岁	1							

4－54 续表 2

单位：人

年龄	残疾三级							
	普通教育学校普通班		普通教育学校特教班		特殊教育学校		其他	
	男	女	男	女	男	女	男	女
总　计	**4**	**2**			**1**			
6岁								
7岁								
8岁	1							
9岁		1						
10岁								
11岁	1							
12岁	1	1			1			
13岁	1							
14岁								

4－54 续表 3

单位：人

年龄	残疾四级							
	普通教育学校普通班		普通教育学校特教班		特殊教育学校		其他	
	男	女	男	女	男	女	男	女
总　计	**13**	**9**						
6岁								
7岁	1							
8岁								
9岁	1	2						
10岁	1	3						
11岁		1						
12岁	1							
13岁	3	1						
14岁	6	2						

4－55　6-14岁智力残疾人分年龄、性别、残疾等级的在校生接受义务教育情况

单位：人

年　龄	残疾人		残疾一级							
			普通教育学校普通班		普通教育学校特教班		特殊教育学校		其他	
	男	女	男	女	男	女	男	女	男	女
总　计	**39**	**24**								
6岁	6	2								
7岁	6	6								
8岁	7	2								
9岁	3									
10岁	4	3								
11岁	4	2								
12岁	3	3								
13岁	2	4								
14岁	4	2								

4－55　续表 1

单位：人

年　龄	残疾二级							
	普通教育学校普通班		普通教育学校特教班		特殊教育学校		其他	
	男	女	男	女	男	女	男	女
总　计	**4**				**1**		**1**	
6岁								
7岁								
8岁							1	
9岁	1							
10岁	1							
11岁								
12岁	1							
13岁	1							
14岁					1			

4－55 续表 2

单位：人

年 龄	残疾三级							
	普通教育学校普通班		普通教育学校特教班		特殊教育学校		其他	
	男	女	男	女	男	女	男	女
总 计	**2**	**7**						
6岁								
7岁		3						
8岁		1						
9岁								
10岁	2	1						
11岁								
12岁								
13岁		1						
14岁		1						

4－55 续表 3

单位：人

年 龄	残疾四级							
	普通教育学校普通班		普通教育学校特教班		特殊教育学校		其他	
	男	女	男	女	男	女	男	女
总 计	**17**	**13**						
6岁	2							
7岁	3	2						
8岁	3	1						
9岁	1							
10岁		2						
11岁	3	2						
12岁	2	3						
13岁	1	3						
14岁	2							

4－56 6-14岁精神残疾人分年龄、性别、残疾等级的在校生接受义务教育情况

单位：人

年龄	残疾人		残疾一级							
			普通教育学校普通班		普通教育学校特教班		特殊教育学校		其他	
	男	女	男	女	男	女	男	女	男	女
总计	**1**	**3**								
6岁										
7岁		1								
8岁										
9岁										
10岁										
11岁										
12岁		1								
13岁										
14岁	1	1								

4－56 续表 1

单位：人

年龄	残疾二级							
	普通教育学校普通班		普通教育学校特教班		特殊教育学校		其他	
	男	女	男	女	男	女	男	女
总计								
6岁								
7岁								
8岁								
9岁								
10岁								
11岁								
12岁								
13岁								
14岁								

4－56 续表 2

单位：人

年 龄	残疾三级							
	普通教育学校普通班		普通教育学校特教班		特殊教育学校		其他	
	男	女	男	女	男	女	男	女
总 计								
6岁								
7岁								
8岁								
9岁								
10岁								
11岁								
12岁								
13岁								
14岁								

4－56 续表 3

单位：人

年 龄	残疾四级							
	普通教育学校普通班		普通教育学校特教班		特殊教育学校		其他	
	男	女	男	女	男	女	男	女
总 计	**1**	**2**						
6岁								
7岁								
8岁								
9岁								
10岁								
11岁								
12岁		1						
13岁								
14岁	1	1						

4－57　6-14岁多重残疾人分年龄、性别、残疾等级的在校生接受义务教育情况

单位：人

年　龄	残疾人		残疾一级							
			普通教育学校普通班		普通教育学校特教班		特殊教育学校		其他	
	男	女	男	女	男	女	男	女	男	女
总　计	**40**	**31**	**3**	**3**		**1**	**1**			
6岁	3	7								
7岁	7	2								
8岁	4	2					1			
9岁	4	6		1						
10岁	3	4	1	1						
11岁	10	3	1	1		1				
12岁	6	1	1							
13岁		2								
14岁	3	4								

4－57　续表 1

单位：人

年　龄	残疾二级							
	普通教育学校普通班		普通教育学校特教班		特殊教育学校		其他	
	男	女	男	女	男	女	男	女
总　计	**3**	**1**				**1**		
6岁	1							
7岁								
8岁								
9岁	1	1						
10岁						1		
11岁	1							
12岁								
13岁								
14岁								

4－57　续表 2

单位：人

年龄	残疾三级							
	普通教育学校普通班		普通教育学校特教班		特殊教育学校		其他	
	男	女	男	女	男	女	男	女
总　计	**4**	**4**	**1**					
6岁		1						
7岁	2	1						
8岁								
9岁		1						
10岁								
11岁			1					
12岁	1							
13岁		1						
14岁	1							

4－57　续表 3

单位：人

年龄	残疾四级							
	普通教育学校普通班		普通教育学校特教班		特殊教育学校		其他	
	男	女	男	女	男	女	男	女
总　计	**1**	**1**						
6岁								
7岁	1							
8岁								
9岁								
10岁								
11岁								
12岁		1						
13岁								
14岁								

4－58　各地区6-14岁残疾人分城乡、残疾等级的在校生接受义务教育情况

单位：人

地　区	残疾人		残疾一级							
			普通教育学校普通班		普通教育学校特教班		特殊教育学校		其他	
	城镇	农村	城镇	农村	城镇	农村	城镇	农村	城镇	农村
总　计	**29**	**176**	**1**	**6**		**1**	**1**			
南宁市江南区	9						1			
南宁市宾阳县	1	4								
南宁市马山县	2	5								
柳州市柳北区	2	3								
柳州市融水苗族自治县	1	10		1						
桂林市叠彩区	2	1	1							
桂林市荔浦县		2								
桂林市龙胜各族自治区		1								
贺州市八步区		9								
梧州市藤县	1	11								
贺州市富川瑶族自治县	1	6		1						
防城港市防城区		7								
北海市合浦县	2	10		1						
钦州市浦北县		8								
贵港市港北区	2	13								
贵港市平南县		9		1						
玉林市博白县		14								
玉林市容县		6								
贵港市桂平市		10		2		1				
百色市靖西县		12								
百色市田阳县		5								
河池市宜州市	2	4								
河池市东兰县		9								
来宾市兴宾区	4	9								
崇左市扶绥县		8								

4－58 续表 1

单位：人

地区	残疾二级							
	普通教育学校普通班		普通教育学校特教班		特殊教育学校		其他	
	城镇	农村	城镇	农村	城镇	农村	城镇	农村
总　计	**1**	**10**			**2**		**1**	
南宁市江南区								
南宁市宾阳县								
南宁市马山县					1			
柳州市柳北区					1			
柳州市融水苗族自治县								
桂林市叠彩区								
桂林市荔浦县								
桂林市龙胜各族自治区								
贺州市八步区								
梧州市藤县		3						
贺州市富川瑶族自治县	1							
防城港市防城区								
北海市合浦县								
钦州市浦北县		1						
贵港市港北区								
贵港市平南县		1						
玉林市博白县								
玉林市容县								
贵港市桂平市		1						
百色市靖西县		1						
百色市田阳县		1						
河池市宜州市		1						
河池市东兰县								
来宾市兴宾区		1					1	
崇左市扶绥县								

4－58 续表 2

单位：人

地区	残疾三级							
	普通教育学校普通班		普通教育学校特教班		特殊教育学校		其他	
	城镇	农村	城镇	农村	城镇	农村	城镇	农村
总计	**2**	**26**		**1**	**1**			
南宁市江南区	1							
南宁市宾阳县		2						
南宁市马山县	1	1						
柳州市柳北区								
柳州市融水苗族自治县		2			1			
桂林市叠彩区								
桂林市荔浦县								
桂林市龙胜各族自治区								
贺州市八步区		1						
梧州市藤县		3						
贺州市富川瑶族自治县								
防城港市防城区				1				
北海市合浦县		1						
钦州市浦北县		1						
贵港市港北区		2						
贵港市平南县		3						
玉林市博白县		2						
玉林市容县								
贵港市桂平市		2						
百色市靖西县		3						
百色市田阳县								
河池市宜州市		1						
河池市东兰县		1						
来宾市兴宾区								
崇左市扶绥县		1						

4－58 续表 3

单位：人

地 区	残疾四级							
	普通教育学校普通班		普通教育学校特教班		特殊教育学校		其他	
	城镇	农村	城镇	农村	城镇	农村	城镇	农村
总 计	**7**	**67**						
南宁市江南区	4							
南宁市宾阳县		2						
南宁市马山县		2						
柳州市柳北区		1						
柳州市融水苗族自治县		3						
桂林市叠彩区	1	1						
桂林市荔浦县								
桂林市龙胜各族自治区								
贺州市八步区		5						
梧州市藤县		4						
贺州市富川瑶族自治县		1						
防城港市防城区		3						
北海市合浦县	1	2						
钦州市浦北县		3						
贵港市港北区		10						
贵港市平南县		1						
玉林市博白县		5						
玉林市容县		5						
贵港市桂平市		2						
百色市靖西县		3						
百色市田阳县		1						
河池市宜州市	1	1						
河池市东兰县		6						
来宾市兴宾区		2						
崇左市扶绥县		4						

4－59 各地区16岁及以上视力残疾人分城乡的参加社会保险情况

单位：人

地　区	残疾人			养老保险			医疗保险		
	合计	城镇	农村	小计	城镇	农村	小计	城镇	农村
总　计	**898**	**176**	**722**	**27**	**23**	**4**	**287**	**39**	**248**
南宁市江南区	43	43		1	1		1	1	
南宁市宾阳县	29	8	21	1		1	1		1
南宁市马山县	35	1	34						
柳州市柳北区	13	10	3	8	8		9	9	
柳州市融水苗族自治县	42		42						
桂林市叠彩区	32	19	13	7	7		6	6	
桂林市荔浦县	50	5	45	1	1		1	1	
桂林市龙胜各族自治区	26		26				20		20
贺州市八步区	13		13						
梧州市藤县	33	2	31				23		23
贺州市富川瑶族自治县	33	1	32						
防城港市防城区	32	3	29				15		15
北海市合浦县	19	4	15				8		8
钦州市浦北县	42	1	41				41	1	40
贵港市港北区	30	9	21	4	4		1	1	
贵港市平南县	24	1	23				6		6
玉林市博白县	25	1	24	2		2			
玉林市容县	33	4	29	1		1	21	2	19
贵港市桂平市	33	8	25						
百色市靖西县	26	2	24						
百色市田阳县	38	4	34				23		23
河池市宜州市	67	22	45	2	2		46	17	29
河池市东兰县	28		28						
来宾市兴宾区	73	26	47						
崇左市扶绥县	79	2	77				65	1	64

4－59 续表

单位：人

地　区	工伤保险			失业保险			未参加		
	小计	城镇	农村	小计	城镇	农村	小计	城镇	农村
总　计	**2**	**2**					**605**	**133**	**472**
南宁市江南区							42	42	
南宁市宾阳县							28	8	20
南宁市马山县							35	1	34
柳州市柳北区	1	1					4	1	3
柳州市融水苗族自治县							42		42
桂林市叠彩区							25	12	13
桂林市荔浦县							49	4	45
桂林市龙胜各族自治区							6		6
贺州市八步区							13		13
梧州市藤县							10	2	8
贺州市富川瑶族自治县							33	1	32
防城港市防城区							17	3	14
北海市合浦县							11	4	7
钦州市浦北县							1		1
贵港市港北区							26	5	21
贵港市平南县							18	1	17
玉林市博白县							23	1	22
玉林市容县							12	2	10
贵港市桂平市							33	8	25
百色市靖西县							26	2	24
百色市田阳县							15	4	11
河池市宜州市	1	1					21	5	16
河池市东兰县							28		28
来宾市兴宾区							73	26	47
崇左市扶绥县							14	1	13

4－60 各地区16岁及以上听力残疾人分城乡的参加社会保险情况

单位：人

地　区	残疾人			养老保险			医疗保险		
	合计	城镇	农村	小计	城镇	农村	小计	城镇	农村
总　计	**1459**	**303**	**1156**	**119**	**106**	**13**	**423**	**127**	**296**
南宁市江南区	65	65		28	28		35	35	
南宁市宾阳县	70	18	52				1	1	
南宁市马山县	45	1	44						
柳州市柳北区	48	33	15	21	21		17	17	
柳州市融水苗族自治县	41	4	37				1		1
桂林市叠彩区	71	46	25	32	32		35	35	
桂林市荔浦县	86	4	82	2	2		2	2	
桂林市龙胜各族自治区	77		77				63		63
贺州市八步区	87	35	52	15	15		15	15	
梧州市藤县	40	1	39				33	1	32
贺州市富川瑶族自治县	45	4	41				2		2
防城港市防城区	42	5	37	4	3	1	9		9
北海市合浦县	88	13	75				61	1	60
钦州市浦北县	67	5	62	2		2	31	1	30
贵港市港北区	81	20	61	7	3	4	11	5	6
贵港市平南县	35	4	31	1	1		2	1	1
玉林市博白县	47	5	42						
玉林市容县	90	9	81	1		1	67	6	61
贵港市桂平市	81	11	70	1		1	4	1	3
百色市靖西县	41	7	34				1	1	
百色市田阳县	89	4	85	3		3	7	3	4
河池市宜州市	27	3	24				14		14
河池市东兰县	62		62	1		1	1		1
来宾市兴宾区	23	6	17	1	1		2	2	
崇左市扶绥县	11		11				9		9

4－60 续表

单位：人

地区	工伤保险			失业保险			未参加		
	小计	城镇	农村	小计	城镇	农村	小计	城镇	农村
总计	**3**	**3**		**2**	**1**	**1**	**1019**	**164**	**855**
南宁市江南区							29	29	
南宁市宾阳县							69	17	52
南宁市马山县							45	1	44
柳州市柳北区							27	12	15
柳州市融水苗族自治县							40	4	36
桂林市叠彩区	3	3					35	10	25
桂林市荔浦县							84	2	82
桂林市龙胜各族自治区							14		14
贺州市八步区				1	1		71	19	52
梧州市藤县							7		7
贺州市富川瑶族自治县							43	4	39
防城港市防城区							29	2	27
北海市合浦县							27	12	15
钦州市浦北县							34	4	30
贵港市港北区							68	14	54
贵港市平南县							32	2	30
玉林市博白县							47	5	42
玉林市容县							22	3	19
贵港市桂平市							77	10	67
百色市靖西县							40	6	34
百色市田阳县							82	1	81
河池市宜州市							13	3	10
河池市东兰县				1		1	61		61
来宾市兴宾区							21	4	17
崇左市扶绥县							2		2

4－61 各地区16岁及以上言语残疾人分城乡的参加社会保险情况

单位：人

地区	残疾人			养老保险			医疗保险		
	合计	城镇	农村	小计	城镇	农村	小计	城镇	农村
总计	**41**	**1**	**40**	**2**		**2**	**11**		**11**
南宁市江南区									
南宁市宾阳县	1		1						
南宁市马山县									
柳州市柳北区	1		1						
柳州市融水苗族自治县	4		4						
桂林市叠彩区	1		1						
桂林市荔浦县	1		1						
桂林市龙胜各族自治区									
贺州市八步区	2		2						
梧州市藤县	5		5				4		4
贺州市富川瑶族自治县	4		4						
防城港市防城区	3		3				2		2
北海市合浦县	1		1				1		1
钦州市浦北县									
贵港市港北区	2		2	1		1	1		1
贵港市平南县									
玉林市博白县	2	1	1						
玉林市容县	2		2						
贵港市桂平市									
百色市靖西县	5		5	1		1	1		1
百色市田阳县									
河池市宜州市	3		3						
河池市东兰县	1		1						
来宾市兴宾区	2		2				1		1
崇左市扶绥县	1		1				1		1

4－61 续表

单位：人

地　区	工伤保险			失业保险			未参加		
	小计	城镇	农村	小计	城镇	农村	小计	城镇	农村
总　计				**1**		**1**	**30**	**1**	**29**
南宁市江南区									
南宁市宾阳县							1		1
南宁市马山县									
柳州市柳北区							1		1
柳州市融水苗族自治县							4		4
桂林市叠彩区							1		1
桂林市荔浦县							1		1
桂林市龙胜各族自治区									
贺州市八步区							2		2
梧州市藤县							1		1
贺州市富川瑶族自治县							4		4
防城港市防城区							1		1
北海市合浦县									
钦州市浦北县									
贵港市港北区				1		1	1		1
贵港市平南县									
玉林市博白县							2	1	1
玉林市容县							2		2
贵港市桂平市									
百色市靖西县							4		4
百色市田阳县									
河池市宜州市							3		3
河池市东兰县							1		1
来宾市兴宾区							1		1
崇左市扶绥县									

4－62 各地区16岁及以上肢体残疾人分城乡的参加社会保险情况

单位：人

地区	残疾人			养老保险			医疗保险		
	合计	城镇	农村	小计	城镇	农村	小计	城镇	农村
总计	**1377**	**281**	**1096**	**72**	**64**	**8**	**343**	**82**	**261**
南宁市江南区	46	46		7	7		9	9	
南宁市宾阳县	57	19	38	5	5		1	1	
南宁市马山县	48	2	46	1		1			
柳州市柳北区	46	32	14	20	20		21	21	
柳州市融水苗族自治县	50	11	39	2		2	1	1	
桂林市叠彩区	37	26	11	12	11	1	9	9	
桂林市荔浦县	73	6	67	4	3	1	4	3	1
桂林市龙胜各族自治区	65	4	61	3	2	1	50	4	46
贺州市八步区	43	14	29	4	4		1	1	
梧州市藤县	56	1	55				39	1	38
贺州市富川瑶族自治县	65	14	51	3	3		3	3	
防城港市防城区	73	9	64	1		1	51	3	48
北海市合浦县	60	9	51				18	1	17
钦州市浦北县	28	3	25	2	2		10		10
贵港市港北区	52	12	40	2	2		1	1	
贵港市平南县	71	13	58				28	12	16
玉林市博白县	40	3	37						
玉林市容县	60	5	55	1	1		28	1	27
贵港市桂平市	37	6	31						
百色市靖西县	99	13	86	4	3	1	4	4	
百色市田阳县	40	4	36				36	4	32
河池市宜州市	59	10	49	1	1		1	1	
河池市东兰县	72		72						
来宾市兴宾区	45	15	30						
崇左市扶绥县	55	4	51				28	2	26

4-62 续表

单位：人

地　区	工伤保险			失业保险			未参加		
	小计	城镇	农村	小计	城镇	农村	小计	城镇	农村
总　计	**4**	**2**	**2**	**1**	**1**		**1010**	**182**	**828**
南宁市江南区	2	2		1	1		37	37	
南宁市宾阳县	1		1				51	14	37
南宁市马山县							47	2	45
柳州市柳北区							24	10	14
柳州市融水苗族自治县							47	10	37
桂林市叠彩区							23	13	10
桂林市荔浦县							69	3	66
桂林市龙胜各族自治区							15		15
贺州市八步区							39	10	29
梧州市藤县							17		17
贺州市富川瑶族自治县							61	10	51
防城港市防城区							22	6	16
北海市合浦县							42	8	34
钦州市浦北县							16	1	15
贵港市港北区							50	10	40
贵港市平南县							43	1	42
玉林市博白县							40	3	37
玉林市容县							31	3	28
贵港市桂平市							37	6	31
百色市靖西县							94	9	85
百色市田阳县							4		4
河池市宜州市	1		1				57	9	48
河池市东兰县							72		72
来宾市兴宾区							45	15	30
崇左市扶绥县							27	2	25

4－63　各地区16岁及以上智力残疾人分城乡的参加社会保险情况

单位：人

地区	残疾人			养老保险			医疗保险		
	合计	城镇	农村	小计	城镇	农村	小计	城镇	农村
总　计	**195**	**24**	**171**	**1**	**1**		**48**	**6**	**42**
南宁市江南区									
南宁市宾阳县	6	3	3						
南宁市马山县	12	1	11						
柳州市柳北区	4	1	3						
柳州市融水苗族自治县	4	1	3						
桂林市叠彩区	3	1	2				2	1	1
桂林市荔浦县	5		5						
桂林市龙胜各族自治区	6		6				4		4
贺州市八步区	5	1	4	1	1				
梧州市藤县	5		5				4		4
贺州市富川瑶族自治县	12		12						
防城港市防城区	14	1	13				6		6
北海市合浦县	9	2	7				3		3
钦州市浦北县	11		11						
贵港市港北区	6		6						
贵港市平南县	21		21				12		12
玉林市博白县	6		6						
玉林市容县	16	2	14				7	1	6
贵港市桂平市	4		4						
百色市靖西县	8		8						
百色市田阳县	4	1	3				1		1
河池市宜州市	17	5	12						
河池市东兰县	5		5						
来宾市兴宾区	9	5	4				8	4	4
崇左市扶绥县	3		3				1		1

4－63 续表

单位：人

地　区	工伤保险			失业保险			未参加		
	小计	城镇	农村	小计	城镇	农村	小计	城镇	农村
总　计							**146**	**17**	**129**
南宁市江南区									
南宁市宾阳县							6	3	3
南宁市马山县							12	1	11
柳州市柳北区							4	1	3
柳州市融水苗族自治县							4	1	3
桂林市叠彩区							1		1
桂林市荔浦县							5		5
桂林市龙胜各族自治区							2		2
贺州市八步区							4		4
梧州市藤县							1		1
贺州市富川瑶族自治县							12		12
防城港市防城区							8	1	7
北海市合浦县							6	2	4
钦州市浦北县							11		11
贵港市港北区							6		6
贵港市平南县							9		9
玉林市博白县							6		6
玉林市容县							9	1	8
贵港市桂平市							4		4
百色市靖西县							8		8
百色市田阳县							3	1	2
河池市宜州市							17	5	12
河池市东兰县							5		5
来宾市兴宾区							1	1	
崇左市扶绥县							2		2

4－64　各地区16岁及以上精神残疾人分城乡的参加社会保险情况

单位：人

地　区	残疾人			养老保险			医疗保险		
	合计	城镇	农村	小计	城镇	农村	小计	城镇	农村
总　计	**299**	**53**	**246**	**13**	**11**	**2**	**55**	**10**	**45**
南宁市江南区	16	16		5	5		5	5	
南宁市宾阳县	6	1	5						
南宁市马山县	14	1	13						
柳州市柳北区	5	3	2				1	1	
柳州市融水苗族自治县	21	1	20	1	1				
桂林市叠彩区	12	9	3	4	4		4	4	
桂林市荔浦县	9		9						
桂林市龙胜各族自治区	18	1	17	1		1	9		9
贺州市八步区	8	5	3						
梧州市藤县	12	1	11				6		6
贺州市富川瑶族自治县	7	1	6						
防城港市防城区	15	2	13	1		1	6		6
北海市合浦县	13	2	11				5		5
钦州市浦北县	10	1	9				3		3
贵港市港北区	12		12						
贵港市平南县	11	2	9				5		5
玉林市博白县	20		20						
玉林市容县	12	1	11				2		2
贵港市桂平市	20	1	19						
百色市靖西县	11	1	10						
百色市田阳县	12		12				3		3
河池市宜州市	7	2	5	1	1		3		3
河池市东兰县	13		13						
来宾市兴宾区	5	2	3				1		1
崇左市扶绥县	10		10				2		2

4－64 续表

单位：人

地 区	工伤保险			失业保险			未参加		
	小计	城镇	农村	小计	城镇	农村	小计	城镇	农村
总 计				**3**	**1**	**2**	**238**	**38**	**200**
南宁市江南区							10	10	
南宁市宾阳县							6	1	5
南宁市马山县							14	1	13
柳州市柳北区							4	2	2
柳州市融水苗族自治县							20		20
桂林市叠彩区				1	1		6	3	3
桂林市荔浦县							9		9
桂林市龙胜各族自治区							9	1	8
贺州市八步区							8	5	3
梧州市藤县							6	1	5
贺州市富川瑶族自治县							7	1	6
防城港市防城区				1		1	9	2	7
北海市合浦县							8	2	6
钦州市浦北县							7	1	6
贵港市港北区							12		12
贵港市平南县							6	2	4
玉林市博白县							20		20
玉林市容县				1		1	9	1	8
贵港市桂平市							20	1	19
百色市靖西县							11	1	10
百色市田阳县							9		9
河池市宜州市							3	1	2
河池市东兰县							13		13
来宾市兴宾区							4	2	2
崇左市扶绥县							8		8

4－65 各地区16岁及以上多重残疾人分城乡的参加社会保险情况

单位：人

地区	残疾人			养老保险			医疗保险		
	合计	城镇	农村	小计	城镇	农村	小计	城镇	农村
总　计	**1231**	**252**	**979**	**50**	**43**	**7**	**295**	**58**	**237**
南宁市江南区	56	56		10	10		12	12	
南宁市宾阳县	42	14	28						
南宁市马山县	85	7	78				1		1
柳州市柳北区	43	27	16	8	8		8	8	
柳州市融水苗族自治县	19	2	17						
桂林市叠彩区	69	43	26	17	16	1	21	19	2
桂林市荔浦县	48	6	42	4	2	2	3	2	1
桂林市龙胜各族自治区	38	3	35				23	2	21
贺州市八步区	39	10	29	1	1		2	2	
梧州市藤县	33	1	32	1	1		20		20
贺州市富川瑶族自治县	19	1	18						
防城港市防城区	51	5	46				19	1	18
北海市合浦县	79	10	69				40	1	39
钦州市浦北县	46	4	42	1	1		13		13
贵港市港北区	39	13	26	2	2				
贵港市平南县	73	4	69				18		18
玉林市博白县	27	2	25						
玉林市容县	85	4	81	1		1	43	1	42
贵港市桂平市	55	2	53	1		1	1	1	
百色市靖西县	43	5	38	1	1		1	1	
百色市田阳县	51	5	46				25	2	23
河池市宜州市	40	16	24	2	1	1	7	3	4
河池市东兰县	87		87	1		1	1		1
来宾市兴宾区	25	11	14				10	3	7
崇左市扶绥县	39	1	38				27		27

4－65 续表

单位：人

地区	工伤保险			失业保险			未参加		
	小计	城镇	农村	小计	城镇	农村	小计	城镇	农村
总计	**1**	**1**					**923**	**184**	**739**
南宁市江南区							43	43	
南宁市宾阳县							42	14	28
南宁市马山县							84	7	77
柳州市柳北区	1	1					34	18	16
柳州市融水苗族自治县							19	2	17
桂林市叠彩区							46	22	24
桂林市荔浦县							44	4	40
桂林市龙胜各族自治区							15	1	14
贺州市八步区							36	7	29
梧州市藤县							12		12
贺州市富川瑶族自治县							19	1	18
防城港市防城区							32	4	28
北海市合浦县							39	9	30
钦州市浦北县							32	3	29
贵港市港北区							37	11	26
贵港市平南县							55	4	51
玉林市博白县							27	2	25
玉林市容县							42	3	39
贵港市桂平市							53	1	52
百色市靖西县							42	4	38
百色市田阳县							26	3	23
河池市宜州市							31	12	19
河池市东兰县							86		86
来宾市兴宾区							15	8	7
崇左市扶绥县							12	1	11

4－66 各地区视力残疾人分城乡、残疾等级的领取低保金和救济情况

单位:人

地区	残疾人		残疾一级				残疾二级			
			领取低保人数		领取过救济人数		领取低保人数		领取过救济人数	
	城镇	农村	城镇	农村	城镇	农村	城镇	农村	城镇	农村
总　计	**177**	**734**	**7**	**10**	**7**	**33**				**3**
南宁市江南区	44									
南宁市宾阳县	8	21	1							
南宁市马山县	1	34		1		3				1
柳州市柳北区	10	4				1				
柳州市融水苗族自治县		43		1		2				
桂林市叠彩区	19	14	1		3					
桂林市荔浦县	5	45								
桂林市龙胜各族自治区		26								1
贺州市八步区		15								
梧州市藤县	2	31		1		4				
贺州市富川瑶族自治县	1	32								
防城港市防城区	3	29		2		2				
北海市合浦县	4	16		1		1				
钦州市浦北县	1	41		1		4				
贵港市港北区	9	22				2				
贵港市平南县	1	23		1		2				
玉林市博白县	1	26				2				
玉林市容县	4	29	1		1	1				
贵港市桂平市	8	25	4		3					
百色市靖西县	2	24		1		3				
百色市田阳县	4	35				3				1
河池市宜州市	22	46								
河池市东兰县		29				1				
来宾市兴宾区	26	47				1				
崇左市扶绥县	2	77		1		1				

4－66 续表

单位:人

地区	残疾三级				残疾四级			
	领取低保人数		领取过救济人数		领取低保人数		领取过救济人数	
	城镇	农村	城镇	农村	城镇	农村	城镇	农村
总　计				**6**	**11**	**12**	**7**	**25**
南宁市江南区					1		1	
南宁市宾阳县					1			1
南宁市马山县				2		2		3
柳州市柳北区								1
柳州市融水苗族自治县								
桂林市叠彩区					3		3	
桂林市荔浦县								
桂林市龙胜各族自治区						1		4
贺州市八步区						1		1
梧州市藤县						1		2
贺州市富川瑶族自治县								
防城港市防城区				1		2	1	3
北海市合浦县					3	2		2
钦州市浦北县				1				1
贵港市港北区							1	2
贵港市平南县				2				1
玉林市博白县								
玉林市容县						1		
贵港市桂平市								
百色市靖西县								1
百色市田阳县						1		2
河池市宜州市					1		1	
河池市东兰县								1
来宾市兴宾区					2	1		
崇左市扶绥县								

4－67　各地区听力残疾人分城乡、残疾等级的领取低保金和救济情况

单位:人

地　区	残疾人		残疾一级				残疾二级			
			领取低保人数		领取过救济人数		领取低保人数		领取过救济人数	
	城镇	农村	城镇	农村	城镇	农村	城镇	农村	城镇	农村
总　计	**303**	**1164**	**2**	**1**		**2**		**2**		**4**
南宁市江南区	65									
南宁市宾阳县	18	52								
南宁市马山县	1	44								
柳州市柳北区	33	15								
柳州市融水苗族自治县	4	37		1						
桂林市叠彩区	46	25								
桂林市荔浦县	4	82								
桂林市龙胜各族自治区		77				1				
贺州市八步区	35	54								
梧州市藤县	1	39								1
贺州市富川瑶族自治县	4	41								
防城港市防城区	5	37								1
北海市合浦县	13	75	1							
钦州市浦北县	5	63						1		2
贵港市港北区	20	62								
贵港市平南县	4	31								
玉林市博白县	5	42								
玉林市容县	9	81								
贵港市桂平市	11	70				1				
百色市靖西县	7	36	1					1		
百色市田阳县	4	85								
河池市宜州市	3	25								
河池市东兰县		63								
来宾市兴宾区	6	17								
崇左市扶绥县		11								

4－67 续表

单位:人

地　区	残疾三级				残疾四级			
	领取低保人数		领取过救济人数		领取低保人数		领取过救济人数	
	城镇	农村	城镇	农村	城镇	农村	城镇	农村
总　计	**11**	**8**	**4**	**33**	**12**	**5**	**2**	**17**
南宁市江南区			1					
南宁市宾阳县	2	1	2	4				
南宁市马山县								
柳州市柳北区				2	1	1	2	7
柳州市融水苗族自治县	1	1						
桂林市叠彩区					1			
桂林市荔浦县					1			
桂林市龙胜各族自治区				1				
贺州市八步区								
梧州市藤县				6				
贺州市富川瑶族自治县								
防城港市防城区				3				2
北海市合浦县	1				2	2		1
钦州市浦北县	1	2		2		1		2
贵港市港北区	2	2		3				
贵港市平南县	1							
玉林市博白县								
玉林市容县				1	1	1		2
贵港市桂平市	1		1	2	4			
百色市靖西县	2	1		2	2			
百色市田阳县				1				2
河池市宜州市								
河池市东兰县				4				1
来宾市兴宾区		1		2				
崇左市扶绥县								

4－68 各地区言语残疾人分城乡、残疾等级的领取低保金和救济情况

单位：人

地区	残疾人		残疾一级				残疾二级			
			领取低保人数		领取过救济人数		领取低保人数		领取过救济人数	
	城镇	农村	城镇	农村	城镇	农村	城镇	农村	城镇	农村
总　计	**2**	**66**				**2**				
南宁市江南区										
南宁市宾阳县		3								
南宁市马山县										
柳州市柳北区		1								
柳州市融水苗族自治县		6								
桂林市叠彩区	1	1								
桂林市荔浦县		1								
桂林市龙胜各族自治区										
贺州市八步区		3								
梧州市藤县		8				1				
贺州市富川瑶族自治县		4								
防城港市防城区		5				1				
北海市合浦县		4								
钦州市浦北县		3								
贵港市港北区		2								
贵港市平南县										
玉林市博白县	1	2								
玉林市容县		5								
贵港市桂平市										
百色市靖西县		5								
百色市田阳县		1								
河池市宜州市		3								
河池市东兰县		1								
来宾市兴宾区		5								
崇左市扶绥县		3								

4－68 续表

单位：人

地　区	残疾三级				残疾四级			
	领取低保人数		领取过救济人数		领取低保人数		领取过救济人数	
	城镇	农村	城镇	农村	城镇	农村	城镇	农村
总　计				**1**		**1**	**1**	**3**
南宁市江南区								
南宁市宾阳县								
南宁市马山县								
柳州市柳北区								
柳州市融水苗族自治县				1				2
桂林市叠彩区								
桂林市荔浦县								
桂林市龙胜各族自治区								
贺州市八步区								
梧州市藤县						1		1
贺州市富川瑶族自治县								
防城港市防城区								
北海市合浦县								
钦州市浦北县								
贵港市港北区								
贵港市平南县								
玉林市博白县							1	
玉林市容县								
贵港市桂平市								
百色市靖西县								
百色市田阳县								
河池市宜州市								
河池市东兰县								
来宾市兴宾区								
崇左市扶绥县								

4－69 各地区肢体残疾人分城乡、残疾等级的领取低保金和救济情况

单位：人

地区	残疾人		残疾一级				残疾二级			
			领取低保人数		领取过救济人数		领取低保人数		领取过救济人数	
	城镇	农村	城镇	农村	城镇	农村	城镇	农村	城镇	农村
总　计	**288**	**1137**	**4**	**5**	**3**	**11**	**6**	**3**	**1**	**24**
南宁市江南区	48									
南宁市宾阳县	19	40			1		1			
南宁市马山县	2	47						1		1
柳州市柳北区	32	14								
柳州市融水苗族自治县	12	40	1		1					
桂林市叠彩区	26	11								
桂林市荔浦县	6	67	1		1	1				4
桂林市龙胜各族自治区	5	61								
贺州市八步区	14	31								
梧州市藤县	1	60								
贺州市富川瑶族自治县	14	52								
防城港市防城区	9	66		1		3	3			2
北海市合浦县	10	52	1	1		2				
钦州市浦北县	3	28		1		1				2
贵港市港北区	13	43	1				1	1		3
贵港市平南县	13	62								
玉林市博白县	3	39								
玉林市容县	5	57				1				1
贵港市桂平市	6	31								1
百色市靖西县	13	88		2						1
百色市田阳县	4	37				1				2
河池市宜州市	11	49					1		1	
河池市东兰县		79				1				4
来宾市兴宾区	15	31								1
崇左市扶绥县	4	52				1		1		2

4－69 续表

单位：人

地 区	残疾三级				残疾四级			
	领取低保人数		领取过救济人数		领取低保人数		领取过救济人数	
	城镇	农村	城镇	农村	城镇	农村	城镇	农村
总 计	**10**	**9**	**9**	**40**	**19**	**17**	**7**	**55**
南宁市江南区			2					
南宁市宾阳县					2			1
南宁市马山县		1	1	1				1
柳州市柳北区					1			1
柳州市融水苗族自治县	1				2			
桂林市叠彩区	5		3		3		2	
桂林市荔浦县				2	1		1	
桂林市龙胜各族自治区				4				3
贺州市八步区			1	1				
梧州市藤县		3		3		6		7
贺州市富川瑶族自治县	2		1		1			3
防城港市防城区				2	1	4	1	9
北海市合浦县				1	1			
钦州市浦北县		2		1			1	
贵港市港北区	2		1	2		1		3
贵港市平南县		2		4		2		4
玉林市博白县								1
玉林市容县				3				12
贵港市桂平市					6		1	1
百色市靖西县		1				2		1
百色市田阳县								
河池市宜州市				5	1	2	1	2
河池市东兰县				6				2
来宾市兴宾区				4				
崇左市扶绥县				1				4

4－70 各地区智力残疾人分城乡、残疾等级的领取低保金和救济情况

单位:人

地区	残疾人		残疾一级				残疾二级			
			领取低保人数		领取过救济人数		领取低保人数		领取过救济人数	
	城镇	农村	城镇	农村	城镇	农村	城镇	农村	城镇	农村
总计	**37**	**287**						**1**		**6**
南宁市江南区	1									
南宁市宾阳县	3	7								
南宁市马山县	2	19								
柳州市柳北区	4	4								
柳州市融水苗族自治县	1	6								
桂林市叠彩区	2	4								
桂林市荔浦县		11								
桂林市龙胜各族自治区		6						1		2
贺州市八步区	1	6								
梧州市藤县		14								
贺州市富川瑶族自治县	1	17								
防城港市防城区	1	18								
北海市合浦县	2	12								
钦州市浦北县		16								
贵港市港北区	1	21								1
贵港市平南县		26								
玉林市博白县	1	23								
玉林市容县	2	18								
贵港市桂平市		10								
百色市靖西县		12								
百色市田阳县	1	5								
河池市宜州市	5	13								
河池市东兰县		6								1
来宾市兴宾区	8	8								1
崇左市扶绥县	1	5								1

4－70 续表

单位:人

地　　区	残疾三级				残疾四级			
	领取低保人数		领取过救济人数		领取低保人数		领取过救济人数	
	城镇	农村	城镇	农村	城镇	农村	城镇	农村
总　　计	**1**	**3**		**7**	**2**	**5**	**1**	**17**
南宁市江南区								
南宁市宾阳县					1		1	
南宁市马山县				1				1
柳州市柳北区								2
柳州市融水苗族自治县						1		2
桂林市叠彩区								1
桂林市荔浦县								2
桂林市龙胜各族自治区				1				
贺州市八步区								
梧州市藤县				1				1
贺州市富川瑶族自治县								
防城港市防城区					1			3
北海市合浦县	1							
钦州市浦北县								1
贵港市港北区								
贵港市平南县				2		1		2
玉林市博白县		1				3		1
玉林市容县		1		1				
贵港市桂平市								1
百色市靖西县								
百色市田阳县								
河池市宜州市		1		1				
河池市东兰县								
来宾市兴宾区								
崇左市扶绥县								

4－71　各地区精神残疾人分城乡、残疾等级的领取低保金和救济情况

单位:人

地　区	残疾人		残疾一级				残疾二级			
			领取低保人数		领取过救济人数		领取低保人数		领取过救济人数	
	城镇	农村	城镇	农村	城镇	农村	城镇	农村	城镇	农村
总　计	**54**	**250**	**2**		**4**	**14**	**2**	**1**	**2**	**7**
南宁市江南区	16				4					
南宁市宾阳县	1	5								
南宁市马山县	1	13				4				1
柳州市柳北区	3	2	1							
柳州市融水苗族自治县	1	21								
桂林市叠彩区	9	3	1				2		2	
桂林市荔浦县		9								1
桂林市龙胜各族自治区	1	17								1
贺州市八步区	5	3								
梧州市藤县	2	11								
贺州市富川瑶族自治县	1	6								
防城港市防城区	2	13						1		1
北海市合浦县	2	11								
钦州市浦北县	1	9								
贵港市港北区		12				3				
贵港市平南县	2	9								
玉林市博白县		20				4				1
玉林市容县	1	11				1				
贵港市桂平市	1	19				1				
百色市靖西县	1	10								1
百色市田阳县		12								
河池市宜州市	2	5								
河池市东兰县		15								1
来宾市兴宾区	2	4								
崇左市扶绥县		10				1				

4－71 续表

单位:人

地区	残疾三级				残疾四级			
	领取低保人数		领取过救济人数		领取低保人数		领取过救济人数	
	城镇	农村	城镇	农村	城镇	农村	城镇	农村
总　计	**3**		**1**	**3**	**4**	**4**	**2**	**19**
南宁市江南区					2		1	
南宁市宾阳县								
南宁市马山县	1		1					
柳州市柳北区								
柳州市融水苗族自治县								
桂林市叠彩区								
桂林市荔浦县				1				
桂林市龙胜各族自治区	1							
贺州市八步区								
梧州市藤县								
贺州市富川瑶族自治县								2
防城港市防城区								2
北海市合浦县					1	1		2
钦州市浦北县								1
贵港市港北区								
贵港市平南县								1
玉林市博白县								2
玉林市容县								1
贵港市桂平市					1	2		1
百色市靖西县				1				
百色市田阳县								4
河池市宜州市	1						1	
河池市东兰县						1		1
来宾市兴宾区								
崇左市扶绥县				1				2

4－72 各地区多重残疾人分城乡、残疾等级的领取低保金和救济情况

单位:人

地区	残疾人		残疾一级				残疾二级			
			领取低保人数		领取过救济人数		领取低保人数		领取过救济人数	
	城镇	农村	城镇	农村	城镇	农村	城镇	农村	城镇	农村
总　计	**277**	**1061**	**17**	**15**	**10**	**81**	**3**	**8**	**5**	**26**
南宁市江南区	62		1		1				2	
南宁市宾阳县	15	29	1			2	1			
南宁市马山县	8	80		2	1	5				2
柳州市柳北区	34	17				2			1	
柳州市融水苗族自治县	2	22	2			2				1
桂林市叠彩区	46	26	1		1		1			
桂林市荔浦县	6	44	1			3				
桂林市龙胜各族自治区	3	38		2		6		1		2
贺州市八步区	10	33				1				
梧州市藤县	2	38		1		2		1		
贺州市富川瑶族自治县	1	21								
防城港市防城区	5	53				1				1
北海市合浦县	11	74	4	1	1	4		1		
钦州市浦北县	4	47	1		1	3				3
贵港市港北区	14	28	4		3	4	1		1	1
贵港市平南县	4	74	1			3		2		1
玉林市博白县	2	29								
玉林市容县	4	84		2	1	14				3
贵港市桂平市	2	59		2		4				1
百色市靖西县	5	44	1		1	1				1
百色市田阳县	6	48				3				1
河池市宜州市	17	27		3		3			1	
河池市东兰县		87		1		14		2		7
来宾市兴宾区	13	16		1		1				
崇左市扶绥县	1	43				3		1		2

4－72 续表

单位:人

地区	残疾三级				残疾四级			
	领取低保人数		领取过救济人数		领取低保人数		领取过救济人数	
	城镇	农村	城镇	农村	城镇	农村	城镇	农村
总　计	**9**	**13**	**9**	**43**	**8**	**4**	**10**	**11**
南宁市江南区			1		1		1	
南宁市宾阳县	1		2	1				
南宁市马山县		1	1	5				
柳州市柳北区			1	1				1
柳州市融水苗族自治县								
桂林市叠彩区	2	1	2	1	4		6	
桂林市荔浦县	1			1				
桂林市龙胜各族自治区		1		3				1
贺州市八步区					1			
梧州市藤县		2		2			1	1
贺州市富川瑶族自治县								
防城港市防城区		2	1	5		2		2
北海市合浦县	2				1			
钦州市浦北县						1		
贵港市港北区				1	1		2	
贵港市平南县	1	4		8				1
玉林市博白县								1
玉林市容县				3				
贵港市桂平市		1		1				
百色市靖西县	1		1	1				
百色市田阳县				2		1		1
河池市宜州市								1
河池市东兰县		1		6				
来宾市兴宾区	1			1				
崇左市扶绥县				1				2

4－73　各地区残疾人分城乡的曾接受服务或扶助

单位：人次

地　区	合计		医疗服务与救助		辅助器具	
	城镇	农村	城镇	农村	城镇	农村
总　计	**1551**	**5796**	**732**	**2144**	**97**	**276**
南宁市江南区	257		114		2	
南宁市宾阳县	79	180	35	73	2	2
南宁市马山县	17	254	9	71		
柳州市柳北区	171	90	84	31	24	15
柳州市融水苗族自治县	23	180	8	29		2
桂林市叠彩区	267	117	137	74	20	3
桂林市荔浦县	28	264	17	183	5	4
桂林市龙胜各族自治区	11	228	5	27		
贺州市八步区	74	148	31	50	4	1
梧州市藤县	12	283	6	128	1	15
贺州市富川瑶族自治县	37	216	17	66	5	10
防城港市防城区	32	256	16	99		8
北海市合浦县	42	249	28	116		
钦州市浦北县	23	279	6	43	3	19
贵港市港北区	80	210	42	125	8	2
贵港市平南县	33	303	23	121		11
玉林市博白县	18	202	6	53		10
玉林市容县	27	357	9	130	1	14
贵港市桂平市	72	439	17	137	13	101
百色市靖西县	31	258	19	69	1	8
百色市田阳县	21	272	17	170		12
河池市宜州市	97	288	37	98	2	13
河池市东兰县		353		91		13
来宾市兴宾区	91	157	45	79	6	11
崇左市扶绥县	8	213	4	81		2

4－73 续表 1

单位：人次

地　区	康复训练与服务		教育费用补助或减免		职业教育与培训	
	城镇	农村	城镇	农村	城镇	农村
总　计	**157**	**404**	**4**	**18**	**18**	**2**
南宁市江南区	3		1		2	
南宁市宾阳县	10	12				
南宁市马山县		3				
柳州市柳北区	29	17				
柳州市融水苗族自治县	2	1		1		
桂林市叠彩区	48	28	3	1	15	
桂林市荔浦县	1				1	
桂林市龙胜各族自治区	2	2				
贺州市八步区	3					
梧州市藤县	3	15		1		
贺州市富川瑶族自治县	10	20		1		
防城港市防城区		2		1		
北海市合浦县		5		2		
钦州市浦北县	3	33				1
贵港市港北区	3	1				
贵港市平南县	4	41		1		
玉林市博白县	3	2		1		
玉林市容县	1	23		1		
贵港市桂平市	16	98		2		
百色市靖西县				1		1
百色市田阳县	2	22		1		
河池市宜州市	2	26				
河池市东兰县		45		2		
来宾市兴宾区	12	7		1		
崇左市扶绥县		1		1		

4－73 续表 2

单位：人次

地 区	就业安置或扶持		贫困残疾人救助与扶持		法律援助与服务	
	城镇	农村	城镇	农村	城镇	农村
总 计	**19**	**5**	**78**	**374**		**7**
南宁市江南区			9			
南宁市宾阳县			4	7		
南宁市马山县			4	32		
柳州市柳北区		1	1			
柳州市融水苗族自治县		1		2		
桂林市叠彩区	14		11			
桂林市荔浦县			2	6		
桂林市龙胜各族自治区	2			23		
贺州市八步区			2	2		
梧州市藤县				23		3
贺州市富川瑶族自治县				9		
防城港市防城区			1	28		
北海市合浦县				2		
钦州市浦北县	2	2	2	32		
贵港市港北区			14	24		
贵港市平南县			1	19		
玉林市博白县			2	14		
玉林市容县			2	44		
贵港市桂平市			8	8		
百色市靖西县			2	10		2
百色市田阳县				8		
河池市宜州市	1		13	8		
河池市东兰县		1		45		1
来宾市兴宾区				16		1
崇左市扶绥县				12		

4－73 续表 3

单位：人次

地　　区	无障碍设施		信息无障碍		生活服务	
	城镇	农村	城镇	农村	城镇	农村
总　　计	**2**	**6**	**10**	**32**	**52**	**143**
南宁市江南区			8		3	
南宁市宾阳县					1	3
南宁市马山县				1		
柳州市柳北区			1	1	2	3
柳州市融水苗族自治县					1	2
桂林市叠彩区	2		1		7	5
桂林市荔浦县						
桂林市龙胜各族自治区						
贺州市八步区				1	1	
梧州市藤县		1		20		10
贺州市富川瑶族自治县		3		3		
防城港市防城区				1	2	14
北海市合浦县						
钦州市浦北县						7
贵港市港北区						
贵港市平南县					3	20
玉林市博白县						4
玉林市容县				5		2
贵港市桂平市		1			8	1
百色市靖西县		1			1	14
百色市田阳县						8
河池市宜州市					18	48
河池市东兰县						1
来宾市兴宾区					5	1
崇左市扶绥县						

4－73　续表 4

单位：人次

地　区	文化服务		其他		未曾接受任何服务或扶助	
	城镇	农村	城镇	农村	城镇	农村
总　计	**16**	**45**	**20**	**47**	**346**	**2293**
南宁市江南区	3		1		111	
南宁市宾阳县					27	83
南宁市马山县					4	147
柳州市柳北区					30	22
柳州市融水苗族自治县					12	142
桂林市叠彩区	3				6	6
桂林市荔浦县					2	71
桂林市龙胜各族自治区					2	176
贺州市八步区					33	94
梧州市藤县		5		3	2	59
贺州市富川瑶族自治县					5	104
防城港市防城区	3	1	1	1	9	101
北海市合浦县					14	124
钦州市浦北县					7	142
贵港市港北区			1		12	58
贵港市平南县	2	12		2		76
玉林市博白县					7	118
玉林市容县					14	138
贵港市桂平市	2	1	6	14	2	76
百色市靖西县	1	7		3	7	142
百色市田阳县		1		1	2	49
河池市宜州市	2	17		14	22	64
河池市东兰县				5		149
来宾市兴宾区		1	11	4	12	36
崇左市扶绥县					4	116

4－74 各地区视力残疾人分城乡的曾接受服务或扶助

单位：人次

地区	合计		医疗服务与救助		辅助器具	
	城镇	农村	城镇	农村	城镇	农村
总计	**217**	**847**	**92**	**298**	**8**	**42**
南宁市江南区	44					
南宁市宾阳县	8	22	1	4		
南宁市马山县	1	38		3		
柳州市柳北区	13	5	9	2	1	1
柳州市融水苗族自治县		43		2		
桂林市叠彩区	31	14	18	12	1	1
桂林市荔浦县	6	45	3	45	1	
桂林市龙胜各族自治区		26				
贺州市八步区		16		13		1
梧州市藤县	2	34		4		
贺州市富川瑶族自治县	1	46		13		2
防城港市防城区	7	45	3	25		5
北海市合浦县	4	16	3	12		
钦州市浦北县	1	42				
贵港市港北区	10	23	5	10		
贵港市平南县	1	25	1	9		1
玉林市博白县	1	26				
玉林市容县	4	29		1		
贵港市桂平市	24	75	5	25	4	25
百色市靖西县	2	25	1	4		1
百色市田阳县	4	45	4	35		1
河池市宜州市	25	46	11	18	1	2
河池市东兰县		29				
来宾市兴宾区	26	55	26	38		2
崇左市扶绥县	2	77	2	23		

4-74 续表 1

单位：人次

地区	康复训练与服务		教育费用补助或减免		职业教育与培训	
	城镇	农村	城镇	农村	城镇	农村
总计	**8**	**34**				
南宁市江南区						
南宁市宾阳县		1				
南宁市马山县		1				
柳州市柳北区	1					
柳州市融水苗族自治县						
桂林市叠彩区						
桂林市荔浦县						
桂林市龙胜各族自治区						
贺州市八步区						
梧州市藤县						
贺州市富川瑶族自治县		1				
防城港市防城区						
北海市合浦县						
钦州市浦北县						
贵港市港北区						
贵港市平南县		1				
玉林市博白县						
玉林市容县						
贵港市桂平市	7	25				
百色市靖西县						
百色市田阳县		5				
河池市宜州市						
河池市东兰县						
来宾市兴宾区						
崇左市扶绥县						

4－74 续表 2

单位：人次

地　　区	就业安置或扶持		贫困残疾人救助与扶持		法律援助与服务	
	城镇	农村	城镇	农村	城镇	农村
总　　计			**14**	**64**		**1**
南宁市江南区			1			
南宁市宾阳县						
南宁市马山县				9		
柳州市柳北区						
柳州市融水苗族自治县				1		
桂林市叠彩区			7			
桂林市荔浦县						
桂林市龙胜各族自治区				5		
贺州市八步区						
梧州市藤县				6		
贺州市富川瑶族自治县				7		
防城港市防城区				5		
北海市合浦县						
钦州市浦北县				6		
贵港市港北区			1	4		
贵港市平南县				1		
玉林市博白县				2		
玉林市容县			1	3		
贵港市桂平市			3			
百色市靖西县				4		
百色市田阳县				3		
河池市宜州市			1			
河池市东兰县				2		
来宾市兴宾区				6		1
崇左市扶绥县						

4－74 续表 3

单位：人次

地　区	无障碍设施		信息无障碍		生活服务	
	城镇	农村	城镇	农村	城镇	农村
总　计	**2**	**3**		**4**	**12**	**13**
南宁市江南区						
南宁市宾阳县						
南宁市马山县						
柳州市柳北区					2	2
柳州市融水苗族自治县						
桂林市叠彩区	2				3	1
桂林市荔浦县						
桂林市龙胜各族自治区						
贺州市八步区						
梧州市藤县						1
贺州市富川瑶族自治县		3		3		
防城港市防城区				1	1	7
北海市合浦县						
钦州市浦北县						1
贵港市港北区						
贵港市平南县						
玉林市博白县						
玉林市容县						
贵港市桂平市					5	
百色市靖西县						
百色市田阳县						1
河池市宜州市					1	
河池市东兰县						
来宾市兴宾区						
崇左市扶绥县						

4－74 续表 4

单位：人次

地 区	文化服务		其他		未曾接受任何服务或扶助	
	城镇	农村	城镇	农村	城镇	农村
总 计	**3**	**1**			**78**	**387**
南宁市江南区					43	
南宁市宾阳县					7	17
南宁市马山县					1	25
柳州市柳北区						
柳州市融水苗族自治县						40
桂林市叠彩区						
桂林市荔浦县					2	
桂林市龙胜各族自治区						21
贺州市八步区						2
梧州市藤县					2	23
贺州市富川瑶族自治县					1	17
防城港市防城区	3	1				1
北海市合浦县					1	4
钦州市浦北县					1	35
贵港市港北区					4	9
贵港市平南县						13
玉林市博白县					1	24
玉林市容县					3	25
贵港市桂平市						
百色市靖西县					1	16
百色市田阳县						
河池市宜州市					11	26
河池市东兰县						27
来宾市兴宾区						8
崇左市扶绥县						54

4－75 各地区听力残疾人分城乡的曾接受服务或扶助

单位：人次

地　区	合计		医疗服务与救助		辅助器具	
	城镇	农村	城镇	农村	城镇	农村
总　计	**387**	**1298**	**176**	**401**	**32**	**55**
南宁市江南区	74		54		1	
南宁市宾阳县	18	53	4	10		1
南宁市马山县	1	44				
柳州市柳北区	35	16	16	1	2	1
柳州市融水苗族自治县	4	38		2		1
桂林市叠彩区	95	27	46	24	14	1
桂林市荔浦县	5	84	3	55	2	3
桂林市龙胜各族自治区		78		16		
贺州市八步区	37	55	7	8	3	
梧州市藤县	3	85	1	34	1	15
贺州市富川瑶族自治县	4	45	4	19		4
防城港市防城区	6	42	5	13		1
北海市合浦县	13	75	5	14		
钦州市浦北县	5	66	1	5		1
贵港市港北区	22	62	10	29	2	
贵港市平南县	4	33	4	13		1
玉林市博白县	5	43	2	20		2
玉林市容县	9	83		27		
贵港市桂平市	21	93	4	12	2	5
百色市靖西县	8	64		14		1
百色市田阳县	4	85	4	66		1
河池市宜州市	3	25				3
河池市东兰县		68		6		7
来宾市兴宾区	11	23	6	12	5	7
崇左市扶绥县		11		1		

4－75 续表 1

单位：人次

地区	康复训练与服务		教育费用补助或减免		职业教育与培训	
	城镇	农村	城镇	农村	城镇	农村
总计	**6**	**20**	**2**	**2**	**12**	**2**
南宁市江南区						
南宁市宾阳县						
南宁市马山县						
柳州市柳北区						
柳州市融水苗族自治县						
桂林市叠彩区	3	1	2	1	12	
桂林市荔浦县						
桂林市龙胜各族自治区		1				
贺州市八步区						
梧州市藤县	1	13				
贺州市富川瑶族自治县						
防城港市防城区						
北海市合浦县						
钦州市浦北县						1
贵港市港北区						
贵港市平南县		1				
玉林市博白县						
玉林市容县						
贵港市桂平市	2	4				
百色市靖西县				1		1
百色市田阳县						
河池市宜州市						
河池市东兰县						
来宾市兴宾区						
崇左市扶绥县						

4－75　续表 2

单位：人次

地　区	就业安置或扶持		贫困残疾人救助与扶持		法律援助与服务	
	城镇	农村	城镇	农村	城镇	农村
总　计	**14**	**2**	**9**	**33**		**4**
南宁市江南区			2			
南宁市宾阳县			1	1		
南宁市马山县						
柳州市柳北区		1				
柳州市融水苗族自治县						
桂林市叠彩区	13					
桂林市荔浦县						
桂林市龙胜各族自治区						
贺州市八步区						
梧州市藤县				6		2
贺州市富川瑶族自治县						
防城港市防城区				5		
北海市合浦县						
钦州市浦北县	1	1		8		
贵港市港北区			2	2		
贵港市平南县						
玉林市博白县						
玉林市容县				4		
贵港市桂平市			4	2		
百色市靖西县				1		2
百色市田阳县						
河池市宜州市						
河池市东兰县				4		
来宾市兴宾区						
崇左市扶绥县						

4－75 续表 3

单位：人次

地区	无障碍设施		信息无障碍		生活服务	
	城镇	农村	城镇	农村	城镇	农村
总　计			**6**	**1**	**5**	**23**
南宁市江南区			5		1	
南宁市宾阳县						
南宁市马山县						
柳州市柳北区						
柳州市融水苗族自治县						
桂林市叠彩区			1		1	
桂林市荔浦县						
桂林市龙胜各族自治区						
贺州市八步区				1		
梧州市藤县						6
贺州市富川瑶族自治县						
防城港市防城区					1	2
北海市合浦县						
钦州市浦北县						
贵港市港北区						
贵港市平南县						
玉林市博白县						
玉林市容县						
贵港市桂平市					1	1
百色市靖西县					1	13
百色市田阳县						1
河池市宜州市						
河池市东兰县						
来宾市兴宾区						
崇左市扶绥县						

4－75 续表 4

单位：人次

地区	文化服务		其他		未曾接受任何服务或扶助	
	城镇	农村	城镇	农村	城镇	农村
总计	**8**	**13**	**5**	**15**	**112**	**727**
南宁市江南区	3				8	
南宁市宾阳县					13	41
南宁市马山县					1	44
柳州市柳北区					17	13
柳州市融水苗族自治县					4	35
桂林市叠彩区	3					
桂林市荔浦县						26
桂林市龙胜各族自治区						61
贺州市八步区					27	46
梧州市藤县		5		1		3
贺州市富川瑶族自治县						22
防城港市防城区						21
北海市合浦县					8	61
钦州市浦北县					3	50
贵港市港北区					8	31
贵港市平南县						18
玉林市博白县					3	21
玉林市容县					9	52
贵港市桂平市	1	1	5	11	2	57
百色市靖西县	1	7		3	6	21
百色市田阳县						17
河池市宜州市					3	22
河池市东兰县						51
来宾市兴宾区						4
崇左市扶绥县						10

4－76　各地区言语残疾人分城乡的曾接受服务或扶助

单位：人次

地　区	合计		医疗服务与救助		辅助器具	
	城镇	农村	城镇	农村	城镇	农村
总　计	**4**	**71**	**1**	**20**		
南宁市江南区						
南宁市宾阳县		4		2		
南宁市马山县						
柳州市柳北区		1				
柳州市融水苗族自治县		6		2		
桂林市叠彩区	1	1				
桂林市荔浦县		1		1		
桂林市龙胜各族自治区						
贺州市八步区		3				
梧州市藤县		9		1		
贺州市富川瑶族自治县		4		1		
防城港市防城区		7		3		
北海市合浦县		4		2		
钦州市浦北县		3				
贵港市港北区		2				
贵港市平南县						
玉林市博白县	3	2	1			
玉林市容县		5		2		
贵港市桂平市						
百色市靖西县		5		1		
百色市田阳县		2		1		
河池市宜州市		3		2		
河池市东兰县		1				
来宾市兴宾区		5		1		
崇左市扶绥县		3		1		

4－76 续表 1

单位：人次

地　区	康复训练与服务		教育费用补助或减免		职业教育与培训	
	城镇	农村	城镇	农村	城镇	农村
总　计	**1**	**3**		**1**		
南宁市江南区						
南宁市宾阳县						
南宁市马山县						
柳州市柳北区						
柳州市融水苗族自治县						
桂林市叠彩区						
桂林市荔浦县						
桂林市龙胜各族自治区						
贺州市八步区						
梧州市藤县		1				
贺州市富川瑶族自治县						
防城港市防城区		1				
北海市合浦县						
钦州市浦北县						
贵港市港北区		1				
贵港市平南县						
玉林市博白县	1					
玉林市容县						
贵港市桂平市						
百色市靖西县						
百色市田阳县				1		
河池市宜州市						
河池市东兰县						
来宾市兴宾区						
崇左市扶绥县						

4－76　续表 2

单位：人次

地　　区	就业安置或扶持		贫困残疾人救助与扶持		法律援助与服务	
	城镇	农村	城镇	农村	城镇	农村
总　　计			**1**	**3**		
南宁市江南区						
南宁市宾阳县				1		
南宁市马山县						
柳州市柳北区						
柳州市融水苗族自治县						
桂林市叠彩区						
桂林市荔浦县						
桂林市龙胜各族自治区						
贺州市八步区						
梧州市藤县				1		
贺州市富川瑶族自治县						
防城港市防城区				1		
北海市合浦县						
钦州市浦北县						
贵港市港北区						
贵港市平南县						
玉林市博白县			1			
玉林市容县						
贵港市桂平市						
百色市靖西县						
百色市田阳县						
河池市宜州市						
河池市东兰县						
来宾市兴宾区						
崇左市扶绥县						

4－76 续表 3

单位：人次

地区	无障碍设施		信息无障碍		生活服务	
	城镇	农村	城镇	农村	城镇	农村
总计						
南宁市江南区						
南宁市宾阳县						
南宁市马山县						
柳州市柳北区						
柳州市融水苗族自治县						
桂林市叠彩区						
桂林市荔浦县						
桂林市龙胜各族自治区						
贺州市八步区						
梧州市藤县						
贺州市富川瑶族自治县						
防城港市防城区						
北海市合浦县						
钦州市浦北县						
贵港市港北区						
贵港市平南县						
玉林市博白县						
玉林市容县						
贵港市桂平市						
百色市靖西县						
百色市田阳县						
河池市宜州市						
河池市东兰县						
来宾市兴宾区						
崇左市扶绥县						

4－76 续表 4

单位：人次

地区	文化服务		其他		未曾接受任何服务或扶助	
	城镇	农村	城镇	农村	城镇	农村
总计				**1**	**1**	**43**
南宁市江南区						
南宁市宾阳县						1
南宁市马山县						
柳州市柳北区						1
柳州市融水苗族自治县						4
桂林市叠彩区					1	1
桂林市荔浦县						
桂林市龙胜各族自治区						
贺州市八步区						3
梧州市藤县				1		5
贺州市富川瑶族自治县						3
防城港市防城区						2
北海市合浦县						2
钦州市浦北县						3
贵港市港北区						1
贵港市平南县						
玉林市博白县						2
玉林市容县						3
贵港市桂平市						
百色市靖西县						4
百色市田阳县						
河池市宜州市						1
河池市东兰县						1
来宾市兴宾区						4
崇左市扶绥县						2

4－77 各地区肢体残疾人分城乡的曾接受服务或扶助

单位：人次

地区	合计		医疗服务与救助		辅助器具	
	城镇	农村	城镇	农村	城镇	农村
总计	**429**	**1571**	**227**	**697**	**36**	**100**
南宁市江南区	48		21			
南宁市宾阳县	28	49	18	40	1	1
南宁市马山县	3	50	2	28		
柳州市柳北区	66	33	29	13	15	7
柳州市融水苗族自治县	13	40	7	14		
桂林市叠彩区	49	22	22	11		
桂林市荔浦县	7	67	6	42		
桂林市龙胜各族自治区	6	61	3	1		
贺州市八步区	15	32	11	18		
梧州市藤县	2	83	1	44		
贺州市富川瑶族自治县	29	71	12	18	5	3
防城港市防城区	9	66	4	17		1
北海市合浦县	10	57	10	48		
钦州市浦北县	9	84	3	28	2	17
贵港市港北区	24	53	13	42	5	2
贵港市平南县	16	82	13	51		4
玉林市博白县	4	42	1	2		4
玉林市容县	7	91	5	39	1	10
贵港市桂平市	18	93	6	31	6	30
百色市靖西县	14	95	13	36	1	6
百色市田阳县	4	40	4	23		2
河池市宜州市	29	144	11	47		6
河池市东兰县		124		57		3
来宾市兴宾区	15	36	10	21		2
崇左市扶绥县	4	56	2	26		2

4－77　续表 1

单位：人次

地　　区	康复训练与服务		教育费用补助或减免		职业教育与培训	
	城镇	农村	城镇	农村	城镇	农村
总　　计	**84**	**187**		**3**		
南宁市江南区						
南宁市宾阳县	9	7				
南宁市马山县						
柳州市柳北区	19	12				
柳州市融水苗族自治县	1					
桂林市叠彩区	26	11				
桂林市荔浦县	1					
桂林市龙胜各族自治区	1					
贺州市八步区						
梧州市藤县	1					
贺州市富川瑶族自治县	10	15		1		
防城港市防城区						
北海市合浦县		4				
钦州市浦北县	2	27				
贵港市港北区	1					
贵港市平南县	3	16				
玉林市博白县	1					
玉林市容县	1	10		1		
贵港市桂平市	6	28				
百色市靖西县						
百色市田阳县						
河池市宜州市	1	23				
河池市东兰县		32		1		
来宾市兴宾区	1	1				
崇左市扶绥县		1				

4－77 续表 2

单位：人次

地　区	就业安置或扶持		贫困残疾人救助与扶持		法律援助与服务	
	城镇	农村	城镇	农村	城镇	农村
总　计	**3**	**1**	**13**	**82**		**1**
南宁市江南区						
南宁市宾阳县				1		
南宁市马山县			1	3		
柳州市柳北区						
柳州市融水苗族自治县		1				
桂林市叠彩区			1			
桂林市荔浦县				1		
桂林市龙胜各族自治区	2			3		
贺州市八步区			1	1		
梧州市藤县				5		1
贺州市富川瑶族自治县				1		
防城港市防城区				5		
北海市合浦县				1		
钦州市浦北县	1		1	9		
贵港市港北区			4	8		
贵港市平南县				3		
玉林市博白县				1		
玉林市容县				15		
贵港市桂平市				3		
百色市靖西县				2		
百色市田阳县				1		
河池市宜州市			5	4		
河池市东兰县				9		
来宾市兴宾区				5		
崇左市扶绥县				1		

4－77 续表 3

单位：人次

地区	无障碍设施		信息无障碍		生活服务	
	城镇	农村	城镇	农村	城镇	农村
总 计		**2**		**22**	**11**	**45**
南宁市江南区						
南宁市宾阳县						
南宁市马山县						
柳州市柳北区				1		
柳州市融水苗族自治县						
桂林市叠彩区						
桂林市荔浦县						
桂林市龙胜各族自治区						
贺州市八步区						
梧州市藤县		1		19		1
贺州市富川瑶族自治县						
防城港市防城区						
北海市合浦县						
钦州市浦北县						3
贵港市港北区						
贵港市平南县						
玉林市博白县						2
玉林市容县				2		
贵港市桂平市		1				
百色市靖西县						
百色市田阳县						
河池市宜州市					11	39
河池市东兰县						
来宾市兴宾区						
崇左市扶绥县						

4－77　续表 4

单位：人次

地　区	文化服务		其他		未曾接受任何服务或扶助	
	城镇	农村	城镇	农村	城镇	农村
总　计	**1**	**14**	**1**	**15**	**53**	**402**
南宁市江南区					27	
南宁市宾阳县						
南宁市马山县						19
柳州市柳北区					3	
柳州市融水苗族自治县					5	25
桂林市叠彩区						
桂林市荔浦县						24
桂林市龙胜各族自治区						57
贺州市八步区					3	13
梧州市藤县						12
贺州市富川瑶族自治县					2	33
防城港市防城区				1	5	42
北海市合浦县						4
钦州市浦北县						
贵港市港北区			1			1
贵港市平南县						8
玉林市博白县					2	33
玉林市容县						14
贵港市桂平市						
百色市靖西县						51
百色市田阳县						14
河池市宜州市	1	14		10		1
河池市东兰县				4		18
来宾市兴宾区					4	7
崇左市扶绥县					2	26

4－78 各地区智力残疾人分城乡的曾接受服务或扶助

单位：人次

地 区	合计		医疗服务与救助		辅助器具	
	城镇	农村	城镇	农村	城镇	农村
总 计	**48**	**324**	**16**	**94**	**1**	**1**
南宁市江南区	1					
南宁市宾阳县	3	7	3	1		
南宁市马山县	2	19	2	8		
柳州市柳北区	4	4	1	2		
柳州市融水苗族自治县	1	6				
桂林市叠彩区	3	5	2	2		
桂林市荔浦县		11		5		
桂林市龙胜各族自治区		6				
贺州市八步区	1	6	1	1		
梧州市藤县		15		9		
贺州市富川瑶族自治县	1	18		1		
防城港市防城区	1	19	1	9		
北海市合浦县	2	12	1	2		
钦州市浦北县		18		1		
贵港市港北区	1	23	1	13		
贵港市平南县		32		6		
玉林市博白县	1	25		6		
玉林市容县	2	27		8		
贵港市桂平市		12		3		1
百色市靖西县		12		3		
百色市田阳县	2	8	1	4		
河池市宜州市	6	16	2	7	1	
河池市东兰县		6				
来宾市兴宾区	16	12	1	2		
崇左市扶绥县	1	5		1		

4－78 续表 1

单位：人次

地　区	康复训练与服务		教育费用补助或减免		职业教育与培训	
	城镇	农村	城镇	农村	城镇	农村
总　计	**9**	**26**		**5**		
南宁市江南区						
南宁市宾阳县						
南宁市马山县						
柳州市柳北区						
柳州市融水苗族自治县						
桂林市叠彩区	1					
桂林市荔浦县						
桂林市龙胜各族自治区						
贺州市八步区						
梧州市藤县						
贺州市富川瑶族自治县		1				
防城港市防城区		1				
北海市合浦县		1		2		
钦州市浦北县		2				
贵港市港北区						
贵港市平南县		4		1		
玉林市博白县		1		1		
玉林市容县		7				
贵港市桂平市		1				
百色市靖西县						
百色市田阳县	1	3				
河池市宜州市	1	1				
河池市东兰县		1		1		
来宾市兴宾区	6	3				
崇左市扶绥县						

4－78 续表 2

单位：人次

地 区	就业安置或扶持		贫困残疾人救助与扶持		法律援助与服务	
	城镇	农村	城镇	农村	城镇	农村
总 计				**24**		
南宁市江南区						
南宁市宾阳县						
南宁市马山县				2		
柳州市柳北区						
柳州市融水苗族自治县				1		
桂林市叠彩区						
桂林市荔浦县				1		
桂林市龙胜各族自治区				2		
贺州市八步区						
梧州市藤县				1		
贺州市富川瑶族自治县						
防城港市防城区				2		
北海市合浦县						
钦州市浦北县				1		
贵港市港北区				2		
贵港市平南县				7		
玉林市博白县				1		
玉林市容县				1		
贵港市桂平市						
百色市靖西县						
百色市田阳县						
河池市宜州市				1		
河池市东兰县				1		
来宾市兴宾区				1		
崇左市扶绥县						

4－78 续表 3

单位：人次

地　区	无障碍设施		信息无障碍		生活服务	
	城镇	农村	城镇	农村	城镇	农村
总　计				**1**	**2**	**7**
南宁市江南区						
南宁市宾阳县						
南宁市马山县				1		
柳州市柳北区						
柳州市融水苗族自治县						
桂林市叠彩区						1
桂林市荔浦县						
桂林市龙胜各族自治区						
贺州市八步区						
梧州市藤县						
贺州市富川瑶族自治县						
防城港市防城区						1
北海市合浦县						
钦州市浦北县						
贵港市港北区						
贵港市平南县						2
玉林市博白县						
玉林市容县						2
贵港市桂平市						
百色市靖西县						
百色市田阳县						
河池市宜州市						
河池市东兰县						
来宾市兴宾区					2	1
崇左市扶绥县						

4－78 续表 4

单位：人次

地　区	文化服务		其他		未曾接受任何服务或扶助	
	城镇	农村	城镇	农村	城镇	农村
总　计		**1**	**7**	**1**	**13**	**164**
南宁市江南区					1	
南宁市宾阳县						6
南宁市马山县						8
柳州市柳北区					3	2
柳州市融水苗族自治县					1	5
桂林市叠彩区						2
桂林市荔浦县						5
桂林市龙胜各族自治区						4
贺州市八步区						5
梧州市藤县						5
贺州市富川瑶族自治县					1	16
防城港市防城区						6
北海市合浦县					1	7
钦州市浦北县						14
贵港市港北区						8
贵港市平南县						12
玉林市博白县					1	16
玉林市容县					2	9
贵港市桂平市						7
百色市靖西县						9
百色市田阳县						1
河池市宜州市		1			2	6
河池市东兰县						3
来宾市兴宾区			7	1		4
崇左市扶绥县					1	4

4－79　各地区精神残疾人分城乡的曾接受服务或扶助

单位：人次

地　区	合计		医疗服务与救助		辅助器具	
	城镇	农村	城镇	农村	城镇	农村
总　计	**72**	**307**	**41**	**150**		
南宁市江南区	20		12			
南宁市宾阳县	2	9	1	5		
南宁市马山县	1	15		9		
柳州市柳北区	4	2	3			
柳州市融水苗族自治县	1	23		5		
桂林市叠彩区	10	3	8	1		
桂林市荔浦县		11		9		
桂林市龙胜各族自治区	1	17	1	8		
贺州市八步区	7	3	4	1		
梧州市藤县	2	11	2	10		
贺州市富川瑶族自治县	1	7		2		
防城港市防城区	2	15		10		
北海市合浦县	2	11	2	3		
钦州市浦北县	1	10		2		
贵港市港北区		14		12		
贵港市平南县	6	27	2	4		
玉林市博白县		25		15		
玉林市容县	1	12	1	8		
贵港市桂平市	3	19	1	16		
百色市靖西县	1	10	1	3		
百色市田阳县		21		9		
河池市宜州市	5	5	2	4		
河池市东兰县		18		6		
来宾市兴宾区	2	6	1	1		
崇左市扶绥县		13		7		

4－79 续表 1

单位：人次

地 区	康复训练与服务		教育费用补助或减免		职业教育与培训	
	城镇	农村	城镇	农村	城镇	农村
总 计	**5**	**16**		**2**		
南宁市江南区	2					
南宁市宾阳县		2				
南宁市马山县						
柳州市柳北区						
柳州市融水苗族自治县				1		
桂林市叠彩区	1					
桂林市荔浦县						
桂林市龙胜各族自治区						
贺州市八步区	2					
梧州市藤县						
贺州市富川瑶族自治县						
防城港市防城区						
北海市合浦县						
钦州市浦北县						
贵港市港北区						
贵港市平南县		9				
玉林市博白县						
玉林市容县						
贵港市桂平市						
百色市靖西县						
百色市田阳县		2				
河池市宜州市						
河池市东兰县		3				
来宾市兴宾区				1		
崇左市扶绥县						

4-79 续表 2

单位：人次

地　区	就业安置或扶持		贫困残疾人救助与扶持		法律援助与服务	
	城镇	农村	城镇	农村	城镇	农村
总　计	**1**		**9**	**32**		
南宁市江南区			4			
南宁市宾阳县				1		
南宁市马山县			1	5		
柳州市柳北区			1			
柳州市融水苗族自治县						
桂林市叠彩区						
桂林市荔浦县				2		
桂林市龙胜各族自治区				1		
贺州市八步区						
梧州市藤县						
贺州市富川瑶族自治县				1		
防城港市防城区				3		
北海市合浦县						
钦州市浦北县				1		
贵港市港北区				2		
贵港市平南县				1		
玉林市博白县				7		
玉林市容县				1		
贵港市桂平市			1			
百色市靖西县				1		
百色市田阳县						
河池市宜州市	1		2			
河池市东兰县				2		
来宾市兴宾区						
崇左市扶绥县				4		

4－79 续表 3

单位：人次

地　区	无障碍设施		信息无障碍		生活服务	
	城镇	农村	城镇	农村	城镇	农村
总　计					**4**	**17**
南宁市江南区						
南宁市宾阳县					1	1
南宁市马山县						
柳州市柳北区						
柳州市融水苗族自治县						2
桂林市叠彩区						
桂林市荔浦县						
桂林市龙胜各族自治区						
贺州市八步区						
梧州市藤县						
贺州市富川瑶族自治县						
防城港市防城区						
北海市合浦县						
钦州市浦北县						
贵港市港北区						
贵港市平南县					2	8
玉林市博白县						
玉林市容县						
贵港市桂平市					1	
百色市靖西县						
百色市田阳县						6
河池市宜州市						
河池市东兰县						
来宾市兴宾区						
崇左市扶绥县						

4－79 续表 4

单位：人次

地区	文化服务		其他		未曾接受任何服务或扶助	
	城镇	农村	城镇	农村	城镇	农村
总计	**2**	**6**		**1**	**10**	**83**
南宁市江南区					2	
南宁市宾阳县						
南宁市马山县						1
柳州市柳北区						2
柳州市融水苗族自治县					1	15
桂林市叠彩区					1	2
桂林市荔浦县						
桂林市龙胜各族自治区						8
贺州市八步区					1	2
梧州市藤县						1
贺州市富川瑶族自治县					1	4
防城港市防城区					2	2
北海市合浦县						8
钦州市浦北县					1	7
贵港市港北区						
贵港市平南县	2	5				
玉林市博白县						3
玉林市容县						3
贵港市桂平市						3
百色市靖西县						6
百色市田阳县				1		3
河池市宜州市						1
河池市东兰县						7
来宾市兴宾区		1			1	3
崇左市扶绥县						2

4－80 各地区多重残疾人分城乡的曾接受服务或扶助

单位：人次

地　　区	合计		医疗服务与救助		辅助器具	
	城镇	农村	城镇	农村	城镇	农村
总　　计	**394**	**1378**	**179**	**484**	**20**	**78**
南宁市江南区	70		27		1	
南宁市宾阳县	20	36	8	11	1	
南宁市马山县	9	88	5	23		
柳州市柳北区	49	29	26	13	6	6
柳州市融水苗族自治县	4	24	1	4		1
桂林市叠彩区	78	45	41	24	5	1
桂林市荔浦县	10	45	5	26	2	1
桂林市龙胜各族自治区	4	40	1	2		
贺州市八步区	14	33	8	9	1	
梧州市藤县	3	46	2	26		
贺州市富川瑶族自治县	1	25	1	12		1
防城港市防城区	7	62	3	22		1
北海市合浦县	11	74	7	35		
钦州市浦北县	7	56	2	7	1	1
贵港市港北区	23	33	13	19	1	
贵港市平南县	6	104	3	38		5
玉林市博白县	4	39	2	10		4
玉林市容县	4	110	3	45		4
贵港市桂平市	6	147	1	50	1	40
百色市靖西县	6	47	4	8		
百色市田阳县	7	71	4	32		8
河池市宜州市	29	49	11	20		2
河池市东兰县		107		22		3
来宾市兴宾区	21	20	1	4	1	
崇左市扶绥县	1	48		22		

4－80 续表 1

单位：人次

地区	康复训练与服务		教育费用补助或减免		职业教育与培训	
	城镇	农村	城镇	农村	城镇	农村
总计	**44**	**118**	**2**	**5**	**6**	
南宁市江南区	1		1		2	
南宁市宾阳县	1	2				
南宁市马山县		2				
柳州市柳北区	9	5				
柳州市融水苗族自治县	1	1				
桂林市叠彩区	17	16	1		3	
桂林市荔浦县					1	
桂林市龙胜各族自治区	1	1				
贺州市八步区	1					
梧州市藤县	1	1		1		
贺州市富川瑶族自治县		3				
防城港市防城区				1		
北海市合浦县						
钦州市浦北县	1	4				
贵港市港北区	2					
贵港市平南县	1	10				
玉林市博白县	1	1				
玉林市容县		6				
贵港市桂平市	1	40		2		
百色市靖西县						
百色市田阳县	1	12				
河池市宜州市		2				
河池市东兰县		9				
来宾市兴宾区	5	3				
崇左市扶绥县				1		

4－80 续表 2

单位：人次

地 区	就业安置或扶持		贫困残疾人救助与扶持		法律援助与服务	
	城镇	农村	城镇	农村	城镇	农村
总 计	**1**	**2**	**32**	**136**		**1**
南宁市江南区			2			
南宁市宾阳县			3	3		
南宁市马山县			2	13		
柳州市柳北区						
柳州市融水苗族自治县						
桂林市叠彩区	1		3			
桂林市荔浦县			2	2		
桂林市龙胜各族自治区				12		
贺州市八步区			1	1		
梧州市藤县				4		
贺州市富川瑶族自治县						
防城港市防城区			1	7		
北海市合浦县				1		
钦州市浦北县		1	1	7		
贵港市港北区			7	6		
贵港市平南县			1	7		
玉林市博白县			1	3		
玉林市容县			1	20		
贵港市桂平市				3		
百色市靖西县			2	2		
百色市田阳县				4		
河池市宜州市			5	3		
河池市东兰县		1		27		1
来宾市兴宾区				4		
崇左市扶绥县				7		

4－80 续表 3

单位：人次

地　区	无障碍设施		信息无障碍		生活服务	
	城镇	农村	城镇	农村	城镇	农村
总　计		**1**	**4**	**4**	**18**	**38**
南宁市江南区			3		2	
南宁市宾阳县						2
南宁市马山县						
柳州市柳北区			1			1
柳州市融水苗族自治县					1	
桂林市叠彩区					3	3
桂林市荔浦县						
桂林市龙胜各族自治区						
贺州市八步区					1	
梧州市藤县				1		2
贺州市富川瑶族自治县						
防城港市防城区						4
北海市合浦县						
钦州市浦北县						3
贵港市港北区						
贵港市平南县					1	10
玉林市博白县						2
玉林市容县				3		
贵港市桂平市					1	
百色市靖西县		1				1
百色市田阳县						
河池市宜州市					6	9
河池市东兰县						1
来宾市兴宾区					3	
崇左市扶绥县						

4-80 续表 4

单位：人次

地　区	文化服务		其他		未曾接受任何服务或扶助	
	城镇	农村	城镇	农村	城镇	农村
总　计	**2**	**10**	**7**	**14**	**79**	**487**
南宁市江南区			1		30	
南宁市宾阳县					7	18
南宁市马山县					2	50
柳州市柳北区					7	4
柳州市融水苗族自治县					1	18
桂林市叠彩区					4	1
桂林市荔浦县						16
桂林市龙胜各族自治区					2	25
贺州市八步区					2	23
梧州市藤县				1		10
贺州市富川瑶族自治县						9
防城港市防城区			1		2	27
北海市合浦县					4	38
钦州市浦北县					2	33
贵港市港北区						8
贵港市平南县		7		2		25
玉林市博白县						19
玉林市容县						32
贵港市桂平市	1		1	3		9
百色市靖西县						35
百色市田阳县		1			2	14
河池市宜州市	1	2		4	6	7
河池市东兰县				1		42
来宾市兴宾区			4	3	7	6
崇左市扶绥县					1	18

4－81 各地区视力残疾人分残疾等级的曾接受服务或扶助

单位：人次

地区	医疗服务与救助				辅助器具			
	残疾一级	残疾二级	残疾三级	残疾四级	残疾一级	残疾二级	残疾三级	残疾四级
总　计	**93**	**28**	**37**	**232**	**9**		**6**	**35**
南宁市江南区								
南宁市宾阳县	4			1				
南宁市马山县		1	2					
柳州市柳北区	1			10	1			1
柳州市融水苗族自治县	1		1					
桂林市叠彩区	3	1	5	21				2
桂林市荔浦县	10	7	3	28				1
桂林市龙胜各族自治区								
贺州市八步区	3	1		9				1
梧州市藤县	2		1	1				
贺州市富川瑶族自治县	7	1		5	1			1
防城港市防城区	1	3	9	15			3	2
北海市合浦县	5			10				
钦州市浦北县								
贵港市港北区	2			13				
贵港市平南县		1	2	7				1
玉林市博白县								
玉林市容县				1				
贵港市桂平市	6		2	22	7		2	20
百色市靖西县	4			1				1
百色市田阳县	11	4	4	20			1	
河池市宜州市	4	1	1	23				3
河池市东兰县								
来宾市兴宾区	20	8	4	32				2
崇左市扶绥县	9		3	13				

4－81　续表 1

单位：人次

地　区	康复训练与服务				教育费用补助或减免			
	残疾一级	残疾二级	残疾三级	残疾四级	残疾一级	残疾二级	残疾三级	残疾四级
总　计	**10**	**2**	**4**	**26**				
南宁市江南区								
南宁市宾阳县	1							
南宁市马山县		1						
柳州市柳北区				1				
柳州市融水苗族自治县								
桂林市叠彩区								
桂林市荔浦县								
桂林市龙胜各族自治区								
贺州市八步区								
梧州市藤县								
贺州市富川瑶族自治县				1				
防城港市防城区								
北海市合浦县								
钦州市浦北县								
贵港市港北区								
贵港市平南县		1						
玉林市博白县								
玉林市容县								
贵港市桂平市	8		2	22				
百色市靖西县								
百色市田阳县	1		2	2				
河池市宜州市								
河池市东兰县								
来宾市兴宾区								
崇左市扶绥县								

4－81 续表 2

单位：人次

地　区	职业教育与培训				就业安置或扶持			
	残疾一级	残疾二级	残疾三级	残疾四级	残疾一级	残疾二级	残疾三级	残疾四级
总　计								
南宁市江南区								
南宁市宾阳县								
南宁市马山县								
柳州市柳北区								
柳州市融水苗族自治县								
桂林市叠彩区								
桂林市荔浦县								
桂林市龙胜各族自治区								
贺州市八步区								
梧州市藤县								
贺州市富川瑶族自治县								
防城港市防城区								
北海市合浦县								
钦州市浦北县								
贵港市港北区								
贵港市平南县								
玉林市博白县								
玉林市容县								
贵港市桂平市								
百色市靖西县								
百色市田阳县								
河池市宜州市								
河池市东兰县								
来宾市兴宾区								
崇左市扶绥县								

4－81 续表 3

单位：人次

地　区	贫困残疾人救助与扶持				法律援助与服务			
	残疾一级	残疾二级	残疾三级	残疾四级	残疾一级	残疾二级	残疾三级	残疾四级
总　计	**40**	**6**	**5**	**27**	**1**			
南宁市江南区	1							
南宁市宾阳县								
南宁市马山县	3	1	2	3				
柳州市柳北区								
柳州市融水苗族自治县	1							
桂林市叠彩区	3			4				
桂林市荔浦县								
桂林市龙胜各族自治区		1		4				
贺州市八步区								
梧州市藤县	4			2				
贺州市富川瑶族自治县	5			2				
防城港市防城区	3			2				
北海市合浦县								
钦州市浦北县	4		1	1				
贵港市港北区	2			3				
贵港市平南县			1					
玉林市博白县	2							
玉林市容县	2		1	1				
贵港市桂平市	3							
百色市靖西县	3			1				
百色市田阳县	1	1		1				
河池市宜州市				1				
河池市东兰县	1			1				
来宾市兴宾区	2	3		1	1			
崇左市扶绥县								

4-81 续表 4

单位：人次

地区	无障碍设施				信息无障碍			
	残疾一级	残疾二级	残疾三级	残疾四级	残疾一级	残疾二级	残疾三级	残疾四级
总　计	**4**			**1**	**2**	**2**		
南宁市江南区								
南宁市宾阳县								
南宁市马山县								
柳州市柳北区								
柳州市融水苗族自治县								
桂林市叠彩区	2							
桂林市荔浦县								
桂林市龙胜各族自治区								
贺州市八步区								
梧州市藤县								
贺州市富川瑶族自治县	2			1	2	1		
防城港市防城区						1		
北海市合浦县								
钦州市浦北县								
贵港市港北区								
贵港市平南县								
玉林市博白县								
玉林市容县								
贵港市桂平市								
百色市靖西县								
百色市田阳县								
河池市宜州市								
河池市东兰县								
来宾市兴宾区								
崇左市扶绥县								

4－81 续表 5

单位：人次

地 区	生活服务				文化服务			
	残疾一级	残疾二级	残疾三级	残疾四级	残疾一级	残疾二级	残疾三级	残疾四级
总 计	**6**	**1**	**4**	**14**		**1**		**3**
南宁市江南区								
南宁市宾阳县								
南宁市马山县								
柳州市柳北区	1			3				
柳州市融水苗族自治县								
桂林市叠彩区			1	3				
桂林市荔浦县								
桂林市龙胜各族自治区								
贺州市八步区								
梧州市藤县	1							
贺州市富川瑶族自治县								
防城港市防城区		1	3	4		1		3
北海市合浦县								
钦州市浦北县	1							
贵港市港北区								
贵港市平南县								
玉林市博白县								
玉林市容县								
贵港市桂平市	3			2				
百色市靖西县								
百色市田阳县				1				
河池市宜州市				1				
河池市东兰县								
来宾市兴宾区								
崇左市扶绥县								

4－81　续表 6

单位：人次

地　区	其他				未曾接受任何服务或扶助			
	残疾一级	残疾二级	残疾三级	残疾四级	残疾一级	残疾二级	残疾三级	残疾四级
总　计					**98**	**19**	**37**	**311**
南宁市江南区					3	1	5	34
南宁市宾阳县					6	1	3	14
南宁市马山县					2		2	22
柳州市柳北区								
柳州市融水苗族自治县					15	5	4	16
桂林市叠彩区								
桂林市荔浦县								2
桂林市龙胜各族自治区					5	1	2	13
贺州市八步区								2
梧州市藤县					5		2	18
贺州市富川瑶族自治县					6	2		10
防城港市防城区								1
北海市合浦县					1			4
钦州市浦北县					4	2	3	27
贵港市港北区					1	1	2	9
贵港市平南县					3		2	8
玉林市博白县					12	1	1	11
玉林市容县					7		1	20
贵港市桂平市								
百色市靖西县					3	1	1	12
百色市田阳县								
河池市宜州市					4		2	31
河池市东兰县					8	2	3	14
来宾市兴宾区					1	1	2	4
崇左市扶绥县					12	1	2	39

4－82　各地区听力残疾人分残疾等级的曾接受服务或扶助

单位：人次

地　　区	医疗服务与救助				辅助器具			
	残疾一级	残疾二级	残疾三级	残疾四级	残疾一级	残疾二级	残疾三级	残疾四级
总　　计	**24**	**42**	**283**	**228**	**9**	**12**	**47**	**19**
南宁市江南区	1	2	12	39	1			
南宁市宾阳县			10	4			1	
南宁市马山县								
柳州市柳北区		1	6	10			2	1
柳州市融水苗族自治县		2				1		
桂林市叠彩区	2	2	33	33	1	1	10	3
桂林市荔浦县	2	3	31	22			1	4
桂林市龙胜各族自治区	1	1	7	7				
贺州市八步区	1	1	4	9		1	1	1
梧州市藤县		3	21	11		2	10	4
贺州市富川瑶族自治县	6	5	11	1	3	1		
防城港市防城区	1	1	9	7	1			
北海市合浦县	2		11	6				
钦州市浦北县			3	3		1		
贵港市港北区	2	2	22	13			2	
贵港市平南县	2	1	8	6				1
玉林市博白县	1	2	12	7		1	1	
玉林市容县		5	10	12				
贵港市桂平市	2	2	4	8	1	2	2	2
百色市靖西县	1	2	7	4			1	
百色市田阳县		5	42	23			1	
河池市宜州市						1	2	
河池市东兰县			4	2	1		4	2
来宾市兴宾区		2	15	1	1	1	9	1
崇左市扶绥县			1					

4-82 续表 1

单位：人次

地区	康复训练与服务				教育费用补助或减免			
	残疾一级	残疾二级	残疾三级	残疾四级	残疾一级	残疾二级	残疾三级	残疾四级
总　计	**1**	**2**	**11**	**12**			**1**	**3**
南宁市江南区								
南宁市宾阳县								
南宁市马山县								
柳州市柳北区								
柳州市融水苗族自治县								
桂林市叠彩区			2	2			1	2
桂林市荔浦县								
桂林市龙胜各族自治区	1							
贺州市八步区								
梧州市藤县		2	8	4				
贺州市富川瑶族自治县								
防城港市防城区								
北海市合浦县								
钦州市浦北县								
贵港市港北区								
贵港市平南县				1				
玉林市博白县								
玉林市容县								
贵港市桂平市			1	5				
百色市靖西县								1
百色市田阳县								
河池市宜州市								
河池市东兰县								
来宾市兴宾区								
崇左市扶绥县								

4－82 续表 2

单位：人次

地　　区	职业教育与培训				就业安置或扶持			
	残疾一级	残疾二级	残疾三级	残疾四级	残疾一级	残疾二级	残疾三级	残疾四级
总　计	**1**		**3**	**10**		**1**	**8**	**7**
南宁市江南区								
南宁市宾阳县								
南宁市马山县								
柳州市柳北区							1	
柳州市融水苗族自治县								
桂林市叠彩区	1		3	8			6	7
桂林市荔浦县								
桂林市龙胜各族自治区								
贺州市八步区								
梧州市藤县								
贺州市富川瑶族自治县								
防城港市防城区								
北海市合浦县								
钦州市浦北县				1		1	1	
贵港市港北区								
贵港市平南县								
玉林市博白县								
玉林市容县								
贵港市桂平市								
百色市靖西县				1				
百色市田阳县								
河池市宜州市								
河池市东兰县								
来宾市兴宾区								
崇左市扶绥县								

4－82 续表 3

单位：人次

地区	贫困残疾人救助与扶持				法律援助与服务			
	残疾一级	残疾二级	残疾三级	残疾四级	残疾一级	残疾二级	残疾三级	残疾四级
总　计	**1**	**6**	**21**	**14**			**3**	**1**
南宁市江南区		1		1				
南宁市宾阳县			2					
南宁市马山县								
柳州市柳北区								
柳州市融水苗族自治县								
桂林市叠彩区								
桂林市荔浦县								
桂林市龙胜各族自治区								
贺州市八步区								
梧州市藤县		1	4	1			2	
贺州市富川瑶族自治县								
防城港市防城区		1	3	1				
北海市合浦县								
钦州市浦北县		3	2	3				
贵港市港北区			4					
贵港市平南县								
玉林市博白县								
玉林市容县			1	3				
贵港市桂平市	1		1	4				
百色市靖西县			1				1	1
百色市田阳县								
河池市宜州市								
河池市东兰县			3	1				
来宾市兴宾区								
崇左市扶绥县								

4－82 续表 4

单位：人次

地　　区	无障碍设施				信息无障碍			
	残疾一级	残疾二级	残疾三级	残疾四级	残疾一级	残疾二级	残疾三级	残疾四级
总　　计							**3**	**4**
南宁市江南区							1	4
南宁市宾阳县								
南宁市马山县								
柳州市柳北区								
柳州市融水苗族自治县								
桂林市叠彩区							1	
桂林市荔浦县								
桂林市龙胜各族自治区								
贺州市八步区							1	
梧州市藤县								
贺州市富川瑶族自治县								
防城港市防城区								
北海市合浦县								
钦州市浦北县								
贵港市港北区								
贵港市平南县								
玉林市博白县								
玉林市容县								
贵港市桂平市								
百色市靖西县								
百色市田阳县								
河池市宜州市								
河池市东兰县								
来宾市兴宾区								
崇左市扶绥县								

4－82 续表 5

单位：人次

地　区	生活服务				文化服务			
	残疾一级	残疾二级	残疾三级	残疾四级	残疾一级	残疾二级	残疾三级	残疾四级
总　计	**2**	**2**	**17**	**7**		**2**	**9**	**10**
南宁市江南区			1					3
南宁市宾阳县								
南宁市马山县								
柳州市柳北区								
柳州市融水苗族自治县								
桂林市叠彩区				1			2	1
桂林市荔浦县								
桂林市龙胜各族自治区								
贺州市八步区								
梧州市藤县			4	2			2	3
贺州市富川瑶族自治县								
防城港市防城区			3					
北海市合浦县								
钦州市浦北县								
贵港市港北区								
贵港市平南县								
玉林市博白县								
玉林市容县								
贵港市桂平市			2				1	1
百色市靖西县	1	2	7	4		2	4	2
百色市田阳县	1							
河池市宜州市								
河池市东兰县								
来宾市兴宾区								
崇左市扶绥县								

4-82 续表 6

单位：人次

地　区	其他				未曾接受任何服务或扶助			
	残疾一级	残疾二级	残疾三级	残疾四级	残疾一级	残疾二级	残疾三级	残疾四级
总　计	**1**	**2**	**8**	**9**	**43**	**78**	**379**	**339**
南宁市江南区							3	5
南宁市宾阳县					2	5	27	20
南宁市马山县					8	2	22	13
柳州市柳北区					1		8	21
柳州市融水苗族自治县					1	5	32	1
桂林市叠彩区								
桂林市荔浦县					1	2	15	8
桂林市龙胜各族自治区					2	5	30	24
贺州市八步区					1	6	23	43
梧州市藤县			1				2	1
贺州市富川瑶族自治县					2	8	9	3
防城港市防城区						1	6	14
北海市合浦县					1	5	29	34
钦州市浦北县					2	1	25	25
贵港市港北区					3	1	23	12
贵港市平南县						1	9	8
玉林市博白县						1	10	13
玉林市容县						6	14	41
贵港市桂平市	1	2	5	8	10	4	21	24
百色市靖西县			2	1	3	3	18	3
百色市田阳县						2	10	5
河池市宜州市					1	5	17	2
河池市东兰县					5	14	19	13
来宾市兴宾区						1	3	
崇左市扶绥县							4	6

4－83　各地区言语残疾人分残疾等级的曾接受服务或扶助

单位：人次

地　区	医疗服务与救助				辅助器具			
	残疾一级	残疾二级	残疾三级	残疾四级	残疾一级	残疾二级	残疾三级	残疾四级
总　计	**3**	**5**	**5**	**8**				
南宁市江南区								
南宁市宾阳县			1	1				
南宁市马山县								
柳州市柳北区								
柳州市融水苗族自治县	1			1				
桂林市叠彩区								
桂林市荔浦县			1					
桂林市龙胜各族自治区								
贺州市八步区								
梧州市藤县		1						
贺州市富川瑶族自治县				1				
防城港市防城区	2	1						
北海市合浦县			1	1				
钦州市浦北县								
贵港市港北区								
贵港市平南县								
玉林市博白县				1				
玉林市容县		1		1				
贵港市桂平市								
百色市靖西县		1						
百色市田阳县				1				
河池市宜州市			1	1				
河池市东兰县								
来宾市兴宾区			1					
崇左市扶绥县		1						

4－83 续表 1

单位：人次

地区	康复训练与服务				教育费用补助或减免			
	残疾一级	残疾二级	残疾三级	残疾四级	残疾一级	残疾二级	残疾三级	残疾四级
总　计	**1**			**3**				**1**
南宁市江南区								
南宁市宾阳县								
南宁市马山县								
柳州市柳北区								
柳州市融水苗族自治县								
桂林市叠彩区								
桂林市荔浦县								
桂林市龙胜各族自治区								
贺州市八步区								
梧州市藤县				1				
贺州市富川瑶族自治县								
防城港市防城区	1							
北海市合浦县								
钦州市浦北县								
贵港市港北区				1				
贵港市平南县								
玉林市博白县				1				
玉林市容县								
贵港市桂平市								
百色市靖西县								
百色市田阳县								1
河池市宜州市								
河池市东兰县								
来宾市兴宾区								
崇左市扶绥县								

4－83 续表 2

单位：人次

地 区	职业教育与培训				就业安置或扶持			
	残疾一级	残疾二级	残疾三级	残疾四级	残疾一级	残疾二级	残疾三级	残疾四级
总 计								
南宁市江南区								
南宁市宾阳县								
南宁市马山县								
柳州市柳北区								
柳州市融水苗族自治县								
桂林市叠彩区								
桂林市荔浦县								
桂林市龙胜各族自治区								
贺州市八步区								
梧州市藤县								
贺州市富川瑶族自治县								
防城港市防城区								
北海市合浦县								
钦州市浦北县								
贵港市港北区								
贵港市平南县								
玉林市博白县								
玉林市容县								
贵港市桂平市								
百色市靖西县								
百色市田阳县								
河池市宜州市								
河池市东兰县								
来宾市兴宾区								
崇左市扶绥县								

4－83 续表 3

单位：人次

地区	贫困残疾人救助与扶持				法律援助与服务			
	残疾一级	残疾二级	残疾三级	残疾四级	残疾一级	残疾二级	残疾三级	残疾四级
总　计	**1**			**3**				
南宁市江南区								
南宁市宾阳县				1				
南宁市马山县								
柳州市柳北区								
柳州市融水苗族自治县								
桂林市叠彩区								
桂林市荔浦县								
桂林市龙胜各族自治区								
贺州市八步区								
梧州市藤县				1				
贺州市富川瑶族自治县								
防城港市防城区	1							
北海市合浦县								
钦州市浦北县								
贵港市港北区								
贵港市平南县								
玉林市博白县				1				
玉林市容县								
贵港市桂平市								
百色市靖西县								
百色市田阳县								
河池市宜州市								
河池市东兰县								
来宾市兴宾区								
崇左市扶绥县								

4－83 续表 4

单位：人次

地区	无障碍设施				信息无障碍			
	残疾一级	残疾二级	残疾三级	残疾四级	残疾一级	残疾二级	残疾三级	残疾四级
总　计								
南宁市江南区								
南宁市宾阳县								
南宁市马山县								
柳州市柳北区								
柳州市融水苗族自治县								
桂林市叠彩区								
桂林市荔浦县								
桂林市龙胜各族自治区								
贺州市八步区								
梧州市藤县								
贺州市富川瑶族自治县								
防城港市防城区								
北海市合浦县								
钦州市浦北县								
贵港市港北区								
贵港市平南县								
玉林市博白县								
玉林市容县								
贵港市桂平市								
百色市靖西县								
百色市田阳县								
河池市宜州市								
河池市东兰县								
来宾市兴宾区								
崇左市扶绥县								

4－83 续表 5

单位：人次

地 区	生活服务				文化服务			
	残疾一级	残疾二级	残疾三级	残疾四级	残疾一级	残疾二级	残疾三级	残疾四级
总 计								
南宁市江南区								
南宁市宾阳县								
南宁市马山县								
柳州市柳北区								
柳州市融水苗族自治县								
桂林市叠彩区								
桂林市荔浦县								
桂林市龙胜各族自治区								
贺州市八步区								
梧州市藤县								
贺州市富川瑶族自治县								
防城港市防城区								
北海市合浦县								
钦州市浦北县								
贵港市港北区								
贵港市平南县								
玉林市博白县								
玉林市容县								
贵港市桂平市								
百色市靖西县								
百色市田阳县								
河池市宜州市								
河池市东兰县								
来宾市兴宾区								
崇左市扶绥县								

4－83 续表 6

单位：人次

地　区	其他				未曾接受任何服务或扶助			
	残疾一级	残疾二级	残疾三级	残疾四级	残疾一级	残疾二级	残疾三级	残疾四级
总　计				**1**	**7**	**2**	**11**	**24**
南宁市江南区								
南宁市宾阳县								1
南宁市马山县								
柳州市柳北区								1
柳州市融水苗族自治县							2	2
桂林市叠彩区								2
桂林市荔浦县								
桂林市龙胜各族自治区								
贺州市八步区						1	2	
梧州市藤县				1	2		1	2
贺州市富川瑶族自治县					1		2	
防城港市防城区								2
北海市合浦县							1	1
钦州市浦北县					1			2
贵港市港北区								1
贵港市平南县								
玉林市博白县								2
玉林市容县								3
贵港市桂平市								
百色市靖西县					1		1	2
百色市田阳县								
河池市宜州市							1	
河池市东兰县								1
来宾市兴宾区					2	1		1
崇左市扶绥县							1	1

4－84　各地区肢体残疾人分残疾等级的曾接受服务或扶助

单位：人次

地　　区	医疗服务与救助				辅助器具			
	残疾一级	残疾二级	残疾三级	残疾四级	残疾一级	残疾二级	残疾三级	残疾四级
总　　计	**34**	**109**	**212**	**569**	**3**	**17**	**40**	**76**
南宁市江南区			5	16				
南宁市宾阳县	1	7	8	42		1		1
南宁市马山县	1	6	10	13				
柳州市柳北区	2	4	9	27	2	2	7	11
柳州市融水苗族自治县	1	1	6	13				
桂林市叠彩区	1	2	7	23				
桂林市荔浦县	4	5	8	31				
桂林市龙胜各族自治区			1	3				
贺州市八步区		2	7	20				
梧州市藤县		1	9	35				
贺州市富川瑶族自治县		2	5	23		1	4	3
防城港市防城区	2	6	3	10			1	
北海市合浦县	6	10	10	32				
钦州市浦北县	2	8	8	13	1	4	4	10
贵港市港北区	3	8	14	30		1	2	4
贵港市平南县		6	19	39		1	1	2
玉林市博白县	1		1	1		1	3	
玉林市容县	2	3	11	28		1	3	7
贵港市桂平市		2	5	30		2	5	29
百色市靖西县	2	5	8	34		2	1	4
百色市田阳县	3	10	4	10		1		1
河池市宜州市	1	4	15	38			5	1
河池市东兰县		5	14	38			2	1
来宾市兴宾区		6	16	9			2	
崇左市扶绥县	2	6	9	11				2

4－84 续表 1

单位：人次

地区	康复训练与服务				教育费用补助或减免			
	残疾一级	残疾二级	残疾三级	残疾四级	残疾一级	残疾二级	残疾三级	残疾四级
总　计	**6**	**26**	**64**	**175**				**3**
南宁市江南区								
南宁市宾阳县		2	5	9				
南宁市马山县								
柳州市柳北区	2	2	8	19				
柳州市融水苗族自治县				1				
桂林市叠彩区	1	2	8	26				
桂林市荔浦县				1				
桂林市龙胜各族自治区			1					
贺州市八步区								
梧州市藤县				1				
贺州市富川瑶族自治县		2	3	20				1
防城港市防城区								
北海市合浦县			1	3				
钦州市浦北县	1	8	8	12				
贵港市港北区				1				
贵港市平南县		1	6	12				
玉林市博白县	1							
玉林市容县	1	1	2	7				1
贵港市桂平市		1	5	28				
百色市靖西县								
百色市田阳县								
河池市宜州市		3	6	15				
河池市东兰县		3	10	19				1
来宾市兴宾区		1	1					
崇左市扶绥县				1				

4－84　续表 2

单位：人次

地　　区	职业教育与培训				就业安置或扶持			
	残疾一级	残疾二级	残疾三级	残疾四级	残疾一级	残疾二级	残疾三级	残疾四级
总　　计						**1**	**1**	**2**
南宁市江南区								
南宁市宾阳县								
南宁市马山县								
柳州市柳北区								
柳州市融水苗族自治县						1		
桂林市叠彩区								
桂林市荔浦县								
桂林市龙胜各族自治区								2
贺州市八步区								
梧州市藤县								
贺州市富川瑶族自治县								
防城港市防城区								
北海市合浦县								
钦州市浦北县							1	
贵港市港北区								
贵港市平南县								
玉林市博白县								
玉林市容县								
贵港市桂平市								
百色市靖西县								
百色市田阳县								
河池市宜州市								
河池市东兰县								
来宾市兴宾区								
崇左市扶绥县								

4－84 续表 3

单位：人次

地区	贫困残疾人救助与扶持				法律援助与服务			
	残疾一级	残疾二级	残疾三级	残疾四级	残疾一级	残疾二级	残疾三级	残疾四级
总　计	**8**	**16**	**27**	**44**			**1**	
南宁市江南区								
南宁市宾阳县				1				
南宁市马山县		1	2	1				
柳州市柳北区								
柳州市融水苗族自治县								
桂林市叠彩区				1				
桂林市荔浦县		1						
桂林市龙胜各族自治区			1	2				
贺州市八步区			2					
梧州市藤县			2	3			1	
贺州市富川瑶族自治县				1				
防城港市防城区				5				
北海市合浦县	1							
钦州市浦北县	2	3	3	2				
贵港市港北区	1	4	4	3				
贵港市平南县				3				
玉林市博白县				1				
玉林市容县	1	1	3	10				
贵港市桂平市		1		2				
百色市靖西县	1			1				
百色市田阳县		1						
河池市宜州市	1		3	5				
河池市东兰县	1	2	4	2				
来宾市兴宾区		2	3					
崇左市扶绥县				1				

4－84 续表 4

单位：人次

地　区	无障碍设施				信息无障碍			
	残疾一级	残疾二级	残疾三级	残疾四级	残疾一级	残疾二级	残疾三级	残疾四级
总　计				**2**		**1**	**4**	**17**
南宁市江南区								
南宁市宾阳县								
南宁市马山县								
柳州市柳北区								1
柳州市融水苗族自治县								
桂林市叠彩区								
桂林市荔浦县								
桂林市龙胜各族自治区								
贺州市八步区								
梧州市藤县				1		1	3	15
贺州市富川瑶族自治县								
防城港市防城区								
北海市合浦县								
钦州市浦北县								
贵港市港北区								
贵港市平南县								
玉林市博白县								
玉林市容县							1	1
贵港市桂平市				1				
百色市靖西县								
百色市田阳县								
河池市宜州市								
河池市东兰县								
来宾市兴宾区								
崇左市扶绥县								

4-84 续表 5

单位：人次

地区	生活服务				文化服务			
	残疾一级	残疾二级	残疾三级	残疾四级	残疾一级	残疾二级	残疾三级	残疾四级
总　计	**1**	**6**	**10**	**39**			**4**	**11**
南宁市江南区								
南宁市宾阳县								
南宁市马山县								
柳州市柳北区								
柳州市融水苗族自治县								
桂林市叠彩区								
桂林市荔浦县								
桂林市龙胜各族自治区								
贺州市八步区								
梧州市藤县		1						
贺州市富川瑶族自治县								
防城港市防城区								
北海市合浦县								
钦州市浦北县		1		2				
贵港市港北区								
贵港市平南县								
玉林市博白县			1	1				
玉林市容县								
贵港市桂平市								
百色市靖西县								
百色市田阳县								
河池市宜州市	1	4	9	36			4	11
河池市东兰县								
来宾市兴宾区								
崇左市扶绥县								

4－84 续表 6

单位：人次

地区	其他				未曾接受任何服务或扶助			
	残疾一级	残疾二级	残疾三级	残疾四级	残疾一级	残疾二级	残疾三级	残疾四级
总　计		**2**	**4**	**10**	**20**	**29**	**82**	**324**
南宁市江南区						1	4	22
南宁市宾阳县								
南宁市马山县					2	3	5	9
柳州市柳北区								3
柳州市融水苗族自治县					1	3	10	16
桂林市叠彩区								
桂林市荔浦县						1	5	18
桂林市龙胜各族自治区					1	7	14	35
贺州市八步区							4	12
梧州市藤县							1	11
贺州市富川瑶族自治县					2		1	32
防城港市防城区				1	6	6	6	29
北海市合浦县								4
钦州市浦北县								
贵港市港北区			1					1
贵港市平南县								8
玉林市博白县					2	1	11	21
玉林市容县						1		13
贵港市桂平市								
百色市靖西县					1	2	9	39
百色市田阳县					2		5	7
河池市宜州市			2	8				1
河池市东兰县		2	1	1	1	2	2	13
来宾市兴宾区					1	1	3	6
崇左市扶绥县					1	1	2	24

4－85　各地区智力残疾人分残疾等级的曾接受服务或扶助

单位：人次

地　区	医疗服务与救助				辅助器具			
	残疾一级	残疾二级	残疾三级	残疾四级	残疾一级	残疾二级	残疾三级	残疾四级
总　计	**1**	**13**	**43**	**53**			**1**	**1**
南宁市江南区								
南宁市宾阳县			1	3				
南宁市马山县		1	3	6				
柳州市柳北区				3				
柳州市融水苗族自治县								
桂林市叠彩区				4				
桂林市荔浦县			3	2				
桂林市龙胜各族自治区								
贺州市八步区			1	1				
梧州市藤县		2	5	2				
贺州市富川瑶族自治县			1					
防城港市防城区		1	5	4				
北海市合浦县			2	1				
钦州市浦北县		1						
贵港市港北区		3	1	10				
贵港市平南县			3	3				
玉林市博白县			1	5				
玉林市容县			6	2				
贵港市桂平市		1	2				1	
百色市靖西县			2	1				
百色市田阳县			2	3				
河池市宜州市	1	3	3	2				1
河池市东兰县								
来宾市兴宾区		1	1	1				
崇左市扶绥县			1					

4－85　续表 1

单位：人次

地　　区	康复训练与服务				教育费用补助或减免			
	残疾一级	残疾二级	残疾三级	残疾四级	残疾一级	残疾二级	残疾三级	残疾四级
总　　计	**2**	**4**	**22**	**7**		**1**	**2**	**2**
南宁市江南区								
南宁市宾阳县								
南宁市马山县								
柳州市柳北区								
柳州市融水苗族自治县								
桂林市叠彩区				1				
桂林市荔浦县								
桂林市龙胜各族自治区								
贺州市八步区								
梧州市藤县								
贺州市富川瑶族自治县			1					
防城港市防城区			1					
北海市合浦县			1				1	1
钦州市浦北县		1		1				
贵港市港北区								
贵港市平南县		1	3					1
玉林市博白县			1				1	
玉林市容县			5	2				
贵港市桂平市			1					
百色市靖西县								
百色市田阳县			1	3				
河池市宜州市			2					
河池市东兰县			1			1		
来宾市兴宾区	2	2	5					
崇左市扶绥县								

4－85　续表 2

单位：人次

地　区	职业教育与培训				就业安置或扶持			
	残疾一级	残疾二级	残疾三级	残疾四级	残疾一级	残疾二级	残疾三级	残疾四级
总　计								
南宁市江南区								
南宁市宾阳县								
南宁市马山县								
柳州市柳北区								
柳州市融水苗族自治县								
桂林市叠彩区								
桂林市荔浦县								
桂林市龙胜各族自治区								
贺州市八步区								
梧州市藤县								
贺州市富川瑶族自治县								
防城港市防城区								
北海市合浦县								
钦州市浦北县								
贵港市港北区								
贵港市平南县								
玉林市博白县								
玉林市容县								
贵港市桂平市								
百色市靖西县								
百色市田阳县								
河池市宜州市								
河池市东兰县								
来宾市兴宾区								
崇左市扶绥县								

4－85　续表 3

单位：人次

地　　区	贫困残疾人救助与扶持				法律援助与服务			
	残疾一级	残疾二级	残疾三级	残疾四级	残疾一级	残疾二级	残疾三级	残疾四级
总　　计		**3**	**13**	**8**				
南宁市江南区								
南宁市宾阳县								
南宁市马山县			1	1				
柳州市柳北区								
柳州市融水苗族自治县				1				
桂林市叠彩区								
桂林市荔浦县				1				
桂林市龙胜各族自治区		1	1					
贺州市八步区								
梧州市藤县			1					
贺州市富川瑶族自治县								
防城港市防城区			1	1				
北海市合浦县								
钦州市浦北县				1				
贵港市港北区		1		1				
贵港市平南县			5	2				
玉林市博白县			1					
玉林市容县			1					
贵港市桂平市								
百色市靖西县								
百色市田阳县								
河池市宜州市			1					
河池市东兰县		1						
来宾市兴宾区			1					
崇左市扶绥县								

4－85 续表 4

单位：人次

地区	无障碍设施				信息无障碍			
	残疾一级	残疾二级	残疾三级	残疾四级	残疾一级	残疾二级	残疾三级	残疾四级
总　计								**1**
南宁市江南区								
南宁市宾阳县								
南宁市马山县								1
柳州市柳北区								
柳州市融水苗族自治县								
桂林市叠彩区								
桂林市荔浦县								
桂林市龙胜各族自治区								
贺州市八步区								
梧州市藤县								
贺州市富川瑶族自治县								
防城港市防城区								
北海市合浦县								
钦州市浦北县								
贵港市港北区								
贵港市平南县								
玉林市博白县								
玉林市容县								
贵港市桂平市								
百色市靖西县								
百色市田阳县								
河池市宜州市								
河池市东兰县								
来宾市兴宾区								
崇左市扶绥县								

4－85　续表 5

单位：人次

地　　区	生活服务				文化服务			
	残疾一级	残疾二级	残疾三级	残疾四级	残疾一级	残疾二级	残疾三级	残疾四级
总　　计		**1**	**5**	**3**			**1**	
南宁市江南区								
南宁市宾阳县								
南宁市马山县								
柳州市柳北区								
柳州市融水苗族自治县								
桂林市叠彩区				1				
桂林市荔浦县								
桂林市龙胜各族自治区								
贺州市八步区								
梧州市藤县								
贺州市富川瑶族自治县								
防城港市防城区				1				
北海市合浦县								
钦州市浦北县								
贵港市港北区								
贵港市平南县			1	1				
玉林市博白县								
玉林市容县			2					
贵港市桂平市								
百色市靖西县								
百色市田阳县								
河池市宜州市							1	
河池市东兰县								
来宾市兴宾区		1	2					
崇左市扶绥县								

4－85 续表 6

单位：人次

地区	其他				未曾接受任何服务或扶助			
	残疾一级	残疾二级	残疾三级	残疾四级	残疾一级	残疾二级	残疾三级	残疾四级
总　计	**2**	**2**	**3**	**1**	**6**	**18**	**55**	**98**
南宁市江南区								1
南宁市宾阳县					1		3	2
南宁市马山县							3	5
柳州市柳北区							2	3
柳州市融水苗族自治县							1	5
桂林市叠彩区								2
桂林市荔浦县						1	1	3
桂林市龙胜各族自治区						1	1	2
贺州市八步区						1	3	1
梧州市藤县							1	4
贺州市富川瑶族自治县						3	9	5
防城港市防城区							2	4
北海市合浦县					1	1	3	3
钦州市浦北县					2	2	2	8
贵港市港北区							3	5
贵港市平南县						2	4	6
玉林市博白县						1	1	15
玉林市容县							6	5
贵港市桂平市							2	5
百色市靖西县					2	2	3	2
百色市田阳县								1
河池市宜州市							2	6
河池市东兰县						2	1	
来宾市兴宾区	2	2	3	1		1	2	1
崇左市扶绥县						1		4

4－86 各地区精神残疾人分残疾等级的曾接受服务或扶助

单位：人次

地　区	医疗服务与救助				辅助器具			
	残疾一级	残疾二级	残疾三级	残疾四级	残疾一级	残疾二级	残疾三级	残疾四级
总　计	**47**	**21**	**21**	**102**				
南宁市江南区	2	1	2	7				
南宁市宾阳县	1		1	4				
南宁市马山县	3	2	3	1				
柳州市柳北区	2			1				
柳州市融水苗族自治县			2	3				
桂林市叠彩区	1	4	1	3				
桂林市荔浦县	3	4	1	1				
桂林市龙胜各族自治区	1		3	5				
贺州市八步区	1		1	3				
梧州市藤县	3	2	2	5				
贺州市富川瑶族自治县				2				
防城港市防城区	1			9				
北海市合浦县	2			3				
钦州市浦北县				2				
贵港市港北区	5	2	1	4				
贵港市平南县	2			4				
玉林市博白县	8			7				
玉林市容县	4	1		4				
贵港市桂平市	1	2	1	13				
百色市靖西县		1		3				
百色市田阳县	2		1	6				
河池市宜州市	2		1	3				
河池市东兰县	1	1	1	3				
来宾市兴宾区	1			1				
崇左市扶绥县	1	1		5				

4－86 续表 1

单位：人次

地区	康复训练与服务				教育费用补助或减免			
	残疾一级	残疾二级	残疾三级	残疾四级	残疾一级	残疾二级	残疾三级	残疾四级
总计	**5**	**2**	**2**	**12**				**2**
南宁市江南区			1	1				
南宁市宾阳县	1			1				
南宁市马山县								
柳州市柳北区								
柳州市融水苗族自治县								1
桂林市叠彩区								
桂林市荔浦县								
桂林市龙胜各族自治区								
贺州市八步区			1	1				
梧州市藤县								
贺州市富川瑶族自治县								
防城港市防城区								
北海市合浦县								
钦州市浦北县								
贵港市港北区								
贵港市平南县	3	2		4				
玉林市博白县								
玉林市容县								
贵港市桂平市								
百色市靖西县								
百色市田阳县				2				
河池市宜州市								
河池市东兰县	1			2				
来宾市兴宾区								1
崇左市扶绥县								

4－86 续表 2

单位：人次

地区	职业教育与培训				就业安置或扶持			
	残疾一级	残疾二级	残疾三级	残疾四级	残疾一级	残疾二级	残疾三级	残疾四级
总　计							**1**	
南宁市江南区								
南宁市宾阳县								
南宁市马山县								
柳州市柳北区								
柳州市融水苗族自治县								
桂林市叠彩区								
桂林市荔浦县								
桂林市龙胜各族自治区								
贺州市八步区								
梧州市藤县								
贺州市富川瑶族自治县								
防城港市防城区								
北海市合浦县								
钦州市浦北县								
贵港市港北区								
贵港市平南县								
玉林市博白县								
玉林市容县								
贵港市桂平市								
百色市靖西县								
百色市田阳县								
河池市宜州市							1	
河池市东兰县								
来宾市兴宾区								
崇左市扶绥县								

4－86 续表 3

单位：人次

地区	贫困残疾人救助与扶持				法律援助与服务			
	残疾一级	残疾二级	残疾三级	残疾四级	残疾一级	残疾二级	残疾三级	残疾四级
总　计	**15**	**6**	**5**	**15**				
南宁市江南区	3			1				
南宁市宾阳县				1				
南宁市马山县	4	1	1					
柳州市柳北区	1							
柳州市融水苗族自治县								
桂林市叠彩区								
桂林市荔浦县		1	1					
桂林市龙胜各族自治区		1						
贺州市八步区								
梧州市藤县								
贺州市富川瑶族自治县				1				
防城港市防城区		1		2				
北海市合浦县								
钦州市浦北县				1				
贵港市港北区	2							
贵港市平南县				1				
玉林市博白县	4	1		2				
玉林市容县				1				
贵港市桂平市				1				
百色市靖西县			1					
百色市田阳县								
河池市宜州市			1	1				
河池市东兰县		1		1				
来宾市兴宾区								
崇左市扶绥县	1		1	2				

4－86 续表 4

单位：人次

地 区	无障碍设施				信息无障碍			
	残疾一级	残疾二级	残疾三级	残疾四级	残疾一级	残疾二级	残疾三级	残疾四级
总 计								
南宁市江南区								
南宁市宾阳县								
南宁市马山县								
柳州市柳北区								
柳州市融水苗族自治县								
桂林市叠彩区								
桂林市荔浦县								
桂林市龙胜各族自治区								
贺州市八步区								
梧州市藤县								
贺州市富川瑶族自治县								
防城港市防城区								
北海市合浦县								
钦州市浦北县								
贵港市港北区								
贵港市平南县								
玉林市博白县								
玉林市容县								
贵港市桂平市								
百色市靖西县								
百色市田阳县								
河池市宜州市								
河池市东兰县								
来宾市兴宾区								
崇左市扶绥县								

4－86 续表 5

单位：人次

地 区	生活服务				文化服务			
	残疾一级	残疾二级	残疾三级	残疾四级	残疾一级	残疾二级	残疾三级	残疾四级
总 计	**5**	**2**	**3**	**11**	**1**	**2**		**5**
南宁市江南区								
南宁市宾阳县	1		1					
南宁市马山县								
柳州市柳北区								
柳州市融水苗族自治县			1	1				
桂林市叠彩区								
桂林市荔浦县								
桂林市龙胜各族自治区								
贺州市八步区								
梧州市藤县								
贺州市富川瑶族自治县								
防城港市防城区								
北海市合浦县								
钦州市浦北县								
贵港市港北区								
贵港市平南县	3	2		5	1	2		4
玉林市博白县								
玉林市容县								
贵港市桂平市				1				
百色市靖西县								
百色市田阳县	1		1	4				
河池市宜州市								
河池市东兰县								
来宾市兴宾区								1
崇左市扶绥县								

4－86 续表 6

单位：人次

地　区	其他				未曾接受任何服务或扶助			
	残疾一级	残疾二级	残疾三级	残疾四级	残疾一级	残疾二级	残疾三级	残疾四级
总　计	**1**				**23**	**9**	**16**	**45**
南宁市江南区					1			1
南宁市宾阳县								
南宁市马山县								1
柳州市柳北区							1	1
柳州市融水苗族自治县					8		2	6
桂林市叠彩区						1	1	1
桂林市荔浦县								
桂林市龙胜各族自治区					1			7
贺州市八步区					1	1		1
梧州市藤县						1		
贺州市富川瑶族自治县					1		2	2
防城港市防城区					1		1	2
北海市合浦县					3			5
钦州市浦北县					1	1	1	5
贵港市港北区								
贵港市平南县								
玉林市博白县					2	1		
玉林市容县					1		1	1
贵港市桂平市							1	2
百色市靖西县					3	1	1	1
百色市田阳县	1					1		2
河池市宜州市							1	
河池市东兰县						1	2	4
来宾市兴宾区						1	1	2
崇左市扶绥县							1	1

4－87 各地区多重残疾人分残疾等级的曾接受服务或扶助

单位：人次

地区	医疗服务与救助				辅助器具			
	残疾一级	残疾二级	残疾三级	残疾四级	残疾一级	残疾二级	残疾三级	残疾四级
总　计	**250**	**89**	**201**	**123**	**32**	**16**	**28**	**22**
南宁市江南区	8	3	7	9	1			
南宁市宾阳县	9	1	6	3	1			
南宁市马山县	11	3	12	2				
柳州市柳北区	14	6	15	4	8	1	3	
柳州市融水苗族自治县	4		1		1			
桂林市叠彩区	13	9	18	25	1	1	2	2
桂林市荔浦县	10	4	16	1		1	2	
桂林市龙胜各族自治区	2		1					
贺州市八步区	8	2	4	3				1
梧州市藤县	8	4	11	5				
贺州市富川瑶族自治县	7	2	4				1	
防城港市防城区	7	3	9	6				1
北海市合浦县	16	5	14	7				
钦州市浦北县	3	2	2	2		1	1	
贵港市港北区	20	4	4	4	1			
贵港市平南县	8	5	21	7		1	3	1
玉林市博白县	8	2	1	1	2	1	1	
玉林市容县	21	5	13	9		1	2	1
贵港市桂平市	17	6	12	16	12	4	9	16
百色市靖西县	5	3	4					
百色市田阳县	11	7	13	5	2	3	3	
河池市宜州市	16	3	6	6	1	1		
河池市东兰县	12	4	3	3	2	1		
来宾市兴宾区	3	1		1			1	
崇左市扶绥县	9	5	4	4				

4－87　续表 1

单位：人次

地　区	康复训练与服务				教育费用补助或减免			
	残疾一级	残疾二级	残疾三级	残疾四级	残疾一级	残疾二级	残疾三级	残疾四级
总　计	**56**	**26**	**45**	**35**	**4**	**1**	**1**	**1**
南宁市江南区	1				1			
南宁市宾阳县	2		1					
南宁市马山县	2							
柳州市柳北区	6	3	5					
柳州市融水苗族自治县	2							
桂林市叠彩区	4	6	12	11				1
桂林市荔浦县								
桂林市龙胜各族自治区	1	1						
贺州市八步区	1							
梧州市藤县			1	1	1			
贺州市富川瑶族自治县	1	1	1					
防城港市防城区							1	
北海市合浦县								
钦州市浦北县	1	1	2	1				
贵港市港北区	2							
贵港市平南县	5	2	3	1				
玉林市博白县	2							
玉林市容县	3	1	2					
贵港市桂平市	10	5	10	16	2			
百色市靖西县								
百色市田阳县	5	3	4	1				
河池市宜州市				2				
河池市东兰县	5	2	1	1				
来宾市兴宾区	3	1	3	1				
崇左市扶绥县						1		

4-87 续表 2

单位：人次

地区	职业教育与培训				就业安置或扶持			
	残疾一级	残疾二级	残疾三级	残疾四级	残疾一级	残疾二级	残疾三级	残疾四级
总　计			**1**	**5**			**1**	**2**
南宁市江南区				2				
南宁市宾阳县								
南宁市马山县								
柳州市柳北区								
柳州市融水苗族自治县								
桂林市叠彩区				3				1
桂林市荔浦县			1					
桂林市龙胜各族自治区								
贺州市八步区								
梧州市藤县								
贺州市富川瑶族自治县								
防城港市防城区								
北海市合浦县								
钦州市浦北县								1
贵港市港北区								
贵港市平南县								
玉林市博白县								
玉林市容县								
贵港市桂平市								
百色市靖西县								
百色市田阳县								
河池市宜州市								
河池市东兰县							1	
来宾市兴宾区								
崇左市扶绥县								

4－87 续表 3

单位：人次

地　　区	贫困残疾人救助与扶持				法律援助与服务			
	残疾一级	残疾二级	残疾三级	残疾四级	残疾一级	残疾二级	残疾三级	残疾四级
总　　计	**84**	**26**	**42**	**16**	**1**			
南宁市江南区	1	1						
南宁市宾阳县	3	1	2					
南宁市马山县	7	2	6					
柳州市柳北区								
柳州市融水苗族自治县								
桂林市叠彩区			2	1				
桂林市荔浦县	2		2					
桂林市龙胜各族自治区	4	3	4	1				
贺州市八步区	1			1				
梧州市藤县	2	1	1					
贺州市富川瑶族自治县								
防城港市防城区	1		5	2				
北海市合浦县		1						
钦州市浦北县	3	2	1	2				
贵港市港北区	8	2	1	2				
贵港市平南县	3	1	4					
玉林市博白县	3			1				
玉林市容县	15	3	3					
贵港市桂平市	2		1					
百色市靖西县	1	1	2					
百色市田阳县	1	1	1	1				
河池市宜州市	4		1	3				
河池市东兰县	17	5	5		1			
来宾市兴宾区	2	1	1					
崇左市扶绥县	4	1		2				

4-87 续表 4

单位：人次

地　区	无障碍设施				信息无障碍			
	残疾一级	残疾二级	残疾三级	残疾四级	残疾一级	残疾二级	残疾三级	残疾四级
总　计	**1**				**1**	**2**	**3**	**2**
南宁市江南区							1	2
南宁市宾阳县								
南宁市马山县								
柳州市柳北区						1		
柳州市融水苗族自治县								
桂林市叠彩区								
桂林市荔浦县								
桂林市龙胜各族自治区								
贺州市八步区								
梧州市藤县						1		
贺州市富川瑶族自治县								
防城港市防城区								
北海市合浦县								
钦州市浦北县								
贵港市港北区								
贵港市平南县								
玉林市博白县								
玉林市容县					1		2	
贵港市桂平市								
百色市靖西县	1							
百色市田阳县								
河池市宜州市								
河池市东兰县								
来宾市兴宾区								
崇左市扶绥县								

4－87　续表 5

单位：人次

地　　区	生活服务				文化服务			
	残疾一级	残疾二级	残疾三级	残疾四级	残疾一级	残疾二级	残疾三级	残疾四级
总　　计	**25**	**5**	**13**	**13**	**6**	**2**	**2**	**2**
南宁市江南区	1		1					
南宁市宾阳县	2							
南宁市马山县								
柳州市柳北区				1				
柳州市融水苗族自治县	1							
桂林市叠彩区	2	2	1	1				
桂林市荔浦县								
桂林市龙胜各族自治区								
贺州市八步区	1							
梧州市藤县	1		1					
贺州市富川瑶族自治县								
防城港市防城区			1	3				
北海市合浦县								
钦州市浦北县	1		1	1				
贵港市港北区								
贵港市平南县	5	2	3	1	4	1	2	
玉林市博白县	1			1				
玉林市容县								
贵港市桂平市	1				1			
百色市靖西县	1							
百色市田阳县								1
河池市宜州市	5	1	4	5	1	1		1
河池市东兰县	1							
来宾市兴宾区	2		1					
崇左市扶绥县								

4-87 续表 6

单位：人次

地区	其他				未曾接受任何服务或扶助			
	残疾一级	残疾二级	残疾三级	残疾四级	残疾一级	残疾二级	残疾三级	残疾四级
总　计	**8**	**4**	**7**	**2**	**212**	**102**	**154**	**98**
南宁市江南区			1		6	6	8	10
南宁市宾阳县					17	2	3	3
南宁市马山县					18	9	19	6
柳州市柳北区					2	3	4	2
柳州市融水苗族自治县					11	4	1	3
桂林市叠彩区					1		2	2
桂林市荔浦县					3	2	10	1
桂林市龙胜各族自治区					7	7	8	5
贺州市八步区					9	2	9	5
梧州市藤县	1				1	2	5	2
贺州市富川瑶族自治县					6	3		
防城港市防城区			1		10	5	7	7
北海市合浦县					19	5	12	6
钦州市浦北县					11	9	9	6
贵港市港北区					3		4	1
贵港市平南县	1	1			6	3	13	3
玉林市博白县					8	3	5	3
玉林市容县					10	6	7	9
贵港市桂平市	3	1			3	1	2	3
百色市靖西县					14	5	9	7
百色市田阳县					7	3	2	4
河池市宜州市			3	1	6	1	5	1
河池市东兰县		1			19	14	6	3
来宾市兴宾区	3	1	2	1	6	3	4	
崇左市扶绥县					9	4		6

4－88 各地区残疾人分城乡的主要需求

单位：人次

地区	合计		医疗服务与救助		辅助器具	
	城镇	农村	城镇	农村	城镇	农村
总计	**2671**	**12330**	**943**	**3922**	**463**	**1999**
南宁市江南区	384		179		45	
南宁市宾阳县	151	378	60	152	25	62
南宁市马山县	44	701	11	176	8	124
柳州市柳北区	292	143	112	52	91	43
柳州市融水苗族自治县	54	502	14	143	10	64
桂林市叠彩区	345	201	112	60	57	32
桂林市荔浦县	33	530	16	224	4	119
桂林市龙胜各族自治区	25	594	8	195	3	88
贺州市八步区	155	406	55	133	27	73
梧州市藤县	24	556	8	175	1	72
贺州市富川瑶族自治县	55	456	15	120	8	56
防城港市防城区	67	591	23	193	8	63
北海市合浦县	74	474	37	164	8	53
钦州市浦北县	41	596	13	157	9	100
贵港市港北区	148	473	54	173	32	73
贵港市平南县	61	599	21	175	9	89
玉林市博白县	34	500	8	143	7	89
玉林市容县	74	818	16	242	17	167
贵港市桂平市	84	637	23	208	17	147
百色市靖西县	76	615	26	215	15	109
百色市田阳县	51	590	15	168	12	117
河池市宜州市	165	394	58	151	39	54
河池市东兰县		589		213		101
来宾市兴宾区	210	384	53	115	7	22
崇左市扶绥县	24	603	6	175	4	82

4－88 续表 1

单位：人次

地区	康复训练与服务		教育费用补助或减免		职业教育与培训	
	城镇	农村	城镇	农村	城镇	农村
总　计	**387**	**1448**	**10**	**73**	**5**	**38**
南宁市江南区	15		7		1	
南宁市宾阳县	15	20		1		
南宁市马山县	6	90				
柳州市柳北区	62	23				1
柳州市融水苗族自治县	11	63	1	9		3
桂林市叠彩区	90	57	2		2	
桂林市荔浦县	4	25				
桂林市龙胜各族自治区	5	47		1	1	2
贺州市八步区	20	43		5		1
梧州市藤县	5	62		7		7
贺州市富川瑶族自治县	11	75		4	1	
防城港市防城区	8	68		3		1
北海市合浦县	6	50		3		2
钦州市浦北县	5	62		1		2
贵港市港北区	19	26		3		8
贵港市平南县	6	104		2		3
玉林市博白县	3	56		6		1
玉林市容县	16	160				
贵港市桂平市	13	35		7		3
百色市靖西县	9	20		6		1
百色市田阳县	11	131		1		
河池市宜州市	8	50				
河池市东兰县		81		4		1
来宾市兴宾区	33	32		4		2
崇左市扶绥县	6	68		6		

4－88 续表 2

单位：人次

地　区	就业安置或扶持		贫困残疾人救助与扶持		法律援助与服务	
	城镇	农村	城镇	农村	城镇	农村
总　计	**54**	**195**	**522**	**3467**	**17**	**50**
南宁市江南区	11		106		3	
南宁市宾阳县		1	39	113		
南宁市马山县	1	14	13	234		
柳州市柳北区	1	3	12	12	1	
柳州市融水苗族自治县	2	4	13	150		1
桂林市叠彩区	7	1	38	41	7	
桂林市荔浦县		5	2	81		
桂林市龙胜各族自治区	1	13	4	211	1	9
贺州市八步区	5	6	39	140	1	
梧州市藤县	2	11	6	156		7
贺州市富川瑶族自治县	3	6	15	160		1
防城港市防城区	2	15	12	155		1
北海市合浦县	3	13	18	144		
钦州市浦北县	2	18	7	165	1	17
贵港市港北区	2	18	39	153		
贵港市平南县	1	11	20	168		
玉林市博白县	2	3	6	153		2
玉林市容县	1	8	15	183		
贵港市桂平市		2	17	178		1
百色市靖西县	2	15	13	205	1	3
百色市田阳县		2	8	132		1
河池市宜州市	1	4	22	70	2	4
河池市东兰县		1		175		1
来宾市兴宾区	4	6	53	102		1
崇左市扶绥县	1	15	5	186		1

4－88 续表 3

单位：人次

地区	无障碍设施		信息无障碍		生活服务	
	城镇	农村	城镇	农村	城镇	农村
总计	**33**	**59**	**16**	**80**	**120**	**689**
南宁市江南区	5		1		4	
南宁市宾阳县		2	1	3	10	20
南宁市马山县					4	33
柳州市柳北区	2	1			10	6
柳州市融水苗族自治县		1			2	62
桂林市叠彩区	2		3		15	8
桂林市荔浦县					4	68
桂林市龙胜各族自治区	1				1	23
贺州市八步区	2	1			4	
梧州市藤县		1		6	2	38
贺州市富川瑶族自治县	1	10	1	10		10
防城港市防城区	3	12	1		8	67
北海市合浦县		4			1	5
钦州市浦北县		6	3	43	1	20
贵港市港北区					1	16
贵港市平南县					4	43
玉林市博白县		3	1	4	5	36
玉林市容县					7	48
贵港市桂平市			1		5	19
百色市靖西县					10	37
百色市田阳县		2	1	1	4	34
河池市宜州市	17	14	3	13	10	22
河池市东兰县		1				4
来宾市兴宾区					7	7
崇左市扶绥县		1			1	63

4－88 续表 4

单位：人次

地区	文化服务		其他		不选择	
	城镇	农村	城镇	农村	城镇	农村
总计	**29**	**101**	**53**	**148**	**19**	**61**
南宁市江南区	1				6	
南宁市宾阳县		3			1	1
南宁市马山县			1	29		1
柳州市柳北区	1	1		1		
柳州市融水苗族自治县		2			1	
桂林市叠彩区	4		1		5	2
桂林市荔浦县		2			3	6
桂林市龙胜各族自治区		1				4
贺州市八步区		4			2	
梧州市藤县		10		4		
贺州市富川瑶族自治县		1		3		
防城港市防城区	2	13				
北海市合浦县		1			1	35
钦州市浦北县		3				2
贵港市港北区		3	1			
贵港市平南县		4				
玉林市博白县	2	3				1
玉林市容县	2	8		1		1
贵港市桂平市	7	8	1	29		
百色市靖西县				4		
百色市田阳县						1
河池市宜州市	5	12				
河池市东兰县						7
来宾市兴宾区	4	16	49	77		
崇左市扶绥县	1	6				

4－89 各地区视力残疾人分城乡的主要需求

单位：人次

地区	合计		医疗服务与救助		辅助器具	
	城镇	农村	城镇	农村	城镇	农村
总　计	**433**	**1931**	**165**	**685**	**38**	**132**
南宁市江南区	90		44		4	
南宁市宾阳县	20	48	7	18		
南宁市马山县	3	101	1	33		1
柳州市柳北区	30	11	10	4	7	3
柳州市融水苗族自治县		128		36		4
桂林市叠彩区	44	30	16	12		1
桂林市荔浦县	7	88	5	45		1
桂林市龙胜各族自治区		69		18		
贺州市八步区		41		15		9
梧州市藤县	6	91	2	30		1
贺州市富川瑶族自治县	3	76	1	29		1
防城港市防城区	9	85	3	29	3	15
北海市合浦县	8	31	4	14		1
钦州市浦北县	3	123	1	38		
贵港市港北区	14	48	9	21		1
贵港市平南县	3	60	1	23	1	8
玉林市博白县	3	78		14	1	5
玉林市容县	11	86	3	27		2
贵港市桂平市	24	75	3	25	3	25
百色市靖西县	2	49	2	24		
百色市田阳县	12	105	4	35	2	5
河池市宜州市	57	67	21	46	16	9
河池市东兰县		69		25		11
来宾市兴宾区	78	141	26	47		
崇左市扶绥县	6	231	2	77	1	29

4－89 续表 1

单位：人次

地　区	康复训练与服务		教育费用补助或减免		职业教育与培训	
	城镇	农村	城镇	农村	城镇	农村
总　计	**22**	**132**	**1**	**5**	**1**	**1**
南宁市江南区						
南宁市宾阳县		1				
南宁市马山县	1	31				
柳州市柳北区	5					
柳州市融水苗族自治县		7		1		
桂林市叠彩区			1		1	
桂林市荔浦县						
桂林市龙胜各族自治区		8				
贺州市八步区				2		
梧州市藤县		1				
贺州市富川瑶族自治县		1				
防城港市防城区						
北海市合浦县						
钦州市浦北县		2				
贵港市港北区						1
贵港市平南县		6				
玉林市博白县	1	10				
玉林市容县						
贵港市桂平市	7	4				
百色市靖西县		1		2		
百色市田阳县	4	32				
河池市宜州市	1					
河池市东兰县		4				
来宾市兴宾区	1	1				
崇左市扶绥县	2	23				

4－89 续表 2

单位：人次

地　区	就业安置或扶持		贫困残疾人救助与扶持		法律援助与服务	
	城镇	农村	城镇	农村	城镇	农村
总　计	**7**	**6**	**114**	**589**		**4**
南宁市江南区	1		38			
南宁市宾阳县			8	18		
南宁市马山县	1			34		
柳州市柳北区			1			
柳州市融水苗族自治县				42		
桂林市叠彩区	4	1	14	14		
桂林市荔浦县						
桂林市龙胜各族自治区		2		26		
贺州市八步区				14		
梧州市藤县		1	2	31		
贺州市富川瑶族自治县				28		
防城港市防城区				12		
北海市合浦县	1		3	16		
钦州市浦北县		1	1	40		
贵港市港北区			5	21		
贵港市平南县			1	23		
玉林市博白县				21		1
玉林市容县			4	28		
贵港市桂平市			7	21		
百色市靖西县		1		21		
百色市田阳县			2	33		
河池市宜州市			2			
河池市东兰县				28		1
来宾市兴宾区			25	45		1
崇左市扶绥县			1	73		1

4－89 续表 3

单位：人次

地区	无障碍设施		信息无障碍		生活服务	
	城镇	农村	城镇	农村	城镇	农村
总计	**22**	**30**	**3**	**45**	**28**	**245**
南宁市江南区	2				1	
南宁市宾阳县		1			5	8
南宁市马山县						2
柳州市柳北区	1	1			5	3
柳州市融水苗族自治县						36
桂林市叠彩区	2				3	2
桂林市荔浦县					2	42
桂林市龙胜各族自治区						15
贺州市八步区						
梧州市藤县				1	2	26
贺州市富川瑶族自治县	1	8	1	9		
防城港市防城区					3	28
北海市合浦县						
钦州市浦北县		5	1	35		2
贵港市港北区						3
贵港市平南县						
玉林市博白县		3			1	23
玉林市容县					4	29
贵港市桂平市					2	
百色市靖西县						
百色市田阳县						
河池市宜州市	16	12	1			
河池市东兰县						
来宾市兴宾区						
崇左市扶绥县						26

4－89　续表 4

单位：人次

地　区	文化服务		其他		不选择	
	城镇	农村	城镇	农村	城镇	农村
总　计	**6**	**14**	**26**	**42**		**1**
南宁市江南区						
南宁市宾阳县		1				1
南宁市马山县						
柳州市柳北区	1					
柳州市融水苗族自治县		2				
桂林市叠彩区	2		1			
桂林市荔浦县						
桂林市龙胜各族自治区						
贺州市八步区		1				
梧州市藤县						
贺州市富川瑶族自治县						
防城港市防城区		1				
北海市合浦县						
钦州市浦北县						
贵港市港北区		1				
贵港市平南县						
玉林市博白县		1				
玉林市容县						
贵港市桂平市	2					
百色市靖西县						
百色市田阳县						
河池市宜州市						
河池市东兰县						
来宾市兴宾区	1	5	25	42		
崇左市扶绥县		2				

4－90 各地区听力残疾人分城乡的主要需求

单位：人次

地　　区	合计		医疗服务与救助		辅助器具	
	城镇	农村	城镇	农村	城镇	农村
总　　计	**705**	**3028**	**266**	**998**	**223**	**993**
南宁市江南区	105		47		29	
南宁市宾阳县	52	152	18	52	17	49
南宁市马山县	3	129		19	1	35
柳州市柳北区	66	29	32	14	33	14
柳州市融水苗族自治县	11	101	3	34	4	24
桂林市叠彩区	123	74	44	25	40	25
桂林市荔浦县	6	179	2	74	2	82
桂林市龙胜各族自治区		212		77		58
贺州市八步区	77	152	33	54	18	43
梧州市藤县	3	115	1	35	1	37
贺州市富川瑶族自治县	12	110	4	29	4	39
防城港市防城区	15	96	5	37	4	32
北海市合浦县	21	113	12	40	2	23
钦州市浦北县	15	183	4	51	5	62
贵港市港北区	57	166	18	56	20	39
贵港市平南县	9	77	4	31	4	31
玉林市博白县	12	115	2	36	4	38
玉林市容县	27	240	9	81	9	80
贵港市桂平市	33	210	11	70	6	48
百色市靖西县	21	108	7	36	7	36
百色市田阳县	11	203	1	43	4	84
河池市宜州市	8	51	3	14	3	23
河池市东兰县		129		62		63
来宾市兴宾区	18	51	6	17	6	17
崇左市扶绥县		33		11		11

4-90 续表 1

单位：人次

地区	康复训练与服务		教育费用补助或减免		职业教育与培训	
	城镇	农村	城镇	农村	城镇	农村
总计	**62**	**224**	**2**	**1**		**1**
南宁市江南区	1		2			
南宁市宾阳县	1					
南宁市马山县		5				
柳州市柳北区	1	1				
柳州市融水苗族自治县	3	16				
桂林市叠彩区	30	22				
桂林市荔浦县						
桂林市龙胜各族自治区		1				
贺州市八步区				1		
梧州市藤县	1	9				
贺州市富川瑶族自治县						
防城港市防城区	1	2				
北海市合浦县						
钦州市浦北县	1	11				1
贵港市港北区	8	12				
贵港市平南县						
玉林市博白县						
玉林市容县	7	69				
贵港市桂平市		2				
百色市靖西县						
百色市田阳县	3	61				
河池市宜州市						
河池市东兰县		2				
来宾市兴宾区	5	11				
崇左市扶绥县						

4－90 续表 2

单位：人次

地区	就业安置或扶持		贫困残疾人救助与扶持		法律援助与服务	
	城镇	农村	城镇	农村	城镇	农村
总计	**7**	**8**	**101**	**632**		**5**
南宁市江南区	4		16			
南宁市宾阳县			12	44		
南宁市马山县			1	42		
柳州市柳北区						
柳州市融水苗族自治县		1	1	26		
桂林市叠彩区			3	2		
桂林市荔浦县		3		11		
桂林市龙胜各族自治区		1		75		
贺州市八步区	2		21	54		
梧州市藤县				22		4
贺州市富川瑶族自治县		1	4	40		1
防城港市防城区			2	10		
北海市合浦县			6	28		
钦州市浦北县		2	3	48		
贵港市港北区			10	50		
贵港市平南县			1	15		
玉林市博白县	1		1	33		
玉林市容县			2	10		
贵港市桂平市			8	56		
百色市靖西县			6	36		
百色市田阳县			3	13		
河池市宜州市						
河池市东兰县				2		
来宾市兴宾区			1	5		
崇左市扶绥县				10		

4－90 续表 3

单位：人次

地　区	无障碍设施		信息无障碍		生活服务	
	城镇	农村	城镇	农村	城镇	农村
总　计	**1**	**2**	**9**	**27**	**12**	**35**
南宁市江南区	1		1			
南宁市宾阳县			1	3	3	3
南宁市马山县						
柳州市柳北区						
柳州市融水苗族自治县						
桂林市叠彩区			3			
桂林市荔浦县						9
桂林市龙胜各族自治区						
贺州市八步区					1	
梧州市藤县						3
贺州市富川瑶族自治县						
防城港市防城区					2	8
北海市合浦县						
钦州市浦北县		1	2	7		
贵港市港北区					1	9
贵港市平南县						
玉林市博白县				3	2	3
玉林市容县						
贵港市桂平市					2	
百色市靖西县					1	
百色市田阳县				1		
河池市宜州市		1	2	13		
河池市东兰县						
来宾市兴宾区						
崇左市扶绥县						

4－90 续表 4

单位：人次

地　区	文化服务		其他		不选择	
	城镇	农村	城镇	农村	城镇	农村
总　计	**9**	**20**	**2**	**57**	**11**	**25**
南宁市江南区					4	
南宁市宾阳县		1				
南宁市马山县			1	27		1
柳州市柳北区						
柳州市融水苗族自治县						
桂林市叠彩区	1				2	
桂林市荔浦县					2	
桂林市龙胜各族自治区						
贺州市八步区					2	
梧州市藤县		4		1		
贺州市富川瑶族自治县						
防城港市防城区	1	7				
北海市合浦县					1	22
钦州市浦北县						
贵港市港北区						
贵港市平南县						
玉林市博白县	2	1				1
玉林市容县						
贵港市桂平市	5	6	1	28		
百色市靖西县						
百色市田阳县						1
河池市宜州市						
河池市东兰县						
来宾市兴宾区				1		
崇左市扶绥县		1				

4－91 各地区言语残疾人分城乡的主要需求

单位：人次

地区	合计		医疗服务与救助		辅助器具	
	城镇	农村	城镇	农村	城镇	农村
总计	**5**	**168**	**2**	**43**		**8**
南宁市江南区						
南宁市宾阳县		7		3		
南宁市马山县						
柳州市柳北区		2				
柳州市融水苗族自治县		17		4		1
桂林市叠彩区	2	2	1	1		
桂林市荔浦县		1				
桂林市龙胜各族自治区						
贺州市八步区		9		2		
梧州市藤县		23		3		3
贺州市富川瑶族自治县		12		1		
防城港市防城区		14		3		
北海市合浦县		8		1		1
钦州市浦北县		9		3		1
贵港市港北区		3		1		
贵港市平南县						
玉林市博白县	3	6	1	1		1
玉林市容县		8		4		
贵港市桂平市						
百色市靖西县		12		5		
百色市田阳县		3		1		
河池市宜州市		7		3		
河池市东兰县		1				
来宾市兴宾区		15		5		1
崇左市扶绥县		9		2		

4－91 续表 1

单位：人次

地　区	康复训练与服务		教育费用补助或减免		职业教育与培训	
	城镇	农村	城镇	农村	城镇	农村
总　计	**2**	**34**		**11**		**2**
南宁市江南区						
南宁市宾阳县		2		1		
南宁市马山县						
柳州市柳北区		1				
柳州市融水苗族自治县		4		4		
桂林市叠彩区	1					
桂林市荔浦县		1				
桂林市龙胜各族自治区						
贺州市八步区		2				
梧州市藤县		3				1
贺州市富川瑶族自治县		3				
防城港市防城区		2				
北海市合浦县		2		1		
钦州市浦北县		1				1
贵港市港北区		2				
贵港市平南县						
玉林市博白县	1	1				
玉林市容县		3				
贵港市桂平市						
百色市靖西县		2				
百色市田阳县				1		
河池市宜州市		1				
河池市东兰县						
来宾市兴宾区		2		2		
崇左市扶绥县		2		2		

4－91　续表 2

单位：人次

地　区	就业安置或扶持		贫困残疾人救助与扶持		法律援助与服务	
	城镇	农村	城镇	农村	城镇	农村
总　计		**4**	**1**	**37**		
南宁市江南区						
南宁市宾阳县				1		
南宁市马山县						
柳州市柳北区				1		
柳州市融水苗族自治县		1		3		
桂林市叠彩区				1		
桂林市荔浦县						
桂林市龙胜各族自治区						
贺州市八步区				3		
梧州市藤县				6		
贺州市富川瑶族自治县				3		
防城港市防城区		2		4		
北海市合浦县				1		
钦州市浦北县				2		
贵港市港北区						
贵港市平南县						
玉林市博白县			1	2		
玉林市容县						
贵港市桂平市						
百色市靖西县				4		
百色市田阳县				1		
河池市宜州市				3		
河池市东兰县						
来宾市兴宾区		1		1		
崇左市扶绥县				1		

4－91　续表 3

单位：人次

地　区	无障碍设施		信息无障碍		生活服务	
	城镇	农村	城镇	农村	城镇	农村
总　计		**2**		**2**		**11**
南宁市江南区						
南宁市宾阳县						
南宁市马山县						
柳州市柳北区						
柳州市融水苗族自治县						
桂林市叠彩区						
桂林市荔浦县						
桂林市龙胜各族自治区						
贺州市八步区		1				
梧州市藤县						4
贺州市富川瑶族自治县		1		1		2
防城港市防城区						3
北海市合浦县						
钦州市浦北县						1
贵港市港北区						
贵港市平南县						
玉林市博白县				1		
玉林市容县						
贵港市桂平市						
百色市靖西县						
百色市田阳县						
河池市宜州市						
河池市东兰县						
来宾市兴宾区						
崇左市扶绥县						1

4－91 续表 4

单位：人次

地　区	文化服务		其他		不选择	
	城镇	农村	城镇	农村	城镇	农村
总　计		**5**		**6**		**3**
南宁市江南区						
南宁市宾阳县						
南宁市马山县						
柳州市柳北区						
柳州市融水苗族自治县						
桂林市叠彩区						
桂林市荔浦县						
桂林市龙胜各族自治区						
贺州市八步区		1				
梧州市藤县				3		
贺州市富川瑶族自治县				1		
防城港市防城区						
北海市合浦县						2
钦州市浦北县						
贵港市港北区						
贵港市平南县						
玉林市博白县						
玉林市容县				1		
贵港市桂平市						
百色市靖西县				1		
百色市田阳县						
河池市宜州市						
河池市东兰县						1
来宾市兴宾区		3				
崇左市扶绥县		1				

4－92 各地区肢体残疾人分城乡的主要需求

单位：人次

地区	合计		医疗服务与救助		辅助器具	
	城镇	农村	城镇	农村	城镇	农村
总计	**666**	**3021**	**215**	**916**	**88**	**411**
南宁市江南区	58		29		2	
南宁市宾阳县	36	63	18	39		2
南宁市马山县	6	141		27	2	42
柳州市柳北区	91	41	32	12	25	11
柳州市融水苗族自治县	32	117	7	29	5	27
桂林市叠彩区	41	20	9	4		
桂林市荔浦县	9	119	4	52		7
桂林市龙胜各族自治区	14	170	5	57	1	16
贺州市八步区	39	88	7	24	4	4
梧州市藤县	3	159	1	60		12
贺州市富川瑶族自治县	33	135	9	30	3	5
防城港市防城区	24	177	8	47		8
北海市合浦县	19	124	9	39	2	7
钦州市浦北县	9	84	3	25	2	13
贵港市港北区	38	129	13	42	6	23
贵港市平南县	31	160	13	58	3	22
玉林市博白县	9	116	3	36	1	29
玉林市容县	15	167		27	5	47
贵港市桂平市	18	93	6	29	6	30
百色市靖西县	39	264	12	86	7	47
百色市田阳县	12	109	4	33	3	12
河池市宜州市	33	147	11	49	8	11
河池市东兰县		149		51		3
来宾市兴宾区	45	93	9	21		2
崇左市扶绥县	12	156	3	39	3	31

4-92 续表 1

单位：人次

地区	康复训练与服务		教育费用补助或减免		职业教育与培训	
	城镇	农村	城镇	农村	城镇	农村
总计	**156**	**463**	**1**	**13**	**1**	**10**
南宁市江南区	5					
南宁市宾阳县	12	7				
南宁市马山县		15				
柳州市柳北区	30	11				1
柳州市融水苗族自治县	7	21	1			
桂林市叠彩区	26	11				
桂林市荔浦县	2	13				
桂林市龙胜各族自治区	3	24		1	1	1
贺州市八步区	9	21		2		
梧州市藤县	1	20		3		
贺州市富川瑶族自治县	10	45				
防城港市防城区	5	42		1		
北海市合浦县	3	26				2
钦州市浦北县	3	19				
贵港市港北区	5	7		1		2
贵港市平南县	3	32				
玉林市博白县		6				
玉林市容县	4	25				
贵港市桂平市	6	10				1
百色市靖西县	7	8				1
百色市田阳县		8				
河池市宜州市	3	38				
河池市东兰县		29		4		
来宾市兴宾区	10	6		1		2
崇左市扶绥县	2	19				

4－92 续表 2

单位：人次

地 区	就业安置或扶持		贫困残疾人救助与扶持		法律援助与服务	
	城镇	农村	城镇	农村	城镇	农村
总 计	**24**	**89**	**138**	**941**	**4**	**12**
南宁市江南区	2		19		1	
南宁市宾阳县			6	14		
南宁市马山县		2	2	47		
柳州市柳北区		1	4	5		
柳州市融水苗族自治县	2	2	9	35		
桂林市叠彩区			6	5		
桂林市荔浦县			2	43		
桂林市龙胜各族自治区	1	6	2	60	1	5
贺州市八步区	3	6	12	31	1	
梧州市藤县	1	6		54		3
贺州市富川瑶族自治县	3	5	8	50		
防城港市防城区	2	8	6	60		1
北海市合浦县	2	12	3	30		
钦州市浦北县	1	2		21		
贵港市港北区	1	11	12	41		
贵港市平南县		2	12	42		
玉林市博白县			3	38		1
玉林市容县		7	2	54		
贵港市桂平市				23		
百色市靖西县	1	8	4	81	1	1
百色市田阳县			1	31		
河池市宜州市		1	9	46		1
河池市东兰县		1		56		
来宾市兴宾区	4	5	14	28		
崇左市扶绥县	1	4	2	46		

4－92 续表 3

单位：人次

地　区	无障碍设施		信息无障碍		生活服务	
	城镇	农村	城镇	农村	城镇	农村
总　计	**4**	**14**		**1**	**20**	**108**
南宁市江南区						
南宁市宾阳县						1
南宁市马山县					2	8
柳州市柳北区						
柳州市融水苗族自治县		1				2
桂林市叠彩区						
桂林市荔浦县						
桂林市龙胜各族自治区						
贺州市八步区	2				1	
梧州市藤县				1		
贺州市富川瑶族自治县						
防城港市防城区	2	9				1
北海市合浦县		3				4
钦州市浦北县						4
贵港市港北区						
贵港市平南县						4
玉林市博白县					2	5
玉林市容县					2	2
贵港市桂平市						
百色市靖西县					7	30
百色市田阳县		1			4	24
河池市宜州市					2	1
河池市东兰县						
来宾市兴宾区						5
崇左市扶绥县						17

4－92 续表 4

单位：人次

地区	文化服务		其他		不选择	
	城镇	农村	城镇	农村	城镇	农村
总计	**5**	**13**	**8**	**20**	**2**	**10**
南宁市江南区						
南宁市宾阳县						
南宁市马山县						
柳州市柳北区						
柳州市融水苗族自治县					1	
桂林市叠彩区						
桂林市荔浦县					1	4
桂林市龙胜各族自治区						
贺州市八步区						
梧州市藤县						
贺州市富川瑶族自治县						
防城港市防城区	1					
北海市合浦县						1
钦州市浦北县						
贵港市港北区		2	1			
贵港市平南县						
玉林市博白县		1				
玉林市容县	2	5				
贵港市桂平市						
百色市靖西县				2		
百色市田阳县						
河池市宜州市						
河池市东兰县						5
来宾市兴宾区	1	5	7	18		
崇左市扶绥县	1					

4－93 各地区智力残疾人分城乡的主要需求

单位：人次

地区	合计		医疗服务与救助		辅助器具	
	城镇	农村	城镇	农村	城镇	农村
总计	**96**	**714**	**27**	**184**	**1**	**1**
南宁市江南区	2					
南宁市宾阳县	7	17	3	6		
南宁市马山县	5	52	2	19		
柳州市柳北区	8	8	4	4		
柳州市融水苗族自治县	3	18	1	3		
桂林市叠彩区	6	8	2	2		
桂林市荔浦县		20		7		
桂林市龙胜各族自治区		9		2		
贺州市八步区	2	14	1	6		
梧州市藤县		39		8		
贺州市富川瑶族自治县	3	51		7		
防城港市防城区	3	52	1	16		
北海市合浦县	3	27	1	8		
钦州市浦北县		40		3		
贵港市港北区	3	35	1	16		
贵港市平南县		66		4		
玉林市博白县	1	49		10		
玉林市容县	6	50	2	17		
贵港市桂平市		26		8		
百色市靖西县		36		12		1
百色市田阳县	3	15	1	5		
河池市宜州市	14	31	5	9	1	
河池市东兰县		12		1		
来宾市兴宾区	24	24	2	8		
崇左市扶绥县	3	15	1	3		

4－93 续表 1

单位：人次

地区	康复训练与服务		教育费用补助或减免		职业教育与培训	
	城镇	农村	城镇	农村	城镇	农村
总计	**21**	**164**	**2**	**20**	**1**	**15**
南宁市江南区			1			
南宁市宾阳县	1	4				
南宁市马山县	1	14				
柳州市柳北区	2	1				
柳州市融水苗族自治县	1	6				
桂林市叠彩区		1	1			
桂林市荔浦县		5				
桂林市龙胜各族自治区						
贺州市八步区	1	4				
梧州市藤县		8		1		4
贺州市富川瑶族自治县	1	17		1	1	
防城港市防城区		5				1
北海市合浦县		7		2		
钦州市浦北县		9				
贵港市港北区	1	1		2		4
贵港市平南县		15				3
玉林市博白县	1	19		6		1
玉林市容县	2	16				
贵港市桂平市		6		3		1
百色市靖西县		4		3		
百色市田阳县	1	5				
河池市宜州市	1	1				
河池市东兰县		6				1
来宾市兴宾区	7	5				
崇左市扶绥县	1	5		2		

4-93 续表 2

单位：人次

地区	就业安置或扶持		贫困残疾人救助与扶持		法律援助与服务	
	城镇	农村	城镇	农村	城镇	农村
总计		**15**	**21**	**197**		**8**
南宁市江南区						
南宁市宾阳县			3	7		
南宁市马山县			2	18		
柳州市柳北区			2	2		
柳州市融水苗族自治县			1	5		1
桂林市叠彩区			1	2		
桂林市荔浦县		1		4		
桂林市龙胜各族自治区				6		
贺州市八步区				4		
梧州市藤县		1		7		
贺州市富川瑶族自治县			1	16		
防城港市防城区			1	14		
北海市合浦县			2	9		
钦州市浦北县				12		7
贵港市港北区		1	1	10		
贵港市平南县		5		19		
玉林市博白县		2		11		
玉林市容县			2	11		
贵港市桂平市				7		
百色市靖西县		4		12		
百色市田阳县				5		
河池市宜州市			1	3		
河池市东兰县				4		
来宾市兴宾区			3	5		
崇左市扶绥县		1	1	4		

4－93 续表 3

单位：人次

地区	无障碍设施		信息无障碍		生活服务	
	城镇	农村	城镇	农村	城镇	农村
总计			**1**	**3**	**8**	**70**
南宁市江南区					1	
南宁市宾阳县						
南宁市马山县						1
柳州市柳北区						
柳州市融水苗族自治县						3
桂林市叠彩区					1	1
桂林市荔浦县						1
桂林市龙胜各族自治区						1
贺州市八步区						
梧州市藤县				3		2
贺州市富川瑶族自治县						7
防城港市防城区					1	12
北海市合浦县						
钦州市浦北县						6
贵港市港北区						1
贵港市平南县						17
玉林市博白县						
玉林市容县						5
贵港市桂平市						1
百色市靖西县						
百色市田阳县			1			
河池市宜州市					3	11
河池市东兰县						
来宾市兴宾区					2	1
崇左市扶绥县						

4-93 续表 4

单位：人次

地　区	文化服务		其他		不选择	
	城镇	农村	城镇	农村	城镇	农村
总　计	**6**	**24**	**8**	**7**		**6**
南宁市江南区						
南宁市宾阳县						
南宁市马山县						
柳州市柳北区				1		
柳州市融水苗族自治县						
桂林市叠彩区	1					2
桂林市荔浦县		2				
桂林市龙胜各族自治区						
贺州市八步区						
梧州市藤县		5				
贺州市富川瑶族自治县		1		2		
防城港市防城区		4				
北海市合浦县						1
钦州市浦北县		1				2
贵港市港北区						
贵港市平南县		3				
玉林市博白县						
玉林市容县						1
贵港市桂平市						
百色市靖西县						
百色市田阳县						
河池市宜州市	3	7				
河池市东兰县						
来宾市兴宾区	2	1	8	4		
崇左市扶绥县						

4－94　各地区精神残疾人分城乡的主要需求

单位：人次

地　区	合计		医疗服务与救助		辅助器具	
	城镇	农村	城镇	农村	城镇	农村
总　计	**126**	**616**	**48**	**222**	**1**	
南宁市江南区	32		15			
南宁市宾阳县	2	14	1	5		
南宁市马山县	3	39		13		
柳州市柳北区	9	6	3	2		
柳州市融水苗族自治县	2	56	1	15		
桂林市叠彩区	22	7	8	3	1	
桂林市荔浦县		24		9		
桂林市龙胜各族自治区	2	36		12		
贺州市八步区	11	9	5	3		
梧州市藤县	6	23	2	10		
贺州市富川瑶族自治县	2	12	1	6		
防城港市防城区	2	27	2	12		
北海市合浦县	4	23	2	11		
钦州市浦北县	2	24	1	7		
贵港市港北区		23		12		
贵港市平南县	6	27				
玉林市博白县		53		20		
玉林市容县	3	22	1	11		
贵港市桂平市	3	57	1	19		
百色市靖西县	3	19	1	8		
百色市田阳县		24		11		
河池市宜州市	6	15	2	5		
河池市东兰县		34		14		
来宾市兴宾区	6	12	2	4		
崇左市扶绥县		30		10		

4－94 续表 1

单位：人次

地 区	康复训练与服务		教育费用补助或减免		职业教育与培训	
	城镇	农村	城镇	农村	城镇	农村
总 计	**15**	**47**		**4**		**2**
南宁市江南区	2					
南宁市宾阳县		2				
南宁市马山县	1					
柳州市柳北区		1				
柳州市融水苗族自治县				2		2
桂林市叠彩区	3	2				
桂林市荔浦县						
桂林市龙胜各族自治区	1	6				
贺州市八步区	4	3				
梧州市藤县	1	2				
贺州市富川瑶族自治县						
防城港市防城区				1		
北海市合浦县		1				
钦州市浦北县						
贵港市港北区						
贵港市平南县	2	9				
玉林市博白县		13				
玉林市容县						
贵港市桂平市						
百色市靖西县		1				
百色市田阳县						
河池市宜州市						
河池市东兰县		4				
来宾市兴宾区	1	1		1		
崇左市扶绥县		2				

4－94 续表 2

单位：人次

地区	就业安置或扶持		贫困残疾人救助与扶持		法律援助与服务	
	城镇	农村	城镇	农村	城镇	农村
总计	**7**	**40**	**34**	**225**	**6**	**7**
南宁市江南区			11		2	
南宁市宾阳县		1		4		
南宁市马山县		11	1	13		
柳州市柳北区	1	1	2	1	1	
柳州市融水苗族自治县				20		
桂林市叠彩区	2		3	2	2	
桂林市荔浦县		1		6		
桂林市龙胜各族自治区		2		9		3
贺州市八步区			2	3		
梧州市藤县	1	1	2	10		
贺州市富川瑶族自治县			1	6		
防城港市防城区		2		12		
北海市合浦县			2	11		
钦州市浦北县		8	1	9		
贵港市港北区		4		7		
贵港市平南县			2	9		
玉林市博白县				20		
玉林市容县	1		1	11		
贵港市桂平市		1	1	19		1
百色市靖西县	1		1	8		1
百色市田阳县				12		
河池市宜州市	1	2	2	5	1	2
河池市东兰县				15		
来宾市兴宾区			2	3		
崇左市扶绥县		6		10		

4-94 续表 3

单位：人次

地区	无障碍设施		信息无障碍		生活服务	
	城镇	农村	城镇	农村	城镇	农村
总计					**13**	**58**
南宁市江南区					1	
南宁市宾阳县					1	2
南宁市马山县					1	2
柳州市柳北区					2	
柳州市融水苗族自治县					1	17
桂林市叠彩区					2	
桂林市荔浦县						8
桂林市龙胜各族自治区					1	
贺州市八步区						
梧州市藤县						
贺州市富川瑶族自治县						
防城港市防城区						
北海市合浦县						
钦州市浦北县						
贵港市港北区						
贵港市平南县					2	9
玉林市博白县						
玉林市容县						
贵港市桂平市					1	15
百色市靖西县						
百色市田阳县						1
河池市宜州市						1
河池市东兰县						1
来宾市兴宾区					1	1
崇左市扶绥县						1

4－94 续表 4

单位：人次

地区	文化服务		其他		不选择	
	城镇	农村	城镇	农村	城镇	农村
总计	**1**	**5**		**2**	**1**	**4**
南宁市江南区	1					
南宁市宾阳县						
南宁市马山县						
柳州市柳北区		1				
柳州市融水苗族自治县						
桂林市叠彩区					1	
桂林市荔浦县						
桂林市龙胜各族自治区						4
贺州市八步区						
梧州市藤县						
贺州市富川瑶族自治县						
防城港市防城区						
北海市合浦县						
钦州市浦北县						
贵港市港北区						
贵港市平南县						
玉林市博白县						
玉林市容县						
贵港市桂平市		2				
百色市靖西县				1		
百色市田阳县						
河池市宜州市						
河池市东兰县						
来宾市兴宾区		1		1		
崇左市扶绥县		1				

4－95 各地区多重残疾人分城乡的主要需求

单位：人次

地　区	合计		医疗服务与救助		辅助器具	
	城镇	农村	城镇	农村	城镇	农村
总　计	**640**	**2852**	**220**	**874**	**112**	**454**
南宁市江南区	97		44		10	
南宁市宾阳县	34	77	13	29	8	11
南宁市马山县	24	239	8	65	5	46
柳州市柳北区	88	46	31	16	26	15
柳州市融水苗族自治县	6	65	2	22	1	8
桂林市叠彩区	107	60	32	13	16	6
桂林市荔浦县	11	99	5	37	2	29
桂林市龙胜各族自治区	9	98	3	29	2	14
贺州市八步区	26	93	9	29	5	17
梧州市藤县	6	106	2	29		19
贺州市富川瑶族自治县	2	60		18	1	11
防城港市防城区	14	140	4	49	1	8
北海市合浦县	19	148	9	51	4	21
钦州市浦北县	12	133	4	30	2	24
贵港市港北区	36	69	13	25	6	10
贵港市平南县	12	209	3	59	1	28
玉林市博白县	6	83	2	26	1	16
玉林市容县	12	245	1	75	3	38
贵港市桂平市	6	176	2	57	2	44
百色市靖西县	11	127	4	44	1	25
百色市田阳县	13	131	5	40	3	16
河池市宜州市	47	76	16	25	11	11
河池市东兰县		195		60		24
来宾市兴宾区	39	48	8	13	1	2
崇左市扶绥县	3	129		33		11

4－95 续表 1

单位：人次

地　　区	康复训练与服务		教育费用补助或减免		职业教育与培训	
	城镇	农村	城镇	农村	城镇	农村
总　　计	**109**	**384**	**4**	**19**	**2**	**7**
南宁市江南区	7		4		1	
南宁市宾阳县	1	4				
南宁市马山县	3	25				
柳州市柳北区	24	8				
柳州市融水苗族自治县		9		2		1
桂林市叠彩区	30	21			1	
桂林市荔浦县	2	6				
桂林市龙胜各族自治区	1	8				1
贺州市八步区	6	13				1
梧州市藤县	2	19		3		2
贺州市富川瑶族自治县		9		3		
防城港市防城区	2	17		1		
北海市合浦县	3	14				
钦州市浦北县	1	20		1		
贵港市港北区	5	4				1
贵港市平南县	1	42		2		
玉林市博白县		7				
玉林市容县	3	47				
贵港市桂平市		13		4		1
百色市靖西县	2	4		1		
百色市田阳县	3	25				
河池市宜州市	3	10				
河池市东兰县		36				
来宾市兴宾区	9	6				
崇左市扶绥县	1	17		2		

4－95 续表 2

单位：人次

地区	就业安置或扶持		贫困残疾人救助与扶持		法律援助与服务	
	城镇	农村	城镇	农村	城镇	农村
总计	**9**	**33**	**113**	**846**	**7**	**14**
南宁市江南区	4		22			
南宁市宾阳县			10	25		
南宁市马山县		1	7	80		
柳州市柳北区		1	3	3		
柳州市融水苗族自治县			2	19		
桂林市叠彩区	1		11	15	5	
桂林市荔浦县				17		
桂林市龙胜各族自治区		2	2	35		1
贺州市八步区			4	31		
梧州市藤县		2	2	26		
贺州市富川瑶族自治县			1	17		
防城港市防城区		3	3	43		
北海市合浦县		1	2	49		
钦州市浦北县	1	5	2	33	1	10
贵港市港北区	1	2	11	24		
贵港市平南县	1	4	4	60		
玉林市博白县	1	1	1	28		
玉林市容县		1	4	69		
贵港市桂平市		1	1	52		
百色市靖西县		2	2	43		1
百色市田阳县		2	2	37		1
河池市宜州市		1	8	13	1	1
河池市东兰县				70		
来宾市兴宾区			8	15		
崇左市扶绥县		4	1	42		

4－95 续表 3

单位：人次

地　　区	无障碍设施		信息无障碍		生活服务	
	城镇	农村	城镇	农村	城镇	农村
总　　计	**6**	**11**	**3**	**2**	**39**	**162**
南宁市江南区	2				1	
南宁市宾阳县		1			1	6
南宁市马山县					1	20
柳州市柳北区	1				3	3
柳州市融水苗族自治县					1	4
桂林市叠彩区					9	5
桂林市荔浦县					2	8
桂林市龙胜各族自治区	1					7
贺州市八步区					2	
梧州市藤县		1		1		3
贺州市富川瑶族自治县		1				1
防城港市防城区	1	3	1		2	15
北海市合浦县		1			1	1
钦州市浦北县				1	1	7
贵港市港北区						3
贵港市平南县					2	13
玉林市博白县			1			5
玉林市容县					1	12
贵港市桂平市			1			3
百色市靖西县					2	7
百色市田阳县		1				9
河池市宜州市	1	1			5	9
河池市东兰县		1				3
来宾市兴宾区					4	
崇左市扶绥县		1			1	18

4－95 续表 4

单位：人次

地区	文化服务		其他		不选择	
	城镇	农村	城镇	农村	城镇	农村
总计	**2**	**20**	**9**	**14**	**5**	**12**
南宁市江南区					2	
南宁市宾阳县		1			1	
南宁市马山县				2		
柳州市柳北区						
柳州市融水苗族自治县						
桂林市叠彩区					2	
桂林市荔浦县						2
桂林市龙胜各族自治区		1				
贺州市八步区		2				
梧州市藤县		1				
贺州市富川瑶族自治县						
防城港市防城区		1				
北海市合浦县		1				9
钦州市浦北县		2				
贵港市港北区						
贵港市平南县		1				
玉林市博白县						
玉林市容县		3				
贵港市桂平市				1		
百色市靖西县						
百色市田阳县						
河池市宜州市	2	5				
河池市东兰县						1
来宾市兴宾区		1	9	11		
崇左市扶绥县		1				

4－96 各地区视力残疾人分残疾等级的主要需求

单位：人次

地 区	医疗服务与救助				辅助器具			
	残疾一级	残疾二级	残疾三级	残疾四级	残疾一级	残疾二级	残疾三级	残疾四级
总 计	**177**	**47**	**76**	**550**	**39**	**6**	**13**	**112**
南宁市江南区	4	1	5	34				4
南宁市宾阳县	7	1	3	14				
南宁市马山县	4	1	4	25	1			
柳州市柳北区	2			12	1			9
柳州市融水苗族自治县	12	5	5	14	2		2	
桂林市叠彩区	3	1	5	19				1
桂林市荔浦县	10	7	3	30				1
桂林市龙胜各族自治区	2	2	2	12				
贺州市八步区	3	1		11	2	1		6
梧州市藤县	8		3	21	1			
贺州市富川瑶族自治县	12	3		15				1
防城港市防城区	3	3	9	17		3	5	10
北海市合浦县	4			14	1			
钦州市浦北县	6	1	4	28				
贵港市港北区	4	1	2	23				1
贵港市平南县	3	1	4	16	1			8
玉林市博白县	4	1	1	8	5			1
玉林市容县	6		2	22	1		1	
贵港市桂平市	5		2	21	7		2	19
百色市靖西县	9	1	1	15				
百色市田阳县	11	4	4	20	5			2
河池市宜州市	8	1	3	55	2			23
河池市东兰县	5	2	3	15	1	1	1	8
来宾市兴宾区	21	9	6	37				
崇左市扶绥县	21	1	5	52	9	1	2	18

4－96 续表 1

单位：人次

地　区	康复训练与服务				教育费用补助或减免			
	残疾一级	残疾二级	残疾三级	残疾四级	残疾一级	残疾二级	残疾三级	残疾四级
总　计	**46**	**7**	**13**	**88**	**1**	**1**		**4**
南宁市江南区								
南宁市宾阳县	1							
南宁市马山县	4	1	4	23				
柳州市柳北区	1			4				
柳州市融水苗族自治县	4			3	1			
桂林市叠彩区								1
桂林市荔浦县								
桂林市龙胜各族自治区	3			5				
贺州市八步区								2
梧州市藤县			1					
贺州市富川瑶族自治县				1				
防城港市防城区								
北海市合浦县								
钦州市浦北县	1	1						
贵港市港北区								
贵港市平南县	2	1	2	1				
玉林市博白县	8			3				
玉林市容县								
贵港市桂平市	5			6				
百色市靖西县				1		1		1
百色市田阳县	8	4	4	20				
河池市宜州市				1				
河池市东兰县	4							
来宾市兴宾区				2				
崇左市扶绥县	5		2	18				

4－96 续表 2

单位：人次

地区	职业教育与培训				就业安置或扶持			
	残疾一级	残疾二级	残疾三级	残疾四级	残疾一级	残疾二级	残疾三级	残疾四级
总　计				**2**	**2**			**11**
南宁市江南区								1
南宁市宾阳县								
南宁市马山县								1
柳州市柳北区								
柳州市融水苗族自治县								
桂林市叠彩区				1				5
桂林市荔浦县								
桂林市龙胜各族自治区								2
贺州市八步区								
梧州市藤县					1			
贺州市富川瑶族自治县								
防城港市防城区								
北海市合浦县								1
钦州市浦北县								1
贵港市港北区				1				
贵港市平南县								
玉林市博白县								
玉林市容县								
贵港市桂平市								
百色市靖西县					1			
百色市田阳县								
河池市宜州市								
河池市东兰县								
来宾市兴宾区								
崇左市扶绥县								

4－96 续表 3

单位：人次

地区	贫困残疾人救助与扶持				法律援助与服务			
	残疾一级	残疾二级	残疾三级	残疾四级	残疾一级	残疾二级	残疾三级	残疾四级
总计	**184**	**35**	**61**	**423**	**2**			**2**
南宁市江南区	4	1	5	28				
南宁市宾阳县	7	1	3	15				
南宁市马山县	5	1	4	24				
柳州市柳北区				1				
柳州市融水苗族自治县	17	5	4	16				
桂林市叠彩区	4	1	5	18				
桂林市荔浦县								
桂林市龙胜各族自治区	5	2	2	17				
贺州市八步区	2	1		11				
梧州市藤县	9		3	21				
贺州市富川瑶族自治县	12	2		14				
防城港市防城区	3		3	6				
北海市合浦县	6			13				
钦州市浦北县	8	2	4	27				
贵港市港北区	5	1	2	18				
贵港市平南县	3	1	4	16				
玉林市博白县	11	1		9	1			
玉林市容县	9		1	22				
贵港市桂平市	8		2	18				
百色市靖西县	7	1	1	12				
百色市田阳县	9	4	4	18				
河池市宜州市				2				
河池市东兰县	9	2	3	14				1
来宾市兴宾区	21	8	6	35	1			
崇左市扶绥县	20	1	5	48				1

4－96 续表 4

单位：人次

地　区	无障碍设施				信息无障碍			
	残疾一级	残疾二级	残疾三级	残疾四级	残疾一级	残疾二级	残疾三级	残疾四级
总　计	**17**	**2**	**4**	**29**	**11**	**2**	**4**	**31**
南宁市江南区			1	1				
南宁市宾阳县	1							
南宁市马山县								
柳州市柳北区	1			1				
柳州市融水苗族自治县								
桂林市叠彩区	2							
桂林市荔浦县								
桂林市龙胜各族自治区								
贺州市八步区								
梧州市藤县								1
贺州市富川瑶族自治县	6			3	6	1		3
防城港市防城区								
北海市合浦县								
钦州市浦北县	3	1		1	4	1	4	27
贵港市港北区								
贵港市平南县								
玉林市博白县	1		1	1				
玉林市容县								
贵港市桂平市								
百色市靖西县								
百色市田阳县								
河池市宜州市	3	1	2	22	1			
河池市东兰县								
来宾市兴宾区								
崇左市扶绥县								

4－96 续表 5

单位：人次

地区	生活服务				文化服务			
	残疾一级	残疾二级	残疾三级	残疾四级	残疾一级	残疾二级	残疾三级	残疾四级
总　计	**72**	**17**	**25**	**159**	**9**	**2**	**1**	**8**
南宁市江南区	1							
南宁市宾阳县	2	1	2	8	1			
南宁市马山县	1			1				
柳州市柳北区	1			7				1
柳州市融水苗族自治县	13	5	4	14	1			1
桂林市叠彩区			1	4			1	1
桂林市荔浦县	10	5	3	26				
桂林市龙胜各族自治区	3	2	1	9				
贺州市八步区								1
梧州市藤县	8		1	19				
贺州市富川瑶族自治县								
防城港市防城区	3	2	9	17		1		
北海市合浦县								
钦州市浦北县	2							
贵港市港北区	1	1		1	1			
贵港市平南县								
玉林市博白县	11	1	1	11	1			
玉林市容县	9		2	22				
贵港市桂平市	1			1	1			1
百色市靖西县								
百色市田阳县								
河池市宜州市								
河池市东兰县								
来宾市兴宾区					2	1		3
崇左市扶绥县	6		1	19	2			

4-96 续表 6

单位：人次

地区	其他				不选择			
	残疾一级	残疾二级	残疾三级	残疾四级	残疾一级	残疾二级	残疾三级	残疾四级
总计	**18**	**9**	**6**	**35**	**1**			
南宁市江南区								
南宁市宾阳县					1			
南宁市马山县								
柳州市柳北区								
柳州市融水苗族自治县								
桂林市叠彩区				1				
桂林市荔浦县								
桂林市龙胜各族自治区								
贺州市八步区								
梧州市藤县								
贺州市富川瑶族自治县								
防城港市防城区								
北海市合浦县								
钦州市浦北县								
贵港市港北区								
贵港市平南县								
玉林市博白县								
玉林市容县								
贵港市桂平市								
百色市靖西县								
百色市田阳县								
河池市宜州市								
河池市东兰县								
来宾市兴宾区	18	9	6	34				
崇左市扶绥县								

4－97 各地区听力残疾人分残疾等级的主要需求

单位：人次

地区	医疗服务与救助				辅助器具			
	残疾一级	残疾二级	残疾三级	残疾四级	残疾一级	残疾二级	残疾三级	残疾四级
总　计	**58**	**109**	**586**	**511**	**59**	**121**	**609**	**427**
南宁市江南区	1	1	11	34	1	1	10	17
南宁市宾阳县	2	5	39	24	2	5	37	22
南宁市马山县	4	2	9	4	6	2	15	13
柳州市柳北区		1	14	31	1	1	15	30
柳州市融水苗族自治县		7	29	1	1	7	20	
桂林市叠彩区	2	2	33	32	2	2	33	28
桂林市荔浦县	2	4	41	29	3	5	46	30
桂林市龙胜各族自治区	3	6	37	31	3	6	37	12
贺州市八步区	2	7	28	50	2	7	27	25
梧州市藤县		3	22	11		4	23	11
贺州市富川瑶族自治县	6	7	18	2	7	12	20	4
防城港市防城区	1	3	17	21	1	3	16	16
北海市合浦县	1	1	22	28	3	3	12	7
钦州市浦北县	2	5	23	25	1	5	31	30
贵港市港北区	5	3	42	24	5	1	37	16
贵港市平南县	2	2	17	14	2	2	17	14
玉林市博白县	1	3	18	16	1	3	22	16
玉林市容县		11	25	54		11	25	53
贵港市桂平市	12	6	27	36	6	6	20	22
百色市靖西县	4	5	26	8	4	5	26	8
百色市田阳县		5	27	12		7	53	28
河池市宜州市	1	4	11	1	1	6	17	2
河池市东兰县	6	13	27	16	6	14	27	16
来宾市兴宾区	1	3	18	1	1	3	18	1
崇左市扶绥县			5	6			5	6

4－97 续表 1

单位：人次

地区	康复训练与服务				教育费用补助或减免			
	残疾一级	残疾二级	残疾三级	残疾四级	残疾一级	残疾二级	残疾三级	残疾四级
总　计	**9**	**24**	**152**	**101**			**1**	**2**
南宁市江南区				1			1	1
南宁市宾阳县			1					
南宁市马山县	2			3				
柳州市柳北区	1		1					
柳州市融水苗族自治县			19					
桂林市叠彩区	2	2	30	18				
桂林市荔浦县								
桂林市龙胜各族自治区	1							
贺州市八步区								1
梧州市藤县		2	6	2				
贺州市富川瑶族自治县								
防城港市防城区		1	1	1				
北海市合浦县								
钦州市浦北县		1	8	3				
贵港市港北区	2		11	7				
贵港市平南县								
玉林市博白县								
玉林市容县		10	22	44				
贵港市桂平市				2				
百色市靖西县								
百色市田阳县		5	40	19				
河池市宜州市								
河池市东兰县		1	1					
来宾市兴宾区	1	2	12	1				
崇左市扶绥县								

4－97 续表 2

单位：人次

地区	职业教育与培训				就业安置或扶持			
	残疾一级	残疾二级	残疾三级	残疾四级	残疾一级	残疾二级	残疾三级	残疾四级
总　计				**1**	**1**	**1**	**7**	**6**
南宁市江南区							1	3
南宁市宾阳县								
南宁市马山县								
柳州市柳北区								
柳州市融水苗族自治县							1	
桂林市叠彩区								
桂林市荔浦县							3	
桂林市龙胜各族自治区							1	
贺州市八步区						1		1
梧州市藤县								
贺州市富川瑶族自治县							1	
防城港市防城区								
北海市合浦县								
钦州市浦北县				1	1			1
贵港市港北区								
贵港市平南县								
玉林市博白县								1
玉林市容县								
贵港市桂平市								
百色市靖西县								
百色市田阳县								
河池市宜州市								
河池市东兰县								
来宾市兴宾区								
崇左市扶绥县								

4－97 续表 3

单位：人次

地　　区	贫困残疾人救助与扶持				法律援助与服务			
	残疾一级	残疾二级	残疾三级	残疾四级	残疾一级	残疾二级	残疾三级	残疾四级
总　　计	**48**	**69**	**341**	**275**		**2**	**2**	**1**
南宁市江南区	1	2	3	10				
南宁市宾阳县	1	5	29	21				
南宁市马山县	8	2	21	12				
柳州市柳北区								
柳州市融水苗族自治县	1	6	20					
桂林市叠彩区			2	3				
桂林市荔浦县	1	2	5	3				
桂林市龙胜各族自治区	2	6	36	31				
贺州市八步区	2	6	23	44				
梧州市藤县		1	14	7		1	2	1
贺州市富川瑶族自治县	8	13	19	4		1		
防城港市防城区		1	5	6				
北海市合浦县	1	1	16	16				
钦州市浦北县	2	4	22	23				
贵港市港北区	3	2	37	18				
贵港市平南县			9	7				
玉林市博白县	1	3	15	15				
玉林市容县		1	3	8				
贵港市桂平市	12	5	22	25				
百色市靖西县	4	5	25	8				
百色市田阳县		3	6	7				
河池市宜州市								
河池市东兰县	1			1				
来宾市兴宾区		1	5					
崇左市扶绥县			4	6				

4－97 续表 4

单位：人次

地　区	无障碍设施				信息无障碍			
	残疾一级	残疾二级	残疾三级	残疾四级	残疾一级	残疾二级	残疾三级	残疾四级
总　计		**1**		**2**	**2**	**4**	**21**	**9**
南宁市江南区				1				1
南宁市宾阳县					1		3	
南宁市马山县								
柳州市柳北区								
柳州市融水苗族自治县								
桂林市叠彩区								3
桂林市荔浦县								
桂林市龙胜各族自治区								
贺州市八步区								
梧州市藤县								
贺州市富川瑶族自治县								
防城港市防城区								
北海市合浦县								
钦州市浦北县				1			6	3
贵港市港北区								
贵港市平南县								
玉林市博白县							2	1
玉林市容县								
贵港市桂平市								
百色市靖西县								
百色市田阳县							1	
河池市宜州市		1			1	4	9	1
河池市东兰县								
来宾市兴宾区								
崇左市扶绥县								

4－97 续表 5

单位：人次

地 区	生活服务				文化服务			
	残疾一级	残疾二级	残疾三级	残疾四级	残疾一级	残疾二级	残疾三级	残疾四级
总 计	**1**	**4**	**28**	**14**	**1**		**12**	**16**
南宁市江南区								
南宁市宾阳县			4	2				1
南宁市马山县								
柳州市柳北区								
柳州市融水苗族自治县								
桂林市叠彩区								1
桂林市荔浦县	1		6	2				
桂林市龙胜各族自治区								
贺州市八步区			1					
梧州市藤县		1	1	1			2	2
贺州市富川瑶族自治县								
防城港市防城区		1	6	3	1		4	3
北海市合浦县								
钦州市浦北县								
贵港市港北区		1	6	3				
贵港市平南县								
玉林市博白县			3	2			3	
玉林市容县								
贵港市桂平市		1		1			2	9
百色市靖西县			1					
百色市田阳县								
河池市宜州市								
河池市东兰县								
来宾市兴宾区								
崇左市扶绥县							1	

4－97 续表 6

单位：人次

地区	其他				不选择			
	残疾一级	残疾二级	残疾三级	残疾四级	残疾一级	残疾二级	残疾三级	残疾四级
总计	**10**		**29**	**20**	**1**	**1**	**15**	**19**
南宁市江南区							1	3
南宁市宾阳县								
南宁市马山县	4		17	7			1	
柳州市柳北区								
柳州市融水苗族自治县								
桂林市叠彩区							1	1
桂林市荔浦县								2
桂林市龙胜各族自治区								
贺州市八步区								2
梧州市藤县			1					
贺州市富川瑶族自治县								
防城港市防城区								
北海市合浦县						1	12	10
钦州市浦北县								
贵港市港北区								
贵港市平南县								
玉林市博白县								1
玉林市容县								
贵港市桂平市	6		10	13				
百色市靖西县								
百色市田阳县					1			
河池市宜州市								
河池市东兰县								
来宾市兴宾区			1					
崇左市扶绥县								

4－98　各地区言语残疾人分残疾等级的主要需求

单位：人次

地　区	医疗服务与救助				辅助器具			
	残疾一级	残疾二级	残疾三级	残疾四级	残疾一级	残疾二级	残疾三级	残疾四级
总　计	**7**	**6**	**9**	**23**	**3**	**1**	**1**	**3**
南宁市江南区								
南宁市宾阳县			1	2				
南宁市马山县								
柳州市柳北区								
柳州市融水苗族自治县	1		1	2				1
桂林市叠彩区				2				
桂林市荔浦县								
桂林市龙胜各族自治区								
贺州市八步区		1	1					
梧州市藤县	1	1	1		2	1		
贺州市富川瑶族自治县				1				
防城港市防城区	1	1		1				
北海市合浦县				1				1
钦州市浦北县	1			2	1			
贵港市港北区				1				
贵港市平南县								
玉林市博白县				2				1
玉林市容县		1		3				
贵港市桂平市								
百色市靖西县	1	1	1	2				
百色市田阳县				1				
河池市宜州市			2	1				
河池市东兰县								
来宾市兴宾区	2	1	1	1			1	
崇左市扶绥县			1	1				

4－98 续表 1

单位：人次

地　区	康复训练与服务				教育费用补助或减免			
	残疾一级	残疾二级	残疾三级	残疾四级	残疾一级	残疾二级	残疾三级	残疾四级
总　计	**4**	**5**	**11**	**16**	**1**		**4**	**6**
南宁市江南区								
南宁市宾阳县			1	1				1
南宁市马山县								
柳州市柳北区				1				
柳州市融水苗族自治县	1		2	1			2	2
桂林市叠彩区				1				
桂林市荔浦县			1					
桂林市龙胜各族自治区								
贺州市八步区		1	1					
梧州市藤县		1	1	1				
贺州市富川瑶族自治县	1		2					
防城港市防城区	1	1						
北海市合浦县			1	1			1	
钦州市浦北县				1				
贵港市港北区				2				
贵港市平南县								
玉林市博白县				2				
玉林市容县		1		2				
贵港市桂平市								
百色市靖西县		1		1				
百色市田阳县								1
河池市宜州市				1				
河池市东兰县								
来宾市兴宾区	1		1		1			1
崇左市扶绥县			1	1			1	1

4－98 续表 2

单位：人次

地　　区	职业教育与培训				就业安置或扶持			
	残疾一级	残疾二级	残疾三级	残疾四级	残疾一级	残疾二级	残疾三级	残疾四级
总　　计	**1**			**1**	**1**	**1**		**2**
南宁市江南区								
南宁市宾阳县								
南宁市马山县								
柳州市柳北区								
柳州市融水苗族自治县								1
桂林市叠彩区								
桂林市荔浦县								
桂林市龙胜各族自治区								
贺州市八步区								
梧州市藤县				1				
贺州市富川瑶族自治县								
防城港市防城区					1			1
北海市合浦县								
钦州市浦北县	1							
贵港市港北区								
贵港市平南县								
玉林市博白县								
玉林市容县								
贵港市桂平市								
百色市靖西县								
百色市田阳县								
河池市宜州市								
河池市东兰县								
来宾市兴宾区						1		
崇左市扶绥县								

4－98 续表 3

单位：人次

地区	贫困残疾人救助与扶持				法律援助与服务			
	残疾一级	残疾二级	残疾三级	残疾四级	残疾一级	残疾二级	残疾三级	残疾四级
总　计	**7**	**3**	**9**	**19**				
南宁市江南区								
南宁市宾阳县				1				
南宁市马山县								
柳州市柳北区				1				
柳州市融水苗族自治县	1		1	1				
桂林市叠彩区				1				
桂林市荔浦县								
桂林市龙胜各族自治区								
贺州市八步区		1	2					
梧州市藤县	2			4				
贺州市富川瑶族自治县	1		2					
防城港市防城区	2			2				
北海市合浦县			1					
钦州市浦北县				2				
贵港市港北区								
贵港市平南县								
玉林市博白县				3				
玉林市容县								
贵港市桂平市								
百色市靖西县	1		1	2				
百色市田阳县				1				
河池市宜州市			2	1				
河池市东兰县								
来宾市兴宾区		1						
崇左市扶绥县		1						

4－98 续表 4

单位：人次

地　　区	无障碍设施				信息无障碍			
	残疾一级	残疾二级	残疾三级	残疾四级	残疾一级	残疾二级	残疾三级	残疾四级
总　　计			**1**	**1**			**1**	**1**
南宁市江南区								
南宁市宾阳县								
南宁市马山县								
柳州市柳北区								
柳州市融水苗族自治县								
桂林市叠彩区								
桂林市荔浦县								
桂林市龙胜各族自治区								
贺州市八步区			1					
梧州市藤县								
贺州市富川瑶族自治县				1			1	
防城港市防城区								
北海市合浦县								
钦州市浦北县								
贵港市港北区								
贵港市平南县								
玉林市博白县								1
玉林市容县								
贵港市桂平市								
百色市靖西县								
百色市田阳县								
河池市宜州市								
河池市东兰县								
来宾市兴宾区								
崇左市扶绥县								

4-98 续表 5

单位：人次

地　区	生活服务				文化服务			
	残疾一级	残疾二级	残疾三级	残疾四级	残疾一级	残疾二级	残疾三级	残疾四级
总　计	**3**	**1**		**7**	**2**	**1**	**1**	**1**
南宁市江南区								
南宁市宾阳县								
南宁市马山县								
柳州市柳北区								
柳州市融水苗族自治县								
桂林市叠彩区								
桂林市荔浦县								
桂林市龙胜各族自治区								
贺州市八步区							1	
梧州市藤县	1			3				
贺州市富川瑶族自治县	1			1				
防城港市防城区	1			2				
北海市合浦县								
钦州市浦北县				1				
贵港市港北区								
贵港市平南县								
玉林市博白县								
玉林市容县								
贵港市桂平市								
百色市靖西县								
百色市田阳县								
河池市宜州市								
河池市东兰县								
来宾市兴宾区					2			1
崇左市扶绥县		1				1		

4－98　续表 6

单位：人次

地　　区	其他				不选择			
	残疾一级	残疾二级	残疾三级	残疾四级	残疾一级	残疾二级	残疾三级	残疾四级
总　计	**1**		**2**	**3**			**1**	**2**
南宁市江南区								
南宁市宾阳县								
南宁市马山县								
柳州市柳北区								
柳州市融水苗族自治县								
桂林市叠彩区								
桂林市荔浦县								
桂林市龙胜各族自治区								
贺州市八步区								
梧州市藤县			1	2				
贺州市富川瑶族自治县			1					
防城港市防城区								
北海市合浦县							1	1
钦州市浦北县								
贵港市港北区								
贵港市平南县								
玉林市博白县								
玉林市容县				1				
贵港市桂平市								
百色市靖西县	1							
百色市田阳县								
河池市宜州市								
河池市东兰县								1
来宾市兴宾区								
崇左市扶绥县								

4－99 各地区肢体残疾人分残疾等级的主要需求

单位：人次

地区	医疗服务与救助				辅助器具			
	残疾一级	残疾二级	残疾三级	残疾四级	残疾一级	残疾二级	残疾三级	残疾四级
总　计	**44**	**126**	**241**	**720**	**28**	**69**	**121**	**281**
南宁市江南区		1	4	24				2
南宁市宾阳县	1	7	8	41		1		1
南宁市马山县		8	8	11	3	9	14	18
柳州市柳北区	2	4	8	30	2	4	9	21
柳州市融水苗族自治县	1	3	12	20	2	5	7	18
桂林市叠彩区	1	1	2	9				
桂林市荔浦县	3	6	11	36	1	3	1	2
桂林市龙胜各族自治区	1	7	15	39	1	4	7	5
贺州市八步区		2	8	21			4	4
梧州市藤县		1	11	49			4	8
贺州市富川瑶族自治县	2	2	5	30		1	3	4
防城港市防城区	6	10	8	31	1	1	2	4
北海市合浦县	5	10	7	26	1	1	1	6
钦州市浦北县	2	7	7	12	1	6	3	5
贵港市港北区	3	8	13	31	3	4	8	14
贵港市平南县		6	18	47		4	9	12
玉林市博白县	3	1	12	23	2	2	9	17
玉林市容县	1	1	4	21	2	4	11	35
贵港市桂平市		2	5	28		2	5	29
百色市靖西县	4	7	17	70	2	6	6	40
百色市田阳县	5	9	9	14	4	3	2	6
河池市宜州市	1	4	15	40	1	1	5	12
河池市东兰县	1	6	9	35		2	1	
来宾市兴宾区		6	14	10			2	
崇左市扶绥县	2	7	11	22	2	6	8	18

4-99 续表 1

单位：人次

地区	康复训练与服务				教育费用补助或减免			
	残疾一级	残疾二级	残疾三级	残疾四级	残疾一级	残疾二级	残疾三级	残疾四级
总　计	**29**	**65**	**140**	**385**		**1**	**4**	**9**
南宁市江南区		1	3	1				
南宁市宾阳县	1	3	4	11				
南宁市马山县	2	1	4	8				
柳州市柳北区	1	4	8	28				
柳州市融水苗族自治县	2	1	8	17			1	
桂林市叠彩区	1	2	8	26				
桂林市荔浦县	3	3	1	8				
桂林市龙胜各族自治区		3	8	16			1	
贺州市八步区		2	7	21				2
梧州市藤县			5	16		1		2
贺州市富川瑶族自治县	2	2	2	49				
防城港市防城区	5	8	6	28				1
北海市合浦县	5	7	7	10				
钦州市浦北县	1	3	6	12				
贵港市港北区		4	3	5			1	
贵港市平南县		3	11	21				
玉林市博白县			3	3				
玉林市容县	1	3	8	17				
贵港市桂平市			2	14				
百色市靖西县	2	2	5	6				
百色市田阳县		3	4	1				
河池市宜州市		3	11	27				
河池市东兰县	1	3	7	18				4
来宾市兴宾区	1	4	7	4			1	
崇左市扶绥县	1		2	18				

4－99 续表 2

单位：人次

地　区	职业教育与培训				就业安置或扶持			
	残疾一级	残疾二级	残疾三级	残疾四级	残疾一级	残疾二级	残疾三级	残疾四级
总　计			**3**	**8**	**2**	**5**	**22**	**84**
南宁市江南区								2
南宁市宾阳县								
南宁市马山县							1	1
柳州市柳北区				1			1	
柳州市融水苗族自治县						1	3	
桂林市叠彩区								
桂林市荔浦县								
桂林市龙胜各族自治区			1	1				7
贺州市八步区							1	8
梧州市藤县								7
贺州市富川瑶族自治县							2	6
防城港市防城区					1			9
北海市合浦县				2			1	13
钦州市浦北县						1	1	1
贵港市港北区				2		1	3	8
贵港市平南县								2
玉林市博白县								
玉林市容县							1	6
贵港市桂平市				1				
百色市靖西县			1				4	5
百色市田阳县								
河池市宜州市								1
河池市东兰县								1
来宾市兴宾区			1	1	1	1	4	3
崇左市扶绥县						1		4

4－99 续表 3

单位：人次

地区	贫困残疾人救助与扶持				法律援助与服务			
	残疾一级	残疾二级	残疾三级	残疾四级	残疾一级	残疾二级	残疾三级	残疾四级
总　计	**41**	**107**	**226**	**705**			**2**	**14**
南宁市江南区			3	16				1
南宁市宾阳县	1	2	2	15				
南宁市马山县	3	9	15	22				
柳州市柳北区	1		1	7				
柳州市融水苗族自治县	1	4	14	25				
桂林市叠彩区			2	9				
桂林市荔浦县	2	5	7	31				
桂林市龙胜各族自治区	1	7	15	39				6
贺州市八步区		1	11	31			1	
梧州市藤县		1	9	44			1	2
贺州市富川瑶族自治县	2		5	51				
防城港市防城区	7	12	8	39				1
北海市合浦县	3	6	3	21				
钦州市浦北县	1	6	6	8				
贵港市港北区	3	7	13	30				
贵港市平南县		3	13	38				
玉林市博白县	3	2	14	22				1
玉林市容县	1	3	12	40				
贵港市桂平市		2	3	18				
百色市靖西县	3	5	12	65				2
百色市田阳县	4	7	7	14				
河池市宜州市	1	4	13	37				1
河池市东兰县	1	5	13	37				
来宾市兴宾区	1	9	18	14				
崇左市扶绥县	2	7	7	32				

4-99 续表 4

单位：人次

地区	无障碍设施				信息无障碍			
	残疾一级	残疾二级	残疾三级	残疾四级	残疾一级	残疾二级	残疾三级	残疾四级
总　计	**2**	**4**	**5**	**7**				**1**
南宁市江南区								
南宁市宾阳县								
南宁市马山县								
柳州市柳北区								
柳州市融水苗族自治县			1					
桂林市叠彩区								
桂林市荔浦县								
桂林市龙胜各族自治区								
贺州市八步区		1		1				
梧州市藤县								1
贺州市富川瑶族自治县								
防城港市防城区	2	2	3	4				
北海市合浦县		1		2				
钦州市浦北县								
贵港市港北区								
贵港市平南县								
玉林市博白县								
玉林市容县								
贵港市桂平市								
百色市靖西县								
百色市田阳县			1					
河池市宜州市								
河池市东兰县								
来宾市兴宾区								
崇左市扶绥县								

4－99 续表 5

单位：人次

地区	生活服务				文化服务			
	残疾一级	残疾二级	残疾三级	残疾四级	残疾一级	残疾二级	残疾三级	残疾四级
总　计	**8**	**13**	**26**	**81**	**1**	**1**	**6**	**10**
南宁市江南区								
南宁市宾阳县				1				
南宁市马山县	1		3	6				
柳州市柳北区								
柳州市融水苗族自治县			1	1				
桂林市叠彩区								
桂林市荔浦县								
桂林市龙胜各族自治区								
贺州市八步区				1				
梧州市藤县								
贺州市富川瑶族自治县								
防城港市防城区				1				1
北海市合浦县		1		3				
钦州市浦北县	1	1	1	1				
贵港市港北区								2
贵港市平南县		1	3					
玉林市博白县	1	1	3	2			1	
玉林市容县				4	1	1		5
贵港市桂平市								
百色市靖西县	1	1	5	30				
百色市田阳县	2	6	4	16				
河池市宜州市			1	2				
河池市东兰县								
来宾市兴宾区		2	1	2			4	2
崇左市扶绥县	2		4	11			1	

4－99 续表 6

单位：人次

地区	其他				不选择			
	残疾一级	残疾二级	残疾三级	残疾四级	残疾一级	残疾二级	残疾三级	残疾四级
总计		**5**	**13**	**10**			**3**	**9**
南宁市江南区								
南宁市宾阳县								
南宁市马山县								
柳州市柳北区								
柳州市融水苗族自治县								1
桂林市叠彩区								
桂林市荔浦县							1	4
桂林市龙胜各族自治区								
贺州市八步区								
梧州市藤县								
贺州市富川瑶族自治县								
防城港市防城区								
北海市合浦县							1	
钦州市浦北县								
贵港市港北区			1					
贵港市平南县								
玉林市博白县								
玉林市容县								
贵港市桂平市								
百色市靖西县			1	1				
百色市田阳县								
河池市宜州市								
河池市东兰县							1	4
来宾市兴宾区		5	11	9				
崇左市扶绥县								

4－100 各地区智力残疾人分残疾等级的主要需求

单位：人次

地 区	医疗服务与救助				辅助器具			
	残疾一级	残疾二级	残疾三级	残疾四级	残疾一级	残疾二级	残疾三级	残疾四级
总 计	**6**	**21**	**83**	**101**	**1**			**1**
南宁市江南区								
南宁市宾阳县	1		4	4				
南宁市马山县		1	7	13				
柳州市柳北区			2	6				
柳州市融水苗族自治县			1	3				
桂林市叠彩区				4				
桂林市荔浦县		1	4	2				
桂林市龙胜各族自治区			1	1				
贺州市八步区		1	4	2				
梧州市藤县		1	4	3				
贺州市富川瑶族自治县		2	4	1				
防城港市防城区		1	8	8				
北海市合浦县	1		4	4				
钦州市浦北县		1		2				
贵港市港北区		2	3	12				
贵港市平南县		1	2	1				
玉林市博白县			1	9				
玉林市容县			13	6				
贵港市桂平市		1	3	4				
百色市靖西县	2	2	5	3	1			
百色市田阳县			2	4				
河池市宜州市	1	3	5	5				1
河池市东兰县			1					
来宾市兴宾区	1	3	5	1				
崇左市扶绥县		1		3				

4-100 续表 1

单位：人次

地　区	康复训练与服务				教育费用补助或减免			
	残疾一级	残疾二级	残疾三级	残疾四级	残疾一级	残疾二级	残疾三级	残疾四级
总　计	**6**	**21**	**76**	**82**		**2**	**5**	**15**
南宁市江南区								1
南宁市宾阳县	1		2	2				
南宁市马山县		1	6	8				
柳州市柳北区				3				
柳州市融水苗族自治县			1	6				
桂林市叠彩区				1				1
桂林市荔浦县			3	2				
桂林市龙胜各族自治区								
贺州市八步区			3	2				
梧州市藤县		2	2	4		1		
贺州市富川瑶族自治县		3	10	5				1
防城港市防城区			2	3				
北海市合浦县	1	1	3	2				2
钦州市浦北县	1	2	1	5				
贵港市港北区				2			2	
贵港市平南县		2	10	3				
玉林市博白县		1	3	16			1	5
玉林市容县			13	5				
贵港市桂平市			4	2		1	1	1
百色市靖西县	1	1	1	1			1	2
百色市田阳县			2	4				
河池市宜州市			2					
河池市东兰县		4	2					
来宾市兴宾区	2	3	5	2				
崇左市扶绥县		1	1	4				2

4－100 续表 2

单位：人次

地区	职业教育与培训				就业安置或扶持			
	残疾一级	残疾二级	残疾三级	残疾四级	残疾一级	残疾二级	残疾三级	残疾四级
总　计		**3**	**2**	**11**		**2**	**6**	**7**
南宁市江南区								
南宁市宾阳县								
南宁市马山县								
柳州市柳北区								
柳州市融水苗族自治县								
桂林市叠彩区								
桂林市荔浦县								1
桂林市龙胜各族自治区								
贺州市八步区								
梧州市藤县			2	2			1	
贺州市富川瑶族自治县		1						
防城港市防城区				1				
北海市合浦县								
钦州市浦北县								
贵港市港北区		1		3		1		
贵港市平南县				3			1	4
玉林市博白县				1				2
玉林市容县								
贵港市桂平市				1				
百色市靖西县						1	3	
百色市田阳县								
河池市宜州市								
河池市东兰县		1						
来宾市兴宾区								
崇左市扶绥县							1	

4-100 续表 3

单位：人次

地　区	贫困残疾人救助与扶持				法律援助与服务			
	残疾一级	残疾二级	残疾三级	残疾四级	残疾一级	残疾二级	残疾三级	残疾四级
总　计	**8**	**23**	**83**	**104**			**2**	**6**
南宁市江南区								
南宁市宾阳县	1		4	5				
南宁市马山县		1	6	13				
柳州市柳北区			1	3				
柳州市融水苗族自治县				6				1
桂林市叠彩区				3				
桂林市荔浦县		1		3				
桂林市龙胜各族自治区		2	2	2				
贺州市八步区		1	3					
梧州市藤县			4	3				
贺州市富川瑶族自治县		2	10	5				
防城港市防城区		1	7	7				
北海市合浦县	1	1	5	4				
钦州市浦北县	1	2	2	7			2	5
贵港市港北区		2	1	8				
贵港市平南县		2	9	8				
玉林市博白县		1	1	9				
玉林市容县			10	3				
贵港市桂平市		1	2	4				
百色市靖西县	2	2	5	3				
百色市田阳县			2	3				
河池市宜州市			3	1				
河池市东兰县		3	1					
来宾市兴宾区	3		4	1				
崇左市扶绥县		1	1	3				

4－100 续表 4

单位：人次

地　区	无障碍设施				信息无障碍			
	残疾一级	残疾二级	残疾三级	残疾四级	残疾一级	残疾二级	残疾三级	残疾四级
总　计							**1**	**3**
南宁市江南区								
南宁市宾阳县								
南宁市马山县								
柳州市柳北区								
柳州市融水苗族自治县								
桂林市叠彩区								
桂林市荔浦县								
桂林市龙胜各族自治区								
贺州市八步区								
梧州市藤县							1	2
贺州市富川瑶族自治县								
防城港市防城区								
北海市合浦县								
钦州市浦北县								
贵港市港北区								
贵港市平南县								
玉林市博白县								
玉林市容县								
贵港市桂平市								
百色市靖西县								
百色市田阳县								1
河池市宜州市								
河池市东兰县								
来宾市兴宾区								
崇左市扶绥县								

4－100 续表 5

单位：人次

地　区	生活服务				文化服务			
	残疾一级	残疾二级	残疾三级	残疾四级	残疾一级	残疾二级	残疾三级	残疾四级
总　计	**2**	**10**	**31**	**35**		**5**	**7**	**18**
南宁市江南区				1				
南宁市宾阳县								
南宁市马山县				1				
柳州市柳北区								
柳州市融水苗族自治县			1	2				
桂林市叠彩区				2				1
桂林市荔浦县		1					1	1
桂林市龙胜各族自治区		1						
贺州市八步区								
梧州市藤县			1	1		1	2	2
贺州市富川瑶族自治县			4	3		1		
防城港市防城区		1	6	6				4
北海市合浦县								
钦州市浦北县	1	1	1	3				1
贵港市港北区		1						
贵港市平南县		2	10	5			2	1
玉林市博白县								
玉林市容县			3	2				
贵港市桂平市				1				
百色市靖西县								
百色市田阳县								
河池市宜州市	1	2	3	8		1	2	7
河池市东兰县								
来宾市兴宾区		1	2			2		1
崇左市扶绥县								

4－100 续表 6

单位：人次

地　　区	其他				不选择			
	残疾一级	残疾二级	残疾三级	残疾四级	残疾一级	残疾二级	残疾三级	残疾四级
总　计	**3**	**3**	**7**	**2**	**1**	**1**	**1**	**3**
南宁市江南区								
南宁市宾阳县								
南宁市马山县								
柳州市柳北区				1				
柳州市融水苗族自治县								
桂林市叠彩区								2
桂林市荔浦县								
桂林市龙胜各族自治区								
贺州市八步区								
梧州市藤县								
贺州市富川瑶族自治县			2					
防城港市防城区								
北海市合浦县							1	
钦州市浦北县					1	1		
贵港市港北区								
贵港市平南县								
玉林市博白县								
玉林市容县								1
贵港市桂平市								
百色市靖西县								
百色市田阳县								
河池市宜州市								
河池市东兰县								
来宾市兴宾区	3	3	5	1				
崇左市扶绥县								

4－101 各地区精神残疾人分残疾等级的主要需求

单位：人次

地区	医疗服务与救助				辅助器具			
	残疾一级	残疾二级	残疾三级	残疾四级	残疾一级	残疾二级	残疾三级	残疾四级
总计	**70**	**31**	**35**	**134**		**1**		
南宁市江南区	5	1	2	7				
南宁市宾阳县	1		1	4				
南宁市马山县	6	2	3	2				
柳州市柳北区	2		1	2				
柳州市融水苗族自治县	6		4	6				
桂林市叠彩区	1	4	2	4		1		
桂林市荔浦县	3	4	1	1				
桂林市龙胜各族自治区	1		1	10				
贺州市八步区	2	1	1	4				
梧州市藤县	3	2	2	5				
贺州市富川瑶族自治县	1		2	4				
防城港市防城区	2	1	1	10				
北海市合浦县	5			8				
钦州市浦北县	1	1	1	5				
贵港市港北区	5	2	1	4				
贵港市平南县								
玉林市博白县	10	2		8				
玉林市容县	5	1	1	5				
贵港市桂平市	1	2	2	15				
百色市靖西县	3	2	1	3				
百色市田阳县	2	1	1	7				
河池市宜州市	2		2	3				
河池市东兰县	1	3	2	8				
来宾市兴宾区	1	1	1	3				
崇左市扶绥县	1	1	2	6				

4－101　续表 1

单位：人次

地　　区	康复训练与服务				教育费用补助或减免			
	残疾一级	残疾二级	残疾三级	残疾四级	残疾一级	残疾二级	残疾三级	残疾四级
总　　计	**16**	**11**	**8**	**27**				**4**
南宁市江南区			1	1				
南宁市宾阳县				2				
南宁市马山县			1					
柳州市柳北区				1				
柳州市融水苗族自治县								2
桂林市叠彩区		3		2				
桂林市荔浦县								
桂林市龙胜各族自治区	1		2	4				
贺州市八步区	2	1	1	3				
梧州市藤县		1		2				
贺州市富川瑶族自治县								
防城港市防城区								1
北海市合浦县				1				
钦州市浦北县								
贵港市港北区								
贵港市平南县	3	2		6				
玉林市博白县	8	2		3				
玉林市容县								
贵港市桂平市								
百色市靖西县	1							
百色市田阳县								
河池市宜州市								
河池市东兰县	1		2	1				
来宾市兴宾区		1	1					1
崇左市扶绥县		1		1				

4－101 续表 2

单位：人次

地区	职业教育与培训				就业安置或扶持			
	残疾一级	残疾二级	残疾三级	残疾四级	残疾一级	残疾二级	残疾三级	残疾四级
总计				**2**	**9**	**4**	**10**	**24**
南宁市江南区								
南宁市宾阳县								1
南宁市马山县					5	2	3	1
柳州市柳北区							1	1
柳州市融水苗族自治县				2				
桂林市叠彩区							2	
桂林市荔浦县						1		
桂林市龙胜各族自治区								2
贺州市八步区								
梧州市藤县							1	1
贺州市富川瑶族自治县								
防城港市防城区								2
北海市合浦县								
钦州市浦北县					1		1	6
贵港市港北区					1	1	1	1
贵港市平南县								
玉林市博白县								
玉林市容县								1
贵港市桂平市								1
百色市靖西县								1
百色市田阳县								
河池市宜州市					1			2
河池市东兰县								
来宾市兴宾区								
崇左市扶绥县					1		1	4

4－101 续表 3

单位：人次

地　　区	贫困残疾人救助与扶持				法律援助与服务			
	残疾一级	残疾二级	残疾三级	残疾四级	残疾一级	残疾二级	残疾三级	残疾四级
总　　计	**71**	**28**	**31**	**129**	**4**		**2**	**7**
南宁市江南区	5		1	5	1			1
南宁市宾阳县	1			3				
南宁市马山县	6	2	4	2				
柳州市柳北区	2		1		1			
柳州市融水苗族自治县	8		4	8				
桂林市叠彩区	1	3		1			1	1
桂林市荔浦县	3	1	1	1				
桂林市龙胜各族自治区	1		1	7				3
贺州市八步区	2	1	1	1				
梧州市藤县	3	3	1	5				
贺州市富川瑶族自治县	1		2	4				
防城港市防城区	1	1		10				
北海市合浦县	5			8				
钦州市浦北县	1	1	1	7				
贵港市港北区	3	1		3				
贵港市平南县	3	2		6				
玉林市博白县	10	2		8				
玉林市容县	5	1	1	5				
贵港市桂平市	1	2	2	15				1
百色市靖西县	2	2	2	3	1			
百色市田阳县	2	1	1	8				
河池市宜州市	2		2	3	1		1	1
河池市东兰县	1	3	3	8				
来宾市兴宾区	1	1	1	2				
崇左市扶绥县	1	1	2	6				

4-101 续表 4

单位：人次

地　区	无障碍设施				信息无障碍			
	残疾一级	残疾二级	残疾三级	残疾四级	残疾一级	残疾二级	残疾三级	残疾四级
总　计								
南宁市江南区								
南宁市宾阳县								
南宁市马山县								
柳州市柳北区								
柳州市融水苗族自治县								
桂林市叠彩区								
桂林市荔浦县								
桂林市龙胜各族自治区								
贺州市八步区								
梧州市藤县								
贺州市富川瑶族自治县								
防城港市防城区								
北海市合浦县								
钦州市浦北县								
贵港市港北区								
贵港市平南县								
玉林市博白县								
玉林市容县								
贵港市桂平市								
百色市靖西县								
百色市田阳县								
河池市宜州市								
河池市东兰县								
来宾市兴宾区								
崇左市扶绥县								

4－101 续表 5

单位：人次

地　区	生活服务				文化服务			
	残疾一级	残疾二级	残疾三级	残疾四级	残疾一级	残疾二级	残疾三级	残疾四级
总　计	**19**	**10**	**12**	**30**			**1**	**5**
南宁市江南区			1				1	
南宁市宾阳县	1		1	1				
南宁市马山县	1		1	1				
柳州市柳北区	1			1				1
柳州市融水苗族自治县	7		3	8				
桂林市叠彩区	1	1						
桂林市荔浦县	3	4	1					
桂林市龙胜各族自治区			1					
贺州市八步区								
梧州市藤县								
贺州市富川瑶族自治县								
防城港市防城区								
北海市合浦县								
钦州市浦北县								
贵港市港北区								
贵港市平南县	3	2		6				
玉林市博白县								
玉林市容县								
贵港市桂平市	1	2	2	11				2
百色市靖西县								
百色市田阳县				1				
河池市宜州市			1					
河池市东兰县		1						
来宾市兴宾区	1			1				1
崇左市扶绥县			1					1

4－101 续表 6

单位：人次

地区	其他				不选择			
	残疾一级	残疾二级	残疾三级	残疾四级	残疾一级	残疾二级	残疾三级	残疾四级
总计				**2**	**1**	**2**	**1**	**1**
南宁市江南区								
南宁市宾阳县								
南宁市马山县								
柳州市柳北区								
柳州市融水苗族自治县								
桂林市叠彩区						1		
桂林市荔浦县								
桂林市龙胜各族自治区					1	1	1	1
贺州市八步区								
梧州市藤县								
贺州市富川瑶族自治县								
防城港市防城区								
北海市合浦县								
钦州市浦北县								
贵港市港北区								
贵港市平南县								
玉林市博白县								
玉林市容县								
贵港市桂平市								
百色市靖西县				1				
百色市田阳县								
河池市宜州市								
河池市东兰县								
来宾市兴宾区				1				
崇左市扶绥县								

4－102　各地区多重残疾人分残疾等级的主要需求

单位：人次

地　区	医疗服务与救助				辅助器具			
	残疾一级	残疾二级	残疾三级	残疾四级	残疾一级	残疾二级	残疾三级	残疾四级
总　计	**414**	**167**	**319**	**194**	**201**	**79**	**193**	**93**
南宁市江南区	13	8	12	11		2	3	5
南宁市宾阳县	24	3	9	6	13	1	3	2
南宁市马山县	27	11	27	8	18	6	23	4
柳州市柳北区	14	9	18	6	15	5	15	6
柳州市融水苗族自治县	15	4	2	3	8	1		
桂林市叠彩区	11	4	12	18	5	1	7	9
桂林市荔浦县	10	5	25	2	7	4	19	1
桂林市龙胜各族自治区	8	8	10	6	5	5	5	1
贺州市八步区	18	3	10	7	7	2	7	6
梧州市藤县	8	4	13	6	4	4	9	2
贺州市富川瑶族自治县	9	5	4		6	2	4	
防城港市防城区	15	8	17	13	1	1	6	1
北海市合浦县	22	9	18	11	12	4	6	3
钦州市浦北县	11	7	7	9	5	6	7	8
贵港市港北区	23	3	7	5	8	2	4	2
贵港市平南县	10	8	36	8	7	3	17	2
玉林市博白县	16	3	5	4	9	2	5	1
玉林市容县	32	10	19	15	9	7	17	8
贵港市桂平市	19	7	14	19	13	5	10	18
百色市靖西县	20	8	13	7	10	4	8	4
百色市田阳县	15	9	13	8	7	2	8	2
河池市宜州市	20	4	10	7	11	1	6	4
河池市东兰县	31	15	8	6	14	6	3	1
来宾市兴宾区	9	4	6	2		2	1	
崇左市扶绥县	14	8	4	7	7	1		3

4-102 续表 1

单位：人次

地区	康复训练与服务				教育费用补助或减免			
	残疾一级	残疾二级	残疾三级	残疾四级	残疾一级	残疾二级	残疾三级	残疾四级
总　计	**189**	**96**	**129**	**79**	**11**	**4**	**6**	**2**
南宁市江南区	2	1	2	2	1		1	2
南宁市宾阳县	4	1						
南宁市马山县	10	7	9	2				
柳州市柳北区	12	6	12	2				
柳州市融水苗族自治县	5	2		2			2	
桂林市叠彩区	7	8	17	19				
桂林市荔浦县	5	1	2					
桂林市龙胜各族自治区	1	3	3	2				
贺州市八步区	9	2	6	2				
梧州市藤县	8	3	5	5	1	1	1	
贺州市富川瑶族自治县	7	2			2	1		
防城港市防城区	8	2	4	5			1	
北海市合浦县	12	2	1	2				
钦州市浦北县	4	7	7	3	1			
贵港市港北区	7	1		1				
贵港市平南县	14	6	16	7	2			
玉林市博白县	3	2	1	1				
玉林市容县	23	8	12	7				
贵港市桂平市	5	2	3	3	3		1	
百色市靖西县	2	2	2			1		
百色市田阳县	8	7	8	5				
河池市宜州市	4	3	4	2				
河池市东兰县	19	9	6	2				
来宾市兴宾区	5	2	7	1				
崇左市扶绥县	5	7	2	4	1	1		

4－102 续表 2

单位：人次

地区	职业教育与培训				就业安置或扶持			
	残疾一级	残疾二级	残疾三级	残疾四级	残疾一级	残疾二级	残疾三级	残疾四级
总计	**4**		**2**	**3**	**21**	**8**	**4**	**9**
南宁市江南区				1			1	3
南宁市宾阳县								
南宁市马山县					1			
柳州市柳北区						1		
柳州市融水苗族自治县	1							
桂林市叠彩区				1				1
桂林市荔浦县								
桂林市龙胜各族自治区	1				1	1		
贺州市八步区			1					
梧州市藤县	1			1		2		
贺州市富川瑶族自治县								
防城港市防城区					2			1
北海市合浦县					1			
钦州市浦北县					3	2	1	
贵港市港北区			1		2		1	
贵港市平南县					3	1		1
玉林市博白县					1			1
玉林市容县					1			
贵港市桂平市	1						1	
百色市靖西县					1			1
百色市田阳县					2			
河池市宜州市					1			
河池市东兰县								
来宾市兴宾区								
崇左市扶绥县					2	1		1

4－102 续表 3

单位：人次

地　区	贫困残疾人救助与扶持				法律援助与服务			
	残疾一级	残疾二级	残疾三级	残疾四级	残疾一级	残疾二级	残疾三级	残疾四级
总　计	**377**	**158**	**271**	**153**	**8**	**5**	**4**	**4**
南宁市江南区	6	5	5	6				
南宁市宾阳县	20	3	8	4				
南宁市马山县	32	14	34	7				
柳州市柳北区	2	3	1					
柳州市融水苗族自治县	13	3	2	3				
桂林市叠彩区	6	3	9	8	3			2
桂林市荔浦县	6	2	9					
桂林市龙胜各族自治区	11	9	11	6			1	
贺州市八步区	14	4	10	7				
梧州市藤县	4	5	13	6				
贺州市富川瑶族自治县	10	4	4					
防城港市防城区	14	7	12	13				
北海市合浦县	21	7	16	7				
钦州市浦北县	14	8	8	5	3	4	3	1
贵港市港北区	18	4	8	5				
贵港市平南县	16	8	34	6				
玉林市博白县	15	4	6	4				
玉林市容县	30	8	19	16				
贵港市桂平市	19	6	12	16				
百色市靖西县	18	8	12	7		1		
百色市田阳县	14	7	11	7	1			
河池市宜州市	10	2	4	5	1			1
河池市东兰县	34	19	13	4				
来宾市兴宾区	11	5	6	1				
崇左市扶绥县	19	10	4	10				

4－102 续表 4

单位：人次

地　区	无障碍设施				信息无障碍			
	残疾一级	残疾二级	残疾三级	残疾四级	残疾一级	残疾二级	残疾三级	残疾四级
总　计	**8**	**4**	**4**	**1**	**4**			**1**
南宁市江南区		1		1				
南宁市宾阳县	1							
南宁市马山县								
柳州市柳北区	1							
柳州市融水苗族自治县								
桂林市叠彩区								
桂林市荔浦县								
桂林市龙胜各族自治区			1					
贺州市八步区								
梧州市藤县			1		1			
贺州市富川瑶族自治县	1							
防城港市防城区	1	2	1		1			
北海市合浦县			1					
钦州市浦北县								1
贵港市港北区								
贵港市平南县								
玉林市博白县					1			
玉林市容县								
贵港市桂平市					1			
百色市靖西县								
百色市田阳县	1							
河池市宜州市	2							
河池市东兰县		1						
来宾市兴宾区								
崇左市扶绥县	1							

4－102 续表 5

单位：人次

地区	生活服务				文化服务			
	残疾一级	残疾二级	残疾三级	残疾四级	残疾一级	残疾二级	残疾三级	残疾四级
总　计	**86**	**28**	**47**	**40**	**10**	**2**	**7**	**3**
南宁市江南区		1						
南宁市宾阳县	6		1					1
南宁市马山县	8	4	6	3				
柳州市柳北区	2	1	1	2				
柳州市融水苗族自治县	3	1		1				
桂林市叠彩区	4	3	2	5				
桂林市荔浦县	4	1	5					
桂林市龙胜各族自治区	3	1	2	1			1	
贺州市八步区	1		1		1		1	
梧州市藤县	1	1		1	1			
贺州市富川瑶族自治县	1							
防城港市防城区	5		7	5				1
北海市合浦县	1		1				1	
钦州市浦北县	2	3	1	2	1	1		
贵港市港北区	2		1					
贵港市平南县	6	3	4	2	1			
玉林市博白县	1	2	1	1				
玉林市容县	8			5	1		1	1
贵港市桂平市	1	1		1				
百色市靖西县	4		3	2				
百色市田阳县		2	4	3				
河池市宜州市	9	1	3	1	4	1	2	
河池市东兰县	1	1	1					
来宾市兴宾区	3		1				1	
崇左市扶绥县	10	2	2	5	1			

4－102 续表 6

单位：人次

地　区	其他				不选择			
	残疾一级	残疾二级	残疾三级	残疾四级	残疾一级	残疾二级	残疾三级	残疾四级
总　计	**11**	**2**	**8**	**2**	**7**	**2**	**5**	**3**
南宁市江南区					1			1
南宁市宾阳县					1			
南宁市马山县			2					
柳州市柳北区								
柳州市融水苗族自治县								
桂林市叠彩区					1		1	
桂林市荔浦县					1	1		
桂林市龙胜各族自治区								
贺州市八步区								
梧州市藤县								
贺州市富川瑶族自治县								
防城港市防城区								
北海市合浦县					3	1	3	2
钦州市浦北县								
贵港市港北区								
贵港市平南县								
玉林市博白县								
玉林市容县								
贵港市桂平市			1					
百色市靖西县								
百色市田阳县								
河池市宜州市								
河池市东兰县							1	
来宾市兴宾区	11	2	5	2				
崇左市扶绥县								

第五部分　社区和住户基本情况

5－1 调查社区基本情况

地区	调查社区个数(个)			社区人口情况		社区残疾人情况(人)			
	合计	居委会	村委会	户数(户)	人口数(人)	残疾人数	持证残疾人数	享受定期救助人数	享受临时救助人数
总计	**200**	**43**	**157**	**207580**	**828936**	**31941**	**7147**	**2325**	**3262**
南宁市江南区	8	4	4	15392	51765	2061	498	144	59
南宁市宾阳县	8	2	6	12822	55532	3340	996	110	263
南宁市马山县	8	1	7	5230	25785	1773	499	55	174
柳州市柳北区	8	5	3	16321	50073	537	336	56	43
柳州市融水苗族自治县	8	1	7	5869	23127	971	178	110	384
桂林市叠彩区	8	6	2	16120	47348	2030	455	123	41
桂林市荔浦县	8	1	7	5898	21686	1136	542	65	54
桂林市龙胜各族自治区	8	1	7	3679	14691	600	79	103	69
贺州市八步区	8	2	6	6204	25499	167	50	35	14
梧州市藤县	8	1	7	9559	43569	2056	716	181	76
贺州市富川瑶族自治县	8	1	7	3027	13104	746	83	40	64
防城港市防城区	8	1	7	6026	26524	566	104	23	71
北海市合浦县	8	1	7	7450	34572	1363	450	148	119
钦州市浦北县	8	1	7	5889	32935	1006	131	36	84
贵港市港北区	8	2	6	12685	51236	992	190	112	117
贵港市平南县	8	1	7	9559	41900	3047	80	63	69
玉林市博白县	8	1	7	6974	37002	477	106	5	27
玉林市容县	8	1	7	7461	28300	2075	115	105	133
贵港市桂平市	8	2	6	8574	35964	1693	863	225	700
百色市靖西县	8	1	7	5461	21276	515	42	33	71
百色市田阳县	8	1	7	7012	26022	634	131	9	114
河池市宜州市	8	2	6	7635	30802	1455	168	89	70
河池市东兰县	8		8	4307	19924	962	75	157	122
来宾市兴宾区	8	3	5	8491	38237	1300	186	109	269
崇左市扶绥县	8	1	7	9935	32063	439	74	189	55

5－1 续表

单位：个

地　区	社区残疾人基层建设情况				
	有残疾人协会(小组)的社区	有残疾人专职委员会的社区	有康复站的社区	有社区康复协调员的社区	有无障碍设施的社区
总　计	**79**	**35**	**17**	**20**	**16**
南宁市江南区	8	3		2	2
南宁市宾阳县	6	6	1		
南宁市马山县	8				1
柳州市柳北区	6	5	5	5	5
柳州市融水苗族自治县	3				
桂林市叠彩区	6	1	1	1	3
桂林市荔浦县					1
桂林市龙胜各族自治区	8	2			
贺州市八步区					
梧州市藤县				1	1
贺州市富川瑶族自治县					
防城港市防城区					1
北海市合浦县	8	7			
钦州市浦北县					
贵港市港北区	7	5	1	1	
贵港市平南县	8		1		
玉林市博白县					
玉林市容县					
贵港市桂平市	2			1	
百色市靖西县			1		
百色市田阳县	1		1	1	
河池市宜州市	6	4	4	6	1
河池市东兰县					
来宾市兴宾区	2	2	2	2	
崇左市扶绥县					1

5－2 各地区调查社区公共服务机构的覆盖情况

单位：个

地区	距离法律服务所(司法所)				距离特教学校(班)			
	0公里	1－2公里	3－5公里	5公里以上	0公里	1－2公里	3－5公里	5公里以上
总计	**31**	**47**	**33**	**89**	**19**	**15**	**13**	**153**
南宁市江南区		4	1	3		3		5
南宁市宾阳县	2			6	2			6
南宁市马山县		1	1	6		1		7
柳州市柳北区	1	6		1		2	2	4
柳州市融水苗族自治县		3	2	3			1	7
桂林市叠彩区	1	4	1	2		3	2	3
桂林市荔浦县	1	2	3	2		1	1	6
桂林市龙胜各族自治区	8				1			7
贺州市八步区	2	2		4	1	1		6
梧州市藤县	2		2	4	1			7
贺州市富川瑶族自治县	1	4	2	1				8
防城港市防城区	2			6	3			5
北海市合浦县		4	3	1	1		1	6
钦州市浦北县	1		3	4	7			1
贵港市港北区	1			7	1			7
贵港市平南县		1	2	5			2	6
玉林市博白县		3	1	4				8
玉林市容县		1	3	4				8
贵港市桂平市	2	6			1	1		6
百色市靖西县		2	4	2		1		7
百色市田阳县	1		2	5	1		1	6
河池市宜州市	1	1	2	4		1	1	6
河池市东兰县	1			7				8
来宾市兴宾区	2	3		3		1	1	6
崇左市扶绥县	2		1	5			1	7

5－2 续表

单位：个

地　　区	距离文化活动站				距离卫生室			
	0公里	1－2公里	3－5公里	5公里以上	0公里	1－2公里	3－5公里	5公里以上
总　　计	**86**	**34**	**23**	**57**	**141**	**30**	**8**	**21**
南宁市江南区	4		1	3	4	1		3
南宁市宾阳县	7	1			6	2		
南宁市马山县	7	1			6	2		
柳州市柳北区	4	4			3	5		
柳州市融水苗族自治县		3	2	3		6	1	1
桂林市叠彩区	5	2	1		5	3		
桂林市荔浦县	8				8			
桂林市龙胜各族自治区	8				8			
贺州市八步区	2	2		4	5			3
梧州市藤县	7			1	8			
贺州市富川瑶族自治县	1	4	2	1	7	1		
防城港市防城区	4			4	7		1	
北海市合浦县		2	4	2	4	3	1	
钦州市浦北县	1		3	4	8			
贵港市港北区	2			6	8			
贵港市平南县	6	2			8			
玉林市博白县		3	1	4		4	1	3
玉林市容县		1	3	4	7			1
贵港市桂平市	2	6			8			
百色市靖西县	1	1	3	3	2	2	3	1
百色市田阳县	2		2	4	8			
河池市宜州市	7	1			6	1	1	
河池市东兰县	2			6	3			5
来宾市兴宾区	4	1		3	6			2
崇左市扶绥县	2		1	5	6			2

5－2a 各地区调查城镇社区公共服务机构的覆盖情况

单位：个

地区	距离法律服务所(司法所)				距离特教学校(班)			
	0公里	1－2公里	3－5公里	5公里以上	0公里	1－2公里	3－5公里	5公里以上
总计	**19**	**23**	**2**	**4**	**10**	**13**	**8**	**17**
南宁市江南区		4	1	3		3		5
南宁市宾阳县	2				2			
南宁市马山县		1				1		
柳州市柳北区	1	5				2	2	2
柳州市融水苗族自治县		1					1	
桂林市叠彩区	1	4	1			3	2	1
桂林市荔浦县	1					1		
桂林市龙胜各族自治区	1							1
贺州市八步区	2	1			1	1		1
梧州市藤县	1				1			
贺州市富川瑶族自治县	1							1
防城港市防城区	1				1			
北海市合浦县		1			1			
钦州市浦北县	1				1			
贵港市港北区	1			1	1			1
贵港市平南县		1					1	
玉林市博白县		1						1
玉林市容县		1						1
贵港市桂平市	1				1			
百色市靖西县		1						1
百色市田阳县	1				1			
河池市宜州市	1	1				1		1
河池市东兰县								
来宾市兴宾区	2	1				1	1	1
崇左市扶绥县	1						1	

5－2a 续表

单位：个

地区	距离文化活动站				距离卫生室			
	0公里	1－2公里	3－5公里	5公里以上	0公里	1－2公里	3－5公里	5公里以上
总计	**32**	**11**	**2**	**3**	**30**	**14**		**4**
南宁市江南区	4		1	3	4	1		3
南宁市宾阳县	1	1			1	1		
南宁市马山县	1					1		
柳州市柳北区	4	2			2	4		
柳州市融水苗族自治县		1				1		
桂林市叠彩区	3	2	1		3	3		
桂林市荔浦县	1				1			
桂林市龙胜各族自治区	1				1			
贺州市八步区	2	1			3			
梧州市藤县	1				1			
贺州市富川瑶族自治县	1				1			
防城港市防城区	1				1			
北海市合浦县		1				1		
钦州市浦北县	1				1			
贵港市港北区	2				2			
贵港市平南县	1				1			
玉林市博白县		1				1		
玉林市容县		1						1
贵港市桂平市	1				1			
百色市靖西县	1				1			
百色市田阳县	1				1			
河池市宜州市	1	1			1	1		
河池市东兰县								
来宾市兴宾区	3				3			
崇左市扶绥县	1				1			

5－2b　各地区调查农村社区公共服务机构的覆盖情况

单位：个

地　区	距离法律服务所(司法所)				距离特教学校(班)			
	0公里	1－2公里	3－5公里	5公里以上	0公里	1－2公里	3－5公里	5公里以上
总　计	**12**	**24**	**31**	**85**	**9**	**2**	**5**	**136**
南宁市江南区								
南宁市宾阳县				6				6
南宁市马山县			1	6				7
柳州市柳北区		1		1				2
柳州市融水苗族自治县		2	2	3				7
桂林市叠彩区				2				2
桂林市荔浦县		2	3	2			1	6
桂林市龙胜各族自治区	7				1			6
贺州市八步区		1		4				5
梧州市藤县	1		2	4				7
贺州市富川瑶族自治县		4	2	1				7
防城港市防城区	1			6	2			5
北海市合浦县		3	3	1			1	6
钦州市浦北县			3	4	6			1
贵港市港北区				6				6
贵港市平南县			2	5			1	6
玉林市博白县		2	1	4				7
玉林市容县			3	4				7
贵港市桂平市	1	6				1		6
百色市靖西县		1	4	2		1		6
百色市田阳县			2	5			1	6
河池市宜州市			2	4			1	5
河池市东兰县	1			7				8
来宾市兴宾区		2		3				5
崇左市扶绥县	1		1	5				7

5－2b 续表

单位：个

地　区	距离文化活动站				距离卫生室			
	0公里	1－2公里	3－5公里	5公里以上	0公里	1－2公里	3－5公里	5公里以上
总　计	**54**	**23**	**21**	**54**	**111**	**16**	**8**	**17**
南宁市江南区								
南宁市宾阳县	6				5	1		
南宁市马山县	6	1			6	1		
柳州市柳北区		2			1	1		
柳州市融水苗族自治县		2	2	3		5	1	1
桂林市叠彩区	2				2			
桂林市荔浦县	7				7			
桂林市龙胜各族自治区	7				7			
贺州市八步区		1		4	2			3
梧州市藤县	6			1	7			
贺州市富川瑶族自治县		4	2	1	6	1		
防城港市防城区	3			4	6		1	
北海市合浦县		1	4	2	4	2	1	
钦州市浦北县			3	4	7			
贵港市港北区				6	6			
贵港市平南县	5	2			7			
玉林市博白县		2	1	4		3	1	3
玉林市容县			3	4	7			
贵港市桂平市	1	6			7			
百色市靖西县		1	3	3	1	2	3	1
百色市田阳县	1		2	4	7			
河池市宜州市	6				5		1	
河池市东兰县	2			6	3			5
来宾市兴宾区	1	1		3	3			2
崇左市扶绥县	1		1	5	5			2

5－3 调查农村社区的收入水平与公共服务机构覆盖情况

单位：个、人

2005年本村人均收入	社区个数	社区享受定期救助人数	社区享受临时救助人数	距离法律服务所(司法所)			
				0公里	1－2公里	3－5公里	5公里以上
总　计	**152**	**1537**	**2776**	**12**	**24**	**31**	**85**
1000元以下	14	89	143	1		3	10
1000-1500元	23	237	496	5	3	4	11
1500-2000元	31	340	620	3	5	5	18
2000-2500元	43	504	780	1	7	9	26
2500-3000元	30	335	621	1	8	6	15
3000-3500元	10	27	80	1	1	4	4
3500-4000元	1	5	36				1
4000-4500元							
4500-5000元							
5000元以上							

5－3 续表 1

单位：个

2005年本村人均收入	距离特教学校(班)				距离文化活动站			
	0公里	1－2公里	3－5公里	5公里以上	0公里	1－2公里	3－5公里	5公里以上
总　计	**9**	**2**	**5**	**136**	**54**	**23**	**21**	**54**
1000元以下	1			13	5	1	2	6
1000-1500元	1	1		21	9	2	4	8
1500-2000元	1			30	10	6	3	12
2000-2500元	3	1	1	38	16	8	5	14
2500-3000元	2		1	27	11	4	4	11
3000-3500元	1		3	6	3	2	3	2
3500-4000元				1				1
4000-4500元								
4500-5000元								
5000元以上								

5－3 续表 2

单位：个

2005年本村人均收入	距离卫生室			
	0公里	1－2公里	3－5公里	5公里以上
总　计	**111**	**16**	**8**	**17**
1000元以下	9	1	2	2
1000-1500元	13	4	2	4
1500-2000元	21	5		5
2000-2500元	31	3	3	6
2500-3000元	28	1	1	
3000-3500元	8	2		
3500-4000元	1			
4000-4500元				
4500-5000元				
5000元以上				

5－4 各地区调查户2005年人均收入

地　　区	总人口（人）	总户数（户）	2005年度调查户人均收入（元）	按人均收入分组的户数（户）			
				0－683元	684－944元	945－2000元	2001－3000元
总　　计	**80712**	**22569**	**2796**	**1619**	**1661**	**8434**	**3765**
南宁市江南区	3220	982	4549	16	26	196	150
南宁市宾阳县	3249	892	3528	6	10	190	348
南宁市马山县	3242	946	1919	184	90	380	110
柳州市柳北区	3222	1026	5584	1	5	127	159
柳州市融水苗族自治县	3247	916	2144	17	72	497	162
桂林市叠彩区	3236	1201	5790	14	16	151	151
桂林市荔浦县	3212	922	1876	109	113	440	115
桂林市龙胜各族自治区	3208	961	2697	51	41	453	123
贺州市八步区	3220	794	3211	12	50	302	114
梧州市藤县	3218	813	2548	4	25	366	229
贺州市富川瑶族自治县	3215	834	1885	156	114	320	91
防城港市防城区	3215	865	1721	121	96	404	118
北海市合浦县	3278	812	2887	35	40	274	200
钦州市浦北县	3221	868	2084	40	110	425	105
贵港市港北区	3238	796	2545	40	63	307	151
贵港市平南县	3209	856	3179	11	29	275	208
玉林市博白县	3200	776	1258	174	129	364	69
玉林市容县	3232	939	2253	70	100	392	193
贵港市桂平市	3205	766	2028	77	89	346	123
百色市靖西县	3229	940	2347	86	66	443	136
百色市田阳县	3253	982	2466	46	92	549	116
河池市宜州市	3218	854	2914	25	43	293	209
河池市东兰县	3260	919	1739	159	116	400	112
来宾市兴宾区	3259	882	2747	65	73	322	136
崇左市扶绥县	3206	1027	3988	100	53	218	137

5-4 续表

单位：户

地　　区	按人均收入分组的户数						
	3001-4000元	4001-5000元	5001-6000元	6001-7000元	7001-10000元	10001-20000元	20000元以上
总　　计	**2093**	**1328**	**813**	**582**	**1318**	**829**	**127**
南宁市江南区	159	107	68	43	123	80	14
南宁市宾阳县	161	55	30	21	37	24	10
南宁市马山县	82	47	12	9	23	7	2
柳州市柳北区	147	113	92	63	176	118	25
柳州市融水苗族自治县	69	39	16	11	19	13	1
桂林市叠彩区	125	116	102	83	236	171	36
桂林市荔浦县	51	37	11	13	26	6	1
桂林市龙胜各族自治区	104	67	21	33	50	17	1
贺州市八步区	64	48	50	26	77	51	
梧州市藤县	62	41	18	25	23	16	4
贺州市富川瑶族自治县	47	35	15	18	24	13	1
防城港市防城区	56	24	16	8	16	5	1
北海市合浦县	116	59	26	14	23	19	6
钦州市浦北县	41	43	20	25	46	13	
贵港市港北区	82	52	24	18	40	19	
贵港市平南县	115	88	35	25	37	30	3
玉林市博白县	20	11	2	3	3	1	
玉林市容县	78	35	27	13	22	9	
贵港市桂平市	52	26	10	8	19	13	3
百色市靖西县	72	40	17	9	44	27	
百色市田阳县	39	33	16	15	40	29	7
河池市宜州市	114	47	41	22	34	25	1
河池市东兰县	48	23	11	12	20	16	2
来宾市兴宾区	77	45	53	20	56	32	3
崇左市扶绥县	112	97	80	45	104	75	6

5－4a 各地区城镇调查户2005年人均收入

地　区	总人口（人）	总户数（户）	2005年度调查户人均收入（元）	按人均收入分组的户数（元）			
				0－683元	684－944元	945－2000元	2001－3000元
总　计	**19341**	**6055**	**5175**	**63**	**104**	**813**	**925**
南宁市江南区	3220	982	4549	16	26	196	150
南宁市宾阳县	802	224	5327			20	64
南宁市马山县	397	102	3750	2	5	17	18
柳州市柳北区	2399	796	6250	1	5	66	110
柳州市融水苗族自治县	412	137	3645			34	40
桂林市叠彩区	2423	986	6944		2	53	112
桂林市荔浦县	410	123	4775	1		18	19
桂林市龙胜各族自治区	389	127	6480	1		7	7
贺州市八步区	1203	346	5784			24	37
梧州市藤县	389	95	4936		1	3	20
贺州市富川瑶族自治县	395	125	5098	2	3	15	17
防城港市防城区	420	123	3277	1	3	34	23
北海市合浦县	422	113	4023			24	34
钦州市浦北县	408	146	4793	1	5	14	12
贵港市港北区	802	240	4803	3	2	27	39
贵港市平南县	407	110	6025			3	11
玉林市博白县	395	96	2203	3	6	36	32
玉林市容县	403	104	4540	1	2	22	16
贵港市桂平市	408	107	2340	3	5	48	25
百色市靖西县	417	133	5548	4	4	18	17
百色市田阳县	415	122	8194			6	10
河池市宜州市	809	223	4470	2	7	34	50
河池市东兰县							
来宾市兴宾区	1198	356	3359	22	28	88	58
崇左市扶绥县	398	139	6638			6	4

5－4a 续表

单位：户

地 区	按人均收入分组的户数						
	3001－4000元	4001－5000元	5001－6000元	6001－7000元	7001－10000元	10001－20000元	20000元以上
总 计	**816**	**666**	**510**	**408**	**995**	**652**	**103**
南宁市江南区	159	107	68	43	123	80	14
南宁市宾阳县	59	22	9	10	16	16	8
南宁市马山县	22	16	6	7	7	2	
柳州市柳北区	106	81	75	52	163	113	24
柳州市融水苗族自治县	17	15	10	6	7	7	1
桂林市叠彩区	99	103	99	83	230	169	36
桂林市荔浦县	17	18	9	11	24	5	1
桂林市龙胜各族自治区	12	21	9	26	27	16	1
贺州市八步区	49	40	46	24	75	51	
梧州市藤县	17	12	9	14	9	8	2
贺州市富川瑶族自治县	13	18	11	15	19	11	1
防城港市防城区	19	12	9	6	14	2	
北海市合浦县	20	13	4	5	7	3	3
钦州市浦北县	16	21	11	18	36	12	
贵港市港北区	39	40	21	16	35	18	
贵港市平南县	14	20	13	11	19	18	1
玉林市博白县	8	6	2	1	2		
玉林市容县	15	11	9	7	15	6	
贵港市桂平市	13	6	2	3	2		
百色市靖西县	13	16	7	3	26	25	
百色市田阳县	9	15	8	9	30	28	7
河池市宜州市	34	16	23	13	28	15	1
河池市东兰县							
来宾市兴宾区	34	19	31	8	42	23	3
崇左市扶绥县	12	18	19	17	39	24	

5－4b 各地区农村调查户2005年人均收入

地 区	总人口（人）	总户数（户）	2005年度调查户人均收入（元）	按人均收入分组的户数（户）			
				0－683元	684－944元	945－2000元	2001－3000元
总 计	**61371**	**16514**	**2046**	**1556**	**1557**	**7621**	**2840**
南宁市江南区							
南宁市宾阳县	2447	668	2939	6	10	170	284
南宁市马山县	2845	844	1663	182	85	363	92
柳州市柳北区	823	230	3642			61	49
柳州市融水苗族自治县	2835	779	1926	17	72	463	122
桂林市叠彩区	813	215	2349	14	14	98	39
桂林市荔浦县	2802	799	1452	108	113	422	96
桂林市龙胜各族自治区	2819	834	2175	50	41	446	116
贺州市八步区	2017	448	1676	12	50	278	77
梧州市藤县	2829	718	2219	4	24	363	209
贺州市富川瑶族自治县	2820	709	1435	154	111	305	74
防城港市防城区	2795	742	1487	120	93	370	95
北海市合浦县	2856	699	2719	35	40	250	166
钦州市浦北县	2813	722	1691	39	105	411	93
贵港市港北区	2436	556	1802	37	61	280	112
贵港市平南县	2802	746	2766	11	29	272	197
玉林市博白县	2805	680	1125	171	123	328	37
玉林市容县	2829	835	1928	69	98	370	177
贵港市桂平市	2797	659	1983	74	84	298	98
百色市靖西县	2812	807	1873	82	62	425	119
百色市田阳县	2838	860	1628	46	92	543	106
河池市宜州市	2409	631	2392	23	36	259	159
河池市东兰县	3260	919	1739	159	116	400	112
来宾市兴宾区	2061	526	2391	43	45	234	78
崇左市扶绥县	2808	888	3612	100	53	212	133

5－4b 续表

单位：户

地　　区	按人均收入分组的户数						
	3001－4000元	4001－5000元	5001－6000元	6001－7000元	7001－10000元	10001－20000元	20000元以上
总　　计	**1277**	**662**	**303**	**174**	**323**	**177**	**24**
南宁市江南区							
南宁市宾阳县	102	33	21	11	21	8	2
南宁市马山县	60	31	6	2	16	5	2
柳州市柳北区	41	32	17	11	13	5	1
柳州市融水苗族自治县	52	24	6	5	12	6	
桂林市叠彩区	26	13	3		6	2	
桂林市荔浦县	34	19	2	2	2	1	
桂林市龙胜各族自治区	92	46	12	7	23	1	
贺州市八步区	15	8	4	2	2		
梧州市藤县	45	29	9	11	14	8	2
贺州市富川瑶族自治县	34	17	4	3	5	2	
防城港市防城区	37	12	7	2	2	3	1
北海市合浦县	96	46	22	9	16	16	3
钦州市浦北县	25	22	9	7	10	1	
贵港市港北区	43	12	3	2	5	1	
贵港市平南县	101	68	22	14	18	12	2
玉林市博白县	12	5		2	1	1	
玉林市容县	63	24	18	6	7	3	
贵港市桂平市	39	20	8	5	17	13	3
百色市靖西县	59	24	10	6	18	2	
百色市田阳县	30	18	8	6	10	1	
河池市宜州市	80	31	18	9	6	10	
河池市东兰县	48	23	11	12	20	16	2
来宾市兴宾区	43	26	22	12	14	9	
崇左市扶绥县	100	79	61	28	65	51	6

5－5 各地区有残疾人调查户2005年人均收入

地　区	有残疾人的调查户（户）	有残疾人调查户总人口数（人）	残疾人总　数（人）	2005年度有残疾人的调查户人均收入（元）	按人均收入分组的户数（户）		
					0－683元	684－944元	945－2000元
总　计	**5066**	**19353**	**5837**	**2146**	**645**	**576**	**2116**
南宁市江南区	209	752	236	3704	8	11	57
南宁市宾阳县	198	730	221	3214	2	2	63
南宁市马山县	227	821	252	1542	62	22	89
柳州市柳北区	153	533	173	4399	1		29
柳州市融水苗族自治县	177	674	195	1834	4	26	103
桂林市叠彩区	207	657	233	3809	6	10	56
桂林市荔浦县	242	965	280	1415	52	33	115
桂林市龙胜各族自治区	206	733	234	1868	24	14	117
贺州市八步区	180	809	210	2704	6	19	77
梧州市藤县	177	720	209	2032	3	14	91
贺州市富川瑶族自治县	172	674	195	1402	51	34	55
防城港市防城区	212	767	246	1347	46	33	102
北海市合浦县	245	970	286	2390	25	20	92
钦州市浦北县	191	737	221	1549	18	29	108
贵港市港北区	208	900	247	2169	12	26	94
贵港市平南县	203	759	249	2645	7	13	86
玉林市博白县	170	715	194	1060	53	34	70
玉林市容县	256	910	310	1887	43	40	103
贵港市桂平市	192	863	242	1656	30	32	96
百色市靖西县	224	821	247	1945	32	17	117
百色市田阳县	213	810	242	1869	24	31	115
河池市宜州市	199	804	228	2325	10	20	73
河池市东兰县	245	920	280	1367	61	53	94
来宾市兴宾区	166	692	198	1934	27	23	64
崇左市扶绥县	194	617	209	2885	38	20	50

5－5 续表

单位：户

地 区	按人均收入分组的户数							
	2001－3000元	3001－4000元	4001－5000元	5001－6000元	6001－7000元	7001－10000元	10001－20000元	20000元以上
总 计	**765**	**362**	**193**	**111**	**65**	**165**	**57**	**11**
南宁市江南区	29	32	23	13	10	20	5	1
南宁市宾阳县	79	22	10	7	3	5	3	2
南宁市马山县	25	18	8	2		1		
柳州市柳北区	25	28	18	15	5	27	3	2
柳州市融水苗族自治县	24	11	6	1	1		1	
桂林市叠彩区	28	30	14	13	11	27	10	2
桂林市荔浦县	24	7	5	2	2	2		
桂林市龙胜各族自治区	23	14	4	3	2	5		
贺州市八步区	28	13	10	5	3	14	5	
梧州市藤县	53	7	4	2	1		2	
贺州市富川瑶族自治县	11	10	6	3	1	1		
防城港市防城区	19	3	2	1	2	2	1	1
北海市合浦县	55	23	14	5	1	5	3	2
钦州市浦北县	17	5	6	2	3	3		
贵港市港北区	40	14	10	3	2	3	4	
贵港市平南县	46	21	12	3	4	8	3	
玉林市博白县	10	1	1		1			
玉林市容县	44	9	7	5	1	3	1	
贵港市桂平市	11	15	2	1		3	1	1
百色市靖西县	27	12	5	4	3	5	2	
百色市田阳县	22	2	3	1	5	8	2	
河池市宜州市	54	24	8	3		5	2	
河池市东兰县	18	8	2	1	2	3	3	
来宾市兴宾区	25	13	4	4	1	3	2	
崇左市扶绥县	28	20	9	12	1	12	4	

5－5a 各地区城镇有残疾人调查户2005年人均收入

地　区	有残疾人的调查户（户）	有残疾人调查户总人口数（人）	残疾人总　数（人）	2005年度有残疾人的调查户人均收入（元）	按人均收入分组的户数（户）		
					0－683元	684－944元	945－2000元
总　计	**985**	**3658**	**1138**	**4006**	**33**	**35**	**211**
南宁市江南区	209	752	236	3704	8	11	57
南宁市宾阳县	54	199	64	4901			8
南宁市马山县	14	61	15	2594	1	1	4
柳州市柳北区	103	334	116	5317	1		6
柳州市融水苗族自治县	19	72	20	3063			3
桂林市叠彩区	134	384	149	5261		1	20
桂林市荔浦县	19	89	21	2997	1		5
桂林市龙胜各族自治区	9	32	9	5178			1
贺州市八步区	59	247	65	5214			8
梧州市藤县	7	34	8	3179		1	1
贺州市富川瑶族自治县	19	63	22	2360	1	3	6
防城港市防城区	21	81	25	2388			11
北海市合浦县	32	117	42	3609			9
钦州市浦北县	13	43	14	4255		1	2
贵港市港北区	47	166	57	3855	1	1	14
贵港市平南县	15	68	24	5611			
玉林市博白县	11	47	13	1689	3	1	3
玉林市容县	22	107	25	4059	1	2	2
贵港市桂平市	24	112	28	1999	1	2	16
百色市靖西县	27	102	28	4086	2	1	6
百色市田阳县	15	67	19	7269			
河池市宜州市	49	200	60	3113	2	4	11
河池市东兰县							
来宾市兴宾区	56	253	70	2008	11	6	17
崇左市扶绥县	7	28	8	5287			1

5－5a 续表

单位：户

地区	按人均收入分组的户数							
	2001－3000元	3001－4000元	4001－5000元	5001－6000元	6001－7000元	7001－10000元	10001－20000元	20000元以上
总　计	**174**	**143**	**104**	**62**	**50**	**126**	**39**	**8**
南宁市江南区	29	32	23	13	10	20	5	1
南宁市宾阳县	19	10	5	2	2	4	2	2
南宁市马山县	3	4	1					
柳州市柳北区	16	18	14	12	5	26	3	2
柳州市融水苗族自治县	8	5	2		1			
桂林市叠彩区	19	18	13	13	11	27	10	2
桂林市荔浦县	5	1	2	1	2	2		
桂林市龙胜各族自治区	1		2	1	2	2		
贺州市八步区	8	10	8	4	3	13	5	
梧州市藤县	2	1		1	1			
贺州市富川瑶族自治县	2	3	2	1	1			
防城港市防城区	3	2	1		2	2		
北海市合浦县	10	4	3	1	1	3		1
钦州市浦北县	1	2	2	1	2	2		
贵港市港北区	9	7	7	2	1	1	4	
贵港市平南县	2	3	2		1	4	3	
玉林市博白县	2	1	1					
玉林市容县	4	3	4	1	1	3	1	
贵港市桂平市		4		1				
百色市靖西县	4	3	2	3	1	3	2	
百色市田阳县	2		2		3	6	2	
河池市宜州市	15	5	4	2		4	2	
河池市东兰县								
来宾市兴宾区	10	5	3	2		2		
崇左市扶绥县		2	1	1		2		

5-5b 各地区农村有残疾人调查户2005年人均收入

地　　区	有残疾人的调查户（户）	有残疾人调查户总人口数（人）	残疾人总　数（人）	2005年度有残疾人的调查户人均收入（元）	按人均收入分组的户数（户）		
					0-683元	684-944元	945-2000元
总　　计	**4081**	**15695**	**4699**	**1712**	**612**	**541**	**1905**
南宁市江南区							
南宁市宾阳县	144	531	157	2582	2	2	55
南宁市马山县	213	760	237	1458	61	21	85
柳州市柳北区	50	199	57	2859			23
柳州市融水苗族自治县	158	602	175	1687	4	26	100
桂林市叠彩区	73	273	84	1766	6	9	36
桂林市荔浦县	223	876	259	1254	51	33	110
桂林市龙胜各族自治区	197	701	225	1717	24	14	116
贺州市八步区	121	562	145	1601	6	19	69
梧州市藤县	170	686	201	1975	3	13	90
贺州市富川瑶族自治县	153	611	173	1303	50	31	49
防城港市防城区	191	686	221	1224	46	33	91
北海市合浦县	213	853	244	2223	25	20	83
钦州市浦北县	178	694	207	1381	18	28	106
贵港市港北区	161	734	190	1788	11	25	80
贵港市平南县	188	691	225	2353	7	13	86
玉林市博白县	159	668	181	1016	50	33	67
玉林市容县	234	803	285	1598	42	38	101
贵港市桂平市	168	751	214	1604	29	30	80
百色市靖西县	197	719	219	1641	30	16	111
百色市田阳县	198	743	223	1382	24	31	115
河池市宜州市	150	604	168	2063	8	16	62
河池市东兰县	245	920	280	1367	61	53	94
来宾市兴宾区	110	439	128	1891	16	17	47
崇左市扶绥县	187	589	201	2771	38	20	49

5－5b 续表

单位：户

地 区	按人均收入分组的户数							
	2001－3000元	3001－4000元	4001－5000元	5001－6000元	6001－7000元	7001－10000元	10001－20000元	20000元以上
总　计	**591**	**219**	**89**	**49**	**15**	**39**	**18**	**3**
南宁市江南区								
南宁市宾阳县	60	12	5	5	1	1	1	
南宁市马山县	22	14	7	2		1		
柳州市柳北区	9	10	4	3		1		
柳州市融水苗族自治县	16	6	4	1			1	
桂林市叠彩区	9	12	1					
桂林市荔浦县	19	6	3	1				
桂林市龙胜各族自治区	22	14	2	2		3		
贺州市八步区	20	3	2	1		1		
梧州市藤县	51	6	4	1			2	
贺州市富川瑶族自治县	9	7	4	2		1		
防城港市防城区	16	1	1	1			1	1
北海市合浦县	45	19	11	4		2	3	1
钦州市浦北县	16	3	4	1	1	1		
贵港市港北区	31	7	3	1	1	2		
贵港市平南县	44	18	10	3	3	4		
玉林市博白县	8				1			
玉林市容县	40	6	3	4				
贵港市桂平市	11	11	2			3	1	1
百色市靖西县	23	9	3	1	2	2		
百色市田阳县	20	2	1	1	2	2		
河池市宜州市	39	19	4	1		1		
河池市东兰县	18	8	2	1	2	3	3	
来宾市兴宾区	15	8	1	2	1	1	2	
崇左市扶绥县	28	18	8	11	1	10	4	

5-6 各地区调查户的住房状况

单位：户、平方米

地区	总户数	人均住房面积	住房结构				
			钢筋混凝土	混合结构	砖木结构	木、竹、草结构	其他
总计	**22569**	**28.32**	**45**	**13202**	**5465**	**1363**	**2494**
南宁市江南区	982	24.72	2	791	180		9
南宁市宾阳县	892	29.67	2	748	87	2	53
南宁市马山县	946	38.1		752	158	18	18
柳州市柳北区	1026	26.56		915	111		
柳州市融水苗族自治县	916	27.73		215	162	273	266
桂林市叠彩区	1201	23.19	1	982	218		
桂林市荔浦县	922	28.76	18	362	20	1	521
桂林市龙胜各族自治区	961	35.01		167	29	761	4
贺州市八步区	794	29.17	1	478	315		
梧州市藤县	813	29.66	1	476	293	6	37
贺州市富川瑶族自治县	834	19.83	3	237	529	40	25
防城港市防城区	865	23.74		343	270	2	250
北海市合浦县	812	29.64	1	328	206		277
钦州市浦北县	868	19.59		404	461	3	
贵港市港北区	796	26.46	4	614	178		
贵港市平南县	856	28.89	1	538	137	13	167
玉林市博白县	776	19.51	6	464	305		1
玉林市容县	939	29.14	3	648	286	2	
贵港市桂平市	766	29.26		604	162		
百色市靖西县	940	28.68	1	525	220	193	1
百色市田阳县	982	38.93	1	728	108	6	139
河池市宜州市	854	32.64		594	259	1	
河池市东兰县	919	31.79		313	49	40	517
来宾市兴宾区	882	26.38		574	99		209
崇左市扶绥县	1027	30.84		402	623	2	

5-6 续表

单位：户

地 区	住房来源			
	自有	租赁	借用	其他来源
总 计	**20577**	**1567**	**331**	**94**
南宁市江南区	861	109	11	1
南宁市宾阳县	835	34	21	2
南宁市马山县	937	6	3	
柳州市柳北区	843	165	14	4
柳州市融水苗族自治县	822	72	21	1
桂林市叠彩区	608	555	24	14
桂林市荔浦县	895	11	10	6
桂林市龙胜各族自治区	904	52	5	
贺州市八步区	719	67	7	1
梧州市藤县	762	12	32	7
贺州市富川瑶族自治县	736	60	10	28
防城港市防城区	829	16	17	3
北海市合浦县	772	18	20	2
钦州市浦北县	810	53	5	
贵港市港北区	716	75	4	1
贵港市平南县	826	14	15	1
玉林市博白县	737	25	13	1
玉林市容县	917	11	10	1
贵港市桂平市	735	23	7	1
百色市靖西县	901	33	5	1
百色市田阳县	968	9	3	2
河池市宜州市	832	13	8	1
河池市东兰县	890	14	2	13
来宾市兴宾区	769	83	29	1
崇左市扶绥县	953	37	35	2

5-6a 各地区城镇调查户的住房状况

单位：户、平方米

地　区	总户数	人均住房面积	住房结构				
			钢筋混凝土	混合结构	砖木结构	木、竹、草结构	其他
总　计	**6055**	**32.32**	**26**	**5223**	**748**	**2**	**56**
南宁市江南区	982	24.72	2	791	180		9
南宁市宾阳县	224	47.92	1	217	6		
南宁市马山县	102	55.22		96	6		
柳州市柳北区	796	22.73		728	68		
柳州市融水苗族自治县	137	25.33		97	39		1
桂林市叠彩区	986	21.92		881	105		
桂林市荔浦县	123	39.16	18	105			
桂林市龙胜各族自治区	127	28.11		123			4
贺州市八步区	346	40.23	1	319	26		
梧州市藤县	95	66.23		95			
贺州市富川瑶族自治县	125	22.51	1	83	41		
防城港市防城区	123	34.26		86	37		
北海市合浦县	113	38.91		65	46		2
钦州市浦北县	146	23.03		111	35		
贵港市港北区	240	27.41	2	188	50		
贵港市平南县	110	57.09		110			
玉林市博白县	96	29.99	1	92	3		
玉林市容县	104	53.72		102	2		
贵港市桂平市	107	27.32		71	36		
百色市靖西县	133	33.01		125	7	1	
百色市田阳县	122	69.5		122			
河池市宜州市	223	48.45		197	25	1	
河池市东兰县							
来宾市兴宾区	356	29.88		281	35		40
崇左市扶绥县	139	23.67		138	1		

5-6a 续表

单位：户

地　区	住房来源			
	自有	租赁	借用	其他来源
总　计	**4449**	**1435**	**123**	**48**
南宁市江南区	861	109	11	1
南宁市宾阳县	180	33	11	
南宁市马山县	96	6		
柳州市柳北区	620	165	9	2
柳州市融水苗族自治县	68	68	1	
桂林市叠彩区	398	552	22	14
桂林市荔浦县	108	11	4	
桂林市龙胜各族自治区	104	22	1	
贺州市八步区	275	66	4	1
梧州市藤县	78	10	7	
贺州市富川瑶族自治县	39	59	1	26
防城港市防城区	102	16	3	2
北海市合浦县	96	15	2	
钦州市浦北县	106	40		
贵港市港北区	160	75	4	1
贵港市平南县	99	8	3	
玉林市博白县	64	24	8	
玉林市容县	91	7	6	
贵港市桂平市	102	4	1	
百色市靖西县	100	32	1	
百色市田阳县	112	8	1	1
河池市宜州市	207	13	3	
河池市东兰县				
来宾市兴宾区	259	80	17	
崇左市扶绥县	124	12	3	

5－6b 各地区农村调查户的住房状况

单位：户、平方米

地 区	总户数	人均住房面积	住房结构				
			钢筋混凝土	混合结构	砖木结构	木、竹、草结构	其他
总 计	**16514**	**27.06**	**19**	**7979**	**4717**	**1361**	**2438**
南宁市江南区							
南宁市宾阳县	668	23.69	1	531	81	2	53
南宁市马山县	844	35.71		656	152	18	18
柳州市柳北区	230	37.73		187	43		
柳州市融水苗族自治县	779	28.08		118	123	273	265
桂林市叠彩区	215	26.98	1	101	113		
桂林市荔浦县	799	27.24		257	20	1	521
桂林市龙胜各族自治区	834	35.96		44	29	761	
贺州市八步区	448	22.58		159	289		
梧州市藤县	718	24.64	1	381	293	6	37
贺州市富川瑶族自治县	709	19.46	2	154	488	40	25
防城港市防城区	742	22.16		257	233	2	250
北海市合浦县	699	28.27	1	263	160		275
钦州市浦北县	722	19.1		293	426	3	
贵港市港北区	556	26.14	2	426	128		
贵港市平南县	746	24.79	1	428	137	13	167
玉林市博白县	680	18.03	5	372	302		1
玉林市容县	835	25.63	3	546	284	2	
贵港市桂平市	659	29.54		533	126		
百色市靖西县	807	28.04	1	400	213	192	1
百色市田阳县	860	34.46	1	606	108	6	139
河池市宜州市	631	27.33		397	234		
河池市东兰县	919	31.79		313	49	40	517
来宾市兴宾区	526	24.35		293	64		169
崇左市扶绥县	888	31.86		264	622	2	

5－6b 续表

单位：户

地区	住房来源			
	自有	租赁	借用	其他来源
总计	**16128**	**132**	**208**	**46**
南宁市江南区				
南宁市宾阳县	655	1	10	2
南宁市马山县	841		3	
柳州市柳北区	223		5	2
柳州市融水苗族自治县	754	4	20	1
桂林市叠彩区	210	3	2	
桂林市荔浦县	787		6	6
桂林市龙胜各族自治区	800	30	4	
贺州市八步区	444	1	3	
梧州市藤县	684	2	25	7
贺州市富川瑶族自治县	697	1	9	2
防城港市防城区	727		14	1
北海市合浦县	676	3	18	2
钦州市浦北县	704	13	5	
贵港市港北区	556			
贵港市平南县	727	6	12	1
玉林市博白县	673	1	5	1
玉林市容县	826	4	4	1
贵港市桂平市	633	19	6	1
百色市靖西县	801	1	4	1
百色市田阳县	856	1	2	1
河池市宜州市	625		5	1
河池市东兰县	890	14	2	13
来宾市兴宾区	510	3	12	1
崇左市扶绥县	829	25	32	2

5－7 各地区有残疾人调查户的住房状况

单位：户、平方米

地　区	总户数	人均住房面积	住房结构				
			钢筋混凝土	混合结构	砖木结构	木、竹、草结构	其他
总　计	**5066**	**26.41**	**9**	**2503**	**1511**	**336**	**707**
南宁市江南区	209	25.58		153	50		6
南宁市宾阳县	198	32.43		158	26		14
南宁市马山县	227	33.75		165	48	9	5
柳州市柳北区	153	23.52		133	20		
柳州市融水苗族自治县	177	25.13		35	29	55	58
桂林市叠彩区	207	22.76		148	59		
桂林市荔浦县	242	23.64	1	79	6	1	155
桂林市龙胜各族自治区	206	33		15	7	184	
贺州市八步区	180	27.06		92	88		
梧州市藤县	177	25.84	1	89	72	1	14
贺州市富川瑶族自治县	172	18.68		38	115	12	7
防城港市防城区	212	21.8		68	79		65
北海市合浦县	245	29.72	1	83	64		97
钦州市浦北县	191	18.32		54	136	1	
贵港市港北区	208	26.71	1	148	59		
贵港市平南县	203	26.78		110	46	1	46
玉林市博白县	170	17.36	3	74	92		1
玉林市容县	256	26.34	1	139	114	2	
贵港市桂平市	192	26.14		134	58		
百色市靖西县	224	26.07	1	98	69	56	
百色市田阳县	213	33.41		151	28	3	31
河池市宜州市	199	28.68		137	62		
河池市东兰县	245	29.9		67	17	11	150
来宾市兴宾区	166	22.04		86	22		58
崇左市扶绥县	194	31.22		49	145		

5－7 续表

单位：户

地　区	住房来源			
	自有	租赁	借用	其他来源
总　计	**4861**	**124**	**67**	**14**
南宁市江南区	202	6	1	
南宁市宾阳县	185	2	9	2
南宁市马山县	227			
柳州市柳北区	123	25	3	2
柳州市融水苗族自治县	173	4		
桂林市叠彩区	147	57	2	1
桂林市荔浦县	239		2	1
桂林市龙胜各族自治区	203	2	1	
贺州市八步区	172	6	2	
梧州市藤县	176		1	
贺州市富川瑶族自治县	161	6	3	2
防城港市防城区	206	1	4	1
北海市合浦县	232	1	12	
钦州市浦北县	189	2		
贵港市港北区	203	3	2	
贵港市平南县	200		3	
玉林市博白县	165	1	4	
玉林市容县	255		1	
贵港市桂平市	188	1	3	
百色市靖西县	222		2	
百色市田阳县	211	1		1
河池市宜州市	197		1	1
河池市东兰县	241	1	1	2
来宾市兴宾区	156	4	6	
崇左市扶绥县	188	1	4	1

5－7a 各地区城镇有残疾人调查户的住房状况

单位：户、平方米

地区	总户数	人均住房面积	住房结构				
			钢筋混凝土	混合结构	砖木结构	木、竹、草结构	其他
总计	**985**	**30.3**	**2**	**808**	**153**	**1**	**21**
南宁市江南区	209	25.58		153	50		6
南宁市宾阳县	54	53.69		53	1		
南宁市马山县	14	46.2		13	1		
柳州市柳北区	103	18.31		96	7		
柳州市融水苗族自治县	19	27.01		11	8		
桂林市叠彩区	134	20.92		124	10		
桂林市荔浦县	19	25.78	1	18			
桂林市龙胜各族自治区	9	24.72		9			
贺州市八步区	59	40.37		58	1		
梧州市藤县	7	55.15		7			
贺州市富川瑶族自治县	19	22.3		8	11		
防城港市防城区	21	31.11		10	11		
北海市合浦县	32	39.48		18	13		1
钦州市浦北县	13	24.23		10	3		
贵港市港北区	47	30.8		35	12		
贵港市平南县	15	48.1		15			
玉林市博白县	11	29.6	1	9	1		
玉林市容县	22	47.85		22			
贵港市桂平市	24	20.46		15	9		
百色市靖西县	27	32.41		25	1	1	
百色市田阳县	15	54.81		15			
河池市宜州市	49	34.3		41	8		
河池市东兰县							
来宾市兴宾区	56	23.79		36	6		14
崇左市扶绥县	7	16.46		7			

5－7a 续表

单位：户

地　区	住房来源			
	自有	租赁	借用	其他来源
总　计	**843**	**117**	**20**	**5**
南宁市江南区	202	6	1	
南宁市宾阳县	48	2	4	
南宁市马山县	14			
柳州市柳北区	75	25	2	1
柳州市融水苗族自治县	15	4		
桂林市叠彩区	74	57	2	1
桂林市荔浦县	19			
桂林市龙胜各族自治区	9			
贺州市八步区	51	6	2	
梧州市藤县	7			
贺州市富川瑶族自治县	11	5	1	2
防城港市防城区	19	1		1
北海市合浦县	31	1		
钦州市浦北县	12	1		
贵港市港北区	42	3	2	
贵港市平南县	15			
玉林市博白县	9	1	1	
玉林市容县	22			
贵港市桂平市	24			
百色市靖西县	26		1	
百色市田阳县	14	1		
河池市宜州市	48		1	
河池市东兰县				
来宾市兴宾区	49	4	3	
崇左市扶绥县	7			

5－7b　各地区农村有残疾人调查户的住房状况

单位：户、平方米

地　　区	总户数	人均住房面积	住房结构				
			钢筋混凝土	混合结构	砖木结构	木、竹、草结构	其他
总　　计	**4081**	**25.5**	**7**	**1695**	**1358**	**335**	**686**
南宁市江南区							
南宁市宾阳县	144	24.46		105	25		14
南宁市马山县	213	32.76		152	47	9	5
柳州市柳北区	50	32.26		37	13		
柳州市融水苗族自治县	158	24.9		24	21	55	58
桂林市叠彩区	73	25.36		24	49		
桂林市荔浦县	223	23.43		61	6	1	155
桂林市龙胜各族自治区	197	33.37		6	7	184	
贺州市八步区	121	21.21		34	87		
梧州市藤县	170	24.38	1	82	72	1	14
贺州市富川瑶族自治县	153	18.3		30	104	12	7
防城港市防城区	191	20.7		58	68		65
北海市合浦县	213	28.38	1	65	51		96
钦州市浦北县	178	17.95		44	133	1	
贵港市港北区	161	25.79	1	113	47		
贵港市平南县	188	24.68		95	46	1	46
玉林市博白县	159	16.5	2	65	91		1
玉林市容县	234	23.47	1	117	114	2	
贵港市桂平市	168	26.98		119	49		
百色市靖西县	197	25.17	1	73	68	55	
百色市田阳县	198	31.48		136	28	3	31
河池市宜州市	150	26.81		96	54		
河池市东兰县	245	29.9		67	17	11	150
来宾市兴宾区	110	21.03		50	16		44
崇左市扶绥县	187	31.92		42	145		

5－7b 续表

单位：户

地区	住房来源			
	自有	租赁	借用	其他来源
总计	**4018**	**7**	**47**	**9**
南宁市江南区				
南宁市宾阳县	137		5	2
南宁市马山县	213			
柳州市柳北区	48		1	1
柳州市融水苗族自治县	158			
桂林市叠彩区	73			
桂林市荔浦县	220		2	1
桂林市龙胜各族自治区	194	2	1	
贺州市八步区	121			
梧州市藤县	169		1	
贺州市富川瑶族自治县	150	1	2	
防城港市防城区	187		4	
北海市合浦县	201		12	
钦州市浦北县	177	1		
贵港市港北区	161			
贵港市平南县	185		3	
玉林市博白县	156		3	
玉林市容县	233		1	
贵港市桂平市	164	1	3	
百色市靖西县	196		1	
百色市田阳县	197			1
河池市宜州市	149			1
河池市东兰县	241	1	1	2
来宾市兴宾区	107		3	
崇左市扶绥县	181	1	4	1

5－8 各地区调查户家用电器拥有和用电状况

单位：户、度

地区	总户数	有家用电器户数						户月均用电量
		彩色电视机	电冰箱	洗衣机	电话	电脑	无上述家电	
总计	**22569**	**15054**	**3964**	**4255**	**13231**	**1398**	**5468**	**40**
南宁市江南区	982	761	396	365	736	182	142	53
南宁市宾阳县	892	571	94	136	558	34	220	36
南宁市马山县	946	524	112	103	396	32	347	33
柳州市柳北区	1026	922	620	580	788	288	80	72
柳州市融水苗族自治县	916	595	83	100	420	6	262	26
桂林市叠彩区	1201	1014	655	638	1001	195	80	66
桂林市荔浦县	922	632	114	103	589	40	190	34
桂林市龙胜各族自治区	961	681	185	319	623	47	196	36
贺州市八步区	794	606	211	237	535	99	138	55
梧州市藤县	813	458	51	74	330	29	311	33
贺州市富川瑶族自治县	834	555	54	50	412	19	215	31
防城港市防城区	865	483	71	85	515	8	253	33
北海市合浦县	812	557	61	101	587	10	140	40
钦州市浦北县	868	573	51	116	479	23	225	34
贵港市港北区	796	503	141	120	432	42	199	46
贵港市平南县	856	492	84	94	441	39	299	35
玉林市博白县	776	504	45	34	392	5	216	31
玉林市容县	939	550	60	91	540	27	264	32
贵港市桂平市	766	565	104	101	444	38	147	47
百色市靖西县	940	519	101	123	350	28	360	30
百色市田阳县	982	662	200	128	622	68	205	39
河池市宜州市	854	648	153	154	475	28	161	46
河池市东兰县	919	489	56	149	414	7	318	26
来宾市兴宾区	882	508	108	121	538	34	240	46
崇左市扶绥县	1027	682	154	133	614	70	260	35

5－8a 各地区城镇调查户家用电器拥有和用电状况

单位：户、度

地区	总户数	有家用电器户数						户月均用电量
		彩色电视机	电冰箱	洗衣机	电话	电脑	无上述家电	
总计	**6055**	**5162**	**3115**	**3370**	**5038**	**1300**	**450**	**77**
南宁市江南区	982	761	396	365	736	182	142	53
南宁市宾阳县	224	188	80	122	175	29	18	74
南宁市马山县	102	92	69	77	87	29	8	99
柳州市柳北区	796	727	582	565	655	284	51	80
柳州市融水苗族自治县	137	98	32	44	86	4	25	37
桂林市叠彩区	986	864	631	629	880	193	28	72
桂林市荔浦县	123	119	80	91	115	36		90
桂林市龙胜各族自治区	127	121	93	108	125	43	1	98
贺州市八步区	346	327	199	231	315	98	4	97
梧州市藤县	95	89	39	65	85	27	3	101
贺州市富川瑶族自治县	125	109	48	45	106	19	5	70
防城港市防城区	123	100	50	66	100	6	11	79
北海市合浦县	113	82	20	29	90	6	14	55
钦州市浦北县	146	126	24	83	133	21	6	63
贵港市港北区	240	201	121	110	183	40	19	74
贵港市平南县	110	102	65	82	96	38	5	134
玉林市博白县	96	82	37	32	84	5	4	68
玉林市容县	104	95	46	68	92	23	4	99
贵港市桂平市	107	91	26	36	87	6	8	72
百色市靖西县	133	116	65	80	115	25	10	98
百色市田阳县	122	121	116	111	122	63		156
河池市宜州市	223	198	104	123	165	25	16	80
河池市东兰县								
来宾市兴宾区	356	222	84	101	271	33	65	69
崇左市扶绥县	139	131	108	107	135	65	3	112

5-8b 各地区农村调查户家用电器拥有和用电状况

单位：户、度

地区	总户数	有家用电器户数						户月均用电量
		彩色电视机	电冰箱	洗衣机	电话	电脑	无上述家电	
总计	**16514**	**9892**	**849**	**885**	**8193**	**98**	**5018**	**27**
南宁市江南区								
南宁市宾阳县	668	383	14	14	383	5	202	23
南宁市马山县	844	432	43	26	309	3	339	25
柳州市柳北区	230	195	38	15	133	4	29	48
柳州市融水苗族自治县	779	497	51	56	334	2	237	24
桂林市叠彩区	215	150	24	9	121	2	52	35
桂林市荔浦县	799	513	34	12	474	4	190	26
桂林市龙胜各族自治区	834	560	92	211	498	4	195	27
贺州市八步区	448	279	12	6	220	1	134	23
梧州市藤县	718	369	12	9	245	2	308	24
贺州市富川瑶族自治县	709	446	6	5	306		210	24
防城港市防城区	742	383	21	19	415	2	242	25
北海市合浦县	699	475	41	72	497	4	126	37
钦州市浦北县	722	447	27	33	346	2	219	27
贵港市港北区	556	302	20	10	249	2	180	34
贵港市平南县	746	390	19	12	345	1	294	21
玉林市博白县	680	422	8	2	308		212	26
玉林市容县	835	455	14	23	448	4	260	24
贵港市桂平市	659	474	78	65	357	32	139	42
百色市靖西县	807	403	36	43	235	3	350	19
百色市田阳县	860	541	84	17	500	5	205	23
河池市宜州市	631	450	49	31	310	3	145	34
河池市东兰县	919	489	56	149	414	7	318	26
来宾市兴宾区	526	286	24	20	267	1	175	30
崇左市扶绥县	888	551	46	26	479	5	257	22

5－9　各地区有残疾人户家用电器拥有和用电状况

单位：户、度

地　　区	总户数	有家用电器户数						户月均用电量
		彩色电视机	电冰箱	洗衣机	电话	电脑	无上述家电	
总　　计	**5066**	**2817**	**599**	**632**	**2420**	**147**	**1828**	**34**
南宁市江南区	209	136	70	66	127	24	54	48
南宁市宾阳县	198	105	22	25	105	9	74	36
南宁市马山县	227	110	17	12	79	4	95	28
柳州市柳北区	153	130	82	72	110	24	22	69
柳州市融水苗族自治县	177	99	11	17	68	2	69	24
桂林市叠彩区	207	162	101	99	139	20	37	62
桂林市荔浦县	242	156	22	12	140	3	64	30
桂林市龙胜各族自治区	206	119	17	40	99	4	68	28
贺州市八步区	180	124	35	37	108	16	46	49
梧州市藤县	177	84	5	4	57		88	27
贺州市富川瑶族自治县	172	92	4	2	59		69	24
防城港市防城区	212	89	7	12	95	1	93	24
北海市合浦县	245	139	18	30	146	2	77	36
钦州市浦北县	191	92	5	9	73	1	88	24
贵港市港北区	208	102	24	19	103	3	78	39
贵港市平南县	203	93	9	14	84	5	94	30
玉林市博白县	170	83	4	3	65		77	24
玉林市容县	256	114	11	23	114	3	117	28
贵港市桂平市	192	118	18	19	96	7	61	38
百色市靖西县	224	107	18	24	69	4	103	27
百色市田阳县	213	136	34	16	126	8	51	33
河池市宜州市	199	147	26	27	104	2	41	40
河池市东兰县	245	113	11	27	100	1	104	24
来宾市兴宾区	166	78	15	15	76	2	70	39
崇左市扶绥县	194	89	13	8	78	2	88	21

5－9a　各地区城镇有残疾人户家用电器拥有和用电状况

单位：户、度

地　　区	总户数	有家用电器户数						户月均用电量
		彩色电视机	电冰箱	洗衣机	电话	电脑	无上述家电	
总　　计	**985**	**775**	**444**	**478**	**718**	**132**	**156**	**73**
南宁市江南区	209	136	70	66	127	24	54	48
南宁市宾阳县	54	41	20	23	39	9	9	79
南宁市马山县	14	13	7	8	12	4	1	98
柳州市柳北区	103	91	73	69	83	23	11	80
柳州市融水苗族自治县	19	14	5	11	14	2	2	50
桂林市叠彩区	134	122	95	97	107	20	9	79
桂林市荔浦县	19	17	12	9	19	2		87
桂林市龙胜各族自治区	9	9	6	9	9	4		141
贺州市八步区	59	56	32	35	53	15	2	104
梧州市藤县	7	6	1	1	5		1	113
贺州市富川瑶族自治县	19	11	3	1	10		5	39
防城港市防城区	21	17	5	9	17		2	64
北海市合浦县	32	20	6	7	20	2	10	49
钦州市浦北县	13	11	2	7	8	1	2	51
贵港市港北区	47	31	20	17	27	3	13	67
贵港市平南县	15	14	7	12	13	5	1	164
玉林市博白县	11	8	3	2	7		2	43
玉林市容县	22	22	10	17	21	3		118
贵港市桂平市	24	20	6	9	20	1	3	68
百色市靖西县	27	22	15	18	21	3	5	93
百色市田阳县	15	15	14	15	15	7		174
河池市宜州市	49	44	16	21	32	1	3	60
河池市东兰县								
来宾市兴宾区	56	28	10	11	32	2	21	62
崇左市扶绥县	7	7	6	4	7	1		115

5－9b 各地区农村有残疾人户家用电器拥有和用电状况

单位：户、度

地区	总户数	有家用电器户数						户月均用电量
		彩色电视机	电冰箱	洗衣机	电话	电脑	无上述家电	
总计	**4081**	**2042**	**155**	**154**	**1702**	**15**	**1672**	**24**
南宁市江南区								
南宁市宾阳县	144	64	2	2	66		65	20
南宁市马山县	213	97	10	4	67		94	23
柳州市柳北区	50	39	9	3	27	1	11	48
柳州市融水苗族自治县	158	85	6	6	54		67	21
桂林市叠彩区	73	40	6	2	32		28	30
桂林市荔浦县	223	139	10	3	121	1	64	25
桂林市龙胜各族自治区	197	110	11	31	90		68	23
贺州市八步区	121	68	3	2	55	1	44	22
梧州市藤县	170	78	4	3	52		87	23
贺州市富川瑶族自治县	153	81	1	1	49		64	22
防城港市防城区	191	72	2	3	78	1	91	20
北海市合浦县	213	119	12	23	126		67	34
钦州市浦北县	178	81	3	2	65		86	22
贵港市港北区	161	71	4	2	76		65	31
贵港市平南县	188	79	2	2	71		93	19
玉林市博白县	159	75	1	1	58		75	22
玉林市容县	234	92	1	6	93		117	19
贵港市桂平市	168	98	12	10	76	6	58	34
百色市靖西县	197	85	3	6	48	1	98	18
百色市田阳县	198	121	20	1	111	1	51	22
河池市宜州市	150	103	10	6	72	1	38	33
河池市东兰县	245	113	11	27	100	1	104	24
来宾市兴宾区	110	50	5	4	44		49	28
崇左市扶绥县	187	82	7	4	71	1	88	17

主要统计指标解释

总抚养比 指人口总体中非劳动年龄人口数与劳动年龄人口数之比。通常用百分比表示。说明每 100 名劳动年龄人口大致要负担多少名非劳动年龄人口。用于从人口角度反映人口与经济发展的基本关系。计算公式为:

$$GDR=\frac{P_{0-14}+P_{65+}}{P_{15-64}}\times 100\%$$

其中: GDR 为总抚养比;

P_{0-14} 为 0 ~ 14 岁少年儿童人口数;

P_{65+} 为 65 岁及以上的老年人口数;

P_{15-64} 为 15 ~ 64 岁劳动年龄人口数。

老年抚养比 指人口中老年人口数与劳动年龄人口数之比。通常用百分比表示。用以表明每 100 名劳动年龄人口要负担多少名老年人。老年人口抚养比是从经济角度反映人口老化社会后果的指标之一。计算公式为:

$$ODR=\frac{P_{65+}}{P_{15-64}}\times 100\%$$

其中: ODR 为老年人口抚养比;

P_{65+} 为 65 岁及以上的老年人口数;

P_{15-64} 为 15 ~ 64 岁劳动年龄人口数。

少儿抚养比 也称少年儿童抚养系数。指某一人口中少年儿童人口数与劳动年龄人口数之比。通常用百分比表示。以反映每 100 名劳动年龄人口要负担多少名少年儿童。计算公式为:

$$CDR=\frac{P_{0-14}}{P_{15-64}}\times 100\%$$

其中: CDR 为少年儿童抚养比;

P_{0-14} 为 0 ~ 14 岁少年儿童人口数;

P_{15-64} 为 15 ~ 64 岁劳动年龄人口数。

文盲人口 指 15 岁及以上不识字或识字很少的人口。根据《住户调查表》指标"R8.是否识字"登记为"2.否"的数据汇总。

经济活动人口 指 15 岁及以上参加或未参加社会经济活动的人口。包括在业人口和不在业人口。

在业人口和不在业人口分别根据《住户调查表》指标"R11.当前是否有工作"的登记数据汇总。

职业状况 指 15 岁及以上在业人口所从事的社会劳动工作种类。本资料中职业分类参照国家分类标准《职业分类与代码》(GB/T 6565-1999),将全国职业分类划分为大类和中类。

未工作状况 指 15 岁及以上不在业人口的未工作状况。根据《住户调查表》指标"R13.当前未工作状况"的登记数据汇总。

致残主要原因 根据被调查残疾人从《残疾人调查表》"C4.致残主要原因"多个选项中选出的主要两项合并汇总。

曾接受服务或扶助 根据被调查残疾人从《残疾人调查表》"T6.曾接受过何种服务或扶助"的 14 个选项中选出的主要三项合并汇总。

主要需求 根据被调查残疾人从《残疾人调查表》"T7. 本人主要需求"的 14 个选项中选出的主要三项合并汇总。

附　录

附录 1

广西壮族自治区第二次全国残疾人抽样调查主要数据公报（第一号）

广西壮族自治区第二次全国残疾人抽样调查领导小组

广西壮族自治区统计局

2006 年 12 月 19 日

经国务院批准，我国进行了第二次全国残疾人抽样调查。在第二次全国残疾人抽样调查领导小组统一领导下，按照全国统一的调查方案，广西壮族自治区第二次全国残疾人抽样调查领导小组组织实施了我区的调查。经过两年多的充分准备，我区于 2006 年 4 月 1 日开始全面调查，通过调查工作人员的艰苦努力，调查的各项任务已基本完成。现将初步汇总的主要数据公布如下:

一、调查的基本情况

本次调查采取分层、多阶段、整群概率比例抽样方法，在我区抽取 25 个县（市、区），100 个乡（镇、街道），共 200 个调查小区，平均每个调查小区 400 人左右。

本次调查标准时间为 2006 年 4 月 1 日零时，入户调查时间自 2006 年 4 月 1 日起至 5 月 31 日结束。在自治区政府和各抽中县（市、区）政府直接领导下，组织了 25 个调查队、406 名调查员、200 名各科医生、25 名统计员以及 2200 名陪调员，逐户进行询问登记、筛查和残疾评定，现已全部完成入户调查、复查和调查质量的核查工作。

我区共调查了 22569 户、80712 人，调查的抽样比例为 1.73‰。入户见面 68448 人，占调查总人数的 84.81%；按照《第二次全国残疾人抽样调查残疾筛查方法》，7 岁以上疑似残疾人筛出率为 19.96%，疑似残疾人检查率达到 99.48%。

二、残疾人数及其比例

根据调查初步汇总，被调查户中有残疾人的家庭共 5066 户，确定视力、听力、言语、肢体、智力、精神和多重残疾共 5837 人。其中视力残疾 911 人，听力残疾 1467 人，言语残疾 68 人，肢体残疾 1425 人，智力残疾 324 人，精神残疾 304 人，多重残疾 1338 人。

本次调查结果显示，我区残疾人占总人口的比例为 7.23%，据此推算 2006 年 4 月 1 日零时我区各类残疾人的总数为 337.5 万人。各类残疾人的人数及各占残疾人总人数的比重分别是: 视力残疾 52.7 万人，占 15.61%；听力残疾 84.8 万人，占 25.13%；言语残疾 3.9 万人，占 1.16%；肢体残疾 82.4 万人，占 24.42%；智力残疾 18.7 万人，占 5.54%；精神残疾 17.6 万人，占 5.21%；多重残疾 77.4 万人，占 22.93%。

与 1987 年第一次全国残疾人抽样调查比较，我区残疾人口总量增加，残疾人比例上升，残疾类别结构变动。影响这一变化的因素有，两次调查间人口增长与结构变动、社会与环境变化、残疾标准修订等，更深入地分析有待于在详细数据汇总和更全面的资料收集后进行。

三、调查质量评价

在入户调查、复查完毕后，我区按照《事后质量核查工作细则》进行核查，核查结果符合调查方案要求。经对调查实施过程和数据质量进行综合评估，本次调查是一次成功的调查，数据真实可信。调查获得的丰富数据，将为我区经济社会和残疾人事业的发展提供可靠依据。

注:

1. 本公报为初步汇总数。

2. 本次调查登记对象为具有中华人民共和国国籍并居住在中华人民共和国境内大陆的常住人口，残疾人按照《第二次全国残疾人抽样调查残疾标准》评定。

附录 2

第二次全国残疾人抽样调查方案

（国务院 2005 年 11 月 4 日批准）

为贯彻国务院办公厅《关于开展第二次全国残疾人抽样调查的通知》（国办发[2004]73 号），根据《中华人民共和国统计法》、《中华人民共和国残疾人保障法》，制定本方案。

一、组织领导

第二次全国残疾人抽样调查工作在国务院和地方各级人民政府的领导下，按照全国统一部署、部门分工协作、地方分级负责、各方共同参与的原则组织实施。

（一）国务院成立第二次全国残疾人抽样调查领导小组，由有关部门负责人组成，负责这次残疾人抽样调查工作的全面领导与部署。领导小组下设第二次全国残疾人抽样调查办公室，负责这次抽样调查的组织实施工作。

（二）第二次全国残疾人抽样调查办公室成立专家委员会，协助制定和审核调查的重要技术文件，提供决策建议和技术咨询。

（三）各省、自治区、直辖市和被抽中县（市、区）成立残疾人抽样调查领导小组和办公室，负责本地区的残疾人抽样调查工作。

被抽中县（市、区）要做好调查队组建、经费落实和现场组织工作。

被抽中县（市、区）所在地（市）成立相应的领导或工作机构，帮助、督促本地区被抽中县（市、区）做好调查队组建、经费落实和现场调查组织等工作。

各级残疾人抽样调查领导小组组长是本次调查工作的全面负责人,办公室主任是本次调查的具体负责人。

二、调查目的

通过调查，掌握全国和各省、自治区、直辖市各类残疾人的数量、结构、地区分布、致残原因、家庭状况及其康复、教育、劳动就业和参与社会生活等情况，为国家制定经济和社会发展规划，以及有关残疾人的法律法规、政策和规划提供可靠的依据，促进残疾人事业与国民经济和社会协调发展。

三、调查对象

此次调查的对象是具有中华人民共和国国籍，并在被抽中调查小区内常住的人（指自然人，下同）。

调查采用按常住人口登记的原则，以户为单位填报，只调查家庭户，不调查集体户，单身居住独自生活的也作为一个家庭户进行登记。

此次不调查中国人民解放军现役军人和武装警察（包括军队管理的离退休干部）。

应当在本调查小区进行登记的人包括:

1. 居住本调查小区，户口在本乡、镇、街道;
2. 居住本调查小区半年以上，户口在外乡、镇、街道;
3. 居住本调查小区不满半年，离开户口所在地半年以上;
4. 居住本调查小区，户口待定。

常住户口虽然在本乡、镇、街道，但已离开本乡、镇、街道半年以上的人，不属于本调查小区的调查对象。

此次调查的重点是残疾人。残疾人是指在心理、生理、人体结构上，某种组织、功能丧失或者不正常，全部或部分丧失以正常方式从事某种活动能力的人。残疾类别包括：视力残疾、听力残疾、言语残疾、肢体残疾、智力残疾、精神残疾。凡有两种及两种以上残疾的人，列为多重残疾。残疾评定标准和方法按照第二次全国残疾人抽样调查专家委员会重新修订的《残疾标准》及相关方法实施。

四、调查内容

第二次全国残疾人抽样调查使用三种调查表，一是《住户调查表》,二是《残疾人调查表》，三是《社区调查表》。调查项目共有 52 个，调查样本人群的家庭及其个人的状况，重点调查残疾人的致残原因、生活状况及其主要需求。

五、调查的范围、规模和标准时间

第二次全国残疾人抽样调查在 31 个省、自治区、直辖市同时进行，设计总样本量为 260 万人。

调查的标准时间为：2006 年 4 月 1 日 0 时。

六、样本的设计和抽取

此次调查以全国为总体，各省、自治区、直辖市为次总体，采用分层、多阶段、整群、概率比例抽样方法。各省、自治区、直辖市的调查样本量，由第二次全国残疾人抽样调查领导小组确定分配。

各省、自治区、直辖市根据第二次全国残疾人抽样调查办公室规定的分层原则，结合本地的实际情况，对第一级的县（市、区）进行科学、合理的分层，编制抽样框，由第二次全国残疾人抽样调查办公室与各省、自治区、直辖市共同抽取一级样本单位。

各省、自治区、直辖市按照第二次全国残疾人抽样调查办公室规定的抽样原则和要求，制定本省抽样实施方案，经第二次全国残疾人抽样调查办公室审核后，抽取县级以下样本单位，并将具体的抽取步骤和抽中单位名称一起报第二次全国残疾人抽样调查办公室审定。

七、调查队的组建、培训与试点

（一）被抽中县（市、区）都要按照规定组建调查队。调查队在县级残疾人抽样调查领导小组领导下开展调查工作。

调查队由队长、调查副队长、医务副队长、调查员、各科医生和统计员组成。调查队组成人员要具备一定的工作经验，责任心强，身体条件胜任调查工作。调查工作人员必须稳定，在调查工作未结束前，不得变动。

调查队实行责任制，明确职责分工，加强团结协作。

（二）第二次全国残疾人抽样调查办公室负责省级调查业务骨干和医生的系统培训，使之成为省级培训班的教员；各省、自治区、直辖市残疾人抽样调查办公室负责本地区调查队的培训。

（三）第二次全国残疾人抽样调查办公室组织不同层次的试点，检验调查方案的科学性和可操作性，锻炼和提高省级骨干组织调查的实际能力和现场登记的水平。

各省、自治区、直辖市在正式调查前，要结合培训安排被抽中县（市、区）调查队的业务骨干参加试点调查，试点调查不能代替正式调查。

八、现场登记和复查

此次调查的现场登记和复查工作，从 2006 年 4 月 1 日开始到 5 月 31 日以前结束。

现场登记和复查工作要求做到：坚持入户调查，努力提高见面率；积极动员被调查人如实申报，做到不重复，不遗漏；认真询问、筛查和检查评定，提高准确度；搞好自查、互查和议查，最大限度地控制调查误差。

各调查小区要由熟悉当地情况、责任心强的同志担任陪调员，组成陪调组，协同调查员和医生入户，做好宣传、摸底、现场调查登记和复查工作。

（一）摸底工作

调查前的摸底工作，是做好入户调查登记的基础。调查员要提前进入调查小区，在陪调员的协助下摸清本调查小区范围内需要调查的户数、人口数，重点摸清疑似残疾人和 0—6 岁的儿童人数，编制好《调查底册》。

各省、自治区、直辖市残疾人抽样调查办公室将摸底汇总数据于 2006 年 3 月 25 日前报送到第二次全国残疾人抽样调查办公室。

（二）现场登记

1. 入户调查。调查员根据《调查底册》入户，按照《住户调查表》的登记项目，逐人逐项询问，填写《住户调查表》；对 7 岁及以上人群，按照残疾筛查问卷逐人询问、筛查，并对筛查出的疑似残疾人填写《7 岁及以上人群筛查交接单》；对 0 ~ 6 岁的儿童，填写《0-6 岁儿童健康检查记录表》。

2. 残疾检查评定。各科医生根据调查员筛查出的《7 岁及以上人群筛查交接单》和《0-6 岁儿童健康检查记录表》，采取设站与入户相结合的方式逐人检查、评定，对确诊的残疾人，填写《残疾评定记录表》和《残疾人调查表》。

调查期间，医生应对确诊的残疾人进行医疗、康复指导。

（三）复查

调查队组织调查员和医生按照规定的方法进行全面复查。复查采取自查、互查和议查三种形式进行。

调查员和医生每天应对当日调查填写的调查表进行自查。

每个调查小区登记结束后，调查员应分小组对《住户调查表》进行互查和逻辑检查；各科医生要对自己填写的《残疾评定记录表》、《残疾人调查表》进行综合分析检查。

在现场调查登记中和小区调查登记结束后，调查队都要按照规定的方法进行议查，重点议查疑似残疾人的漏筛。

复查中发现的有疑问的人和户，要进一步核查，发现差错，经核实后，予以改正。

（四）调查的后续工作

各级残疾人抽样调查办公室负责收集、汇总调查中残疾人亟待解决的问题，报当地人民政府或有关部门酌处。

九、事后质量核查

现场登记和复查工作结束后，各省、自治区、直辖市残疾人抽样调查办公室应按照全国统一规定的事后质量核查办法和要求，选调高素质的调查员作为核查人员，组建事后质量核查队，对事后质量核查的调查小区，重新入户进行调查登记，计算全国的调查误差。核查人员不得在原来的调查小区参加质量核查工作。

全国统一组织的事后质量核查结果将作为评估第二次全国残疾人抽样调查数据质量的主要依据之一。

十、调查数据的处理

（一）快速汇总

各地按照第二次全国残疾人抽样调查办公室统一规定，对调查的主要数据进行逐级快速汇总。

1. 各县（市、区）残疾人抽样调查办公室将调查数据快速汇总结果于 2006 年 6 月 5 日前报送到省级残疾人抽样调查办公室。

2. 各省、自治区、直辖市残疾人抽样调查办公室将各县（市、区）上报的数据，经审核无误后汇总，将结果于 2006 年 6 月 15 日前报送到第二次全国残疾人抽样调查办公室。

3. 第二次全国残疾人抽样调查办公室负责汇总全国调查主要数据，并对数据进行分析评估后发布公报。

（二）电子计算机数据处理

第二次全国残疾人抽样调查办公室负责制定本次调查的数据处理方案。

1. 省级残疾人抽样调查办公室对调查表进行验收后，组织编码员按照统一规定的标准进行编码。编码前要对编码员进行统一的培训。

编码资料经全面复核、验收合格后，方可交付录入。

2. 第二次全国残疾人抽样调查办公室组织对调查资料进行电子计算机数据处理，对调查的全部数据进行录入汇总，建立国家级和省级残疾人数据库。

3. 调查数据的全面汇总和处理工作，于2007年底前全部完成。

4. 本次调查的原始资料由各省、自治区、直辖市残疾人抽样调查办公室保管。

十一、调查数据的分析研究

对本次调查获得的不同数据进行分析研究，撰写综合分析报告；同时，对调查数据反映出的有关残疾人的突出问题，制定专题研究课题，邀请政府有关部门、大专院校和国内外研究机构共同研究开发。研究结果以专题报告、论文集形式发表或出版。

全国和各省、自治区、直辖市残疾人抽样调查领导小组组织专人分析研究调查资料，就制定残疾人的法规、方针、政策和工作规划提出建议，供政府和各有关部门研究处理。

十二、宣传工作

各省、自治区、直辖市和被抽中县（市、区）要依靠各级宣传部门，按照第二次全国残疾人抽样调查办公室制定的宣传提纲和宣传口径，利用各种宣传媒体和多种宣传形式，积极开展残疾人抽样调查的宣传活动，在2006年3月中旬要掀起宣传高潮，以取得广大群众和社会对现场调查的支持与配合。

十三、调查经费

根据国务院要求，第二次全国残疾人抽样调查经费由中央和地方财政共同负担。各级财政应根据需要，统筹安排经费，以保证这次残疾人抽样调查各项工作的顺利开展。

残疾人抽样调查办公室要严格按照专款专用的原则，加强调查经费的管理使用，杜绝挤占挪用。

十四、总结表彰

各级残疾人抽样调查机构要认真做好调查的总结工作，各省、自治区、直辖市于2006年12月底前将调查业务技术总结和现场调查工作总结报送第二次全国残疾人抽样调查办公室；第二次全国残疾人抽样调查领导小组于2007年11月底前向国务院报送第二次全国残疾人抽样调查工作总结。

第二次全国残疾人抽样调查领导小组将于2007年初表彰调查工作先进单位和个人。

十五、实施本方案的文件

为保证全国按照统一标准、统一要求、高质量地搞好本次调查工作，第二次全国残疾人抽样调查领导小组统一制定各种文件、表格和工作细则。

（一）《第二次全国残疾人抽样调查残疾标准》包括：视力残疾标准、听力残疾标准、言语残疾标准、肢体残疾标准、智力残疾标准和精神残疾标准。

（二）调查、统计表格包括：《住户调查表》、《残疾人调查表》（主表）；《社区调查表》、《失查疑似残疾人登记表》；《7岁及以上人群残疾筛查问卷》、《0-6岁儿童健康体检记录表》、《残疾评定记录表》、《调查底册》；过录、快速汇总和计算机汇总等统计用表；调查各个环节的交接用表。

（三）工作细则包括：《调查登记和复查工作细则》、《质量控制和验收工作细则》、《摸底工作细则》、《快速汇总工作细则》、《编码工作细则》、《抽样方案》、《数据处理方案》、《资料装订、包装、运输、管理工作细则》等。

（四）填表说明包括：《住户调查表》、《残疾人调查表》、《社区调查表》、《残疾评定记录表》等填表说明。

（五）工作手册包括：《调查工作手册》、《调查员手册》、《医生手册》。

附录 3

第二次全国残疾人抽样调查残疾标准

（国务院 2005 年 11 月 4 日批准）

视力残疾标准

一、视力残疾的定义

视力残疾，是指由于各种原因导致双眼视力低下并且不能矫正或视野缩小，以致影响其日常生活和社会参与。

视力残疾包括盲及低视力。

二、视力残疾的分级

类　　别	级别	最佳矫正视力
盲	一级	无光感~＜0.02；或视野半径＜5 度
	二级	0.02~＜0.05；或视野半径＜10 度
低视力	三级	0.05~＜0.1
	四级	0.1~＜0.3

〔注〕

1. 盲或低视力均指双眼而言，若双眼视力不同，则以视力较好的一眼为准。如仅有单眼为盲或低视力，而另一眼的视力达到或优于 0.3，则不属于视力残疾范畴。

2. 最佳矫正视力是指以适当镜片矫正所能达到的最好视力或针孔视力。

3. 以注视点为中心，视野半径＜10 度者，不论其视力如何均属于盲。

听力残疾标准

一、听力残疾的定义

听力残疾，是指人由于各种原因导致双耳不同程度的永久性听力障碍，听不到或听不清周围环境声及言语声，以致影响日常生活和社会参与。

二、听力残疾的分级

听力残疾一级：

听觉系统的结构和功能方面极重度损伤，较好耳平均听力损失≥91 dB HL，在无助听设备帮助下，不能依靠听觉进行言语交流，在理解和交流等活动上极度受限，在参与社会生活方面存在极严重障碍。

听力残疾二级：

听觉系统的结构和功能重度损伤，较好耳平均听力损失在 81 ~ 90 dB HL 之间，在无助听设备帮助下，在理解和交流等活动上重度受限，在参与社会生活方面存在严重障碍。

听力残疾三级：

听觉系统的结构和功能中重度损伤，较好耳平均听力损失在 61 ~ 80 dB HL 之间，在无助听设备帮助下，在理解和交流等活动上中度受限，在参与社会生活方面存在中度障碍。

听力残疾四级:

听觉系统的结构和功能中度损伤，较好耳平均听力损失在 41 ~ 60dB HL 之间，在无助听设备帮助下，在理解和交流等活动上轻度受限，在参与社会生活方面存在轻度障碍。

言语残疾标准

一、言语残疾的定义

言语残疾，是指由于各种原因导致的不同程度的言语障碍，经治疗一年以上不愈或病程超过两年者,而不能或难以进行正常的言语交往活动，以致影响日常生活和社会参与（3 岁以下不定残）。

言语残疾包括:

1. 失语：是指由于大脑言语区域以及相关部位损伤所导致的获得性言语功能丧失或受损。

2. 运动性构音障碍：是指由于神经肌肉病变导致构音器官的运动障碍，主要表现为不会说话、说话费力、发声和发音不清等。

3. 器官结构异常所致的构音障碍：是指构音器官形态结构异常所致的构音障碍。其代表为腭裂以及舌或颌面部术后造成的构音障碍。主要表现为不能说话、鼻音过重、发音不清等。

4. 发声障碍（嗓音障碍）：是指由于呼吸及喉存在器质性病变导致的失声、发声困难、声音嘶哑等。

5. 儿童言语发育迟滞：指儿童在生长发育过程中其言语发育落后于实际年龄的状态。主要表现不会说话、说话晚、发音不清等。

6. 听力障碍所致的语言障碍：是指由于听觉障碍所致的言语障碍。主要表现为不会说话或者发音不清。

7. 口吃：是指言语的流畅性障碍。常表现为在说话的过程中拖长音、重复、语塞并伴有面部及其他行为变化等。

二、言语残疾的分级

言语残疾一级:

无任何言语功能或语音清晰度≤10%，言语表达能力等级测试未达到一级测试水平，不能进行任何言语交流。

言语残疾二级:

具有一定的发声及言语能力。语音清晰度在 11% ~ 25%之间，言语表达能力等级测试未达到二级测试水平。

言语残疾三级:

可以进行部分言语交流。语音清晰度在 26% ~ 45%之间，言语表达能力等级测试未达到三级测试水平。

言语残疾四级:

能进行简单会话，但用较长句或长篇表达困难。语音清晰度在 46% ~ 65%之间，言语表达能力等级测试未达到四级测试水平。

肢体残疾标准

一、肢体残疾的定义

肢体残疾，是指人体运动系统的结构、功能损伤造成四肢残缺或四肢、躯干麻痹(瘫痪)、畸形等而致人体运动功能不同程度丧失以及活动受限或参与的局限。

肢体残疾包括:

1. 上肢或下肢因伤、病或发育异常所致的缺失、畸形或功能障碍;

2. 脊柱因伤、病或发育异常所致的畸形或功能障碍;

3. 中枢、周围神经因伤、病或发育异常造成躯干或四肢的功能障碍。

二、肢体残疾的分级

肢体残疾一级：不能独立实现日常生活活动。

1. 四肢瘫：四肢运动功能重度丧失；
2. 截瘫：双下肢运动功能完全丧失；
3. 偏瘫：一侧肢体运动功能完全丧失；
4. 单全上肢和双小腿缺失；
5. 单全下肢和双前臂缺失；
6. 双上臂和单大腿（或单小腿）缺失；
7. 双全上肢或双全下肢缺失；
8. 四肢在不同部位缺失；
9. 双上肢功能极重度障碍或三肢功能重度障碍。

肢体残疾二级：基本上不能独立实现日常生活活动。

1. 偏瘫或截瘫，残肢保留少许功能（不能独立行走）；
2. 双上臂或双前臂缺失；
3. 双大腿缺失；
4. 单全上肢和单大腿缺失；
5. 单全下肢和单上臂缺失；
6. 三肢在不同部位缺失（除外一级中的情况）；
7. 二肢功能重度障碍或三肢功能中度障碍。

肢体残疾三级：能部分独立实现日常生活活动。

1. 双小腿缺失；
2. 单前臂及其以上缺失；
3. 单大腿及其以上缺失；
4. 双手拇指或双手拇指以外其他手指全缺失；
5. 二肢在不同部位缺失（除外二级中的情况）；
6. 一肢功能重度障碍或二肢功能中度障碍。

肢体残疾四级：基本上能独立实现日常生活活动。

1. 单小腿缺失；
2. 双下肢不等长，差距在5厘米以上（含5厘米）；
3. 脊柱强（僵）直；
4. 脊柱畸形，驼背畸形大于70度或侧凸大于45度；
5. 单手拇指以外其他四指全缺失；
6. 单侧拇指全缺失；
7. 单足跗跖关节以上缺失；
8. 双足趾完全缺失或失去功能；
9. 侏儒症（身高不超过130厘米的成年人）；
10. 一肢功能中度障碍或两肢功能轻度障碍；
11. 类似上述的其他肢体功能障碍。

智力残疾标准

一、智力残疾的定义

智力残疾，是指智力显著低于一般人水平，并伴有适应行为的障碍。此类残疾是由于神经系统结构、功能障碍，使个体活动和参与受到限制，需要环境提供全面、广泛、有限和间歇的支持。

智力残疾包括：在智力发育期间（18岁之前），由于各种有害因素导致的精神发育不全或智力迟滞；或者智力发育成熟以后，由于各种有害因素导致智力损害或智力明显衰退。

二、智力残疾的分级

级　别	分级标准			
	发展商（DQ） 0-6岁	智商（IQ） 7岁及以上	适应性行为 （AB）	WHO-DAS Ⅱ分值 18岁以上
一级	≤25	＜20	极重度	≥116分
二级	26~39	20~34	重度	106~115分
三级	40~54	35~49	中度	96~105分
四级	55~75	50~69	轻度	52~95分

精神残疾标准

一、精神残疾的定义

精神残疾，是指各类精神障碍持续一年以上未痊愈，由于存在认知、情感和行为障碍，以致影响其日常生活和社会参与。

二、精神残疾的分级

18岁以上（含）的精神障碍患者根据《世界卫生组织残疾评定量表Ⅱ》（WHO-DASⅡ）分数和下述的适应行为表现，18岁以下者依据下述的适应行为的表现，把精神残疾划分为四级：

精神残疾一级：

WHO-DASⅡ值≥116分，适应行为严重障碍；生活完全不能自理，忽视自己的生理、心理的基本要求。不与人交往，无法从事工作，不能学习新事物。需要环境提供全面、广泛的支持，生活长期、全部需他人监护。

精神残疾二级：

WHO-DASⅡ值在106~115分之间，适应行为重度障碍；生活大部分不能自理，基本不与人交往，只与照顾者简单交往，能理解照顾者的简单指令，有一定学习能力。监护下能从事简单劳动。能表达自己的基本需求，偶尔被动参与社交活动；需要环境提供广泛的支持，大部分生活仍需他人照料。

精神残疾三级：

WHO-DASⅡ值在96~105分之间，适应行为中度障碍；生活上不能完全自理，可以与人进行简单交流，能表达自己的情感。能独立从事简单劳动，能学习新事物，但学习能力明显比一般人差。被动参与社交活动，偶尔能主动参与社交活动；需要环境提供部分的支持，即所需要的支持服务是经常性的、短时间的需求，部分生活需由他人照料。

精神残疾四级：

WHO-DASⅡ值在52~95分之间，适应行为轻度障碍；生活上基本自理，但自理能力比一般人差，有时忽略个人卫生。能与人交往，能表达自己的情感，体会他人情感的能力较差，能从事一般的工作，学习新事物的能力比一般人稍差；偶尔需要环境提供支持，一般情况下生活不需要由他人照料。

多重残疾

存在两种或两种以上残疾为多重残疾。多重残疾应指出其残疾的类别。多重残疾分级按所属残疾中最重类别残疾分级标准进行分级。

附录 5

第二次全国残疾人抽样调查《住户调查表》填写说明

一、《住户调查表》填写方法

《住户调查表》由调查员根据申报人的回答，如实填写。

（一）《住户调查表》的填写方法有两种：有标准答案的栏目，根据实际情况圈填；没有标准答案的栏目，用文字或阿拉伯数字据实填写。

（二）《住户调查表》以户为单位填写，每页可填写 4 人，超过 4 人的家庭户酌情增加调查表。增加的调查表只填写“H1.本户编号”和按人填报的栏目“R1－R15”以及表下方有关内容，不再填写其他按户填报的栏目“H2—H9”。增加的调查表要与首页表顺序保存，不要分开，以防散乱，发生差错。超过 9 人的家庭户分为两户进行填报，其中一户按新增户处理。

（三）调查表填写错误的更改方法。如果文字或数字填写错误，必须用直尺将错误的地方用双线划去。横行书写的，用双横线划去，在划线的上方另行填写；竖行填写的，用双竖线划去，在划线的右侧另行填写；圈填错误的，应将错圈序码连同文字答案用双横线划去，再据实圈填。

（四）表内每个栏目下边的小方格是编码格，调查员不得填写。

二、《住户调查表》填写注意事项

（一）调查表的栏目使用钢笔或签字笔填写，字迹要端正清楚。必须用国家统一规范的简化字书写，不得使用同音异体字和繁体字。阿拉伯数字必须按“0123456789”的正体书写。

（二）在调查登记家庭户中每个人的情况时，要力争与本人见面，无特殊情况，不得由他人代替申报。

（三）调查员应对被调查户申报的情况保密，不得对外提供。

（四）《调查底册》和家庭《户口簿》仅供调查时参考，不得照抄。

三、《住户调查表》的填写顺序

《住户调查表》要逐人逐栏进行询问填写，不得漏填或错填。《住户调查表》填写的顺序是：

第一步，填写左上角的“本户地址”和“H1.本户编号”。

第二步，填写按人填报的栏目 R1－R14，按户主、配偶、子女等顺序逐人逐项登记（“R15.属于何种残疾”暂不圈填，待医生检查评定后再圈填），并以本人登记的顺序作为“本人行号”。

第三步，填写按户填报的栏目，包括“H2.本户登记人数”、“H4.本户住房建筑面积”、“H5.本户住房建筑结构”、“H6.本户住房来源”、“H7.上年度本户全部收入”、“H8.本户拥有的主要家电”、“H9.本户月均生活用电量”。（“H3.本户残疾人数”暂不填写，待医生检查评定后再填写）。

第四步，与被调查户核对主要情况无误后，请家庭的主要申报人在表下方签名或盖章，调查员填写表下方的“本户共___页，本页是第___页”，然后签字并填写填报日期；“装订页码第___页”待本调查小区调查表装订成册后再填写。

第五步，根据医生检查的定性结果，填写“R15.属于何种残疾”，并据此填写本户户记录中的“H3.本户残疾人数”。

第六步，“备注”栏分为两部分填写。左栏属于规定的填写内容，包括本户见面人数，0～6 岁儿童姓名，疑似残疾人的姓名和残疾类别；右栏填写调查中发现的特殊情况。

四、《住户调查表》指标解释

第二次全国残疾人抽样调查的标准时间为：2006 年 4 月 1 日 0 时。此次调查的数据是反映标准时间点的人口状况。2006 年 4 月 1 日 0 时之前出生的人需要登记，之后出生的人则不登记；2006 年 4 月 1 日 0 时之前死亡的人不登记，之后死亡的人需要登记。准确地把握标准时间是防止重复登记和漏登记的重要措施。

（一）按人填报的栏目共有 15 个

R1.姓名：竖行填写本人的正式姓名，无正式姓名的，可填写乳名、小名或某某氏；未取名的婴儿可填写“未取名”。

R2.与户主的关系：指户内各成员与户主之间的关系，并不是指户内各成员与申报人之间的关系。

1.户主。表内所填写的第一人必须是户主。如果户主外出半年以上，按照调查对象标准规定，其不属于本调查小区的调查对象，则由本户另确定一位新的户主，并作为第一人填写，其他成员按照与新户主的关系据实圈填。一户中只能有一位户主。

2.配偶。户主的配偶指户主的妻子或丈夫，必须填在第二格。一户中只能有一个人填为户主的配偶。

3.子女。包括户主的儿子、女儿、儿媳、女婿，一般应按照年龄大小顺序填写。

4.孙子女。包括户主的孙子、孙女、孙媳、孙婿、重孙子女、重孙媳、重孙婿及外孙、重外孙子女等。

5.父母。包括户主的父亲、母亲、公公、婆婆、岳父、岳母、继父、继母。

6.祖父母。包括户主的祖父母、外祖父、外祖母、曾祖父、曾祖母、继祖父、继祖母。

7.兄弟姐妹。包括户主和配偶的兄弟姐妹、表兄弟姐妹等。

8.其他。指上述家庭成员之外的其他人员，如朋友、同事、同学、同乡、保姆等均圈填此项。

R3.性别：根据被调查人的性别据实圈填。

R4.出生年月：被调查人的出生年月按公历用阿拉伯数字填写；只知农历的，按农历月份+1 视为公历填写。从出生日期到调查的标准时间为止，满 12 个月的算一周岁（即使少一天也不算一周岁），不满 12 个月的婴儿填写为 0 周岁。

R5.民族：指被调查人的民族成份。要按《各民族名称一览表》据实竖行填写，要填写全称而不要写简称。父母不是同一民族的，其不满 18 周岁的子女，民族未定的，由父母商定，选填父亲或母亲一方的民族；已满 18 周岁的子女，是填报父亲还是母亲的民族，由本人决定。如果确实有新出现的民族，则据实填报，在备注栏说明；外国人加入中国籍的，其本人的民族和我国某一民族相同，就填报这一民族，例如朝鲜人加入中国籍的，即填朝鲜族；没有相同民族的，按外国人加入中国籍填写，填报为“入籍”。

R6.户口登记状况：指被调查人的常住户口登记状况，设有四个标准答案，即为本次调查对象的四款人。

根据国务院批准的《第二次全国残疾人抽样调查方案》规定，“此次调查的对象是具有中华人民共和国国籍，并居住在被抽中调查小区内常住的人。调查采用按常住人口登记的原则，以户为单位填报，只调查家庭户，不调查集体户。单身居住独自生活的也作为一个家庭进行登记。本次不调查中国人民解放军现役军人和武装警察（包括部队管理的离退休干部）。”

确定被调查人是否属于本次调查的对象，关键是准确掌握调查的空间标准和时间标准。

空间标准：指户口是否在“本乡、镇、街道”所辖的地理区域。

时间标准：指常住本调查小区时间连续“半年”。

本次调查规定的连续“半年”是指从 2005 年 10 月 1 日 0 时到 2006 年 4 月 1 日 0 时。对于在本调查小区居住并从事商业、手工业、服务业、建筑业等活动的人，偶尔返回户口登记地或临时外出探亲访友（包括春节返乡探亲）、出差，判断其在本调查小区居住的时间和离开常住户口登记地的时间时，都不应扣除偶尔返回或临时外出的时间。

调查员可按以下四个标准答案根据调查对象的实际情况圈填。

1.住本调查小区，户口在本乡、镇、街道；

2.住本调查小区半年以上，户口在外乡、镇、街道；

3.住本调查小区不满半年，离开户口所在地半年以上；

4.住本调查小区，户口待定。

第一款人：包括两种情况，一是常住户口在本乡、镇、街道，居住在本调查小区的人；二是常住户口在本乡、镇、街道，但是人离开本乡、镇、街道不满半年的人（包括调查时临时出国考察、学习和旅游等情况不满半年的人)。

常住户口在本户、外出（离开本乡、镇、街道）已超过半年的人，不属于本调查小区的调查对象。

第二款人：是指调查时已在本调查小区常住时间半年以上，但常住户口在其他乡、镇、街道的人。

第三款人：是指调查时在本调查小区常住时间虽然不满半年，常住户口在其他乡、镇、街道，但已离开常住户口登记地半年以上的人。

第四款人：是指调查时居住在本调查小区，在任何地方都没有登记常住户口的人（包括手持户口迁移证、退伍证、出生证、劳改释放证等尚未办理常住户口登记手续的人）。填报此款人的直接跳问 R8。

本次调查对以下情况作了特殊规定：

1.高中及高中以下在校住宿的学生，凡是经常回家的（例如周六、日回家），本次调查规定按调查对象第一款人进行登记。

2.婚嫁、搬迁到本调查小区的人或户，即使来本调查小区居住不满半年而户口在外乡、镇、街道，但因其具有长期居住的意义，本次调查规定按调查对象第一款人进行登记。

3.凡是户口在集体户、人在家庭户居住的人，本次调查规定按调查对象第一款人在被调查户进行登记。

R7.户口性质：指被调查人的常住户口性质，按户口簿上常住户口性质据实圈填。取消了农业户口和非农业户口的地区，按照取消前的户口性质圈填。农民进城已办理了小城镇户口的，也圈填“2.非农业”；在“R6.户口登记状况”中填报为“4.住本调查小区，户口待定”的人不填报本栏。

R8、R9 两栏限 6 岁及以上的人填报。

R8.是否识字：指被调查人是否达到国务院规定的脱盲标准（城市居民和乡、镇企业职工识字 2000 个，乡村居民识字 1500 个）。调查登记时可询问是否具有阅读通俗书报刊或写便条、简单书信的能力。凡具有简单读写能力的人，圈填“1.是”，没有达到脱盲标准的人，则圈填“2.否”。圈填“2.否”的人，不再填报“R9.受教育程度”，跳问“R10、婚姻状况”。

R9.受教育程度：指本人接受国内外教育的最高学历。通过自学或成人学历教育经国家统一考试合格的，可分别归入相应的受教育程度。

1.未上过学。指被调查人识字，但从未接受过国家或其他办学机构实施的各级各类学校教育。参加过各种扫盲班或成人识字班的人，也圈填此项。

2.小学。指接受的最高一级教育为小学，无论其是在校、毕业、肄业或辍学均圈填此项。只读过私塾的也填报此项。

3.初中。指接受的最高一级教育为初中，无论其是在校、毕业、肄业或辍学均圈填此项。技工学校相当于初中的也圈填此项。

4.高中。指接受的最高一级教育为普通高中、职业高中，无论其是在校、毕业、肄业或辍学均圈填此项。

5.中专。指接受的最高一级教育为中等专业学校，无论其是在校、毕业、肄业或辍学均圈填此项。

6.大学专科。指接受的最高一级教育为大学专科。在普通高等学校学习大学专科的，无论其在校、毕业、肄业或辍学均圈填此项。

凡在国家授权承认学历的广播电视大学、职工大学、高等院校举办的函授大学、夜大学和其他形式的大学，按教育部颁布的大学专科教学大纲进行授课的，其毕业生圈填此项；其肄业生、在校生按原有受教育程度圈填。

通过自学，经国家统一举办的考试，并取得大学专科毕业证书的，也圈填此项标准答案。

7.大学本科。指接受的最高一级教育为大学本科。在普通高等学校学习大学本科的，无论其是在校、毕业、肄业或辍学均圈填此项。

凡在国家授权承认学历的广播电视大学、职工大学、高等院校举办的函授大学、夜大学和其他形式的大学，按教育部颁布的大学本科教学大纲进行授课的，其毕业生圈填此项；其肄业生、在校生按原有受教育程度圈填。

通过自学和进修大学课程，经国家统一举办的考试，并取得大学本科毕业证书的，也圈填此项标准答案。

8.研究生。指接受的最高一级教育为硕士、博士研究生，无论其是在校、毕业、肄业或辍学均圈填此项。

在职接受研究生教育的，其毕业生圈填此项，肄业生和在校生按原有受教育程度圈填。

凡是没有按教育部的教学大纲培训或只学单科的人，不能圈填“大学专科”、“大学本科”或“研究生”，一律按照原有受教育程度圈填。

R10-R14 栏限 15 岁及以上的人填报。

R10.婚姻状况：指被调查人在调查标准时间的实际婚姻状况。

1.未婚。指从未结过婚的人。

2.初婚有配偶。指本人有配偶，且属于第一次婚姻的人。对于没有办理结婚登记而未婚同居的人，按其申报的圈填。

3.再婚有配偶。指本人有配偶，但属于第二次及以上婚姻的人。

4.离婚。指夫妻间已办理了离婚手续，并在调查标准时间仍未再结婚的人。未办理离婚手续，而长期分居，不圈填此项，而应圈填“2.初婚有配偶”或“3.再婚有配偶”。

5.丧偶。指夫妇一方丧亡，在调查标准时间时还没有再结婚的人。

R11.当前是否有工作：指被调查人在调查标准时间前一周（即 2006 年 3 月 25—31 日），是否从事过不少于一小时有收入的社会劳动。工作时间不足一小时的，应视为无工作。填报无工作的则不再询问职业栏目，直接跳填“R13.当前未工作状况”。

有收入是指在该周内曾经得到或能够得到工资或家庭收益等，包括现金和实物收入。农民在承包的土地上劳动应视为有收入的工作；家庭成员在自家经营的商店、门市部、工厂劳动，既使没有任何收入，也应视同为有收入工作。

在职休假、培训学习、临时停工和季节性歇业而未工作，也视为当前有工作，包括如因生病或受伤而短期休息、休假和休养的人；脱产学习的人；由于天气原因、季节或电力故障、原料或燃料短缺等原因临时停工的人；从事季节性工作，正值歇业的人等。

R12.职业：指本人所从事的社会劳动工作种类。要求必须填写工作单位全称和所做的具体工作。

填写职业要注意以下几点：

1.填写职业要具体、详细。既要填写工作单位全称，也要填写具体做什么工作。例如“北京重型机床厂钳工”、“北京市公交总公司司机”等，不能笼统地填写“工人”；机关工作人员不能笼统填写“干部”，应填写其工作单位全称和职业，例如“北京市统计局主任科员”、“中国科学院工程师”等；农民不能笼统地填写“农民”或“种地”，而应具体填写为“粮农”、“菜农”或者“养鸡”等。

2.具有中级以上技术职称的行政领导人员，应按行政领导职务填写其职业；同时担任党和行政职务的领导干部，应按主要职务填写职业。

3.工种尚未确定，暂时又无具体工作的，可填“工种未定”。

4.农村就业人口中，凡在乡镇或村办企业中有比较固定的工作，既使在调查标准时间前一周干的是农活，仍要填报其比较固定的职业。

5.调查标准时间前一周内同时从事一种以上工作的，按所从事时间最长的工作种类填写；不能确定时间长短的，按其经济收入较多的工作填写。

6.没有固定性工作的个体经营者，进城务工经商和农闲时进行其他经济活动的人，企业停工停产自某出路从事一些临时性工作的职工，填写调查标准时间前一周主要从事的具体工作。

脱产进入学校学习者，不填职业栏，而应填写“R13.当前未工作状况”栏。

R13.当前未工作状况：此栏限十五岁及十五岁以上当前没有工作的人填写。

1.在校学生。指正在接受各级各类学校教育并有学籍的人。

2.离退休。指已办理离休、退休手续，依靠领取离退休金生活的人。离休、退休后又参加社会劳动并取得报酬的人，应视为有工作，不应圈填此项。

3.料理家务。主要从事家务劳动，且没有劳动收入的人圈填。离退休人员参加部分家务劳动的则不填此栏。农村中既料理家务又务农或从事家庭副业的人，应按在业人口填写职业，不应圈填此栏。

4.丧失劳动能力。指因心理、生理残疾和疾病等原因，在现有劳动条件下丧失了从事劳动的能力、不能参加社会劳动的人。也包括年老体弱生活不能自理的人员。但不包括领取退休金的人员。

5.毕业后未工作。指从学校毕业后从未工作过的人。

6.因单位原因失去原工作。指用人单位或雇主提出与劳动者本人中断劳动关系而失去原工作的人。包括：被原单位辞退、除名、开除的人；劳动合同到期后单位不同意续签劳动合同的人；因单位破产而失去工作的人；未办理正式退休手续的“内退”人员；仍与原工作单位保留劳动关系的下岗人员。

7.因本人原因失去原工作。指本人因各种原因提出与单位中断劳动关系而离开原工作岗位的人。包括辞职的人和劳动合同到期后本人不同意与单位继续签订劳动合同的人。

8.承包土地被征用。指本人承包或转包、租用集体或他人的土地，被有关部门和单位依据土地征用制度的规定征作公益性用地而失去工作。受雇在别人承包的土地上工作，因该土地被征用而失去工作的人，不圈此项，而应圈填“6、因单位原因失去原工作”。

9.其他。除以上八种人之外的未工作人口，圈填为“其他”。

R14.未工作者主要生活来源：根据被调查人情况据实圈填。如果同时有多项生活费来源，则选择其中最主要一项标准答案圈填。

1.离退休金。指办理了离休、退休手续的人，从原工作单位或社会保险部门领取的离退休生活费。

2.领取基本生活费。为了保证基本生活水平而领取的生活费。包括：企业下岗、内退职工领取的基本生活费，失业救济金；民政部门发放给烈军属的生活抚恤金，发给五保户和残疾人的生活补助费，以及发给城镇低收入户的最低生活保障金等。

3.家庭其他成员供养。指被调查人依靠家庭其他成员的经济收入生活。单独生活、由本家庭户外的其他亲属供养的也圈填此项。

4.财产性收入。指以资金储蓄、借贷入股以及财产经营、租赁等所取得的利息、股息、红利、租金等财产性收入生活。

5.保险收入。指主要靠从保险公司领取保险金生活。

6.其他。除以上几种情况之外的其他生活费来源。

R15.定性结果：此栏待医生对残疾人检查定性以后再由调查员填写。如果是残疾人，属于哪类残疾，就圈填哪类残疾；如果被调查人具有多种残疾现象，就圈填“7、多重残疾”；没有残疾的人不填报此栏。

（二）按户填报的栏目

按户填报的栏目共有9个。其中H1为本户编号，根据调查底册的序号填写；H2和H3应与本户人记录中的有关栏目合计数相符；H4—H9栏与人记录栏目无关，是以户为单位填报的项目。

H1.本户编号：按《调查底册》序号填写“H1 本户编号”。

在登记时，如果发现《调查底册》中某户为空户，则将本小区的最后一户前移，使用该户的“本户编号”；如果某户中实际居住着两户，其中一户使用原来的“本户编号”，另一户的“本户编号”续在本调查小区所有户编号的最后，按顺序编写户编号；居住三户或以上的，依次类推（上述户编号的改动须经调查队负责调查的副队长核定后进行，防止错乱）。

H2.本户登记人数：在本户调查登记的人数,应与人记录的合计人数一致。

H3.本户残疾人数：根据人记录的“R15.属于何种残疾”的定性结果，分男、女性别的残疾人数填写。

H4.本户住房　建筑面积：本户住房的建筑面积按住房的外墙计算。

1.知道建筑面积的可直接填报；不知道住房建筑面积，只知道使用面积的，则可使用公式换算：

建筑面积＝使用面积（包括扩建的使用面积）÷0.7

2.住旅馆或租借房屋的常住户，一律按现住房的实际情况填写其住房面积。

3.居住在工作场所的户，住房面积应该填写其居住房间的建筑面积。

4.合住在同一所住房里的住户，其建筑面积为各户所独立使用的房间面积加上公共使用面积（包括厨房、厕所、门厅、阳台等）的一部分；两户合用的面积，各按二分之一计算，三户合用的面积，各按三分之一计算；以此类推。

5.属于本小区调查对象，但居无定所的常住户（如进城的流动人口）睡在桥下、公园和车站等地方的人，其住房面积填“0”平方米。

H5.本户住房建筑结构：指本户住房建筑的结构（指承重结构，如承重墙、梁、柱等）所用的建筑材料。本栏目设有五个标准答案。

1.钢筋混凝土：指承重的主要构件是用钢筋混凝土建造的住房。包括薄壳结构、大模板现浇结构及使用滑模、升板等建造的钢筋混凝土结构的房屋。

2.混合结构：指承重的主要构件是用钢筋混凝土和砖、木建造的房屋。如一幢房屋的梁是用钢筋混凝土制成，以砖墙为承重墙，或者梁使用木材建造，柱是使用钢筋混凝土。

3.砖木结构：是指承重的主要构件是砖和木材。如一幢房屋是木制房架、砖墙、木柱建造的。

4.木、竹、草结构：指房屋的主要建筑材料为木、竹、草。如一幢房屋是木（竹）制房架、草顶。

5.其他：不属于上述结构类型的房屋都归此类。如砖拱结构、窑洞、蒙古包等。

H6.本户住房来源：指本户获取住房的途径，包括拥有全部产权或部分产权。本栏目设有四个标准答案，可根据住房的拥有情况，据实圈填。

1.自有：指本户住房的产权属于本户私人所有。既包括城镇和农村中私人自建的房屋，也包括私人从单位或房地产开发单位购买的房屋，还包括继承的私有遗产房等情况。

2.租赁：指本户住房属于交纳房租费后获有使用权。既包括由单位作为福利分配给本单位职工、产权归单位所有、个人交纳少量房租费的住房，也包括从市场上租用的房屋。

3.借用：指不用交房租费，临时借住单位或亲朋好友的房屋。

4.其他：指不属于以上几种房屋产权性质的住房，圈填此项。

H7.上年度本户全部收入：指被调查户2005年度全部经济收入，包括工薪收入、经营性净收入、财产性收入、转移性收入（如保险、奖金、抚恤金、资助、出租房收入等）。农村的全部收入包括各种农作物、养殖等实物收获，并要将实物折算成人民币，根据全户所有人的合计收入是多少就填报多少。但是，家中雇佣保姆和非亲属的经济收入不包括在内。

对亲属供养情况收入的计算，如果供养人与被供养人在同一户居住，供养费不计入总收入；如果不在同一户，供养费应计入被供养人所在户的总收入中。

H8.本户拥有的主要家电：本栏属于多选栏目，共列出五种家庭常用的主要电器名称。可根据被调查户拥有（指拥有所有权或使用权）并能使用的家用电器分别圈填。彩色电视机，不包括黑白电视机；电冰箱包括单门、双门和多门的；洗衣机包括全自动和半自动（含双缸和单缸的）；电话包括有线电话和无线电话（手机）；电脑指电子计算机。

H9.本户月均生活用电量：根据本户的月平均用电量填报。如果只知道用电费用，可根据当地每度电价换算成用电度数。

附录 7

第二次全国残疾人抽样调查《残疾人调查表》填写说明

一、填写注意事项

（一）《残疾人调查表》由医生填写，填表人员要严格按照规定填写，保证本表的工整与清洁。

（二）本表要求使用铅笔填写，字迹要端正清楚，不得潦草模糊。不得用同音异体字；简化字必须按国家公布的《简化字总表》书写；阿拉伯数字必须按“0 1 2 3 4 5 6 7 8 9”的正体书写，不得用自由体。

（三）填表人员根据评定结果填写表中相关项目，不能遗漏。

（四）填表人员要对被调查的残疾人及家庭申报的情况严格保密，不得对外提供。

二、填写顺序

依据诊断情况完成《残疾评定记录表》的填报后，再开始填报《残疾人调查表》，填写要逐项进行，不得漏填或重复。填写顺序如下：

第一步：《残疾人调查表》的上沿部分“本户编号”、“本人行号”、“本户住址”和“残疾人姓名”、“性别”、“年龄”、“户主姓名”等项均对照《残疾评定记录表》的上沿内容。

第二步：本表中“C1.残疾类别”、“C2.残疾等级”、“C3.残疾发现时间”和“C4.致残主要原因”等按诊断残疾的实际情况填写。

第三步：遇到两种或两种以上残疾人，即多重残疾则复选填报。

第四步：“T1.残疾人活动和参与评定”、“T2.康复建议”、“T3.是否持有残疾人证”、“T4.接受教育情况”、“T5.社会保障情况”、“T6.曾接受何种服务或辅助”及“T7.本人主要需求”等逐项询问判断填写，遇多重残疾由最后诊断确诊某种残疾的医生填写。

第五步：本表下沿部分，完成逐项填写后，“本户包括住户调查表”、“医生”、“申报人”及“填报日期”均按《残疾评定记录表》的下沿内容填写完整。

另外，本表每个项目下面的方格为编码格，填写人员不得填写，由专业编码人员处理。

三、填写说明

C1.残疾类别

分为视力残疾、听力残疾、言语残疾、肢体残疾、智力残疾和精神残疾等六类。填表时在诊断确定为残疾后，请在残疾类别的左面编号上圈填，如多重残疾，则复选。例如，诊断为“视力残疾”，应圈填为 (1.) 视力残疾。

C2.残疾等级

各类残疾均分为四个等级。填表时，请在相应的残疾等级编号上圈填。例如：诊断为听力三级，应圈填为 (3.) 三级。

C3.残疾发现时间

残疾发生时间是指发现残疾或出现残疾的年份，如“1999 年”。针对 0 ~ 6 岁的儿童来说，是指发现残疾的时间；而针对其他人则为出现残疾的时间。填表时，请将残疾发现时间填在年前面的横线上。

C4.致残主要原因（选择主要致残原因不超过两项）

致残主要原因是指导致主要致残的原因，选择主要致残原因不超过两项。填表时请在相应项目前的编号上圈填。如填表人的致残原因在表中没有列出，请在“其他”前的编号上圈填。按照不同类别分为以下几类：

视力残疾

01.遗传、先天异常或发育障碍	05.角膜病	09.弱视
02.白内障	06.视神经病变	10.外伤
03.青光眼	07.视网膜、色素膜病变	11.中毒
04.沙眼	08.屈光不正	12.其他
		13.原因不明

听力残疾

01.遗传	06.中耳炎	11.药物中毒
02.母孕期病毒感染	07.老年性耳聋	12.创伤或意外伤害
03.传染性疾病	08.早产和低体重	13.噪声和爆震
04.自身免疫缺陷性疾病	09. 新生儿窒息	14.其他
05.全身性疾病	10. 高胆红素血症	15.原因不明

言语残疾

01.唐氏综合征	08.脑出血	15.脊髓侧索硬化
02.脑性瘫痪	09.脑炎	16.脑外伤
03.新生儿病理性黄疸	10.脑囊虫病	17.产伤
04.早产、低体重和过期产	11.喉、舌疾病术后	18.孤独症
05.腭裂	12.听力障碍	19.癫痫
06.智力低下	13.帕金森氏病	20.CO 中毒
07.脑梗死	14.多发性硬化	21.其他
		22.原因不明

肢体残疾

01.脑性瘫痪	08.肿瘤	15.脑外伤
02.发育畸形	09.骨关节病	16.其他外伤
03.侏儒症	10.地方病	17.结核性感染
04.其他先天性或发育性障碍	11.脊髓疾病	18.化脓性感染
05.脊髓灰质炎	12.工伤	19.中毒
06.脑血管疾病	13.交通事故	20.其他
07.周围血管疾病	14.脊髓损伤	21.原因不明

智力残疾

01.遗传	07.发育畸形	13.其他外伤
02.脑疾病	08.营养不良	14.中毒与过敏反应
03.内分泌障碍	09.母孕期外伤及物理伤害	15.不良社会文化因素
04.惊厥性疾病	10.产伤	16.其他
05.新生儿窒息	11.工伤	17.原因不明
06.早产、低体重和过期产	12.交通事故	

精神残疾

01.痴呆	06.分裂情感性障碍	11.人格障碍
02.其它器质性精神障碍	07.其它精神病性障碍	12.孤独症
03.使用精神活性物质所致的障碍	08.心境障碍	13.癫痫
04.精神分裂症	09.神经症性障碍	14.其他
05.妄想性障碍	10.行为综合征	15.原因不明

T1.残疾人活动和参与评定（18 岁以上填报）

T1.残疾人活动和参与评定（18 岁以上填报）					
理解和交流	身体移动	生活自理	与人相处	生活活动	社会参与
1.无障碍/无适用 2.轻度障碍 3.中度障碍 4.重度障碍 5.极重度障碍/不能完成	1.无障碍/无适用 2.轻度障碍 3.中度障碍 4.重度障碍 5.极重度障碍/不能完成	1.无障碍/无适用 2.轻度障碍 3.中度障碍 4.重度障碍 5.极重度障碍/不能完成	1.无障碍/无适用 2.轻度障碍 3.中度障碍 4.重度障碍 5.极重度障碍/不能完成	1.无障碍/无适用 2.轻度障碍 3.中度障碍 4.重度障碍 5.极重度障碍/不能完成	1.无障碍/无适用 2.轻度障碍 3.中度障碍 4.重度障碍 5.极重度障碍/不能完成

活动是由个体执行一项任务或行动，它代表了功能的个体方面。当个体在进行活动时可能遇到的困难，即是活动受限制，它根据完成活动时的质和量从轻微到严重偏差的变化范围。

参与是指投入到一种生活情景中，它代表了功能的社会方面，是衡量残疾程度的重要指标。

分六大类:理解和交流、身体移动、生活自理、与人相处、生活活动和社会参与。其中各类均有五种程度：无障碍、轻度障碍、中度障碍、重度障碍、极重度障碍。填表时请依据《残疾评定记录表》结果在相应项目前的数值上圈填。

T2.今后康复建议

康复形式：即残疾人实现康复的基本途径，包括以下三种：机构康复，延伸服务（上门服务），社区、家庭康复。

1.机构康复：指在康复中心、综合医院设置的康复科室等机构中，以门诊和住院的形式提供的康复服务途径。

2.延伸服务（上门服务）：延伸服务是指由康复机构派专业人员到实地，为康复对象提供专业性康复服务的途径。

3.社区和家庭康复：社区、家庭康复是指在社区和家庭为残疾人采取的康复措施，这些措施是利用和依靠社区和家庭的人力资源而进行的，包括依靠残疾人及其家庭成员和社会。

康复内容

指实现残疾人康复的方法或手段，包括：医疗服务、辅助器具、康复训练与服务等。

康复形式仅能选择其中一项圈填。选择康复形式后，康复内容至少选择一项圈填。填表时请在相应项目前的编号上圈填。

T3.是否持有残疾人证

指被调查人是否持有当地残联核发的残疾人证。填表时请在相应项目前的编号上圈填。

T4.接受义务教育情况(在校生填报)

1.普通教育学校普通班：指在普通义务教育学校随班就读。

2.普通教育学校特教班：指在普通义务教育学校专门为视力、听力言语、智力残疾和多重残疾人开办的特殊教育班中接受教育。

3.特殊教育学校：指在专门为视力、听力言语、智力残疾和多重残疾人开办的提供义务教育的学校。

4.其他：指通过社区服务、送教上门等多种形式接受教育。

填表时请在相应项目前的编号上圈填。

T5.社会保障情况

指被调查人是否纳入了社会保险、当地居民最低生活保障或集中供养、五保供养、临时救济、定期补助、残联系统专项补助等社会保障范围。

1.参加社会保险情况：指调查时被调查人是否参加了养老、医疗、工伤、失业等社会保险。此栏至少填写一项。

2.是否领取低保金：指调查时被调查人是否被纳入当地居民最低生活保障范围领取最低生活保障金。

3.是否领取过救济：指被调查人在调查标准时间前一年（即 2005 年 4 月 1 日至 2006 年 4 月 1 日）内是否享受当地民政、残联等部门所给予的集中供养、五保供养、临时救济、定期补助、残联系统专项补助等。

填表时请在相应项目前的编号上圈填。

T6.曾接受过何种服务或扶助(填报最主要三项)

指被调查人曾经接受过的当地残联、民政或其他部门、组织提供的康复、教育、就业、生活等方面的服务或扶助。选最主要的三项圈填。填表时请在相应项目前的编号上圈填。

01.医疗服务与救助：医疗服务指通过医院或专门医疗机构采用手术或其他诊断形式帮助残疾人恢复或补偿功能，提高生活自理和社会适应能力等。

医疗救助：指政府和社会对因病而无经济能力进行治疗的贫困残疾人实施专项医疗帮助和支持的行为。在农村开展新型农村合作医疗的地区，资助残疾人缴纳个人应负担的全部或部分资金，参加当地合作医疗，享受合作医疗待遇；因患大病经合作医疗补助后个人负担医疗费用过高的，再给予补助；尚未开展新型农村合作医疗的地区，对因患病难以负担费用的残疾人，给予适当医疗救助；对患国家所规定的特种传染病的残疾人，其救治费用按有关规定给予补助。在城市，通过发动社会力量资助、城市医疗救助基金给予适当补助、医疗机构自愿减免有关费用等多种形式对患病而无力承担治疗费用的贫困残疾人给予医疗救助。

02.辅助器具：（在我国习惯称为残疾人用品用具），是指供残疾人个人使用的能够补偿、减轻或替代因残疾造成的身体功能缺失或障碍的产品和器械。

用于肢体残疾人的辅助器具有：假肢、轮椅、手摇轮椅车、电动动轮、机动轮椅车、助行架、腋杖、肘杖、多脚手杖、单脚手杖、握笔器、取物器、穿衣辅助、用餐辅助、刷牙辅助、梳头辅具等；用于听力残疾人的辅助器具有：助听器、语言训练器、骨导电话、闪光门铃等；用于视力残疾人的辅助器具有：助视器、电子语音报时器、盲文写字板、盲文打字机、盲文阅读器、盲杖等。

03.康复训练与服务：指残联、卫生或其他部门为残疾人及其亲友提供的包括肢残人功能、智残人能力、盲人行走导向、聋儿听力语言、助视器配用、精神病防治康复等多方面的培训、训练指导、康复护理、心理疏导、残疾预防知识普及、健康教育、科学与安全意识宣传及相关的咨询转介等多种康复训练与服务。

04.教育费用补助或减免(6 岁以上填报)：指政府、教育部门、残联系统或其他部门，组织减免残疾人或其子女就学的费用或提供的补助金。

05.职业教育与培训(12 岁以上填报)：残疾人或其子女在各级各类职业学校或培训机构中接受学历教育（包括初等、中等和高等职业教育）或短期的职业培训。

06.就业安置与扶持(16 岁以上填报)：指残疾人就业服务机构或其他社会机构提供的职业指导、就业安置或扶持扶助等服务。

07.贫困残疾人救助与扶持：

救助是指纳入当地居民最低生活保障或享受集中供养、五保供养、临时救济、定期补助、残联系统专项补助等。

扶持是指各级政府扶贫办、妇联、共青团、残联及社会团体等有关部门或信用社、扶贫社等开展的帮助贫困残疾人筹措资金、落实优惠政策、选项目、学技术等多种形式的带动贫困残疾人脱贫活动，包括扶贫经济实体、扶贫基地辐射带动到户；党员、干部、助残志愿者结对包户帮带活动；残疾人联合会利用康复扶贫贷款开展残疾人专项扶贫活动等。

08.法律援助与服务：指各级政府法律援助机构、各级司法行政部门、各级残疾人维权机构、公证机构和基层法律服务机构、律师、民间法律援助组织、法律专业网站和志愿者等为残疾人提供的免费法律服务、贫困残疾人诉讼费或其他费用减免缓、法律咨询、转介服务和法律帮助等。

09.无障碍设施：指为保障残疾人、老年人、伤病人、儿童和其他社会成员的通行安全和使用便利，在道路、公共建筑、居住建筑和居住区等建设工程中配套建设的服务设施。

10.信息无障碍：指公共传媒应使残疾人能够无障碍地获得信息，进行交流，如影视作品、电视节目的字幕和解说，电视手语，盲人有声读物，针对不同障碍的残疾人开发适合不同需要的通信技术和产品等。

11.生活服务：指社区组织、志愿者等为残疾人提供的不定期的日常生活服务，如日常家务的协助、代办等。

12.文化服务：指各级政府文化行政部门、各文化机构、基层组织、社会团体、志愿者等为残疾人提供或组织的旨在解决残疾人精神文化需求、提高残疾人素质的各项文化艺术活动及相应服务。如送书上门，爱心赠书，盲文及有声读物的借阅，参与社会文化活动时享受的便利、优惠服务等。

13.其他：除以上十四种之外的服务或扶助，圈填为“其他”。

14.未曾接受过何种服务或扶助。

T7.本人主要需求

指被调查人需要的康复、教育、就业、生活等方面的服务或扶助，选最主要的三项圈填。指标解释参见T6。填表时请在相应项目前的编号上圈填。

附录 8

第二次全国残疾人抽样调查社区（村、居委会）调查表

表　　号：残调 3 表
制表机关：第二次全国残疾人抽样调查办公室
批准机关：国家统计局
批准文号：国统函【2005】227 号
有效期截止时间：2006 年 6 月 30 日

地　址：＿＿＿＿省（自治区.直辖市）＿＿＿＿县（市.区）＿＿＿＿乡（镇.街道）＿＿＿＿社区（村、居委会）

地址码：

一、类别	二、总户数	三、总人口数	残疾人情况				残疾人组织情况		十、社区内无障碍设施
			四、残疾人数	五、持证残疾人数	六、享受定期救助人数	七、享受临时救助人数	八、残疾人协会（小组）	九、残疾人专职委员	
1. 社区（居委会） 2.村委会	＿＿＿户	＿＿＿人	＿＿＿人	＿＿＿人	＿＿＿人	＿＿＿人	1.有 2.无	1.有 2.无	1.有 2.无

十一、康复站	十二、社区康复协调员	各项公共服务机构覆盖情况（距本社区、村委会公里数）				十七、上年度本村人均收入
		十三、法律服务所（司法所）	十四、特教学校（班）	十五、文化活动站（室）	十六、卫生室（所、站）	
1.有 2.无	1.有 2.无	＿＿＿公里	＿＿＿公里	＿＿＿公里	＿＿＿公里	＿＿＿元

填表人（签字）：＿＿＿＿　　　　填报时间：＿＿＿年＿＿＿月＿＿＿日

附录 9

第二次全国残疾人抽样调查《社区（村、居委会）调查表》填写说明

《第二次全国残疾人抽样调查社区（村、居委会）调查表》（简称《社区调查表》），是为了获取调查小区所在社区的有关基础数据而制定的。数据可以反映残疾人生活的环境与条件，是本次调查数据的重要组成部分。

本表的填写要求：

一、本表以被抽中调查小区所在的社区（居委会）或村委会为单位，由陪调组组长负责收集资料，并在调查队长的指导下填报。

二、表中第十栏只由社区（居委会）填报，第十七栏只由村委会填报，其余项目栏社区（居委会）和村委会都填报。

三、指标解释：

1.“总户数”、“总人口数”，为 2005 年末社区（村、居委会）所辖范围内的常住人口统计数（如果确实没有常住人口数据，才能使用其他人口数据填报）。

2.“残疾人数”，为社区和村委会掌握的残疾人数（包括持证残疾人和无证的残疾人）。

3.“持证残疾人数”，指社区和村委会掌握的持有残联系统发放的残疾证的人数。

4.“享受定期救助人数”，指上一年度民政、残联等部门给予的居民最低生活保障、集中供养、五保供养等定期性救助人数。

5.“享受临时救助人数”，指上一年度民政、残联等部门给予的临时性费用减免、临时救济等形式的救助人数。

6.“社区内无障碍设施”，是本社区范围内是否设有坡道、盲道等无障碍设施。

7.“残疾人康复站”，指社区（村、居委会）依托社区服务中心学校、幼儿园、福利企业事业单位、工疗站、残疾人活动场所的等现有机构和设施，建立的满足残疾人全面康复需求的社区康复站。

8.“社区康复协调员”　指社区（村、居委会）配备的专（兼）职人员，可会同社区卫生服务机构调查康复需求，建立康复服务档案，向残疾人提供康复服务信息和转介服务，协调组织社区内有关机构、人员为残疾人提供康复服务和相应支持。

9.“卫生室（所、站）”，在农村指卫生室（所、站），在城市指社区卫生服务中心（站）。

四、“十三”至“十六”栏是指本社区（村、居委会）距最近的、可使用或能提供服务的各项公共服务机构的公里数。凡是本社区（村、居委会）范围内有的，填写“0”公里；若周围没有或不知道，则填写“无”。

附录 10

广西壮族自治区第二次全国残疾人抽样调查抽样实施方案

一、全区情况

按照第二次全国残疾人抽样调查的抽样方案，全区第二次全国残疾人抽样调查的样本设计方案和抽取的样本单位，以 2004 年的行政区划和 2004 年的人口统计数作为抽样框基础资料。

按 2004 年的行政区划，全区设有 14 个地级市，33 个市辖区，7 个县级市，57 个县，12 个民族自治县，共有 109 个县级单位。

据第五次人口普查资料，全区常住人口为 4489.37 万人，其中居住在城镇的人口 1263.95 万人，占总人口的 28.15%；居住在乡村的人口为 3225.42 万人，占总人口的 71.85%。

全区人口的地区分布见下表：

2004 年广西地级市人口分布

序　号	地区名称	户籍人口(人)	比重（%）
1	南宁市	6488450	13.3
2	柳州市	3545071	7.3
3	桂林市	4938797	10.1
4	梧州市	3026492	6.2
5	北海市	1478656	3.0
6	防城港市	798405	1.6
7	钦州市	3440131	7.1
8	贵港市	4754819	9.7
9	玉林市	5973711	12.2
10	百色市	3716767	7.6
11	贺州市	2095627	4.3
12	河池市	3829995	7.9
13	来宾市	2451301	5.0
14	崇左市	2296746	4.7
合　计		48834968	100

二、全区的样本量和抽取的单位数

按照第二次全国残疾人抽样调查办公室的分配结果，全区调查样本量为 8 万人，占全区总人口的 1.63‰。按照全国抽样方案样本设计要求，各省抽中的县级单位个数应占本省县级单位总数的 20%左右。我区抽取 25 个县级单位作为一级样本，占全区 109 个县级单位的 22.94%。

二级以下样本的抽取采用 4×2×1 的模式，即在每个被抽中县级单位（县、市、区）中抽取 4 个乡级单位（乡、镇、街道）；在每个被抽中乡级单位中抽取 2 个村级单位（村民委员会或居民委员会）；在每个被抽中村级单位中根据人口规模，按 400 人左右划分调查小区，随机抽选 1 个调查小区。

按以上模式，全区共抽选 99 个乡级单位（桂林市叠彩区只有 3 个乡级单位），200 个村级单位，200 个调查小区，样本人数为 8 万人左右。

三、分层情况

（一）分层要求

1. 分层的原则：对第一级样本的县级单位进行分层。分层的原则应尽可能使层内各单位之间调查指标的差异小，各层间调查指标的差异大，以便降低总体的抽样误差。

2. 分层的标志：根据分层的原则以及广西各地的具体情况，对县级单位采用行政区划与地理区域为标志进行分层，即南宁市、柳州市、桂林市、百色市、河池市、来宾市、崇左市按行政区划分层，梧州市、贺州市、北海市、防城港市、钦州市、贵港市、玉林市则按地理区域分层。

3. 各层样本人数的确定：每层调查的样本人数，均按该层人口数占全区总人口的比例分配。如南宁市层累计人口占全区总人口比例为 13.3%，应抽取的样本人数为 13.3% × 25=3.3，即南宁市层应抽取 3 个县级单位 9600 人。（已知每个县级单位调查 4 × 2 × 1 × 400=3200 人）

（二）分层结果

为了使样本具有较好的样本性，将全区抽样框内的 109 个单位分为 10 层：

1. 行政区划层：7 个

南宁市层：共 12 个县级单位，总人口 6488450 人，其中市辖区 5 个，兴宁区、新城区、城北区、江南区、永新区；市辖县 7 个，邕宁县、武鸣县、横县、宾阳县、上林县、隆安县、马山县。

柳州市层：共 10 个县级单位，总人口 3545071 人，其中市辖区 4 个，城中区、鱼峰区、柳南区、柳北区；市辖县 6 个，柳江县、柳城区、鹿寨县、融安县、三江侗族自治区、融水苗族自治县。

桂林市层：共 17 个县级单位，总人口 4938797 人，其中市辖区 5 个，秀峰区、叠彩区、象山区、七星区、雁山区；市辖县 12 个，阳朔县、临桂县、灵川县、全州县、兴安县、永福县、灌阳县、龙胜各族自治区、资源县、平乐县、荔蒲县、恭城瑶族自治县。

百色市层：共 12 个县级单位，总人口 3716767 人，其中市辖区 1 个，右江区；市辖县 11 个，田阳县、田东县、平果县、德保县、靖西县、那坡县、凌云县、乐业县、田林县、隆林各族自治县、西林县。

河池市层：共 11 个县级单位，总人口 3829995 人，其中市辖区 1 个，县级市 1 个，金城江区、宜州市；市辖县 9 个，罗城仫佬族自治县、环江毛南族自治县、南丹县、天峨县、凤山县、东兰县、巴马瑶族自治县、都安瑶族自治县、大化瑶族自治县。

来宾市层：共 6 个县级单位，总人口 2451301 人，其中市辖区 1 个，县级市 1 个，兴宾区、合山市；市辖县 4 个，象州县、武宣县、金秀瑶族自治县、忻城县。

崇左市层：共 7 个县级单位，总人口 2296746 人，其中市辖区 1 个，县级市 1 个，江州区、凭祥市；市辖县 5 个，扶绥县、大新县、天等县、宁明县、龙州县。

2. 地理区域层：3 个

梧州市层：共 11 个县级单位，总人口 5122119 人，含市辖区 3 个，县级市 1 个，万秀区、蝶山区、长州区、岑溪市；梧州市辖县 3 个，苍梧县、藤县、蒙山县；贺州市辖区 1 个，八步区，贺州市辖县 3 个，昭平县、钟山县、富川瑶族自治县。

北海市层：共 12 个县级单位，总人口 5717192 人，含北海市辖区 3 个，海城区、银海区、铁山港区；防城港市辖区 2 个，县级市 1 个，港口区、防城区、东兴市；钦州市辖区 2 个，钦南区、钦北区；北海市辖县 1 个，合浦县；防城港市辖县 1 个，上思县；钦州市辖县 2 个，灵山县、浦北县。

贵港市层：共 11 个县级单位，总人口 10728530 人，含贵港市辖区 3 个，县级市 1 个，港北区、港南区、覃塘区、桂平市；玉林市辖区 1 个，县级市 1 个，玉州区、北流市；贵港市辖县 1 个，平南县；玉林市辖县 4 个，容县、陆川县、博白县、兴业县。

四、抽样方法

全区采用分层、多级、概率比例、整群的抽样方法（PPES 抽样方法）。

（一）第一级抽样（全国抽样调查办公室和自治区抽样调查办公室共同抽取）

第一级抽样也称县级抽样，即抽取县级样本单位，经分层后，在每层内按行政区划的市辖区、县、县级市顺序排队，进行人口数累计，在人口累计数中，采用与县、市、区人口估计规模成比例的概率抽样。

具体做法:

1. 在层内各单位按市辖区、县、县级市顺序排队，将人口数进行累计，以各层人口累计数为分子，本层应抽县级单位数为分母，计算抽样组距（包括总组距和各层组距）。

$$层抽样组距=\frac{层内市辖区、县、县级市人口累计数}{层内应抽取样本数}$$

2. 在1～抽样组距之间选择随机起点，如查得随机数字落在1～抽样组距之间，就定为随机起点；如查得随机数字超过抽样组距数，则继续查表，直到满足条件为止。

3. 等距抽取单位。若随机起点数小于人口累计栏中第一个单位，则第一个单位被抽中；然后用随机起点数加层内抽样组距，再确定下一个被抽中单位。以此类推，抽取所需样本单位数。

4. 县级单位抽样结果

全区抽中的县级样本单位为25个:

（1）南宁市层共12个县级单位，抽中江南区、宾阳县、马山县3个县级单位;

（2）柳州市层共10个县级单位，抽中柳北区、融水苗族自治县2个县级单位;

（3）桂林市层共17个县级单位，抽中叠彩区、荔浦县、龙胜各族自治县3个县级单位;

（4）梧州市层共11个县级单位，抽中藤县、八步区、富川瑶族自治县3个县级单位;

（5）北海市层共12个县级单位，抽中合浦县、防城区、浦北县3个县级单位;

（6）贵港市层共11个县级单位，抽中港北区、桂平市、平南县、博白县、容县5个县级单位;

（7）百色市层共12个县级单位，抽中靖西县、田阳县2个县级单位;

（8）河池市层共11个县级单位，抽中宜州市、东兰县2个县级单位;

（9）来宾市层共6个县级单位，抽中兴宾区1个县级单位;

（10）崇左市层共7个县级单位，抽中扶绥县1个县级单位。

全区25个县级样本单位中，城镇人口占总人口的比重为25.02%，与第五次人口普查资料的全区城镇人口比重28.15%比较出入不大，相差3.13个百分点，符合国家关于样本值与总体值差异控制在5%左右的要求。

（二）第二级抽样（自治区抽样调查办公室抽取）

1. 样本单位和样本数量

第二级抽样也称乡级抽样，在抽中县内进行，样本单位是乡、镇、街道。样本数量在每个被抽中县级单位内抽取4个乡级单位。不够4个乡级单位的，则全部乡级单位都抽取。如桂林市叠彩区只辖2个街道，1个镇，那么3个乡级单位全部抽取，其中1个乡级单位抽取2个村级单位。

2. 抽样框编制

全区共编制25个抽中县的乡级单位抽样框。在每个被抽中县级单位中对所有的乡、镇、街道进行分类，按照《乡级单位抽样框报表》格式，先将乡级单位按乡、镇、街道分为三层(各层单位排列顺序以当地习惯排列为准)，而后在各层内将人口数据降序排队，进行人口数的累计，即编制出抽中县的乡级单位抽样框。

3. 各层样本数量分配

按乡、镇、街道三层人口小计数占总人口比例分配样本数量，四舍五入取整数。

4. 抽样计算方法

在各层内按人口数降序排队，累计人口数、计算各层内组距(组距＝层内人口累计数／层内样本分配数)。选取1～组距（含1和组距本身）随机数作为抽样的随机起点，计算各抽中点数据，抽取乡级样本、直至抽足本层分配数。

（三）第三级抽样（自治区抽样调查办公室抽取）

1. 样本单位和样本数量

第三级抽样也称村级抽样，在被抽中乡（镇、街道）内进行，样本单位是村（居）委会。样本数量在每个被抽中的乡级单位内抽取2个村（居）委会。

2. 抽样框编制

每个被抽中乡级单位，按《村级单位抽样框报表》格式，先将村级单位按村委会、居委会进行分层(各层单位排列顺序以当地习惯排列为准)，然后比较各村级单位人口规模，小于 350 人的村级单位以接壤或邻近为原则进行合并，重新调整抽样框。例如：某乡原有 10 个村委会，其中一个村委会 320 人，不足 350 人，与列表上一个邻近村委会合并，合并后就不再是 10 个村级单位，而是 9 个村级单位。

3. 抽样计算方法

将调整后的抽样框按村（居）委会的人口数降序排队，累计人口数，计算抽样组距，随机等距抽取村级样本单位（计算方法同乡级）。

（四）第四级抽样（自治区抽样调查办公室和县抽样调查办公室共同抽取）

1. 样本单位和样本数量

第四级抽样也称最终抽样。在被抽中村（居）委会内进行，样本数量在每个被抽中的村级单位内抽取 1 个最终抽样单位，即调查小区。

2. 调查小区的划分

用被抽中村（居）委会人口数除以 400 人，得到应该划分的小区数，根据本村（居）委会的常住人口实际分布情况或平面图（草图），将村（居）委会人口大致划分为若干个小区，划分好的小区人口数量应控制在 350 ~ 450 人之间。

3. 调查小区的抽取

给每个划分好的调查小区编序号，在序号范围内使用简单随机抽样方法（例如抓阄）抽取 1 个调查小区。

附录 11

广西壮族自治区第二次全国残疾人抽样调查领导小组成员名单

组　长：	孙　瑜	自治区政府副主席
副组长：	庞栋春	自治区政府副秘书长
	李小凤	自治区残联理事长
	石日灿	自治区统计局副局长
	刘宗海	自治区民政厅副厅长
	韦　波	自治区卫生厅副厅长
成　员：	邓敏杰	自治区残联副理事长
	张燕林	自治区党委宣传部宣传处助理调研员
	吴晓雪	自治区发改委社会发展处副处长
	江福龙	自治区教育厅基础教育处副处长
	唐意群	自治区公安厅治安总队副总队长
	董照英	自治区财政厅社保处主任科员
	黄宏谋	自治区劳动保障厅医保处副处长
	马良清	自治区人口计生委宣教处副处长
	覃少任	自治区技术监督局稽查总队副总队长
	李英海	共青团区委宣传部部长
	何亚联	自治区妇联妇女儿童工委办公室主任
	翚永红	自治区民委文教处副处长
	齐白鸽	自治区老龄委办公室主任
	林东晓	广西残疾人福利基金会副理事长

广西壮族自治区第二次全国残疾人抽样调查办公室人员名单

主　　任: 邓敏杰（兼）

副 主 任: 李瑞祥　自治区残联理事、办公室主任

刘善洁　自治区统计局社会人口处处长

梁　远　自治区卫生厅医政处处长

蒋文锋　自治区民政厅社会福利处助理调研员

李冠霆　自治区残联办公室副处级干事

工作人员

调查与统计组: 组　长　刘善洁（兼）

副组长　刘宝芬

成　员　李成训　叶靳秋

医务组: 组　长　梁　远（兼）

副组长　王　贞　张益民

成　员　蒋锦生

综合组: 组　长　李冠霆（兼）

副组长　蒋文锋（兼）　钱光辉　陈金海　李建平

成　员　李　薇

专家组: 组　长　王　贞

副组长　黄润明　覃培才

成　员　蒋林志　张　勉　张永全　蔺心敬　任丰涛

刘振玲　陈秋明　潘润德

附录 12

广西壮族自治区第二次全国残疾人抽样调查样本县（市、区）领导小组，办公室，调查队名单

南宁市

领导小组	组　长	唐济武	副市长
	副组长	周尚海	市政府副秘书长
		梁朝东	市残联理事长
		施先文	市统计局副局长
		沙文胜	市民政局副局长
		汤晓斌	市卫生局副局长
	成　员	张穗先	市残联副理事长
		蓝　岚	市妇联副主席
		黄平昭	市老龄委副主任
		许向东	市委宣传部宣传科科长
		陈远程	市发改委社会发展科科长
		钱治宏	市教育局基础教育科科员
		陈　宁	市公安局户政处副处长
		朱丽茵	市财政局社保科科长
		覃瑞明	市劳动和社会保障局劳动就业服务中心副主任
		欧志芳	市人口计生委宣教科副科长
		韦振廷	市技术监督局稽查支队副支队长
		杨　敏	共青团南宁市委宣传部副部长
		梁红英	市民委文教科科长
办 公 室	主　任	张穗先（兼）	
	副主任	曾春玲	市残联组织联络维权科科长
		刘　娟	市统计局人口与社会科技统计科科长
		张　璋	市卫生局医政科科长
		张琳琳	市民政局福利和社会事务科副科长

南宁市江南区

领导小组	组　长	司马平	副区长
	副组长	唐朝辉	政府办公室主任
		雷卫民	区残联理事长
		陈莉丽	区统计局局长
		马忠智	区民政局局长
		宋灵坚	区卫生局局长
		梁中亮	区财政局副局长

周永赐　区公安分局副局长
成　员　林　菁　区发改局局长
尹庆南　区教育局党委书记
李琳珊　区计生局局长
马文忠　延安镇镇长
张春友　吴圩镇镇长
李海波　福建圆街道办事处主任
卜大勇　江南街道办事处主任
周　艳　区团委书记
陈秀群　区妇联主席
陈旺生　区宣传部副部长
苏　健　区劳动人事与社会保障局副局长
罗琮林　区财政局副局长
甘冠秋　区公安局户政科科长
办公室　主　任　雷卫民（兼）区残联理事长
副主任　全学进　区残联副理事长
玉宝光　区卫生局副局长
陀　洁　区统计局副局长
许　萍　区民政局副局长
卢凤香　吴圩镇副镇长
黎贵业　延安镇副镇长
李线容　福建圆街道办事处副主任
叶华南　江南街道班
调查队　队　长　雷卫民　江南区残联理事长
副队长　全学进　江南区残联副理事长
陈莉丽　江南区统计局局长
玉宝光　江南区卫生局副局长
成　员　蒙晓仙　黄丽洁　莫金善　唐耀飞　覃玉平　林维兰　谢美玲　王定康
邓　严　苏　抗　陈茂湘　覃志锋　谢德胜　陆艳华　黄金瑞　夏潮红
黄红初　陈明铭　岑　峰　李　林　张国兵　高跃进

南宁市宾阳县

领导小组　组　长　马勇军　县人民政府副县长
副组长　吴宝初　县人民政府办公室副主任、调处办主任
覃本仕　县残联理事长
卓辽海　县统计局副局长
黄宋健　县民政局副局长
张　锋　县卫生局副局长
办公室　主　任　黄建永　县残联副理事长
调查队　队　长　覃本仕　宾阳县残联理事长
副队长　黄建永　宾阳县残联副理事长
陆柏宇　宾阳县卫生局医政股长

	成　员	黄之良	林少先	黄局新	韦海清	黄　家	杨能勇	李佳高	梁爱东
		莫　捷	杨庆君	黄立福	曾德金	韦传新	陆锡阳	黎　嫦	陆岸英
		黄春芽	吴桂连	赖增猷	胡曙光	张进祥	罗康坚		

南宁市马山县

领导小组	组　长	罗家能	副县长
	副组长	韦才煌	县政府办公室副主任
		钟转安	县残联理事长
		黄　帆	县统计局副局长
		陆挺灵	县民政局副局长
		李光型	县卫生局副局长
办公室	主　任	钟转安	县残联理事长
	副主任	潘英顺	县残联副理事长
	成　员	蓝文明	县民政局办事员
		磨礼锋	县统计局干部
		蓝常标	县卫生局干部
		何艳红	县残联统计员
调查队	队　长	钟转安	马山县残联理事长
	副队长	李光型	马山县卫生局副局长
		黄　帆	马山县统计局副局长
		潘英顺	马山县残联副理事长

	成　员	蒙　衍	蓝禄春	蓝日先	韦永刚	韦　芳	韦艳玲	韦新梅	陆政澈
		蓝文明	何艳红	蒙炳恒	蓝　魏	黄立勤	黄淑京	蓝庆孝	黄　港
		熊　英	韦利昌	黄树阳	王　敏	黄亚军			

柳州市

领导小组	组　长	覃国安	副市长
	副组长	王福林	市人民政府副秘书长
		覃健康	市残联理事长
		丁　佐	市统计局副局长
		王　更	市民政局副局长
		杨祖海	市卫生局调研员
	成　员	李成谋	市委宣传部副部长
		黄新华	市发改委主任助理
		程　卓	市教育局副局长
		杨　凯	市民委副主任
		周原生	市公安局副局长
		谭淑坚	市财政局副局长
		沈志明	市劳动和社会保障局副局长
		肖　波	市人中和计生委副主任
		李　荣	市质监局机关党委副书记
		何世恰	团市委副书记

		王毅萍	市妇儿工委办公室主任
		黄祝宝	市残联副理事长
办公室	**主　任**	黄祝宝（兼）	市残联副理事长
	副主任	黄廷初	市统计局人口和社会科技统计科科长
		英健民	市卫生局办公室副主任
		戚爱林	市民政局社会福利和社会事务科更加科长
		黄坤达	市残联组维科科长

柳州市柳北区

领导小组	**组　长**	贺　莹	区政府副区长
	副组长	叶景峰	区残联理事长
		韦丽华	区政府办公室副主任
		朱名龙	区统计局副局长
		史东升	区民政局副局长
		罗卫红	区卫生局副局长
	成　员	裴光福	区委宣传部副部长、文明办主任
		李新荣	区残联副理事长
		杨　萍	区教育局副局长
		梁勇平	柳北公安分局副局长
		杨小桂	区财政局副局长
		廖建山	区人劳社保局副局长
		叶仕园	区人口与计生局副局长
		朱　江	区委宣传部副部长、区团委副书记
		林芯卉	区妇联科员
		吕　萍	区统计局科员
办公室	**主　任**	叶景峰（兼）	区残联理事长
	副主任	李新荣（兼）	区残联副理事长
		史东升（兼）	区民政局副局长
		罗卫红（兼）	区卫生局副局长
	成　员	麦建益	黄金宝
调查队	**队　长**	叶景峰	柳北区残联理事长
	副队长	朱名龙	柳北区统计局副局长、抽样领导小组副组长
	成　员	黄金宝　李新荣　谢松发　范　玲　吕　鸣　林家有　符　宁　张玲玲　黄忆民　申杰红　潘友英　廖冬萍　罗新亮　黄柳华　曾志刚　韦雪桦　王缉伟　韦孟灵　廖宝共　唐健青　梁　柱　杨　燕　罗卫红	

柳州市融水苗族自治县

领导小组	**组　长**	蒋　勇	自治县副县长
	副组长	谢仁练	县人民政府办公室副主任
		杨光海	县残联理事长
		胡振飞	县统计局局长
		李建松	县民政局局长

		杨祥敏	县卫生局局长
	成　员	韦庆文	县党委宣传部副部长
		唐　广	县发展和改革局党组书记、副局长
		韦明非	县教育和科技局副局长
		韦美仙	县民族局党组书记、副局长
		陈华明	县公安局副局长
		管丽文	县财政局副局长
		韦卓正	县人事劳动和社会保障局副局长
		王绍青	县人口和计划生育局副局长
		刘兆菊	县技术监督局副局长
		张俊玉	团县委副书记
		荣桂莲	县妇联副主席
办公室	主　任	杨光海	县残联理事长
	副主任	张世玲	县卫生局副局长
		孙瑞荣	县统计局调查中心主任
		秦先斌	县民政局办公室主任
		杨晓华	县残联办公室秘书
调查队	队　长	杨光海	融水县残联理事长
	副队长	孙瑞荣	融水县统计局调查中心主任
	成　员	韦立静　苏卫东　路高山　龙建猷　卢建麟　唐桂益　龚付兰　龙光斌 邓一心　莫鸿梅　杨建勋　韦明亮　覃翠丽　廖美妮　吴世初　黄晓敏 石彩梅　莫自江　何洁清　万祖进　梁凤鸣　韦日昌　张世玲	

桂林市

领导小组	组　长	王大平	副市长
	副组长	陆华军	市政府副秘书长
		周政莲	市残联理事长
		傅卫华	市统计局副局长
		朱　平	市民政局副局长
		康美华	市卫生局副局长
	成　员	王明秀	市残联副理事长
		李继荣	市委宣传部副部长
		周华德	市发改委委员
		李　滨	市教育局副局长
		蒋继品	市公安局党委委员
		江冰欣	市财政局副局长
		刘陶文	市劳动保障局党组成员
		伍振清	市人口计生委副主任
		谭升武	市技术监督局纪检组长
		迟　威	共青团市委副书记
		朱丽芬	市妇联副主席
		潘天秀	市民委党组成员

		王西生	市老龄委副主任
		张　翔	荔浦县副县长
		王茂超	龙胜县副县长
		毛喜才	叠彩区副区长
办公室	**主　任**	王明秀（兼）市残联副理事长	
	副主任	熊建新	市残联办公室主任
		莫年才	市统计局
		伍林柏	市卫生局
		钟绍辉	市民政局

桂林市叠彩区

领导小组	**组　长**	毛喜才	副区长
	副组长	孙敬东	区政府办主任
		黄献榕	区民政局局长
		吴晓玲	区卫生局局长
		周湘鸣	区统计局局长
		龚次连	区残联理事长
	成　员	刘丽春	区政府办副主任
		梁　红	区财政局副局长
		邓晓军	区人事劳动社会保障局副局长
		石　霞	区人口与计划生育局副局长
		李亦松	区教育局副局长
		郭广平	叠彩办事处副主任
		黄润香	北门办事处副主任
		黄　键	大河乡政府副乡长
		范余湘	区残联副理事长
办公室	**主　任**	范余湘（兼）区残联副理事长	
	成　员	熊新家	（综合组组长）
		李自立	（调查与统计组组长）
		王育英	（医务组组长）
调查队	**队　长**	龚次连	叠彩区残联理事长
	副队长	李自立	叠彩区统计局主任科员
	成　员	冯　林	邓端秀　赵　杰　刘乾坤　岳江心　王义雄　苏宝毅　陈巨谰
		伍艳红	蒋秀梅　李谷香　钱凤娥　钟丹丹　李晓英　刘奕玲　陈文庆
		李如冰	李满兰　秦惠珍　阳寅富　周德振　杨　涌　王育英

桂林市龙胜各族自治县

领导小组	**组　长**	王茂超	副县长
	副组长	赵启兴	县人民政府办公室副主任
		潘礼保	县残联理事长
		梁吉斌	县统计局副局长
		刘　钧	县民政局副局长

		刘美玉	县卫生局副局长
办公室	主 任	潘礼保	县残联理事长
调查队	队 长	潘礼保	龙胜县残联理事长
	副队长	梁吉斌	龙胜县统计局副局长
	成 员	刘彩玲	李传谋 赵进暹 范春美 赵 颖 胡雄健 廖艳玲 刘庚林
		罗艳华	张秀敏 吴新莲 廖桂玉 杨 程 石明道 梁新黎 胡仕英
		潘成坤	廖镇维 柳映婕 柳映宁 赵志连 邓昌文 石建革

桂林市荔浦县

领导小组	组 长	张 翔	副县长
	副组长	方杰萍	县人民政府办公室副主任
		韦志远	县残联理事长
		黄昌卫	县统计局副局长
		李事斌	县民政局副局长
		陈睿智	县卫生局副局长
	成 员	古河山	县委宣传部副部长
		潘国志	县发展和改革局副局长
		廖全斌	县教育局党组成员
		吕 明	县民族局党组书记
		赖亮星	县公安局副局长
		唐小勇	县财政局党组副书记
		蒙日华	县人事劳动社会保障局副局长
		李 富	县人口与计划生育局副局长
		李明强	县质监局副局长
		钟 玲	团县委副书记
		李 燕	县妇联副主席
		谭绍锋	县残联办公室主任
办公室	主 任	韦志远	县残联理事长
调查队	队 长	韦治远	荔浦县残联理事长
	副队长	秦有福	荔浦县统计局统计员
	成 员	韦艳清	陈 弛 张卫平 韦翠君 邱祖标 莫光德 杨新菊 谭绍锋
		刘盛珍	廖凤明 潘小珍 杜荣明 何桂钦 覃宗德 冯春菊 蒋茂和
		韦荣翠	韦庆俊 李世增 黄 虹 兰世雄 叶 林 陈睿智

梧州市

领导小组	组 长	陈立清	市长
	副组长	罗绍杰	市政府副秘书长
		张秀珍	市残联理事长
	成 员	彭振坤	市残联副理事长
		郭 江	市统计局副局长
		严国伟	市民政局副局长
		谢 英	市卫生局副局长

		吴正全	市发改委社会发展科副科长
		陈雄璋	市委宣传部文明办副主任
		谭素云	市教育局基础教育干部
		汪健敏	市公安局户政科长
		刘　畅	市财政局社保科科长
		蒙宇翠	市劳动和社会保障局培训科副科长
		毛征星	市计生委科技科科长
		关　翔	市质监局标准化科科长
		黎海强	团市委青工部部长
		叶江萍	市妇联妇女儿童工委办公室主任
办公室	主　任	彭振坤	市残联副理事长

梧州市藤县

领导小组	组　长	何　瑾	副县长
	副组长	刘振涛	县人民政府办公室副主任
		李桂英	县残联副理事长
		林作勇	县统计局副局长
		韦景金	县民政局副局长
		唐绿叶	县卫生局副局长
	成　员	彭雪梅	县委宣传部副部长
		唐荣宏	县发展和改革局副局长
		饶藤宁	县教育局党委副书记
		黄健生	县公安局政委
		卢贤昌	县财政局副局长
		高远峰	县劳动和社会保障局副局长
		麦永传	县人口和计划生育局副局长
		黄自伟	县质量技术监督局副局长
		李志坚	团县委副书记
		廖敏平	县妇联副主席
办公室	主　任	李桂英（兼）	县残联副理事长
调查队	队　长	李桂英	藤县残联副理事长
	副队长	林品光	藤县统计局副主任科员
	成　员	黎绳震　廖家杰　覃培庆　窦建全　覃裕升　覃庆坚　罗连辉　黄永鹏 苏秀华　黄东华　磨秋艳　覃国铖　梁世柱　胡柱兰　周绍剑　余月连 苏伟程　许春玲　梁世球　何福和　江泽礼　胡超云　唐绿叶	

北海市

领导小组	组　长	许光波	副市长
	副组长	邝世华	市政府副秘书长
		林志华	市残联理事长
		蒙振刚	市统计局副局长
		周　波	市卫生局副局长

办公室	主 任	沈石广	市残联

北海市合浦县

领导小组	组 长	杨晓红	副县长
	副组长	陈庆锋	县政府办副主任
		庞启钦	县残联理事长
		李 衷	县卫生局党委书记、副局长
		陈 东	县统计局副局长
		相玉华	县民政局副局长
		花伟隆	县财政局副局长
办公室	主 任	陈 琼	县残联副理事长
调查队	队 长	陈 琼	合浦县残联副理事长
	副队长	陈 东	合浦县统计局局长
	成 员	赵玉红 李廉生 陈 健 陈英石 罗小绿 黄 江 陶文靖 蒋文燕 罗 螺 龙文琼 吴 永 付仲仁 杨怀顺 李德瑞 欧兰英 王钦芳 吴全业 劳秀红 李小玲 陈秋芸 吴锦忠 陈国强 潘 燕	

防城港市

领导小组	组 长	林 兴	副市长
	副组长	林爱群	市人民政府副秘书长
		许健强	市残联副理事长
		陆天佩	市统计局副局长
		陆建荣	市民政局副局长
		李志初	市卫生局副局长
办公室	主 任	许健强	市残联副理事长

防城港市防城区

领导小组	组 长	张创玲	区政府副区长
	副组长	张培爱	区政府办副主任
		黄本贵	区残联理事长
		韩文辉	区发展和改革局副局长、统计局局长
		张华红	区民政局副局长
		何宗富	区卫生局副局长
办公室	主 任	黄本贵	区残联理事长
	副主任	张英恒	区残联副理事长
		韩文辉	区发改局副局长
		何宗富	区卫生局副局长
		张华红	区民政局副局长
调查队	队 长	黄本贵	防城区残联理事长
	副队长	邹文君	防城区发改局统计股股长
	成 员	石德富 陈志斌 刘玺章 李永恒 莫光武 黄永发 张英恒 沈相群 黄永毅 苏春香 江文晓 彭小巧 黄楚艳 廖汝进 许小绢 甘朝霞	

邓达志　冯胜业　沈世影　黄永才　温昌瑞　黄国光　何宗富

钦州市

领导小组	**组　长**	苏爱群	副市长
	副组长	朱海燕	市政府副秘书长
		许兆波	市残联理事长
		廖家伟	市统计局副局长
		何林声	市民政局副局长
		张国荣	市卫生局副局长
		余　玲	市财政局副局长
办公室	**主　任**	翁伟强	市残联副理事长

钦州市浦北县

领导小组	**组　长**	杨福权	副县长
	副组长	韦东文	县政府办公室副主任
		包彩健	残联理事长
		宁　军	县民政局副局长
		吕崇辉	县统计局副局长
		宁志新	县卫生局副局长
		容　平	县财政局副局长
办公室	**主　任**	容世旭	县残联副理事长
调查队	**队　长**	包彩健	浦北县残联理事长
	副队长	吕崇辉	浦北县统计局副局长

成　员　王德贵　张　群　王明英　陈世利　潘　智　覃　健　朱业团　宁志新
容世旭　邓全佳　冯小英　梁　健　陈海宗　卢　勤　张琼才　容传兰
李祥毅　张齐琨　吴桂莲　庞　宏　庞立英　黄伟谨　曾红冰

贵港市

领导小组	**组　长**	刘杰清	副市长
	副组长	黄贵新	市人民政府副秘书长、市重点项目办主任
		覃如喜	市残联理事长
		谢朝佳	市统计局副局长
		刘新玲	市民政局副局长
		梁　云	市卫生局副局长
办公室	**主　任**	韦炳常	市残联副理事长

贵港市港北区

领导小组	**组　长**	庞世作	副区长
	副组长	陈喜华	区政府办副主任
		甘志毅	区残联理事长
		韦柏叶	区统计局副局长
		谭广庆	区民政局副局长

		韦寿金	区卫生局副局长
	成　员	李启庆	区委宣传部副部长
		覃纪雄	区财政局副局长
		徐作荣	区发展和改革局副局长
		邓国芳	区教育和科技局副局长
		甘树冲	区人事和劳动局副局长
		李智雄	区人口与计划生育局副局长
		李春山	市公安局港北分局副局长
		邓芳芳	团区委副书记
		甘竹云	区妇联副主席
		赖素珍	区残联办公室主任
办公室	主　任	甘志毅（兼）区残联理事长	
调查队	队　长	甘志毅	港北区残联理事长
	副队长	韦柏叶	港北区统计局局长
	成　员	徐丽琴　蒋迎鸾　黄百盛　杨树增　陈润英　冼浩杰　梁芝国　韦寿金 廖　兵　杨勇军　周建芳　苏小川　朱英华　林国乐　吴伊啦　谢金全 梁瑞文　廖子飞　廖克俭　李金兰　黄志莲　农　毅　黄誉高	

贵港市平南县

领导小组	组　长	吴　燕	副县长
	副组长	邓　荣	县政府办副主任
		吴志君	县残联理事长
		吴锦新	县统计局副局长
		张江鹏	县民政局副局长
		廖　芳	县卫生局副局长
	成　员	黎学汉	县宣传部副部长
		江桂兰	县财政局副局长
		唐一平	县教育局副局长
		岑　兵	县发展和改革局副局长
		冯武梅	县公安局副局长
		卓俊辉	县委统战部副部长、县民委主任
		龙广天	县劳动和社会保障局副局长
		严斯名	县人口和计划生育局副局长
		吕世光	县质量技术监督局副局长
		彭凤莲	县妇联副主席
		陆　音	共青团县委副书记
办公室	主　任	吴志君	县残联理事长
调查队	队　长	吴志君	平南县残联理事长
	副队长	吴锦新	平南县统计局副局长
	成　员	张春丽　王英兆　卢　光　王力川　方桂兰　苏　敏　蒙小飞　李仕荣 刘彩容　卢兴源　马仲良　余永平　宾宏新　易月财　廖学德　林洁明 唐胜朝　王旭萍　郭　清　吴颖菊　罗美珠　邓思红　韦宜延	

贵港市桂平市

领导小组	组　长	黄炎林	市委常委、副市长
	副组长	王家委	市政府办公室副主任
		甘永芳	市残联理事长
		李　毅	市统计局副局长
		刘奕金	市卫生局副局长
	成　员	黄敏严	市委宣传部副部长
		李向红	市发展和改革局副局长
		梁远飞	市教育局副局长
		李学盛	市公安局副局长
		刘春光	市财政局副局长
		廖少雄	市劳动和社会保障局副局长
		梁红畅	市人口和计划生育局副局长
		罗海传	市质量技术监督局副局长
		卢　冰	团市委副书记
		张梅花	市妇联副主席
		黄清华	市老龄办副主任
		何冠华	市民委主任科员
办公室	主　任	李仕旭	市残联副理事长
调查队	队　长	甘永芳	桂平市残联理事长
	副队长	李　毅	桂平市统计局副局长
	成　员	陈　光　杨培全　黄锦辉　冯　兵　容勇贤　郑小春　林　汉　刘奕金 韦学文　李建中　陈　荔　黄燕艺　刘世豪　周瑞莲　姚钦芬　杨洁梅 陆海春　冯丽萍　陈月明　杨定恒　杨庆文　刘金强	

玉林市

领导小组	组　长	欧阳经华	市人民政府副秘书长
	副组长	韦永键	市委宣传部副部长
		蒙业瑞	市残联理事长
		梁锡活	市民政局副局长
		曾全邦	市统计局副局长
		卢雄才	市卫生局副局长
	成　员	杨希初	市教育局副局长
		黄雯霞	市残联副理事长
		陈维文	市劳动和社会保障局副局长
		党　丽	市妇联副主席
		李松明	容县人民政府副县长
		谢　章	博白县人民政府副县长
		黄仁军	市发改委综合科科长
		曾秋燕	市人口和计生委监察室主任
		宁业秋	市公安局治安支队副支队长
		梁东秀	市财政局社保科副科长

		林子皓	共青团玉林市委员会宣传部副部长
		谢　明	市质量技术监督局干部
办公室	**主　任**	黄雯霞	市残联副理事长
	副主任	林华民	市残联办公室干部
		吕　珂	市城市经济调查队干部
		范恒亦	市卫生局医政科科长
		卢　红	市民政局秘书科科员
		李　华	市残联业务科干部

玉林市容县

领导小组	**组　长**	丘德奎	县委副书记、县人民政府常务副县长
	副组长	黎平光	县人民政府办公室副主任
		胡可富	县残联理事长
		许成胜	县统计局局长
		关朝志	县民政局副局长
		彭　涛	县卫生局副局长
	成　员	李桂龙	县委宣传部副部长
		彭绍彬	县发展和改革局副局长
		陆　军	县教育局副局长
		甘楚宗	县财政局副局长
		杨家贵	县人事劳动和社会保障局副局长
		陈廷源	县人口和计划生育局副局长
		黄显成	县质量技术监督局副局长
		周　维	团县委副书记
		植小玲	县残联副理事长
		陆筱波	县妇联副主席
		梁尚洪	县老龄委办公室副主任
		黄　霞	县公安局治安大队副大队长
办公室	**主　任**	胡可富（兼）	县残联理事长
	副主任	植小玲（兼）	县残联副理事长
	成　员	梁尚洪（兼）	县老龄委办公室副主任
		黄绍清	县残联干部
		侯国仿	县残联干部
		潘汉森	县卫生局干部、主治医师
		吴莲芳	县统计局干部
调查队	**队　长**	胡可富	容县残联理事长、抽调办主任
	副队长	植小玲	容县残联副理事长、抽调办副主任
		胡振文	容县统计局副主任科员
	成　员	李西华　李统干　李军明　梁日标　陈显全　何汉成　梁家柱　梁红卫	
		吴莲芳　庞兆忠　吴　燕　黄　运　梁显有　邱茨岚　李昆宗　周蕙娟	
		何胜光　梁超西　杨　倩　陈昭梅　黄绍清　侯国仿	

玉林市博白县

领导小组	组　长	谢　章	副县长
	副组长	莫一鸣	县政府办公室副主任
		朱光权	县残联理事长
		吴光宁	县统计局局长
		甘振东	县民政局副局长
		庞丕付	县卫生局副局长
	成　员	周小林	县委宣传部副部长
		许昭权	县发展和改革局副局长
		陈　赋	县教育局副局长
		何衍召	县公安局副局长
		朱其任	县财政局副局长
		宁　忠	县劳动和社会保障局副局长
		朱卫东	县人口和计划生育局副局长
		熊昭栋	县质量技术监督局副局长
		李　春	团县委副书记
		叶英球	县残联副理事长
		黄一珍	县妇联副主席
办公室	主　任	叶英球（兼）	县残联副理事长
	成　员	雷　军	县残联干部
		邓卫东	县残联干部
		朱其福	县卫生局干部
		庞嫦青	县统计局干部
调查队	队　长	朱光权	博白县残联理事长
	副队长	叶英球	博白县残联副理事长
		阮明东	博白县统计局副局长
	成　员	刘锦锋　王　革　黄振宇　刘国权　凌焕勇　陈伟强　梁武祥　庞丕付	
		庞嫦青　邓卫东　朱江华　吴映波　朱其金　冯珍娜　叶忠卫　卢海涛	
		官雁燕　覃贤高　刘锦辉　张琼英　黎贵来　叶祖豪	

百色市

领导小组	组　长	刘先明	副市长
	副组长	农中兴	市人民政府副秘书长
		黄茂干	市残联理事长
		黄雪军	市统计局副局长
		高健兴	市民政局副局长
		苏　翔	市卫生局副局长
	成　员	沈开斌	市残联副理事长
		覃玉林	市教育局副局长
		李小杰	市人口和计划生育委员会副主任
		许秀珍	市委宣传部宣传科科长
		莫兴革	市发展和改革委员会社会发展科科长
		岑　锋	市民族事务委员会文教政法科科长

		覃 玉	共青团百色市委员会学校部部长
		黄俐雅	市妇女联合会权益部部长
		林德光	市公安局治安支队副支队长
		陈文伟	市财政局社会保障科副科长
		罗锦佳	市质量技术监督局法规监督科副科长
		罗 心	市劳动和社会保障局社会保险科副主任科员
办公室	主 任	沈开斌	市残联副理事长
	副主任	蓝小庆	市残联办公室主任
		梁廷臻	
		赵江泉	市统计局
		蒋云映	市卫生局
		蓝安明	市民政局

百色市田阳县

领导小组	组 长	周丽梅	副县长
	副组长	刘玉曼	县人民政府办公室副主任
		周祖劲	县残联理事长
		蒙德文	县统计局副局长
		韦元静	县民政局副局长
		黄航战	县卫生局副局长
办公室	主 任	周祖劲	县残联理事长
	副主任	蒙德文	县统计局副局长
		韦元静	县民政局副局长
		黄航战	县卫生局副局长
		黄华忠	县残联副理事长
	成 员	黄超种	田州镇人民政府副镇长
		杨宏仕	头塘镇人民政府副镇长
		陆玉三	坡洪镇人民政府副镇长
		周保很	五村乡人民政府副乡长
		张 健	县残联秘书
		蒙小霞	县统计局统计员
		梁旭东	县民政局干事
		马红梅	县卫生局疾控基妇股股长
调查队	队 长	周祖劲	田阳县残联理事长
	副队长	蒙德文	田阳县统计局局长

成 员 鄂颖梅 杨 舟 黄干生 刘日辉 黄国华 覃光顶 苏燕清 黄航战
韦支鲜 蒙小霞 梁旭东 杨忠明 黄华忠 黄世甫 黄国政 劳雪妮
黄丽春 钱 华 覃翠松 甘 霖 梁云彦 韦春丽 韦晓玲

百色市靖西县

领导小组	组 长	农长效	副县长
	副组长	黄朝明	县政府办公室副主任

王定光　县残联理事长
黄大广　县统计局副局长
廖立新　县民政局副局长
曾显琦　县卫生局副局长

办公室　**主　任**　王定光　县残联理事长
副主任　黄大广　县统计局副局长
曾显琦　县卫生局副局长
成　员　陆青艳　县残联副理事长
郭康仁　县民政局社会福利股股长
梁育院　县卫生局医政股干部
黄重锟　县残联办秘书
梁　琨　县统计局干部

调查队　**队　长**　王定光　靖西县残联理事长
副队长　黄大广　靖西县统计局副局长
成　员　农华章　冯　科　赵建勇　梁　爽　黄子琳　张　雄　戴帷幄　曾显琦
梁　琨　梁育院　郭康仁　李静彬　李红艳　陆青艳　莫宗波　张明星
阮启状　张雪李　黄　闻　陆秀青　潘廷乐　陆丽英　李玉方

贺州市

领导小组　**组　长**　秦全贵　副市长
副组长　谢明伟　市人民政府办公室副主任
黎益才　市残联理事长
刘克斌　市统计局副局长
韦积雄　市民政局副局长
陈　烽　市卫生局副局长
成　员　李月华　市委宣传部助理调研员
黄文裕　市发改委副主任
黄　燕　共青团贺州市委副书记
张冰霞　市妇联副主席
鲁加胜　市质量技术监督局副局长
李武雄　市教育局基础教育科科长
何万明　市公安局治安支队副支队长
李　萃　市财政局社保科科长
陆玉荣　市劳动和社会保障局医保中心主任
覃丽萍　市人口计生委宣传法规科科长
林声友　市民委秘书科科长
梁祝普　市老龄办副主任
巫华凤　市残联办公室主任

办公室　**主　任**　黎益才　市残联理事长
蒙承刚（调查与统计组）
刘小凤（医务组）
关锦兴 、黄航（综合组）

贺州市八步区

领导小组	组　长	黄　江	副区长
	副组长	黄爱娱	区政府办副主任
		钟　晖	区残联理事长
		陈道安	区统计局副局长
		黄焕明	区民政局副局长
		梁章清	区卫生局副局长
	成　员	刘小辉	区委宣传部副部长、文明办主任
		朱荣清	区发展和改革局副局长
		龙　平	区教育局副局长
		覃文朗	市公安局八步分局副局长
		黄　宏	区财政局副局长
		邓火炜	区劳动和社会保障局副局长
		吴　辉	区人口和计划生育局副局长
		陈展维	团区委副书记
		廖海燕	区妇联副主席
		赵丽萍	区民政局主任科员
办公室	主　任	钟　晖	区残联理事长
	副主任	莫健荣	区残联副理事长
		陈道安	区统计局副局长
		梁章清	区卫生局副局长
		黄焕明	区民政局副局长
调查队	队　长	钟　晖	八步区残联理事长
	副队长	陈道安	八步区统计局副局长
	成　员	陈月华	林雷翰　邱荣敏　柳真裕　陀杭玲　黄祖奇　李亚山　梁章清
		张晨星	莫建荣　刘　学　姚志祥　刘　永　陈小玲　全庆强　李　逊
		李　雄	黄异记　李钊林　李坚基　林世文　谢崇城　张志洪　李学军

贺州市富川瑶族自治县

领导小组	组　长	毛长云	副县长
	副组长	黄普清	县人民政府办公室副主任
		李荣正	县残联理事长
		施桂琪	县统计局副局长
		汪祖万	县民政局副局长
		杨名群	县卫生局副局长
	成　员	陈　朴	县委宣传部副部长
		陈　林	县发展和改革局副局长
		杨春萍	共青团县委副书记
		何红燕	县妇女联合会副主席
		张春华	县质量技术监督局副局长
		宋启成	县教育和科技局副局长
		毛建荣	县公安局副局长

		范振坤	县人事劳动和社会保障局副局长
		周正银	县人口和计划生育局副局长
		黄丽香	县民族局副局长
		廖兴炳	县老龄办副主任
		邓黄翠	县残联副理事长
		周玉荣	县财政局纪检组长
办公室	**主　任**	李荣正（兼）县残联理事长	
调查队	**队　长**	李荣正	富川县残联理事长
	副队长	施桂琪	富川县统计局副局长
	成　员	肖春英　李荣继　李　辉　李炳伦　谢卡茹　温旺德　刘桂珍　杨名群 胡力强　邓黄翠　陈玉萍　何明玲　林　明　唐恩仕　谢　钦　谢昶任 谢流富　黄忠仁　沈春生　唐雪辉　李成标　莫凤宣　陈仕武	

河池市

领导小组	**组　长**	谭三川	副市长
	副组长	陆　程	市人民政府副秘书长
		黄勇康	市残联理事长
		兰苏丹	市财政局副局长
		覃孟珍	市统计局副局长
		张　平	市卫生局副局长
		黄　贤	市民政局副局长
	成　员	梁耀德	市委宣传部助理调研员（部务委员）
		梁国仙	市发改委副主任
		韦吉整	市教育局副局长
		王国秀	市民委副主任
		仇祖和	市公安局副局长
		黄敏珠	市劳动和社会保障局副局长
		胡美英	市人口和计划生育委员会副主任
		覃瑞仁	市质量技术监督局助理调研员
		黄炳峰	共青团河池市委副书记
		韦桂仙	市妇联副主席
办公室	**主　任**	罗国君	市残联办公室主任
	成　员	何荣照	市民政局科长
		潘华文	市统计局科长
		韦怀玉	市卫生局副主任科员
		孙少华	市残联科员

河池市宜州市

领导小组	**组　长**	黄爱琴	副市长
	副组长	黄瑞吉	市政府办公室副主任
		潘继龙	残联理事长
		覃尚星	市统计局副局长

		覃八忠	市民政局副局长
		梁治奎	市卫生局副局长
办公室	主　任	潘继龙	市残联理事长
	副主任	覃尚星	市统计局副局长
		梁治奎	市卫生局副局长
调查队	队　长	潘继龙	宜州市残联理事长
	副队长	覃尚星	宜州市统计局副局长
		王联芝	宜州市残联副主任科员

成　员　刘玉芬　张小明　银太星　韦春枝　梁文旺　梁宪章　吴　坚　梁治奎
李艳玲　韦建芳　黄稚愚　杨海丽　韦瑞珍　韦艳群　韦仲春　梁小红
陆卫江　罗凤增　蒙绍良　兰昌庆　石教明　陈有斌

河池市东兰县

领导小组	组　长	田景兰	县人民政府副县长
	副组长	牙祖芬	县人民政府办副主任
		黄素谋	县残联理事长
		韦献英	县统计局副局长
		谈智东	县财政局副局长
		韦满莲	县民政局副局长
		黄海军	县卫生局副局长
	成　员	黄红梅	县委宣传部副部长
		韦　华	县发改局副局长
		韦立彦	县教育局副局长
		黄桂良	县民委副主任
		韦宝昌	县公安局副局长
		韦联东	县人事劳动和社会保障局副局长
		黄　勉	县人口和计划生育局副局长
		韦　顺	县质量技术监督局副局长
		韦兴昌	共青团东兰县委副书记
		黄丽云	县妇联副主席
		韦有合	花香乡人大主席团主席
		王忠民	三石镇党委副书记
		覃　格	隘洞镇人民政府副镇长
		韩　州	泗孟乡人民政府副乡长
办公室	主　任	黄素谋	县残联理事长
	副主任	黄利娟	县残联副理事长
	成　员	韦家珍	县残联干部
		韦盛波	县统计局科员
		韦建端	县民政局科员
		韦　河	县卫生局科长
		刘秀芬	县残联科员
		祝志高	县残联干部

程贤汉 县残联干部
邓秀娥 县残联干部

调查队 **队 长** 黄素谋 东兰县残联
副队长 黄利绢 东兰县残联
成 员 韦锦贤 班荣春 班统焕 牙宇恒 白如昌 周贵波 韦德会 韦 河
程贤汉 祝志高 韦家珍 刘秀芬 邓秀娥 韦献英 韦盛波 韦 泰
谭 永 韦联扬 黄江涛 韦 宏 陆元举 韦建端 韦满莲

来宾市

领导小组 **组 长** 刘向群 副市长
副组长 韦有义 市人民政府副秘书长
周建国 市残联理事长
蓝 江 市统计局副局长
杨 荣 市民政局副局长
谢学军 市卫生局副局长
成 员 杨荣誉 市文明办主任
朱双明 市财政局副局长
黄岳开 市教育局副局长
莫永平 市民委副主任
李 实 市公安局副局长
覃敷敏 市劳动和社会保障局副局长
梁昭琴 市人口计生委副主任
李华兴 市发改委纪检组长
兰福武 团市委副书记
莫秀球 市妇联副主席
熊 姿 市残联副理事长
办公室 **主 任** 熊 姿（兼）市残联副理事长

来宾市兴宾区

领导小组 **组 长** 覃家波 副区长
副组长 姚国壮 区政府办副主任
黄华英 区残联代理事长
何祖玲 区民政局局长
陆国章 区卫生局局长
黄鸿仑 区统计局党组书记、副局长
成 员 周良志 区委宣传部副部长
谭晓梅 区教育局局长
杨 洪 区财政局党组书记、副局长
曾克山 区发展和改革局副局长
韦凤仕 区民族事务局副局长
金 山 市公安局兴宾分局副局长
韦祖珊 区劳动和社会保障局纪检组组长

		丘宸光	区人口和计划生育局副局长
		陈　静	团区委副书记
		覃文凤	区妇联副主席
		卓超碧	区残联正科级干事
办公室	主　任	黄华英（兼）	区残联代理事长
	副主任	卓超碧	区残联正科级干事
		陆有恒	区统计局
	成　员	莫丽桃	区民政局社团登记股股长
		刘永春	区卫生局主治医生
		唐汉华	区残联康复股股长
调查队	队　长	黄华英	兴宾区残联理事长
	副队长	黄鸿仑	兴宾区统计局党组书记兼副局长
		卓超碧	兴宾区残联正科级干事
	成　员	杨明周	韦家全　覃建元　陈作行　黄殿达　韦国平　韦　良　刘永春
		陆有恒	韦永庆　樊贤才　陶玲萍　徐临威　黄志梁　何秀凤　罗石花
		韦兰芬	桌少寒　潘　峰　莫　骏　覃觉德　梁　玲　黄连芳　邓世英
		韦少贵	

崇左市

领导小组	组　长	蒋连生	副市长
	副组长	韦佳明	市政府副秘书长
		韦炳凡	市残联理事长
		苏炳华	市统计局副局长
		陈开艳	市民政局副局长
		韦光武	市卫生局副局长
	成　员	蓝焕仁	市残联副理事长
		莫绍仁	市劳动和社会保障局副局长
		黄美莲	市人口计生委副主任
		李春凤	团市委副书记
		廖桂兰	市妇联副主席
		林胜咸	市民委副主任
		袁继保	市民政局副局长、老龄委副主任
		蒙燕飞	市公安局治安支队副支队长
		陆体权	市委宣传部新闻出版科科长
		李信政	市发改委社会科科长
		韦宇朝	市财政局社保科科长
		桂福勇	市质监局稽查支队副支队长
		农玉妹	市教育局基础教育科副科长
办公室	主　任	蓝焕仁	市残联副理事长
	副主任	翟小禹	市残联办公室主任

崇左市扶绥县

领导小组	组　长	汪周艺	副县长
	副组长	黄威安	县政府办公室副主任
		玉美英	县残联理事长
		农　杰	县统计局副局长
		李腾超	县民政局副局长
		梁国彪	县卫生局副局长
	成　员	黄持坚	县委宣传部副部长
		梁超然	县残联副理事长
		陈国毅	县发展和改革局副局长
		何乃芬	县教育局副局长
		黄学坚	县公安局副局长
		陆业安	县财政局副局长
		梁时姣	县人事劳动和社会保障局副局长
		施海凤	县人口与计划生育局副局长
		陆华海	县技术监督局副局长
		马芳洲	团县委副书记
		凌丽清	县妇联副主席
		梁培彦	县民族事务局副局长
		罗千玲	县老龄办副主任
办公室	主　任	玉美英	县残联理事长
	副主任	梁超然	县残联副理事长
		周　莲	县残联综合股股长
		刘建红	县民政局社会事务股股长
		陆沾旭	县残联康复站副站长
		黄建强	县统计局劳动工资专业统计员
		韦任波	县卫生局公共监督所干部
调查队	队　长	玉美英	扶绥县残联理事长
	副队长	农　杰	扶绥县统计局副局长
	成　员	梁民锋　何哲伦　陆必清　何明荣　黄冠宁　吴海忠　李卡梅　梁国彪	
		黄建强　梁超然　周　莲　陆沾旭　韦卫国　韦谨平　李少尉　汪海迪	
		吴美娟　吴海文　张华兰　浦晓云　郭东平　韦复锦　黄应生　黄华艺	